HEYNE
BÜCHER

W0416452

Caitlín und John Matthews

Das große Handbuch der keltischen Weisheit

Aus dem Englischen von
Annette Charpentier

Wilhelm Heyne Verlag
München

HEYNE ESOTERISCHES WISSEN
Herausgegeben von Michael Görden
13/9862

Die englische Originalausgabe erschien 1994 unter dem Titel
THE ENCYCLOPAEDIA OF CELTIC WISDOM
bei Element Books, Shaftesbury, Dorset, England

Umwelthinweis:
Dieses Buch wurde auf
chlor- und säurefreiem Papier gedruckt.

2. Auflage
Taschenbucherstausgabe 7/2001
Copyright © 1994 by Caitlín und John Matthews
Copyright © der deutschsprachigen Ausgabe 1999
by Wilhelm Heyne Verlag GmbH & Co. KG, München
und Heinrich Hugendubel Verlag, Kreuzlingen/München
http://www.heyne.de
Printed in Germany 2002
Umschlaggestaltung: FranklDesign, München
Umschlagillustration: Ingolf Pompe/LOOK
Satz: Schaber Satz- und Datentechnik, Wels
Druck und Bindung: Bercker Grafischer Betrieb, Kevelaer

ISBN 3-453-18920-5

Für Ceridwen, die Herrin des Kessels,
und Brigid, die Göttin des häuslichen Herdes:
Den Hüterinnen der Inspiration

Inhalt

Danksagungen

Unser Dank ergeht in erster Linie an unsere spirituellen Lehrer und schamanischen Helfer: ohne deren andersweltliche Unterstützung und Ermutigung wäre dieses Buch niemals zustande gekommen. Außerdem möchten wir all jenen danken, die das vorliegende Material kannten, die es kopiert und übersetzt haben – den aes dana und keltischen Gelehrten, die einen Pfad durch das bisher unerforschte Gelände unserer Tradition geschlagen haben: Das hat uns den Weg sehr erleichtert.

Unendlich dankbar sind wir den Angehörigen der drei Clans; ihre Unterstützung, ihre Begeisterung und praktische Hilfe trugen dazu bei, das gesammelte Material durchzuforsten und so aufzubereiten, daß es benutzbar ist. Die fferyllt und die Drachen haben das ihre dazu beigetragen.

Der Artikel »Tempelschlaf und Traumsuche« von John Matthews erschien zuerst in R. J. Stewarts Psychology and the Spiritual Traditions (Element Books 1990) und ist hier leicht überarbeitet mit Genehmigung abgedruckt.

Einführung

Im Laufe der Jahre sind wir oft gefragt worden, welche Quellen wir für unsere Bücher und Veranstaltungen benutzen. Seit der Veröffentlichung unseres gemeinsamen Werks *Taliesin: Shamanism and the Bardic Mysteries in Britain and Ireland* (Element 1992) und *The Celtic Shaman's Pack* (Element 1994) wurde immer offenkundiger, daß Nachfrage nach einem Buch besteht, das der Öffentlichkeit so viel von dem Material wie möglich zugänglich macht, das die Grundlagen für unsere schriftlichen und praktischen Erkundungen in keltischer Weisheit und keltischem Schamanismus bildet.

Das vorliegende Buch ist die Folge dieser Überlegung. Es enthält eine großzügige Auswahl von Texten, Mythen und Kommentaren, die wir in den letzten Jahren genutzt und hier ediert und mit Kommentaren versehen haben. Darüber hinaus finden sich hier Essays von uns beiden über bestimmte Aspekte der keltischen Tradition und des keltischen Schamanismus, zum Beispiel Johns Artikel über prophetische Träume und Caítlins über die Kreisläufe der keltischen Seele.

»Schamane« und »Schamanismus« sind beides Modewörter geworden; sie werden aus Unsicherheit oft falsch für verschiedene esoterische Praktiken angewandt. Die Kelten bezeichneten ihre spirituellen Lehrer zwar nicht als »Schamanen«, doch da der Begriff heute allgemein verstanden wird, verwenden wir ihn. Wenn man jedoch nach einer ursprünglichen Bezeichnung sucht, kann man unter den verschiedenen keltischen Titeln eine Auswahl treffen, die für diese Rolle benutzt wurden, vornehmlich *file* (pl. *filidh*), irisch-gälisch für »Visionärer Dichter«; *taibhsear* (tah-schar ausgespr.), schottisch-gälisch für »Visionärer Seher«, und *awenydd* (»ah-wennith« ausgespr., pl. *awenyddion*), walisisch für den »Inspirierten«.

Schamanismus ist eine weltweit verbreitete Praktik, bei der die spirituelle Verbindung der Erde mit andersweltlichen Formen das körperliche und psychische Sein eng miteinander verwebt und alle Lebensformen beeinflußt, sichtbare wie unsichtbare. Im Schamanismus werden bestimmte Individuen aufgrund ihrer ungewöhnlichen Fähigkeiten ausgesucht oder von den Geistern dazu bestimmt, als Wanderer zwischen den Welten und als Vermittler zu den geistigen Reichen zu dienen. Ihre Aufgabe besteht darin, auf einer spirituellen Reise (in schamanischem Trancezustand) diese unsichtbaren Reiche zu erkunden, um mit den dortigen Wesen zu kommunizieren und um den Menschen dienliche Kenntnisse, Heilkünste und Rat zurückzubringen.

Schamanismus kommt in Stämmen mit einem animistischen Weltbild vor; in vielen Kulturen hat er die gleiche Funktion wie Spiritualität, existiert aber oftmals auch unabhängig von der offiziellen Religion als eine Methode der Heilung, Wahrsagung und Spiritualität. Schamanismus ist in der ganzen Welt an seinen Praktiken erkennbar, vornehmlich der geistigen Reise, um Informationen, Heilung, Wahrsagungen und prophetische Einsichten zu erlangen und um in Kontakt mit der Ahnenwelt zu treten. All dies ist Bestandteil der keltischen Tradition, und einiges davon wird heute noch praktiziert, während andere Aspekte unvollständig oder vergessen sind.

Kernstück der keltischen Tradition ist ein animistisches Verständnis. Die Anderswelten durchdringen das Reich der Sterblichen in allen Lebensbereichen: Geister, Wesen, Feen, Ahnen und Gottheiten nehmen regelmäßig mit den Menschen Verbindung auf; die Omen der Elemente, von Pflanzen, Tieren und Menschen bestimmen die Zukunft. Es herrscht kaum Zweifel daran, daß die frühen keltischen Stämme eine überwiegend schamanische Kultur hatten. Ihre Schamanen waren inspirierte, besonders begabte Menschen, die *aes dana*, die sich mühelos zwischen den Welten hin- und herbewegen konnten: Druiden, Dichter und Seher. Die *aes dana* genossen in ihrer Funktion eine gewisse spirituelle Unanfechtbarkeit, die später, nach Annahme des christlichen Glaubens, von den Priestern übernommen wurde. Die schamanischen Fähigkeiten der professionellen *filidh* wurden im Laufe der Zeit immer stärker formalisiert und dadurch weniger als schamanisch erkennbar, doch das uralte, schamanische Talent und die damit verbundenen Fertigkeiten wurden oft auch außerhalb der Berufskaste in der Familie weitervererbt. Einige Individuen und Familien bewahrten dieses Wissen als ihr direktes Erbe. Und was geschah mit jenen, die nicht so privilegiert waren?

Als John vor kurzem Wallace »Schwarzer Elch« besuchte, einen hochangesehenen Stammesälteren der Lakota, erzählte er ihm von unserer Arbeit und fragte, ob er unserem Volk etwas mitzuteilen hätte, wenn es mit einer bruchstückhaften und teilweise vergessenen Tradition arbeitete. Wallaces Antwort lautete ganz offen und direkt: »Es gibt keine vergessene Tradition. Es ist möglich, Traditionen zu vernachlässigen, aber sie können immer wieder neu belebt werden. Eine Tradition verschwindet erst dann, wenn der letzte Mensch, der sie achtet, stirbt.«

Es gibt weltweit heute nur wenige Stämme mit einer ungebrochenen schamanischen Tradition, das gilt auch für die amerikanischen Ureinwohner, die australischen Aborigines, die polaren und asiatischen Kulturen – den Hauptbastionen schamanischer Praktiken –, denn westliche, urbane »Zivilisationen« und andere Faktoren haben diese Überzeugungen und Praktiken ausgehöhlt. In einer städtischen Gesellschaft wie der unsrigen im Westen findet man den Schamanismus vielleicht attraktiv, weil er romantisch und unberechenbar scheint: Eine atavistische Sehnsucht nach einer primitiven, unkomplizierten Lebensweise, die wir nicht mehr ausüben können. Es gibt jedoch Aspekte der schamanischen Kerntradition, die unter den richtigen Umständen immer noch allgemein zugänglich sind, denn man kann Wege zwischen den Welten wiederfinden und regelmäßig mit Geistern kommunizieren. Dies kann mit der Zeit unsere Einstellung zum Leben verändern, ohne uns auf einen Rückweg in die Vergangenheit zu schicken. Schamanische Fähigkeiten schlummern in vielen Menschen, und mit einiger Übung und Hingabe kann diese Praktik unser Leben verändern.

In dieser Absicht haben wir in diesem Buch Erkenntnisse und Weisheiten als Anregung für diejenigen zusammengetragen, die die keltischen Traditionen weiterhin pflegen und auch heute noch praktisch anwenden wollen.

Die hier zusammengestellten Texte und Auszüge bedürfen allerdings einiger Erklärung. Wir stützen uns auf wissenschaftliche Texte, haben sie aber mit Kommentaren und Hintergrundinformationen versehen, um dem allgemeinen Lesepublikum die Lektüre zu erleichtern. Manche Texte wirken vielleicht sehr knapp, aber dann sollte man sich daran erinnern, daß die Einführungen und Schilderungen einer mündlichen Tradition entstammen, keiner schriftlichen; Papier und Pergament waren damals seltene Kostbarkeiten. Oft war der Aufzeichner mit der Familie eng vertraut und ließ bekannte Einzelheiten aus, die den damaligen Publikum selbstverständlich waren, ohne die der Text heute aber unverständlich wirkt.

Die Texte stammen aus einer ganzen Reihe von keltischen Gebieten und aus unterschiedlichen Traditionen, vom ersten Jahrtausend bis zum Mittelalter. Wir möchten darauf hinweisen, daß alle in der christlichen Ära kopiert wurden und die christlichen Lehren unterschiedlich berücksichtigten - positiv wie auch ablehnend. Wir betrachteten es aber nicht als unsere Aufgabe, derartige Hinweise aus dem Text zu streichen oder zu ignorieren, denn sie müssen im Kontext gelesen und verstanden werden. Moderne keltische Seherfähigkeiten und Heilkunst haben wir stets hervorgehoben, um zu zeigen, daß diese alten Praktiken unabhängig von schriftlichen Zeugnissen überleben. Wo schamanische Heilfähigkeiten überdauert haben, wie etwa in Irland, werden sie bei den Kranken oft in Verbindung mit Beschwörungen christlicher (statt heidnischer) Geister angewendet: Die Namen haben sich vielleicht geändert, aber die Absicht und die spirituelle Wirkung sind unverändert, denn beim Schamanismus ist die Absicht der Schlüssel zu allem. Die Geister tauchen in der Form auf, die denen, die ihre Hilfe brauchen, am angenehmsten erscheint.

Wir haben uns bemüht, die Texte vollständig zu belassen. Einige mußten allerdings aus Platzgründen und um den Inhalt zugänglicher zu gestalten gekürzt oder bearbeitet werden. Zahlreiche Kommentare in anderen Sprachen wurden fortgelassen oder gekürzt übersetzt. Wiederholungen und willkürliche Abschweifungen vom Thema wurden ebenfalls gestrichen. Angesichts des gegebenen Umfangs mußten wir vieles fortlassen, was wir gern aufgenommen hätten. Diese Texte werden in künftigen Büchern zu finden sein. Wir hoffen jedoch, daß diese Auswahl hilft, den Leser anzuregen, praktisch mit dem dargebotenen Material zu arbeiten und die Texte, aus denen wir nur zitieren, selbst zu finden. Vielleicht möchten Studenten keltischer Sprachen, die unser Buch zu lesen wagen, diejenigen Texte durch leichtere Übersetzungen zugänglich machen, die bis heute nur im Original vorliegen. Viele heutige Leser sind frustriert, weil sie weder modernes Irisch noch Walisisch sprechen, ganz zu schweigen von deren alten Formen. Unsere eigenen Übersetzungen in diesem Buch sind von praktischer Erfahrung wie auch von akademischer Genauigkeit geleitet.

Teil I des Buches konzentriert sich auf die Rolle der Erinnerung in der keltisch-schamanischen Tradition. Teil II befaßt sich mit dem

Thema der schamanischen Initiation, mit Gestaltwechsel und den visionären Kräften von Dichtern und Druiden. Teil III befaßt sich mit Prophezeiungen, Heilung und Wahrsagung und enthält zwei Originalartikel über Heilkunst und Traumdeutung, zwei Themen, auf die aus Platzgründen in unseren vorigen Büchern nicht ausführlich eingegangen wurde. Teil IV führt uns zu andersweltlichen Reisen und zu einer Auswahl von Texten, in denen Begegnungen mit der keltischen Anderswelt geschildert werden.

Die Sammlung endet mit einer ausführlichen Bibliographie für jene, die diese Themen vertiefen möchten. Die meisten aufgeführten Bücher sind im Buchhandel erhältlich, andere kann man durch die Fernleihe der Bibliotheken finden. Daran schließt sich ein Register an, um dem Leser zu helfen, seinen Weg durch das komplizierte Material zu finden.

Wir haben dieses Buch als Praktiker der schamanischen Tradition geschrieben. Es werden zwar Hintergrundinformationen zu Texten, Kommentaren und Übersetzungen geboten, aber auf Anweisungen für die tatsächliche Umsetzung dieser Fähigkeiten haben wir verzichtet; nur eigene Erfahrung kann die Informationen bestätigen oder die Texte verdeutlichen. Unsere Kurse in keltischem Schamanismus stützen sich stark auf diese Texte, und so hoffen wir, die praktischen Kniffe und Anwendungen nachvollziehbar darzulegen.

Bruchstückhafte Landkarten und Kommentare aus dritter Hand sind für den schamanischen Forscher nutzlos, daher arbeiten wir weiter daran, die Urquellen der keltischen Traditionen freizulegen. Wir hoffen, daß dieses Handbuch eine nahrhafte Quelle für all diejenigen bildet, die ihre Ahnen und deren Weisheiten achten.

Die Worte eines traditionellen schottisch-gälischen Sprichworts ermahnen uns: *lean-sa dlùth ri cliú do shinnsear* – Folge den Spuren des Ruhms deiner Vorfahren, die nach dem Kelch, dem Gral oder dem Kessel suchten, der dem Volk großzügig Heilung und Wissen spendet.

Mögen auch Sie dem folgen und das, was Ihnen geboten wird großzügig mit allen teilen, die an Ihren häuslichen Herd treten.

Oxford, Imbolc 1994 *Caitlín und John Matthews*

TEIL I

Schamanische Erinnerungen

Kapitel 1

Das Gedächtnis der Erde

Die Erde erinnert sich auf eine Weise, die wir kaum voll erfassen können, an alles und ist Zeugin der Geschichte. Der keltischen Tradition zufolge wird das Land durch spirituelle Manifestationen seiner Macht gekennzeichnet, durch die Göttin des Landes, das Auftauchen kämpfender Drachen und durch das Fließen von Strömen mit mythischen Eigenschaften. Aufgabe der Schamanen ist es, das Land zu deuten und zu erkennen und so sehr zu dessen Bestandteil zu werden, daß sie alle Unausgewogenheiten darin bewußt wahrnehmen. Der erste Textauszug zeigt uns, wie Amairgin diese Fähigkeit sowie die notwendige Macht besitzt, Heilung und Ausgleich herbeizuführen. Im zweiten Auszug sehen wir, wie das Land sich an alles erinnert, was geschah. Aufgrund solcher Berichte gewinnen wir einen Eindruck von der frühesten, mündlich überlieferten Geschichte und können daher die keltisch-schamanische Aufgabe des *seanachie,* des Chronisten und Geschichtenerzählers, des Bewahrers der Erinnerung begreifen.

Die milesische Eroberung Irlands

(Nach der Übersetzung von Caitlín Matthews)

Die irische Mythologie berichtet von mehreren Invasionen aus dem Osten. Die spätere christlich-literarische Tradition gab den Hauptgestalten dieser Berichte biblische Vorfahren und verband so die Ahnenerinnerung mit einer neuen spirituellen Tradition. Im folgenden Absatz aus dem *Lebor Gabala Erenn* (*Buch von der Eroberung Irlands*) lesen wir von Mileds Versuch, Irland den herrschenden *Tuatha de Danann* (Stamm von *Danu*, der ursprünglichen Ahnherrin) zu entreißen. Die *Dananns* zeichnen sich in Druidentum und Beschwörungen aus, aber die Milesier haben in ihrer Flotte keinen geringeren als Amairgin Weißknie.

Unsichere Kopisten haben den Text verschiedenen Eingriffen unterzogen, die die ursprünglich eindeutige Erzählung unklarer machten, so daß Errannan und Dinn in den verschiedenen Variationen zweimal zu sterben scheinen. Wir haben uns jedoch bemüht, den Text so zu strukturieren, daß die Geschichte zusammenhängend erscheint. Die folgenden Anmerkungen sollen helfen, den Text zu klären:

1. Die Milesier versuchen, in Irland einzudringen und werden von den vereinten spirituellen Kräften der *Tuatha de Danann* zurückgedrängt. Nachdem sie die Insel dreimal umrundet haben, gelingt es den Milesiern, sich dem Ufer zu nähern. Sie veranstalten einen Ruderwettbewerb, bei dem Ir stirbt, denn Eber Donn, sein ältester Bruder, verfügt über die Kraft, dem Jüngeren durch Wunsch Böses widerfahren zu lassen. Dieser Wettstreit, wer zuerst ans Ufer gelangt, ist Bestandteil zahlreicher irischer Invasionsgeschichten. Amairgins Frau Scéne stirbt und gibt ihren Namen *Inber Sláine* dem modernen Inverskena (der Fluß Kenmare in Kerry). Im Text wird zwar häufig von Inber Sláine und Inber Scéne gesprochen, aber es handelt sich in Wirklichkeit um den gleichen Ort.

Wir hören von den sieben Häuptlingsfrauen der Milesier, die alle irgendwie Orten in Irland ihre Namen gaben; bei Scota etwa ist es Schottland. Scota ist die Tochter des Pharao Nectanebus, die Miled auf seinen Reisen ehelichte. Diese Information wirkt auf den ersten Blick unwahrscheinlich, aber es gab in der 30. Dynastie (4. Jahrhundert v. Chr.) zwei

Pharaonen dieses Namens, und so ist das keltische Gedächtnis vielleicht doch nicht so fehlerhaft. Tea gibt ihren Namen *Tea-mhauir*, Tara.

Das Gedicht über die sieben Frauen wirkt vielleicht unwichtig, aber bedeutsame Hinweise liegen in den Daten dieser und vorangegangener Invasionen Irlands. Sie sind nach Mondtagen berechnet; die Fir Bolg kamen am 19. an, in der Abnehmphase des Mondes, während die Danann am neunten, in der Zunehmphase einfielen. Die Milesier trafen kurz nach dem Vollmond, am 17. Tag ein. Wir schätzen, daß die Gegenüberstellung der sieben Frauen mit diesen Landungsdaten möglicherweise darauf hinweist, daß sie selbst mit den verschiedenen Mondphasen verbunden waren.

2. Als Amairgin Weißknie, Hauptdichter und Schamane der milesischen Invasoren, Irland vom Schiff aus grüßt, erinnert er sich an alle Existenzformen, die er körperlich und in Visionen erlebt hat. Er singt ein rhapsodisches Lied der Selbstdarstellung für das Land und spricht in seltsamen Begriffen von seinen kreativen Fähigkeiten: Das Vieh von Tethra ist wie die Sterne, die über dem Meer aufgehen und den Stier des Mondes begrüßen. In Amairgins mystischer Identifizierung mit allen Wesen wird er zu einem Arzt der Seele und fügt die verstreuten Elemente des Lebens zu neuer Vollständigkeit zusammen. Dies ist die Aufgabe keltischer Dichter mit ihrer Fähigkeit, der Seele Visionen, Ruhe und Stille bringen zu können. Außerdem vollzieht er die traditionell-schamanische Aufgabe, das Meer zu besänftigen, damit die Milesier immer Fisch haben.

3. Nach der Landung müssen die Milesier gegen die *Tuatha de Dannan* kämpfen. Hier finden wir eine Auswahl von *dindsenchas*, »Geschichten von Ortsnamen«. Die Ächtung von Nacktheit unter bestimmten Umständen wirkt auf den ersten Blick wie eine christliche Intervention, denn Nacktheit war bei den Kelten nichts Ungewöhnliches. In klassischen Berichten heißt es etwa, daß gälische Matronen nackt und waidgefleckt spirituelle Praktiken ausüben; keltische Krieger ziehen oft mit knapper Bekleidung oder völlig nackt in die Schlacht. Die Erwähnung, daß Lugaid und Fial sich reinigen, kann ein Hinweis darauf sein, daß hier eine Ritualregel gebrochen wird. Wir sehen später in diesem Kapitel, daß oft Wasser durchbricht oder aufspritzt, wenn bestimmte rituelle Prozeduren ignoriert werden.

Eremin verliert in dieser Schlacht sein Pferd und gibt dessen Namen dem Liffey, *Gabar Life*. Das irische Wort für Pferd, *gabar*, ist mit dem irischen Wort für Invasion, *gabaltar*, eng verwandt. Die indoeuropäische Methode der Invasion, von Indien bis Irland, scheint darin bestanden zu haben, daß man die Pferde an Land freiließ und das Gebiet beanspruchte, das sie mit ihren Hufen bedeckten. Die Milesier beanspruchen Irland auf weniger heilsame Weise, indem sie ihre Toten als Sühneopfer an den Ufern liegenlassen.

4. Amairgin Weißknie spielt eine Hauptrolle bei dieser Invasion, indem er die drei Hauptgöttinnen Irlands anfleht und einen Pakt mit ihnen eingeht. Er verspricht Banba und Fotla, daß Irland nach ihnen benannt wird, aber Eire (*eriu*) gewährt er, daß ihr Name auf immer benutzt wird. Banbas Name steht für »Frau der Kühe« – die Kuh war eine Grundeinheit der keltischen Währung, ebenso wie eine Sklavin. Fotlas Name hat Verbindungen mit Lehm und Erde. Banba und Fotla kann man daher mit einem früheren Stamm und mit der niederen Aufgabe der Landbestellung verknüpft sehen. Eires Name steht vermutlich für »eine, die erhoben ist«, und sie wird für ihren großzügigen Einsatz für die Milesier auch belohnt.

5. Nach dem Pakt ziehen die Milesier, um ihre Invasion zu konsolidieren, nach Tara, dem Sitz der Hochkönige. Dort stellen sie jedoch fest, daß die drei Könige ihnen verschiedene Bedingungen stellen. Unter dem Vorwand, drei Tage lang Waffenstillstand zu halten, verlangen die Hochkönige, daß die Milesier sich auf ihre Schiffe zurückziehen. Sie haben aber die Absicht, die Invasoren auf magische Weise daran zu hindern, jemals zurückzukehren. Amairgin behält jedoch seinen klaren Kopf und willigt aufgrund seiner Fähigkeit zu einem guten Richter und als Zeuge des Waffenstillstands ein: Er hat seine eigenen Pläne.

Die volle Bedeutung des Treffens der Milesier mit den drei Göttinnen und den drei Königen von Tara kann man vielleicht mit einem Blick auf den Stammbaum erkennen.

Ogma ist unter den irischen *Tuatha de Dannan* der Gott der Beredtsamkeit. Seine drei Söhne sind mit den alten Göttinnen des Landes verheiratet. Der Pakt, den Amairgin hinter dem Rücken der Könige geschlossen hat, gibt ihm genügend Macht, ihren Zauber zu brechen.

OGMA

MAC CUILL + *BANBA* MAC CECHT + *FODLA* MAC GREINE + *EIRE*

Familienstammbaum von Ogma

6. Amairgin zieht sich hinter die neunte Welle zurück – der traditionelle Abstand des Exilierten vom Land – und reagiert gelassen auf den magischen Sturm, den die *Dannans* gegen ihn aussenden. Erannan prüft, ob es sich um einen druidischen Wind oder einen natürlichen Sturm handelt, fällt dabei aber vom Mast. Die Klagen seiner Mutter um ihn verdeutlichen die Not der Milesier, die immer noch ein landloses Volk sind, ohne Heimat, bis sie Irland erobern können.

Amairgin reagiert darauf mit einem gemessenen und triumphierenden Gesang. Man sollte die Struktur genau betrachten, denn es ist ein durchgängig zirkuläres Gedicht, das jedes Bild der vorangegangenen Zeile wiederholt, um die nächste Zeile zu konstruieren. Zeilen 2 bis 10 bilden die erste Neuner-Einheit, eine Zeile für jede Welle, die das Schiff vom Land trennt. Hier wird die Macht des Landes selbst angerufen. Die restlichen Zeilen enthalten die zweite Neunereinheit, in denen die Kraft der Milesier heraufbeschworen wird, wie sie in Tara auftraten, und enden mit einem Lob Eires selbst. »Die Frauen von Bres«, Zeile 16, ist eine Anrufung der Dreifachgottheit, Brigida, Schutzpatronin der Dichter, deren Weisheit Amairgin teilt. Nach dem Tod von Eber Donn, der sich auf militärische statt schamanische Taktiken verläßt, sind die Milesier als Herren des Landes etabliert. Die Geschichte vom darauffolgenden Rückzug und dem Aufgeben der Tuatha de Dannan ist in Kapitel 12 zu finden.

1. 48 Ehepaare, vier Diener und Scota, die Tochter des Pharaos, begleiteten die Söhne Mileds auf der Suche nach Irland übers Meer. Sie hatten vor, Irland bei Inber Slaíne zu erobern, aufgrund einer Prophezeiung, daß eine berühmte Kompanie Irland hier einnehmen würde. Doch jedesmal, wenn sie sich dem Land näherten, hoben die Geister das Land beim Hafen hoch wie den Rücken eines Ebers; aus diesem Grund wird Irland auch *Muc-inis* genannt, Schweineinsel. Sie umrundeten dreimal die gesamte Küste, bis sie schließlich bei Inber Slaíne landeten. Dann veranstalteten die Milesier einen Ruderwettbewerb, um zu sehen, wer als erster seinen Fuß auf irischen Boden setzen würde. Da übergab Ir, der Sohn Mileds, sein Recht auf die Ausbeutung des Meeres den anderen. Eber Donn, der älteste Sohn Mileds, war

eifersüchtig auf Ir und sagte: »Es bedeutet Pech für Ir, wenn er vor Lugaid ac Ith loszieht.« Bei diesen Worten zerbrach Irs Ruder unter seinen Händen, er fiel zurück und starb noch in der folgenden Nacht. Sein Leichnam wurde nach Sceilig gebracht, westlich des südlichen Vorsprungs bei Corco Duibne. Daher wurde Sceilig »die Geschichte unter dem flachen Stein« genannt – wörtlich *sceil* (Geschichte) *leac* (Stein].

Eber Finn, Erimon und Amairgin trauerten um Ir und meinten, Eber Donn solle wegen seines Neides keinen Anteil an dem Land haben. Es war der Tag, nach dem Scéne hier gestorben und begraben worden war; ihr Grabhügel (und der Erannans) ist noch heute zu sehen.

Am Donnerstag, dem Maiabend, kamen die Milesier bei Inber Slaíne in Irland an. Sie hatten ihre Flotte am 17. Tag des Mondes losgeschickt. Da starb Scéne, die Wohlgestaltete, Frau von Amairgin Weißknie, Sohn des Miled. Sie hoben ihr Grab auf der einen Seite der Flußmündung aus und später Erannans auf der anderen und nannten den Hafen nach ihr. Sie war eine der sieben Frauen der Milesier, wie es im Lied heißt:

Die sieben Frauen von Mileds Söhnen, eine strahlende Ehre!
Ich kenne all ihre Namen:
Tea, Fial, Fás – wie gut, von ihnen zu erzählen –
Liben, Odba, Scota und Scéne.

Tea – Frau von Erimon mit den Pferden,
Fial – Kriegerin, Frau von Luigaid,
Fás – Frau von Unmac Uicce,
Scéne, Frau von Amairgin.

Liben, Frau von Fuad, die süße Gestalt,
Scota – die Jungfrau, und Odba –
das waren die Frauen, fragt nicht,
wer die Söhne Mileds begleitete.

Am neunzehnten Tag des Mondes – und das ist wahr –
nahmen die Fir Bolg die irische Burg.
Nach ihnen am neunten Tag
beherrschten die Tuatha de Dannan das äußere Meer.

Aber am siebzehnten Tag des Mondes gewiß
landeten die Milesier in Irland.
Bei Inber Scéne mit Segeln
nahmen sie am siebzehnten das Land.

Amairgin sagte zu seinen Brüdern: »Diesen Hafen unserer Landung wollen wir nach Scéne benennen.«

2. Und Amairgin Weißknie, Sohn des Miled, setzte seinen rechten Fuß auf irischen Boden und sang:

Ich bin der Wind auf dem Meer,
Ich bin die Welle im Ozean,
Ich bin das Brüllen der See,
Ich bin der Stier der sieben Exile,
Ich bin ein Falke auf der Klippe,
Ich bin eine Träne der Sonne,
Ich bin ein Gang im Labyrinth,
Ich bin ein Eber im Zorn,
Ich bin ein Lachs im Strom,
Ich bin ein See im Tal,
Ich strahle Macht aus
Und bin Geist aller Gaben,
Ich bin ein Grashalm, der auf der Erde vergeht,
Ich bin der schöpferische Gott der Inspiration.

Wer sonst schafft den Stein vom Berg?
Wer hindert den Sonne Aufgang?
Wer befiehlt, wo die Sonne sinkt?
Wer bringt das Vieh aus dem Haus Tethras?
Wen lächelt das Vieh Tethras an?
Wer ist dieser Stier?
Wer ist der Ebergott, der die Wunden heilt?
Die Beschwörung eines Speers,
Die Anrufung des Windes.

Dann sprach er folgenden Zauber, um die Fische in die Bucht zu locken:

Voll Fische das Meer!
Voll Frucht das Land!
Ein Quell der Fische!
Unter allen Wellen
Wie ein Vogelschwarm,
Ein volles Meer!

Ein heller Schwarm
Unzähliger Lachse,
Von breitmäuligen Walen!
Ein Hafenzauber –
Ein Quell der Fische,
Ein volles Meer!

3. Nach drei Tagen und drei Nächten brachen die Milesier den Zauber der Geister und der Unterwasserwesen bei der Schlacht vom Slieve Mis gegen die Tuatha de Dannan. Fás, die Frau von Unmac Uicce, fiel dort, und man benannte Feart Fais und Gland Fais nach ihr – Grab und Tal von Fás. Scota, die Tochter des Pharaos von Ägypten, Frau von Erimón fiel ebenfalls in dieser Schlacht. Denn zuvor war Mil mac Bile mit sieben Schiffen nach Ägypten gesegelt und hatte sich Scota zur Frau genommen. Nach seinem Tod wurde Erimón ihr Gatte. In der Nacht, als die Milesier in Irland landeten, brach der See Luigdech in Westmunster durch. [Der Grund war der folgende:] Lugauid Mac Ith badete in diesem Loch Luigdech und Fial, seine Frau, in dem Fluß, der in diesen See hinein- und wieder hinausfließt. Da trat ihr Mann nackt zu ihr, so daß sie seine Nacktheit sah und vor Scham starb: Vielleicht sah auch ihr Mann sie, und ihre Keuschheit blieb Siegerin?

Slieve Mis war für die Milesier der schlimmste Berg (*sliabh*), denn dort fochten sie ihre erste Schlacht in Irland.

Die Milesier kämpften auch die Schlacht an der Liffey. Dort waren Ungeheuer von riesiger Gestalt, die die Druiden geschaffen hatten und die die Tuatha de Dannan gegen sie schickten. Eber und Erémon schlugen sich tapfer in dieser Schlacht. Erémons Pferd fiel hier, und daher wird dieser Ort *Gabar Life* genannt oder einfach Liffey.

4. Anschließend gelangten sie zu einem Berg bei Loch Dergderc. Hier sprachen die Milesier mit Banba. Banba sagte: »Wenn ihr mit der Absicht gekommen seid, Irland zu nehmen, habt ihr kein Recht auf diese Abmachung.«

»Dazu sind wir gekommen«, sagte Amairgin Weißknie.

»Ich bitte dich um eine Gabe für mich selbst«, sagte sie.

»Was ist es?« fragten sie.

»Daß mein Name diesem Land gegeben wird«, sagte sie.

»Wie lautet dein Name?« fragten sie.

»Banba«, erwiderte sie.

»Dann soll Banba der Name dieser Insel sein«, sagte Amairgin Weißknie.

Dann sangen sie eine Beschwörung gegen sie, und Banba verließ sie. Sie sprachen auch mit Fotla in Eibliu. Sie sprach auf die gleiche Weise zu ihnen und erbat sich ebenfalls, daß ihr Name Irland gegeben würde, worauf Amairgin antwortete, Fotla wäre der Name für Irland.

Dann sprachen sie mit Eire (*Eriu*) in Uisnech. Sie sagte folgendes zu ihnen: »Willkommen, ihr Krieger. Lange schon wissen die Propheten, daß ihr kommen werdet. Ihr werdet auf immer auf dieser Insel bleiben, und keine vergleichbare Insel in der östlichen Welt soll besser sein als diese, kein Stamm stärker als der eure.«

»Das ist eine gute Prophezeiung«, sagte Amairgin.

»Ihr gebührt kein Dank«, sagte Donn, der älteste von Mileds Söhnen. »Dankt lieber euren Geistern und eurer Macht.«

»Traurige Worte höre ich da«, sagte Eire. »Du wirst weder von dieser Insel gewinnen, noch werden deine Abkömmlinge hier leben. Eine Gabe für mich«, fügte sie hinzu, »ihr Söhne Mileds, Stamm von Breogain, gebt meinen Namen dieser Insel.«

»Es soll auf immer dein Name sein«, versprach Amairgin.

Im Buch Druim Snechta heißt es, daß es auf dem Slieve Mis geschah, daß Eire mit ihnen sprach, und daß sie eine gewaltige Armee gegen sie beschwor, so daß die Milesier kämpfen mußten. Aber ihre Druiden und Seher-Dichter sangen Beschwörungen, so daß sie glaubten, ihre Gegner seien bloß die Torfklumpen in den Bergsümpfen. Im gleichen Buch heißt es, daß Fotla bei Uisnech zu ihnen sprach.

5. Anschließend begaben sich die Söhne von Miled und Breogain nach Druim Càin bei Temair (Tara). Dort hielten sich drei Könige Irlands auf: Mac Cuill, Mac Cecht und Mac Greine. Sie verlangten, daß die Insel drei Tage lang die ihre sein sollte, ohne geplündert, unterworfen oder zum Schlachtfeld zu werden. Sie forderten dies in dieser Reihenfolge, um dafür zu sorgen, daß die Eindringlinge nicht zurückkehrten, denn sie würden ihnen einen Zauber nachschicken, so daß sie nicht wiederkommen konnten.

»Das versprechen wir«, sagte Mac Cuill mac Cermait, »genau wie Amairgin, Euer Richter, für euch geloben soll. Wenn er ein falsches Urteil spricht, wird er durch unsere Hände sterben.«

»Ich gebe mein Versprechen«, sagte Amairgin. »Die Insel soll ihnen überlassen werden.«

»Wie weit wollen wir gehen?« fragte Eber Donn.

»Hinter die neunte Welle«, erwiderte Amairgin. Das war das erste Urteil, das die Milesier in Irland sprachen. Und Amairgin sang:

Männer, die Besitz suchen,
hinter neun grünschultrigen Wellen
sollen nicht gehen, außer mit mächtigen Geistern.
Laßt es rasch geschehen. Laßt die Schlacht beginnen!

Ich verteile aufs neue
das Land, in das ihr kamt.
Wenn es euch gefällt, bedenkt das Rechte,
wenn es euch nicht beliebt, laßt es bleiben.
Ich spreche nur mit eurer Zustimmung.

Dann sagte Donn mac Mil: »Wenn ihr meinem Rat folgen wollt, dann ziehen wir in den Kampf.«

Da sagten die Druiden der Tuatha de Dannan: »Ihr habt eure Kräfte vergeudet und sollt nie wieder nach Irland zurückkehren.«

6. Und so zogen sie von Temair nach Süden und kamen nach Inber Féle und Inber Scéne, wo die Schiffe vor Anker lagen, und segelten (ihrem Versprechen folgend) über neun Wellen. Die Druiden und Seher-Dichter sangen einen Zauber gegen sie, so daß alles auf dem Meeresboden sich erhob, so stark war der Sturm gegen sie. So kamen sie weit westlich von Irland ab und waren ganz krank vom Meer.

»Das ist ein druidischer Sturm«, sagte Donn mac Mil.

»Das ist wahr«, sagte Amairgin, »denn er weht höher als unsere Segel.«

Der jüngste der Familie, Erannán, stieg auf den Masten, fiel aber zurück auf die Felsen und blieb tot liegen. Doch beim Sturz sagte er: »Der Wind ist nicht höher als unser Segel.« Er war der Lotse auf Donns Schiff und ein Pflegekind von Amairgin. Man legte seinen Kopf an die Brust seiner Mutter, und diese seufzte tief über seinen Tod. »Es ist gerecht«, sagte sie (sie sprach von ihrer Reise), »sein Kurs war zwischen zwei Kaisern. Er löste sich von dem einen Herrscher, aber er fand nicht den anderen, um ihm zu dienen.«

»Es ist eine Schande, daß die Begabten (*aes dana*) nichts gegen dieses Druidentum unternehmen können«, sagte Donn, als sie sich wieder an einem Ort versammelt hatten.

»Das ist keine Schande«, sagte Amairgin, und dann erhob er sich und sang:

Ich suche das Land Irland,
mächtig die fischreiche See,
voll Frucht der zerklüftete Berg
und zerklüftet die feuchten Wälder.
Feucht die Bäche, Flüsse und Seen,
Seen, Brunnen und Quellen des Landes
versorgen die Menschen vor allem,
vor allem an Taras Hof.
Tara, Haupt der Stämme,
Stämme von Miled gesandt,
Mileds Schiffe und Galeeren,
ziehen ins mächtige Eire.
Eire, mächtig und grün.
Das ist ein starker Zauber,
stark von Bres Frauen,
große Herrin Eire,

Eremon belästigte sie,
Ir und Eber suchten sie,
ich suche das Land Irland.

Und sofort legte sich der Wind.

Aber Donn sagte: »Ich ziehe nun los und bringe alles, was sich in Irland regt, unter meinen Speer und mein Schwert.«

Da erhob sich ein starker Wind gegen sein Schiff und trennte Donn mac Mil von den anderen. Auf diesem Schiff befanden sich 24 Männer, vier Diener und zwölf Frauen. Sie ertranken alle bei Dumachaib an der westlichen Küste, und daher wird sie Tech Duinn genannt, Haus von Donn.

Auszüge aus den Dindsenchas

Jede Stelle auf der Erdoberfläche hat irgendwie ein Gedächtnis oder birgt die Erinnerung an Ereignisse, die dort einst geschahen. Diese Erinnerung wird in unserer Kultur auf viele verschiedene Weisen bewahrt. Amerikaner, von denen viele keine so kontinuierliche Erinnerung an Orte haben, staunen oft über die zahllosen volkstümlichen Geschichten über scheinbar ganz normale Orte in Großbritannien und wundern sich über das Gedächtnis der Ansässigen. Solche Geschichten, Lieder und Anekdoten über Orte sind für das Gedächtnis der australischen Ureinwohner immer noch von mythischer Bedeutung. Bruce Chatwins bemerkenswertes Buch *Traumpfade* vermittelt uns Einsichten in die Art und Weise, wie sie sogar Pfade und ausgetrocknete Flußbetten als numinose Zentren ungewöhnlicher spiritueller Aktivität betrachten. Ein Gegenstück dieses weit zurückreichenden Erinnerungsvermögens liegt in den *Dindsenchas* bewahrt, den Geschichten über Orte in Irland. Es folgt eine kurze Auswahl aus diesem Verzeichnis.

Der Stil der *Dindsenchas* schwankt wie bei den meisten irischen Texten zwischen knapp und karg und weitschweifig. Viele Geschichten stehen im Zusammenhang mit gewagten Deutungen aus dem Bereich der Namenskunde (Onomastik), sie ergehen sich in gewundenen Erklärungen, was den Schluß nahelegt, daß der Schreiber versuchte, die Beschreibung dem Namen anzupassen. Aber auch die schönen, manchmal zu plausiblen Geschichten voller Anspielungen werden in der irischen literarischen Tradition ständig erwähnt, was ihre Erinnerung lebendig hält. Die *Dindsenchas* finden sich im »Buch von Leinster« und in einem Manuskript, das in Rennes in Frankreich aufbewahrt wird.

Mide

In dieser Geschichte geht es um den Berg Uisnech zwischen Mullingar und Athlone im heiligen Zentrum Irlands. Er ist nach Mide benannt, dem Druiden und Historiker der Nemedier, den Eindringlingen, die die Fomorer besiegten. Er verleiht der Grafschaft Meath ihren Namen. Feuer wurden in keltischen Zeiten stets scharf bewacht, und das häusliche Herdfeuer durfte niemals ausgehen, außer vor dem rituellen Wiederanzünden an Beltane, wenn jedermann eine Fackel zum Uisnech brachte, um das Hausfeuer am königlichen Feuer zu entzünden, das der Druide des Königs ansteckte. Wir haben hier eine Erinnerung an die blutige Unterdrückung der fomorischen Druiden:

Mide, Sohn des Brath, der ein Sohn von Deioth war, entzündete als erster ein Feuer in Erin für die Clans von Nemed, und dieses Feuer brannte sechs Jahre, und von diesem Feuer wurden alle Hauptfeuer in Erin angezündet. Daher hat Mides Nachfolger Anspruch auf einen Sack [Korn] und ein Schwein von jedem Haus in Irland. Da sagten die Zauberer von Irland: »Es ist ein böser Rauch (*mi-dé*) für uns, dieses Feuer, das im Land entzündet wurde.« Da wurden die Zauberer Irlands in einem Haus zusammengerufen, und auf Ratschlag Mides hin wurden ihnen die Zungen aus dem Kopf geschnitten und im Boden von Uisnech verbrannt, und Mide, der Oberzauberer und Hauptgeschichtsschreiber Irlands, setzte sich darauf. Dann sagte Gairech, Gumors Tochter, Mides Ziehmutter: »Am höchsten ist der (*uais*) eine (*nech*), der heute nacht hier ist.« Daher stammen Uisnech und Mide.

Boand

Diese Geschichte erzählt uns von der Quelle des Flusses Boyne in der Grafschaft Meath. Die gleichnamige Göttin Boand soll einmal dreimal gegen den Uhrzeigersinn um sie herum gegangen sein. »Gegen die Sonne« zu gehen, statt *deosil* (»zur Sonne hin«) gilt in keltischen Legenden als dumm oder böse, weil es gegen die Natur ist und Unglück anlockt. Der Brunnen von Nechtan, ihrem Mann, ist ein heiliger Ort, Quelle allen Wissens. Boands Handlung setzt das Wasser für das Volk frei – eine Tatsache, die in den meisten poetischen Texten anerkannt wird, da es Boand ist und nicht Nechtan, an die man sich als Quelle und Schutzherrin der blühenden Phantasie der Dichter erinnert:

Boand, Frau von Nechtan, Sohn des Labraid, ging zu der geheimen Quelle im Wald von Síd Nechtáin. Alle, die dort hingingen, kamen mit brennenden Augen wieder, nur nicht Nechtan selbst und seine drei Becherträger, die Flesc, Lam und Liam hießen.

Einmal ging Boand auch dorthin, aus Stolz und um die Macht der Quelle auf die Probe zu stellen, und sie erklärte, sie habe keine heimlichen Kräfte, die ihr etwas anhaben könnten. Dreimal ging sie gegen den Uhrzeigersinn um die Quelle. Daraufhin brachen sich drei Wellen aus der Quelle über ihr, rissen ihr einen Schenkel und eine Hand ab und nahmen ihr ein Auge. Da floh sie vor ihrer Schande und wandte sich zum Meer, und das Wasser war hinter ihr bis zur Mündung des Boyne (wo sie ertrank). Nun war sie die Mutter von Oengus, Sohn des Dagda.

Oder es geht so: *Bd* ist der Name des Flusses (von Síd Nechtáin) und *Find* der des Flusses von Sliab Guairi. Bei ihrem Zusammenfluß ist der Name Boand entstanden, Bó und Find.

Dabilla war der Name ihres Schoßhündchens, daher Cnoc dabilla (Dabillas Berg), heute Sliab in Coalig genannt, der »Berg des Bundes«.

Slaney

Diese Geschichte berichtet vom Fluß Slaney in der Grafschaft Wexford und der Vision von Cathair Mor, einem Hochkönig im 1. Jahrhundert n. Chr. in Irland. Slaine war ein Sohn des Partholon und der erste Arzt. Im heutigen Irischen bezeichnet der Name »Gesundheit«.

Der »hundertfache Gastgeber« ist jemand, der über hundert Sklaven und Tiere besitzt und vom Gesetz angehalten ist, alle Reisenden zu bewirten. Whitley Stokes übersetzt hier das traditionell-irische *druid* als »Zauberer«. Wir sehen hier, wie die deutende Rolle des Dichter-Schamanen ausgeübt wird:

Der Slaney-Fluß ist nach Slainge, Sohn des Dela, nach den Königen von Fir Bolg und auch nach Inber Slaney benannt. Zu Catháirs Zeiten war es der Name eines Sees, wie es in *Catháirs Vision* heißt.

Ganz früh in Catháirs Leben, als er einmal schlief, sah er die Tochter eines hundertfachen Gastgebers von schöner Gestalt, und ihre Gewänder waren in allen Farben, und sie war schwanger, achthundert Jahre lang, bis sie einen Knaben gebar, und dieser war am Tag seiner Geburt bereits stärker als seine Mutter. Sie stritten sich, und seine Mutter konnte ihm nicht entkommen, außer mitten durch ihren Sohn hindurch. Über ihnen ragte ein schöner Hügel auf, höher als alle anderen, mit einer Armee darauf. Auf der Kuppe stand ein Baum, der von Gold glänzte, und wegen seiner Höhe reichte er bis in die Wolken. In seinen Blättern spielte eine Melodie, und seine Früchte fielen, als der Wind sie berührte, auf den Boden. Es waren die ausgesuchtesten Früchte.

Daraufhin erwachte Catháir und rief seinen Zauberer, Bro, Sohn des Baircid, und erzählte ihm von der Geschichte. »Das rate ich«, sagte Bri [wenn ich einen Wächter habe. »Den sollst du haben«, sagte der König; »alles, was du verlangest«.] Da [sagte der Zauberer], »Das ist die Maid, nach der der Fluß Slaney seinen Namen hat. Das sind die Farben ihrer Kleider: Künstler aller Arten ohnegleichen, ohne Unterschied oder Besonderheit. Das ist der hundertfache Gastgeber: Ihr Vater, die Erde, durch die alles stets hundertfach entsteht. Das ist der Sohn, der achthundert Jahre lang in ihrem Schoß war: Der See, der aus dem Fluß entsteht, und in deiner Zeit hervorbrechen wird. Der Sohn ist stärker als die Mutter, und an dem Tag, an dem der See entsteht, wird er den Fluß ertränken. Viele Kämpfer sind dort, die alle aus dem See und dem Fluß trinken. Über ihnen ragt ein hoher Hügel auf, der Macht über alles hat. Das ist der Baum aus Gold mit seinen Früchten, und er steht in seiner Souveränität sogar über Banba (Irland). Das ist die Musik, die in den Wipfeln spielt: Deine Beredtsamkeit bei der Bewachung und Beurteilung des *gaels*. Das ist der Wind, der die Früchte abwirft und so frei mit ihnen umgeht wie mit Schmuck und Edelsteinen. Und nun«, sagte Bri, »kennst den Rat aus dieser Vision.«

Sinann

Das ist die ursprüngliche Geschichte über den längsten Fluß in Britannien und Irland, den Shannon. Die Geschichte um die gleichnamige Flußgöttin Sinann ist mit der Boands vergleichbar. Ihr Besuch beim Brunnen von Connla in der Unterwasserwelt von Tir Tairngire setzt die Wasser in die Mittelwelt von Irland frei:

Sinend, Tochter des Lodan Lucharglan, Sohn des Ler, von Tir Tairngire (»Land der Verheißung«, Feenland) ging zum Brunnen von Connla, der unter dem Meer liegt, um ihn zu betrachten. Das ist eine Quelle, an der die Haselbüsche und weise Inspirationen wachsen, die Haselruten der Dichtkunst, die in der gleichen Stunde blühen und fruchten und ihre Blätter abwerfen, und diese fallen in einem Regen in die Quelle, deren Wasser sich in einer königlichen Purpurwelle brechen. Dann beißen die Lachse in die Früchte, und der Saft der Nüsse zeigt sich an ihren lila Bäuchen. Sieben Ströme der Weisheit entspringen dort und kehren dorthin zurück.

Nun ging Sinend los, um Inspiration zu suchen, denn sie wollte nichts anderes außer Weisheit. Sie folgte dem Fluß, bis er Linn Mu Feile erreichte, den Teich der keuschen Frau Bri ele – und dann zog sie weiter, aber die Quelle verließ ihren Platz und folgte ihr zum Flußufer Tarr-cáin. Danach wurde sie von ihr überwältigt, so daß ihr Rücken (*Tarr*) nach oben zeigte, und als sie auf dieser Seite [des Shannon] an Land gegangen war, spürte sie den Tod. Daher stammen *Sinann* und *Linn Mná Féile* und Tarr-cáin.

Mag Mucraime

Mag Mucraime ist eine Ebene westlich von Athenry in der Grafschaft Galway. Die ursprüngliche Geschichte gehört zu den zahllosen keltischen Erzählungen über magische Schweine, die immer wieder aus der Unterwelt ausbrechen, um Verwirrung und Zerstörung zu stiften oder eine Hungersnot zu beenden, je nach Überlieferung. Hier beginnen Ailill und Medb (Maeve), die Herren von Connacht, eine Schweinejagd, um die magischen Tiere zu fangen, zu zählen und zu untersuchen, die ihnen ihr Korn und ihre Milch verdorben haben. Schweine stammen gewöhnlich aus der Unterwelt und werden mit früheren Stämmen als den Kelten verbunden, für die die Schweinehaltung die niederste Arbeit war. Die angebliche Schmutzigkeit der

Schweine hielt die Kelten aber nicht davon ab, sich an Schweinefleisch zu erfreuen. Die Gegenüberstellung in dieser Geschichte von Königen und Schweinen ist wichtig, um deren zerstörerische Eigenschaften zu überwinden. Diese Schweinelegenden kommen auch in Wales häufig vor, wo die Geschichte von der Wiederbelebung von Pwylls Schweinen durch Gwydion zur Folge hatte, daß viele Orte Muc Tref oder Schweinejagd heißen. Die natürliche Grenze zwischen Nord- und Südirland heißt bis auf den heutigen Tag »Wall des Schwarzen Schweins« und geht auf die Überlieferung von einem tobenden Eber zurück, der das Land zu seiner heutigen Formation aufwühlte.

Eine Herde magischer Schweine kam aus der Höhle von Cruachu zu Ailill und Medb und verdarb das Korn und die Milch, wo immer sie waren, und die Männer von Erin konnten sie weder zählen noch betrachten. Daher begannen sie ihre Jagd zu Fuß, und Ailill und Medb kamen nach Fraechmag (Heidefeld) und jagten die Schweine bis nach *belach na fert*, dem »Paß der Gräber«, und hier fing Medb eines am Bein, aber es ließ seine Haut in seiner Hand zurück, und daraufhin wurden sie auf der Ebene gezählt. Daher stammt der Name *Mag muc-rinme* – »Ebene der Schweinezählung«.

Kapitel 2

Das Gedächtnis von Tieren

Die Suche nach einem Tierhelfer und die Arbeit mit ihm ist eine der Ur-Initiationen für den Schamanen. In Märchen und Geschichten in aller Welt begegnen der jüngere Sohn oder die jüngste Tochter, die man ohne Besitz und Freunde in die Welt schickt, unweigerlich einem oder mehreren Tieren, die ihnen helfen und sie ermächtigen. Viele keltische Heilige werden mit Tieren verbunden: St. Gobhnat von Ballvourny in der Grafschaft Cork wird von neun weißen Rehen zu ihrer Klostergründung geführt; ihre Umfriedung wird von Bienen bewacht. St. Kevin von Glendalough in der Grafschaft Wicklow bietet seine Hand einer Amsel als Nest an und wartet geduldig, bis sie ihre Eier ausbrütet. Diese Geschichten haben nur wenig damit zu tun, daß man »gut zu Tieren« ist; es geht vielmehr um ein völliges Versenken und eine intensive Einstimmung auf die Tierlehrer der natürlichen Welt.

Die Vorstellung, daß die Menschen von den Tieren etwas lernen können, ist in der schamanischen Arbeit stets gegenwärtig. Die Tierhelfer, denen wir in den inneren Welten begegnen, kennen die Anderswelt auf ihre Weise besser als wir, und wir entdecken, daß man sich auf sie verlassen kann, da sie uns auf bisher unbekannte Weisen helfen. Die Tiere in unserem Umkreis lehren uns einfache und offensichtliche Wahrheiten über das Leben und Beziehungen zu anderen Lebensformen, die auf jene Menschen ungeheuer heilend wirken, die ihren Platz im Universum vergessen haben. Das Gedächtnis der Tiere hilft uns auch, uns an unsere Verbindungen zum Paradies zu erinnern.

Menschliche Schicksale werden oft von helfenden Tieren reguliert oder mit ihnen verbunden; aufgrund dessen werden sie oft als spezielle Totemtiere für einen Menschen oder Stamm betrachtet. Der Junge Setanta erhält seinen Mannesnamen Cuchulainn (Hund von Culainn), nachdem er mit Culainn, dem Schmiedehund gekämpft und ihn besiegt hat. Als Belohnung für die Tötung des Hundes wird Cuchulainn selbst zum Wachhund des Schmieds. Nun ist er auf alle Zeiten durch das *geas* verpflichtet, niemals Hundefleisch zu essen. Auf gleiche Weise ist es Diarmuid O'Duibhnes *geas*, niemals Eber zu jagen. Cuchulainn wie Diarmiud sterben beide, weil sie gegen ihre *geas* verstoßen und damit die spirituelle Verbindung zu ihren tierischen Helfern verletzt haben. Sie vergessen beide praktisch ihre Pflicht und ihre Bindung an ihr Totemtier, weil sie sich in menschliche Angelegenheiten verstricken.

Die beiden hier gegebenen Beispiele stehen für die traditionell keltische Lehre über die Ältesten Tiere. Schon lange vor Darwins Theorie der Evolution hatten die Eingeborenenstämme in der ganzen Welt ein instinktives Verständnis von der Kette der Erinnerung, durch die alle Lebensformen verbunden sind. Die Ältesten Tiere sind diejenigen, deren Gedächtnis am weitesten zurückreicht und die in die Tiefen der Zeit vordringen können. Es handelt sich um ein kumulatives und vernetztes Gedächtnis, zu dem die Schamanen mittels ihrer speziellen Tierhelfer (einem einzigen oder mehreren) Zugang haben. Aus diesen Lehren erkennt man, daß Fische und Vögel – und nicht die Säugetiere – zu den Ältesten Tieren gehören.

Eleanor Hulls Essays über den »Falken von Achill« ist als Zusammenfassung der disparaten Überlieferungen von »Ältesten Tieren« bisher unübertroffen. Sie zitiert darin den Text von Fintan (dem wir im vierten Kapitel begegnen) und den »Falken von Achill«. Die unterschiedlichen Beispiele für die Tradition, die das Alter von Tieren mit dem Alter der Welt verknüpft, verdeutlichen die wechselseitige und integrative Natur des schamanischen Universums.

Der Falke von Achill

(oder die Legende von den Ältesten Tieren)

Eleanor Hull[1]

Manch ein Besucher der Abtei von Westminster wird sicher schon den schönen Mosaikfußboden im Sanktuarium vor dem Hochaltar bemerkt haben. Er stammt von einem bekannten italienischen Künstler namens Odericus, den man zur Zeit von Abt Ware aus Rom kommen ließ. Das Mosaik wurde 1268 unter der Herrschaft von König Heinrich III. vollendet. In der Mitte befindet sich ein großer Kreis aus schlichtem Porphyr, umgeben von Kreisen und Spiralen. Darum legt sich ein Rhombenmuster in einem Quadrat, welches wiederum von einem äußeren Viereck umgeben ist. Die verbleibenden Flächen sind mit kreisförmigen und viereckigen Mustern ausgelegt. Nur wenigen Menschen fällt hier auf, daß hier und da Buchstaben und Fragmente einer Inschrift zu sehen sind, die einst das innere Viereck und den Kreis um die Mitte ausfüllte. Ein paar Worte und eine ganze Zeile sind übrig geblieben, mit ein paar verstreuten Buchstaben, deren Reste durch die Zeit und Renovierungen verwischt wurden.

Glücklicherweise konnte die lateinische Inschrift von Camden vollständig bewahrt werden; sie lautet in wörtlicher Übersetzung:

> Wenn der Leser alles, was hier niedergelegt ist, klug bedenkt,
> findet er hier das Ende des primum mobile.
> Die Grenze ist dreifach, man fügt Hunde, Pferde und den Menschen hinzu,
> Hirsche und Raben, Adler und große Wale.
> Was immer darauffolgt, verdreifache die Jahre der Erde.
> Der runde Globus bildet einen archetypischen Mikrokosmos.
> Im Jahre Christi eintausendzweihundertundzwölf mit sechzig minus vier (1268),
> König Henry der Dritte, die Stadt (London oder Rom?),
> Odericus und der Abt
> fügten diese Porphyrsteine zusammen.

Ohne nun näher auf das ptolemäische System einzugehen, das Odericus vorschwebte, als er diesen wunderbaren Boden plante, und das er damit irgendwie auch dargestellt sah, sollten wir hier auf die seltsame Berechnung der Daten achten, die auf der Lebensdauer von Tieren beruht. Das Muster weist weder Darstellungen von Tieren noch von Menschen auf, aber die Berechnung stützt sich auf ein dreifaches System der Lebensdauer von Hunden, Pferden, Menschen, Hirschen, Raben, Adlern und großen Walen. Es ist schwer zu erkennen, wie man so zum tatsächlichen Datum gelangte, aber uns interessiert hier eher die Methode und nicht so sehr das Ergebnis: Es war eindeutig eine bekannte Weise, um Daten zu berechnen, indem man das Leben einer Reihe von Lebewesen, manchmal auch Menschen, verdreifachte.

Die Methode ist nicht von Odericus erfunden worden; sie ist viel älter. Es gibt Variationen dazu im Griechischen, Lateinischen, Italienischen, Spanischen, Portugiesischen, Bretonischen und Deutschen, die alle einander sehr ähnlich sind, aber je nach Stellung des Landes und der dort bekannten Tiere leicht voneinander abweichen. Die portugiesische und eine venezianische Parallele folgen für die ersten fünf Zahlen genau der gleichen Reihenfolge wie im Mosaikboden von Westminster: d.h. zunächst ein Zaun (was eine Korrumpierung der »dreifachen Grenze« im Lateinischen zu sein scheint). Darauf folgen Hund, Pferd, Mensch und Hirsch, die Berechnung endet mit dem Elefanten.

Die griechische Version wurde von Freunden übersetzt. Sie lautet wie folgt:

So lebt der krächzende Kormoran (die Meereskrähe) neun Generationen eines alten Mannes, der Hirsch viermal wie der Kormoran, die Krähe überlebt vier Hirsche, aber der Phönix neun Krähen, und wir, die hellhaarigen Nymphen, Töchter des Aegis-tragenden Zeus, überleben zehn Phönixe.

(HESIOD, Fragm. ciii. hg. v. Lehrs)

Die Deutschen treiben die Berechnungen noch weiter. In einem 1616 veröffentlichten Buch von Tierlegenden heißt es:

Eine Stadt dauert drei Jahre,
Ein Hund überlebt drei Städte,
Ein Pferd überdauert drei Hunde,
Der Mensch überlebt drei Pferde,
Ein Esel überlebt drei Menschen,
Eine wilde Gans überlebt drei Esel,

Eine Krähe überlebt drei Wildgänse,
Ein Hirsch überlebt drei Krähen,
Ein Rabe überlebt drei Hirsche,
Und der Vogel Phönix überlebt drei Raben.

Eine weitere deutsche Version hält sich enger an das Original. Hier haben wir die Reihenfolge von Zaun, Hund, Pferd, Mensch, Esel, Wildgans, Krähe, Hirsch, Rabe und Phönix. Den Phönix hat man von griechischen und lateinischen Versionen übernommen, die die Reihenfolge als Mensch, Krähe, Reh, Rabe, Phönix und Hamadryad angeben. Ein Gedicht des Minnesängers Reinmar von Zweter (13. Jahrhundert) enthält eine ähnliche Passage. Das Leben des Menschen ist demnach mit 88 Jahren angegeben. Das des Phönix beträgt 83 052 Jahre.

Doch kehren wir zurück: Auf den britischen Inseln haben wir vergleichbare Texte in walisischer, schottischer und irischer Überlieferung. In einer Legende in den Iolo-Manuskripten sollen die sechs ältesten Wesen der Welt der Adler von Gwernabwy, der Hirsch von Rhedynvre, der Lachs von Llyn Llivon, die Drossel von Cilgwrym, die Kröte von Cors Vochno und die Eule von Cwmcawlwyd sein. Diese Berechnung wird auf eher poetische Weise in einem Gedicht von Ap Gwílym an seine Geliebte angestellt, in dem er sich beklagt, er habe solange unter einem Dornbusch auf sie gewartet, daß »tausend Menschen und mehr« ihn mit diesen langlebigen Tieren vergleichen. Die gewählten Tiere sind fast immer die gleichen: Adler, Hirsch, Drossel, Hund, Pferd und Lachs (der in den einheimischen Geschichten den Platz des Wals bei Odericus einnimmt) gelten als die langlebigsten Tiere.

In Schottland nennt uns Sheriff Alexander Nicolson in seinen *Gaelic Proverbs and Familar Phrases* (Edinburgh 1881) die folgenden Tiere, deren Alter wie immer mit drei multipliziert wird:

Dreimal das Hundealter, Alter des Pferdes,
Dreimal das Pferdealter, Alter des Menschen,
Dreimal das Menschenalter, Alter des Hirschen,
Dreimal das Hirschenalter, Alter des Adlers,
Dreimal das Adleralter, Alter der Eiche.«

Menschenleben mußten in Schottland kostbar sein. Hier hat der Mensch bloß 27 Jahre zu leben, der Hirsch 81, der Adler 243 Jahre und die Eiche 729 Jahre.

In Irland hat man es besser, und das Schicksal schenkt einem 81 Lebensjahre – plus eins. In einem Absatz des »Book of Lismore« (Bd. 1512, Teil 2) lesen wir das folgende:

Ein Jahr für den Pfosten (*cuaille*),
Drei Jahre für das Feld (*gort*),
Drei Lebenszeiten des Feldes für den Hund (*cú*),
Drei Leben von Hunden für das Pferd (*ech*),
Drei Lebensalter des Pferdes für den Menschen (*duine*),
Drei Lebensalter des Menschen für den Hirschen (*dam allaid*),
Drei Lebensalter des Hirschen für die Drossel (*lon*),
Drei Lebensalter der Drossel für den Adler (*ilar*),
Drei Lebensalter des Adlers für den Lachs (*bradan*),
Drei Lebensalter des Lachses für die Eibe (*iubar*),
Drei Lebensalter der Eibe für die Welt von Anfang bis zum Ende.

Das ist genau die Reihenfolge wie in der Westminster-Abtei, nur daß die Drossel den Platz des Raben und der Lachs den des Wals einnimmt. Am Anfang ist ein Jahr für den Pfosten eingefügt, ansonsten ist es identisch. Die schwierigen letzten Zeilen der Westminster-Inschrift deuten das Alter der Welt vom Anfang bis zum Ende an. Damit gelangen wir zu 59 050 Jahren, zwei Verdreifachungen der Westminster-Berechnung, die es auf 6561 Jahre brachte, d. h. bis zum Lachs in der irischen Liste. Aber ich weiß nicht, was genau dieser Zyklus repräsentiert.

Für uns sind die genauen Berechnungen nicht wichtig. Bemerkenswert ist, daß wir eine fast identische Parallele zwischen einer lateinischen Inschrift aus dem 13. Jahrhundert in Westminster und einer ganzen Reihe von gälischen Berechnungen aus dem 15. Jahrhundert haben, die auf viel älteres Material zurückgehen. Diese Listen sind darüber hinaus bis auf den heutigen Tag volkstümliches Allgemeinwissen geblieben. Hyde sagt in seinen »Legends of the Saints and Sinners« (S. 56–57), daß er oft Variationen davon auf dem Land gehört habe. Gewöhnlich unterschieden sie sich kaum von den bisher erwähnten:

Drei Ruten (oder Pfosten) gleichen dem Hundeleben,
Drei Hunde sind ein Pferd,
Drei Pferde ein Mensch,
Drei Menschen ein Adler,
Drei Adler ein Lachs,

Drei Lachse eine Eibe,
Drei Eiben eine Furche,
Drei Furchen der Anfang der Welt bis zum Ende.

Hyde meint, daß die Bauern, die diesen Vers aufsagten, erklärten, die Ruten oder Pfosten seien die gleichen wie das irische *cuaille* aus der Lismore-Version: Pfähle, die man in Hecken steckt, um eine Lücke zu füllen, und die drei Furchen (*eitre*) seien die alten, breiten Furchen des gepflügten Bodens aus Urzeiten, die kaum Spuren im Boden hinterließen. Aber die Vorstellung von einer Umfriedung oder Grenze am Anfang entspricht den anderen Beispielen, und die Erwähnung des Alters des Universums am Ende findet sich ebenfalls in allen Aufzählungen. Dies entspricht dem alten *primum mobile* der äußeren Grenze in der Westminster-Inschrift, aber der irische Bauer wäre überrascht, wenn man ihm sagte, er spräche in ptolemäischen Begriffen.

In der irischen Literatur gibt es eine ganze Reihe ähnlicher Aufzählungen von Tieren, etwa im »Buch von Fermoy«. Dort findet sich ein Gedicht mit zehn Strophen, das so beginnt:

Ein Jahr für den Pfosten zu recht,
Drei für das Feld in grüner Pracht,
Als Brache im ersten und zweiten,
Und im dritten in dritter Brache.

Auch das Buch von Ballymote (in modernerer Form in Egerton 133, Art 20, im Britischen Museum) zählt ähnliche Lebensalter auf.

In einer frühen englischen Form finden wir wiederum die gleiche Idee. Der Vers Demaundes Joyous von Wynkyn de Worde (1511) geht so:

Frage, wie alt ist die kleine Feldmaus?
Ein Jahr, und eine Hecke steht drei Mäuseleben,
und das Leben eines Hundes dauert drei stehende Hecken,
und das Leben eines Pferdes ist drei Hundeleben ...«
– und so geht es weiter über Mensch, Gans, Schwan, Schwalbe, Adler,
Schlange, Rabe, Hirsch und Eiche

(Wright and Halliwell, *Reliquiae Antiquae*, ii, 75).

Geschichten von langlebigen Tieren gibt es in der gesamten Weltliteratur, damals wie heute. Solche Legenden finden sich in der japanischen, persischen, chinesischen und hinduistischen Literatur, vermutlich noch in vielen anderen. In den asiatischen Versionen kommen, wie zu erwarten, andere Tiere vor und als Zahl nur die Drei. Das Konzept wird hier nicht mit einem kosmologischen System verbunden, wie im Lateinischen, sondern bildet bloß die Antwort auf wunderliche Fragen, wie: Welches Tier lebt am längsten? Eine der ältesten Versionen findet sich in den Buddha-Birt-Geschichten, *Jataka*, und da sie in den ältesten Manuskriptteilen enthalten sind, müssen sie mindestens aus dem 4. Jahrhundert stammen. Die Übersetzung stützt sich auf die von T. W. Rhys Davies:

Vor langer Zeit lebten einmal drei Freunde an einem großen Banyanbaum in den Vorbergen des Himalayas: eine Schnepfe, ein Affe und ein Elefant. Es mangelte ihnen an Respekt und Höflichkeit, und so lebten sie nicht auf gutem Fuß miteinander.

Da dachten sie: »Es ist nicht recht, daß wir so leben. Wenn wir nun Respekt für den jeweils Ältesten zeigten? Aber wer ist der Älteste«, fragten sie, bis sie eines Tages überlegten: »So können wir es gut herausfinden.« Der Affe und die Schnepfe fragten also den Elefanten, als sie wieder einmal zusammen am Fuß des Banyanbaums saßen: »Elefant, wie groß war der Banyanbaum, als du ihn zuerst gesehen hast?« – »Freunde«, sagte er, »als ich klein war, bin ich immer über diesen Banyan gestiegen, denn er war bloß ein Busch und paßte zwischen meine Beine, und wenn ich genau über ihm stand, berührten seine höchsten Zweige meinen Bauch. Ich kenne ihn, seit er ein Busch war.«

Dann fragten die beiden den Affen das gleiche, und dieser sagte: »Freunde, als ich ein kleiner Affe war, saß ich immer auf dem Boden und aß die obersten Sprossen dieses Banyanbaums, denn er war damals noch jung und reichte mir bloß zum Hals. Ich kenne ihn seit meiner frühesten Kindheit.«

Dann stellten die beiden anderen der Schnepfe die gleiche Frage. Und die Schnepfe sagte: »Freunde, es gab einmal irgendwo einen hohen Banyanbaum, dessen Früchte ich aß, und deren Samen ich hier fallen ließ. Daraus wuchs dieser Baum, so daß ich ihn sogar noch vor der Zeit kannte, als es ihn gab, und daher bin ich älter als ihr beiden.«

Daraufhin sagten der Elefant und der Affe zu der klugen Schnepfe: »Du, Freundin, bist die älteste von uns dreien, und wir werden dir von nun an zu Diensten sein, dir unsere Ehrerbietung erweisen, dich stets grüßen, dich mit allem Respekt und Höflichkeit behandeln und auf deinen Rat hören. Bitte gib uns in Zukunft deinen Rat und alle Anweisungen, die wir brauchen.«

Von da an erteilte ihnen die Schnepfe Ratschläge, ermahnte sie zu ihren Pflichten und erfüllte die eigenen. So hielten die drei die fünf Gebote ein, und da sie einander höflich und respektvoll behandelten, lebten sie angenehm miteinander und wurden nach Beendigung ihres Lebens für den Himmel bestimmt.

Das fromme Leben dieser drei wurde als »Heiligkeit« oder »Schönes Leben« der Schnepfe bekannt. Als der Lehrer seinen Vortrag beendet hatte, sprach er als Buddha diese Zeilen:

> Diejenigen, die die Alten ehren
> und glaubenstreue Menschen,
> sind lobenswert im Leben
> und glücklich im künftigen Leben.

Nachdem der Lehrer über die Tugend gesprochen hatte, die Alten zu ehren, faßte er alles mit den Worten zusammen: »Der Elefant seiner Zeit war Mogallana, der Affe Sariputta und die Schnepfe, das war ich selbst.«

Eine verzerrte Version der gleichen Geschichte im Uttara-Kanda des Sanskrit-Textes *Ramayana* schildert diese buddhistische Legende wie folgt: Ein Geier und eine Eule, die seit undenkbaren Zeiten in einem bestimmten Wald gelebt hatten, stritten sich um den Besitz einer bestimmten Höhle, denn jeder behauptete, von alters her ein Recht darauf zu haben. Da kamen sie überein, die Sache Rama vorzutragen, damit dieser eine Entscheidung träfe. Der Geier sagte: »Die Höhle ist mein Haus, seit diese Erde sich mit neuen Menschen bevölkert hat.« Die Eule sagte: »Sie ist mein Heim, seit die Erde sich mit Bäumen ziert.« Rama entschied, daß die Höhle der Eule gehörte, denn Bäume und andere Pflanzen waren vor der Entstehung des Menschen aus dem Mark von zwei Dämonen geschaffen worden.

Die persische Version würzt die Geschichte mit einer Prise Humor. Im Sindibad Nama geht sie so: Ein alter Wolf und ein Fuchs, gute Freunde, waren einst zusammen auf Wanderschaft. Da sahen sie vor sich ein Kamel, das sich zu ihnen gesellte. Sie hatten keinerlei Nahrung, außer einem Kürbis. Sie wanderten eine lange Strecke und wurden so erschöpft von der Hitze des Tages, daß ihre Augen dunkel vor Durst wurden. Endlich kamen sie zu einem Teich und setzten sich an den Rand. Man holte den Kürbis hervor, und sie kamen überein, er solle demjenigen gehören, der am ältesten war. Der Wolf begann: »Indianer, Tajikistaner und Türken wissen, daß meine Mutter mich eine

Woche, ehe Gott Himmel und Erde, die Zeit und den Raum erschuf, zur Welt brachte. Ich habe ein Recht auf den Kürbis.« – »Ja«, sagte der alte schlaue Fuchs, »das stimmt, denn in der Nacht deiner Geburt stand ich bei ihr. Ich zündete am Morgen die Kerze an und verbrannte neben deinem Kissen ein Räucherstäbchen.«

Als das Kamel dies angehört hatte, trat es vor, beugte sich nieder und schnappte sich den Kürbis. Dabei meinte es: »Es ist unmöglich, mit einem solchen Hals und Schenkeln etwas so Eindeutiges zu verbergen, daß es weder gestern noch letzte Nacht war, daß meine Mutter mich gebar.«

In den Geschichten, die wir bislang betrachtet haben, interessierte uns nur die Frage nach der vergleichbaren Lebensdauer bestimmter Tiere. Aber in Irland haben wir eine ganze Gruppe von Geschichten, in denen Vögel und andere langlebige Wesen zu einem ganz bestimmten Zweck überleben. Sie sind die Historiker, die die Sintflut und alle möglichen Untaten und Katastrophen zu dem einzigen Zweck überlebten, die Traditionen des Stamms weiterzutragen. Doch es gab Schwierigkeiten, zum Beispiel im Hinblick auf die Sintflut, denn die irische Tradition geht weit vor diese Katastrophe zurück. Daraus resultierte die schwierige Frage, wie diese historischen Einzelheiten belegt werden konnten, da dem Pentateuch zufolge nur acht Menschen die Flut überlebten und keiner von ihnen sich in Irland niedergelassen haben soll.

Die älteste Geschichte ist die von Tuan, dem Ulstermann, der irgendwann um 550 St. Finnian kennenlernte, der gerade sein Kloster Morville im Gebiet dieses heidnischen Kriegers in Donegal gegründet hatte. Finnian wird neugierig, als er hört, daß dieser alte Krieger die Geschichte aller Stämme kennt, die das Land bisher besiedelt hatten, und schickt sogleich einen Boten los, um ihn herzubitten, damit er ihm und seinen Mönchen diese Geschichten erzählt. Der strenge alte Krieger, dessen Glaube, so heißt es, »nicht gut« war, weigert sich nicht nur, sondern schlägt dem Boten zudem die Tür vor der Nase zu. Daraufhin greifen sie zu der alten irischen Praktik, ihrer Forderung Nachdruck zu verleihen, indem sie vor seinen Toren in Hungerstreik treten. Er gibt nach, und am nächsten Tag stellt er sich in Finnians Kloster ein. Der Geschichte zufolge hat er sich über Nacht in einen »ehrwürdigen Priester« verwandelt (Tuan ist an rasche Verwandlungen gewöhnt) und tritt in dieser Gestalt vor Finnian, der ihn einlädt, ihn in seine Einsiedelei zu begleiten. Nachdem sie die Pflichten gegenüber dem Herrn erfüllt haben (denn es ist Sonntag), bittet der Heilige seinen Gast ungeduldig, mit den Geschichten zu beginnen. Tuan möchte in seiner neuen Frömmigkeit aber lieber über das Wort Gottes meditieren, das er gerade erst von Finnian gehört hat, statt seine heidnischen Geschichten zu erzählen. Der Heilige in seiner Neugier auf echte Volkslegenden erklärt jedoch, es gäbe nichts zu essen, bis er alles gehört habe. So beginnt Tuan mit der Geschichte der fünf Invasionen Irlands: Die von Partholan, von Nemedh, der Firbolg, der Tuatha de Danann und schließlich von den Milesiern, den Söhnen Mileds – eine Geschichte, an die heutige Iren ebenso fest glauben wie damals Tuan und Finnian.

All diese Stämme wurden ausgelöscht – der eine durch die Pest, andere durch Kriege untereinander und andere durch das Meer, so daß das Land abwechselnd bewohnt und leer war. Tuan meint dazu: »Es passiert nicht oft, daß es zu einem Gemetzel kommt und kein Mensch überlebt, der die Kunde davon weitertragen kann. Ich war der einzige«, sagte er. Doch er hat all diese Veränderungen nicht als Mensch miterlebt, sondern der Reihe nach als Hirsch, Eber, Falke und als Lachs. Dann wurde er als Mensch wiedergeboren. Die Geschichten sind höchst dramatisch: Jedesmal, wenn ein Wechsel in der Bevölkerung Irlands stattfindet, erlebt Tuan eine entsprechende Veränderung, indem er von einer Gestalt in eine andere übergeht. Jedesmal zieht er sich in sein Haus in Ulster zurück, weil er glaubt, nun würde das Alter ihn überkommen. Jedesmal fastet er drei Tage lang. »Ich erinnerte mich an jede Gestalt, in der ich zuvor gelebt hatte. Irgendwann machten mir Alter und Unglück zu schaffen. Ich hatte keine Kraft mehr. Dann wechselte ich in die Gestalt eines Falken. Mein Geist war wieder froh. Ich konnte alles. Ich war kühn und voll Lust. Ich flog gern über ganz Irland und sah nach, was alles geschah ... als Falke habe ich lange gelebt, so daß ich alle Stämme überlebte, die Irland erobert hatten.« Hier haben wir die Geschichte der Metamorphosen, die in der walisischen und irischen Geschichte so häufig vorkommen. Sie sind dem Ursprung nach rein heidnisch, werden aber von christlichen Eingriffen geprägt. Sicher stellt Tuans Langlebigkeit selbst angesichts seiner Verwandlungen ein Problem dar. Auch Geraldus Cambrensis mit seinem offenen Geist war von der Langlebigkeit eines Mannes, der Methusalem um 431 Jahre überlebte, einigermaßen verblüfft. »Wir lesen in irischen Geschichten«, schreibt er, »daß Tuan alle Patriarchen der Bibel um Jahrzehnte überlebte. Wie unglaublich und fragwürdig dies auch scheinen mag, er erreichte ein Alter von fünfzehnhundert Jahren.«

Aber Tuan wird an Langlebigkeit noch von einem anderen Mann übertroffen, der vor der Sintflut bis Mitte des sechsten Jahrhunderts lebte. Er hieß Fintan, und da wir noch mehr über ihn hören werden, möchte ich hier nur kurz über seine Legende sprechen. Diese Legende wurde offensichtlich durch biblische Erinnerungen angeregt. Hier ist es eine Frau, Cessair, die in Irland vor der Großen Flut Zuflucht sucht. Sie war die Enkelin von Noah und Tochter von Noahs Sohn Bith, der in der Bibel keine Erwähnung findet. Sie hatte Noah angefleht, ihr einen Platz auf der Arche zu geben, aber Noah hatte sich geweigert. Er hatte seiner Enkelin vorgeschlagen, wenn sie die westlichen Grenzen der Welt erreichte, wo es keine Sünden gab, weil dort niemand lebte, und wohin die Flut dann auch nicht gelangen würde, könne sie sicherlich überleben. Sie und ihre Begleiter – oder diejenigen, die überlebten – gelangten schließlich an die Südwestküste Irlands, nachdem sie sieben Jahre lang umhergezogen waren. Aber ach, die Flut erreichte sie auch dort, und sie ertranken alle, außer Fintan, der wie Tuan durch die Vorsehung dazu bestimmt war, zu überleben, damit er die Geschichte weitererzählen konnte.

Das führt uns zu dem Epos »Der Falke von Achill«, das 1907 aus dem »Book of Fermoy« und anderen Manuskripten ins Irische übersetzt wurde. Meines Wissens besteht bis heute keine gedruckte Version in Englisch. In dem Gedicht geht es um eine Unterhaltung zwischen Fintan und einem alten Falken auf der einsamen Insel Achill vor der Westküste Mayos, bei der sie sich gegenseitig ihre Lebensgeschichte, ihre Abenteuer und Unglücke schildern. Da sie feststellen, daß sie genau gleichaltrig sind und beide es auf das respektable Alter von 6515 Jahren bringen, hatten sie viel Zeit für Abenteuer und traurige Ereignisse.

Für Fintan war der größte Kummer seines Lebens der Tod Cessairs, seiner Gefährtin, seines Sohns Illan und anderer, die mit ihnen losgezogen waren, um der Sintflut zu entgehen, vor allem aber der Verlust seines einen Auges, das ihm ein Falke oder eine Krähe ausgehackt hatte. Wie Tuan hatte er seit seiner Ankunft in Irland oft die Gestalt gewechselt. Als Lachs war er nacheinander durch alle Flüsse

Irlands geschwommen, und beim Wasserfall von Assaroc hatte er die kälteste Nacht erlebt. Das Eis hatte wie eine blaue Mauer über ihm gelegen. Da war eine Krähe von der kalten Insel Achill hergeflogen und hatte ihm ein Auge ausgehackt.

Darauf unterbricht der Falke ihn hastig und sagt, er sei es gewesen, der ihm das Auge geraubt habe, worauf sich ein wütender Austausch entwickelt. Fintan verlangt »*eric*«, Entschädigung für sein blindes Auge, aber der Falke weigert sich standhaft. Dann fährt Fintan mit seiner Geschichte fort und erzählt, er sei von einem Lachs in einen Adler verwandelt worden und danach in einen Falken. Er sei 500 Jahre lang Lachs gewesen, 50 Jahre lang Adler und hundert Jahre lang ein Falke. Dann habe ihm Gott wieder die Gestalt eines Menschen gegeben, und er habe bis zur Ankunft Patricks als Häuptling, als *brehon,* viele Regierungen Irlands erlebt und allen die Gebiete zugeteilt.

Nun beginnt der Vogel seine Geschichte und berichtet von seinen Abenteuern in der Schlacht von Moytura Cong im Süden, wo die Fir Bolg durch die Tuatha de Danann vernichtend geschlagen wurden, wo deren König Nuada aber eine Hand verlor, die der Falke aufhob und in sein Nest trug. Dann flog er zur zweiten Schlacht von Moytura, in der Balor der Hundert Hiebe, der Anführer der Fomorischen Armee, umkam, worauf der tapfere Lugh der Langhändige, Gott des Lichts, und Dagda, der Große Vater, König der Tuatha de Danann, in Frieden regierten. Als Fintan wieder das Wort ergreift, erzählt er die Geschichte von der Ankunft der Milesier und der Aufteilung Irlands unter die beiden Prinzen Eber und Eremon, von denen der eine auf Anregung seiner Frau hin auch prompt den anderen umbringt und sich das Königreich aneignet. Danach folgten, zum Bedauern des Vogels, der nun nirgendwo Futter fand, ein paar Jahre des Friedens.

Die nächste Szene, die uns vorgeführt wird, ist erstaunlich: Die großen Armeen Irlands versammeln sich in Tara zu einem ihrer alljährlichen Feste. König Coning sitzt in all seiner Pracht unter seinen Edlen, als eine wunderliche Gestalt auftaucht – von hohem Wuchs und in einer schneeweißen, goldbesetzten Robe. In der Hand hält sie einen duftenden Zweig, an dem Nüsse, Äpfel und Schlehen (oder Eicheln) hängen, die gälische Speise der Unsterblichkeit. Sie fragen den Fremden, wer er sei und er antwortet, er sei der starke Trefuilngidh tre-eochair, unterwegs von den westlichen Grenzen der Welt, wo die Sonne untergeht, bis zum Hafen von Adams Paradies im Osten. Sie fragen ihn, wie er eine solche lange Reise durchgestanden habe, und er weist auf den Zweig in seiner Hand und sagt, er brauche keine irdische Nahrung, denn der Duft des schönen Zweiges ernähre ihn Tag und Nacht. Er würde Alte wieder jung machen und vor jeder Krankheit und vor Bösem bewahren. Ehe er auf seiner majestätischen Reise weiterziehe, wolle er ihnen aus Dank für ihre Hilfe drei Früchte von diesem Zweig schenken. Daraus wurden die drei uralten Wunderbäume von Erinn – die Eibe von Ross, der mächtige Baum von Mughna und der alte Baum von Tortan –, um die sich zahlreiche Geschichten winden.

Diese mysteriöse Gestalt wird in einer parallelen Prosaversion dieses Teils der Geschichte als »entweder ein Engel Gottes oder Gott selbst« bezeichnet. Er sei zur Sonnenuntergangsseite herabgestiegen, weil am nämlichen Tag in Jerusalem ein Mann von den Juden gefoltert und gekreuzigt worden sei. Die Sonne sei »nach dieser Tat hinter ihm hergewandert und habe die Welt nicht mehr beschienen.« Daher sei er herabgekommen, um herauszufinden, was der Sonne fehle, denn er wußte, daß jenseits von Inis Gluair in der Grafschaft Mayo kein Land westlicher läge, so daß die Sonne dort untergegangen sein müsse. »Denn dort ist die Schwelle, über die die Sonne sinkt, genau wie das Paradies Adams die Schwelle ist, über der sie aufgeht.«

Dann nimmt der Vogel den Faden wieder auf und berichtet von Ereignissen der späteren Geschichte, besonders vom Tod der verschiedenen Helden im Kampf, von denen er seine Nahrung für sich selbst und seine Brut holte. Er erzählt, wie er dem sterbenden Cuchulainn ein Auge aushackte und wie ihn Alter und Schwäche überkamen, so daß er, der früher einen großen Eber oder Hirschen mit seinen Fängen davontragen konnte, nun schon unter dem Gewicht einer Drossel schwankte. Aber er nimmt ein gutes Ende als Christ, und Fintan vergibt ihm seine Untaten und verspricht ihm den Himmel.

In den verschiedenen Strophen (insgesamt 116 Vierzeiler) werden auch häufig andere große Vögel erwähnt, die dem gierigen Falken von Achill zum Opfer fallen. Er gibt an, den einsamen Kranich von Moy Léana getötet und verzehrt zu haben, den Adler von Druim

Brice, den Kranich von Inis Géidh und die beiden fetten Vögel von Léithin. Er tötete außerdem den schlanken Hirschen Schwarzfuß von Slieve Fuaid, während die Schwarzdrossel von Druim Seghsa in den Fängen seiner Töchter starb. »Hier«, sagt Hyde, »haben wir einen ganzen Zyklus von Vogel- und Tierlegenden, um die sich vermutlich einst eine eigenständige Geschichte rankte.« Es erhebt sich die Frage, ob es noch irgendwelche von diesen Geschichten gibt.

Hyde selbst hat einige Texte wiederentdeckt, etwa »Eachtra: or Adventures of Léithin«, die er in einem australischen Manuskript fand, von dem aber in der Royal Irish Academy in Dublin Kopien existieren. Es sind sämtlich spätere Versionen des »Falken von Achill«, ähneln diesem Poem aber deutlich. Die Unterhaltung findet hier zwischen einem Adler namens Léithin und einem Jungvogel aus ihrer Brut statt, der mitleiderregend fragt, ob sie schon einmal eine solche Kälte erlebt habe wie in der gerade vergangenen Nacht und nun am folgenden Tag. »Ich kann mich nicht erinnern«, lautet die Antwort, »daß ich jemals etwas Derartiges erlebt habe, seit die Welt erschaffen wurde.« Aber der Jungvogel erklärt, es gäbe Menschen, die sich daran erinnerten, selbst Dubhchosach, der Schwarzfüßige von Binn Gulban, der große Hirsch, der die Sintflut überlebte, oder der schwarzweiße Vogel von Clonfert, der blinde Lachs von Assaroc – zweifelsohne unser Freund Fintan in einer seiner Tiergestalten. Er berichtet, wie er sein Auge verlor, wie im »Falken von Achill«, und fragt, wer den Adler hergeschickt habe.

Léithin erwidert, es sei einer ihrer Vogeljungen gewesen, aber der Lachs erklärt, es sei vielmehr die alte Krähe oder der Falke von Achill gewesen, der sich als Jungvogel verkleidet habe. »Denn seine Klauen sind vom Alter stumpf, und nun findet er Nahrung, indem er von Nest zu Nest hüpft und die Jungen umbringt und frißt.« Das erweist sich als wahr, denn als Léithin zurück zum Nest kommt, findet sie alle Jungen tot, und der Falke von Achill ist davongeflogen.

Hyde wiederholt in den »Legends of Saints and Sinners«, S. 40–62, die Geschichte von Léithin, die zuerst in »Celtic Review« (Juni 1915) abgedruckt wurde, und fügt eine volkstümliche Version hinzu, die er in Galway entdeckte. Hier begegnen wir wiederum der Krähe von Achill, dem Adler und der blinden Forelle von Assaroc (Fintan) als den ältesten Tieren. Aber älter als sie alle ist die alte Frau von Beare, deren Lebensgeschichte auf eine andere übertragen wurde. »Ich überreiche dir den Zweig (des Sieges)«, sagte die Krähe zur alten Frau. »Du bist so alt wie die alte Großmutter, die vor langer Zeit die Äpfel aß« – wer immer das gewesen sein mag!

Im Britischen Museum gibt es ein kurzes Gedicht von acht Strophen aus dem »Book of Fermoy« (nun Bestandteil von Egerton 92), für das ich Mr. O'Keeffe danken möchte, der es für mich kopierte (soweit das möglich war, denn es ist sehr entstellt). Dabei geht es meiner Ansicht nach um die Geschichte der weißen Amsel von Clonfert: Enaceán, ein uralter Barde (?), fragt eine sprechende Amsel, was ihre Flügel auf der Seite so weiß gemacht habe, und der Vogel erwidert, es sei Christus gewesen, der ihn alt und grau gemacht habe. Und dann berichtet er von den historischen Ereignissen, die er bisher miterlebt hat.

Der Vogel spricht von König Conchobor und den großen Zusammenkünften der Ultonier in den alten Zeiten, von Königin Meave und ihrer Fahrt nach Táin bó Cualuge. Doch heute kann er nicht mehr die Kraft (?) für solche Zusammenkünfte aufbringen, denn er ist älter als Ross, der Sohn von Ruadh. Er ist Oisín begegnet, dem Sohn von Fionn, einem weisen Mann, und Caoilte mit seiner Fianna sowie Morgan, dem Sohn von Morann, und dessen Blut ränne durch seinen Körper. Er habe die Geburt Christi selbst miterlebt. Süß war sein Lied aus dem Wald von Cuan (*taillte*), als die Armee Troja (?) zerstörte. Er habe viele Abenteuer erlebt, seit Bran mit seinem Schiff loszog. Er endet mit einem Segen für Christus, den König der Wolken im Himmel, der sein Leben so verlängert habe.

Eine weitere Gruppe von alten Vogelgeschichten scheint in einem Manuskript Hydes aus dem 17. Jahrhundert enthalten zu sein, das zuvor zur Reeves-Sammlung gehörte. Es ist aber noch nicht ediert worden. Allem Anschein nach handelt es sich um die Geschichte des einsamen Kranichs von Moy Léana, nennt aber in den ersten Zeilen schon einen falschen Namen, und so wird der Vogel als »A Chiorre úd thall san léana« – »Oh, Kranich unten in der Wiese« oder »Sumpf« angesprochen, was auf eine Ähnlichkeit mit der Stätte der berühmten irischen Schlacht bei Moy Léana hinweisen könnte, aber nichts damit zu tun hat. Es ist ein langes Gedicht mit 146 Strophen und schildert eine Unterhaltung zwischen einem Kranich, der auf Fragen von Oisín (Ossian) antwortet. Der Vogel sagt, er sei eine Frau namens Miadhach gewesen, Tochter von Echdonn, aber sie sei durch einen

Zauber in einen Kranich verwandelt worden, als ihr Vater zweimal einen goldenen Stab schwang, weil er eifersüchtig auf ihre Liebe zu ihrem Verlobten war. Seit über zweihundert Jahren wandere sie von einer Eiche zur anderen. Oisín antwortet mit einer langen Geschichte in wahrer ossianischer Weise von der Ankunft eines edlen Ritters aus Lochlann (Norwegen), der in Irland landete und mit Fionn und seiner Fianna Schach um die jeweiligen Frauen spielt. Sie spielen drei Partien, und der Fremde siegt und bringt die Frauen nach Norwegen zurück, wo sie alle möglichen Abenteuer und Leid erleben. Es ist eine wahrhaft ossianische Legende, wie sie in späteren Jahrhunderten in Irland wie in Schottland üblich waren.

Hyde meint, bei der »Krähe von Achill« handele es sich um einen Vogel, von dem jeder Irischsprechende im Westen schon einmal gehört habe. Der Vogel wird unterschiedlich als Krähe bezeichnet, als Falke und auch als Rabe. C. Otway berichtet von einer Legende in Knights Werk über Erris, in der es um einen Wikingerhäuptling geht, der Irland besucht und eine irische Frau, Munhanna, liebt, die ihm das Geheimnis der Unbesiegbarkeit ihres Mannes verrät und den Wikinger anstachelt, diesen im Schlaf zu töten. Anschließend besteht die Frau darauf, ihn nach Norwegen zu begleiten, aber er wirft sie bei Loch Carrowmore in die Wogen, wo sie ertrinkt. »Und der grausame Nordländer zog weiter, und nun sah man einen Kranich mit schwerem Flügelschlag über den tosenden Wassern. Er schrie mit einer Stimme, die wie das Wort ›Rache‹ klang, und flog dann weiter zu den Klippen von Iniskea, wo er O'Flaherty und anderen Chronisten zufolge einsam steht, bis zum Ende der Zeit.« Der Verfasser fügt hinzu, daß die Einwohner dort »nichts von dem verfluchten Kranich wissen, von dem die Alten meinen, er würde dort bis zum Ende der Zeit stehen. Er mag dort sein, aber niemand hat ihn dort gesehen.« Hydes Zeugnis widerspricht dem jedoch und meint, die Erinnerung an die Geschichte sei vielleicht unter den Englischsprachigen verlorengegangen und nur von Irisch sprechenden Bewohnern behalten worden.

Die Legende von den ältesten Lebewesen beschränkt sich in Irland nicht auf Tiere. Es kann auch ein Dornbusch sein oder ein Baum, der die Erinnerung an längst vergangene Ereignisse bewahrt hat und jederzeit bereit ist, sie einem interessierten Zuhörer mitzuteilen. Diese Vorstellung ist uns bis in neuere Zeiten überliefert. Raftery, der blinde Dichter aus Mayo, hat ein entsprechendes, sehr langes Gedicht mit dem Titel *Seanchus na Sgeiche* verfaßt, »Die alte Kunde vom Dornbusch«. Darin wird beschrieben, wie er einmal bei einem heftigen Regenguß in einem Graben unter einer Hecke eineinviertel Stunden lang Schutz suchte. Er verbrachte die Zeit mit frommen Überlegungen, bis sich plötzlich ein Wind auftat und die Sonne aufglänzte und er sich auf den Heimweg machte. Am nächsten Morgen kehrt er an die gleiche Stelle zurück und beginnt einen Streit mit einem alten Dornbusch, weil er ihn nicht besser vor dem Regen geschützt habe. Der alte Dornbusch antwortet, es sei ungerecht, von ihm soviel Schutz zu erwarten, denn er sei vor 1100 Jahren entstanden, noch ehe die Arche gebaut wurde, und lebe seitdem an dieser Stelle. Doch dann bietet er versöhnlich an, ihm die Zeit zu vertreiben, indem er Raftery einen Bericht über die Geschichte der Welt in diesem Zeitraum gibt, besonders aber von Irland. In 99 Strophen, von Noah bis Cromwell, löst er dieses Versprechen ein.

Ein sehr ähnliches Gedicht, von dem Raftery vielleicht gehört hat, findet sich im Britischen Museum (Eg. 178, Art. 35), wo ein Barde, Seamus O'Cathain oder James Kain, am Stamm einer riesigen Eiche in der Grafschaft Roscommon Schutz suchte und dabei eine gereimte Geschichte Irlands in Form eines Dialogs mit dem Baum schuf.

Mit mehr Zeit könnten wir nun die Vögel der irischen Volksmärchen unter vielen anderen Aspekten betrachten, nicht nur unter dem der Geschichtenerzähler und Historiker. Es gibt die Seevögel, auf die Cuchulainn mit seiner Schleuder zielt und die sich dann in die schönsten Jungfrauen verwandeln, die die Welt jemals gesehen hat. Es waren wunderschöne Vögel mit vielfarbigem Gefieder, die zu zweit, mit silbernen Kettchen verbunden, den Helden von Ulster zu dem Ort führten, an dem Cuchulainn geboren wurde, und die anschließend ihre Federn abstreiften und sich als Dechtire zeigten, seine Mutter, mit ihren fünfzig Gefährtinnen. Dann gab es die Scall-Krähen und Raben, in die sich die Kriegsgöttinnen Badb und Morrigu verwandelten, wenn sie den Armeen folgten oder über den Schlachtfeldern schwebten.

Es gab die Vögel des Feenlandes, die ununterbrochen aus den Scharlachbäumen sangen, die am Osttor dieser Zuflucht der Gesegneten standen. Von da ist es ein kurzer Schritt zu der Vorstellung von den Vögeln im Paradies, wo von jedem goldenen Kreuz an den Eingängen ein Vogel mit rotgoldenem Gefieder und hundert Flügeln herabsingt; dieser prachtvolle Schwarm flötet auch die süßesten Melodien vom blühenden Baum des Lebens in den himmlischen Gefilden.

Die Liebe zu Tieren, besonders zu Vögeln, ist ein ausgeprägtes Motiv in der frühchristlichen Literatur. Columba preist den Vogel, der von seinem geliebten Donegal aus übers Meer fliegt, und bittet seine Mönche, Ausschau zu halten, wenn er erschöpft am Strand von Iona ankommt. Die Schwäne aus Killarney kommen zu Cainnech, wenn er sie ruft, und jene von Loch Foyle stellen sich auf den Ruf von St. Comgalls ein. Schwäne singen für die Mönche von Colman Ela, um sie bei ihrer Arbeit zu trösten, und Meeresvögel fliegen los, um ein ertrinkendes Kind zu retten. Eine Amsel baut ihr Nest in der betend ausgestreckten Hand von St. Kevin. Die Seelen der Gesegneten nehmen die Gestalt von Tauben und Schwänen an; verlorene Seelen werden zu Raben oder Vögeln mit einem schlechten Omen. Vogelseelen scharen sich um Elijah und Enoch im Paradies, sie klagen, schlagen mit den Flügeln und weinen aus Kummer, als er von den bevorstehenden Tagen des Jüngsten Gerichts spricht.

Aber die wohl schönste Vogelgeschichte wird in zwei verschiedenen Versionen über St. Brendan und St. Mochoi von Nendrum erzählt. Sie ist nicht rein irischen Ursprungs, denn Nansen kannte eine norwegische Version; vielleicht gibt es noch andere. Mit der kürzeren Version über St. Mochaoi möchte ich dieses Kapitel beschließen:

Mochaoi, der Abt von Nedrum in Ulster, ging eines Tages mit sieben Dutzend Jungen los, um Ruten für den Bau einer Kirche zu schneiden. Er war genau wie alle anderen in seine Arbeit vertieft, als er das Holz schnitt, und da er seine Ladung vor den anderen beinander hatte, legte er sie neben sich nieder. Während er auf die anderen wartete, hörte er in dem Schlehbusch neben sich einen Vogel wunderschön singen. Der Vogel war schöner als alle Vögel der Welt, und er sprach: »Du arbeitest aber schwer, o, Priester.« »Wir müssen so hart arbeiten, um Gott eine Kirche zu bauen«, antwortete Mochaoi. »Wer spricht da?« – »Ein Mann des Volkes meines Herrn, der hier ist, ein Engel Gottes aus dem Himmel.« – »Sei gegrüßt«, sprach Mochaoi. »Wozu bist du hier?« – »Um dich von unserem Herrn zu grüßen und dich eine Weile zu unterhalten.« – »Das ist schön«, sagte Mochaoi. Dann steckte der Vogel seinen Schnabel unter seinen Flügel, und der Heilige lauschte ihm dreihundert Jahre lang, das Bündel mit den Ruten neben sich, mitten im Wald. Der Wald welkte nicht, und die Zeit schien ihm wie eine einzige Stunde. Anschließend sagte der Engel Lebwohl.

Darauf ging Mochaoi mit seinen Ruten zur Kirche und sah einen Andachtsraum, den sein Volk für seine Seele errichtet hatte. Er wunderte sich, als er die Kirche erblickte. Dann ging er zu seinem Haus, aber dort kannte ihn niemand, bis er ihnen seine Geschichte erzählte und wie der Vogel ihn unterhalten habe. Als sie dies hörten, knieten sie nieder und bauten einen Schrein aus Holz, und anschließend errichteten sie eine Kirche an der Stelle, wo er dem Vogel gelauscht hatte. Ein alter Dichter schrieb darüber:

Für Mochaoi den Schönen
sang ein kleiner Vogel
aus dem Himmel, von den Wipfeln
drei Melodien, die Jahre dauerten.

Wie man Mabon fand [2]

Dieser Auszug, aus dem großartigen »Zweig« des »Mabinogion« »Culhwch and Olwen«, bezieht sich direkt auf die Überlieferung von den Ältesten Tieren. Es geht um die Suche nach Mabon, dem göttlichen keltischen Jungen, der für die Erfüllung der vielfältigen und unmöglichen Aufgaben unerläßlich ist, die Culhwch von dem Riesen Yspaddaden auferlegt worden sind. Mabon mit seinen paradiesischen Eigenschaften ist seit Anbeginn der Zeit verschwunden und kann nur aufgrund einer Kette von Erinnerungen gefunden werden, die die Ältesten Tiere herstellen. Seine Rückkehr ermöglicht Unschuld, Wahrheit und Gerechtigkeit, wie auch den Umsturz von allem, was korrupt ist. Caitlín Matthews hat in »Mabon and the Mysteries of Britain« ausführlich über dieses Thema geschrieben. Der folgende Auszug stützt sich auf Lady Charlotte Guests Übersetzung des »Mabinogion«:

Und als sie Arthur berichtet hatten, wie es ihnen ergangen sei, sagte dieser: »Welches dieser Wunder sollen wir denn als erstes aufsuchen?« – »Wir wollen Mabon suchen, den Sohn Modrons, aber er wird erst gefunden werden, wenn wir Eidoel finden, den Sohn Aers, seines Verwandten.« Da erhob sich Arthur und mit ihm alle Krieger der Insel Britannien, um Eidoel zu suchen, und sie suchten, bis sie an die Burg von Glivi kamen, wo Eidoel gefangen war. Glivi stand auf der Spitze seiner Burg und sagte: »Arthur, was verlangst du von mir, da mir in dieser Festung nichts geblieben ist: Ich habe weder Freude noch Vergnügen. Habe weder Weizen noch Hafer. Füge mir daher keinen Schaden zu.« Da sagte Arthur: »Ich kam nicht her, um dich zu verletzen, sondern um des Gefangenen willen, der hier ist.« – »Ich gebe dir meinen Gefangenen, obwohl ich ihn niemandem übergeben wollte, doch du sollst von nun an meine Unterstützung und meine Hilfe haben.«

Da sagten die Gefolgsleute zu Arthur: »Herr, zieh heim, du kannst mit deiner Armee nicht auf solche geringen Abenteuer ziehen wie dieses.« Da sagte Arthur: »Es wäre gut, Gwrhyr Gwalstawd Ieithoedd, wenn du auf diese Aventüre gingest, denn du kennst alle Sprachen und bist vertraut mit den Vögeln und anderem Getier. Aber Eidoel sollte mit meinen Männern ziehen, deinen Vetter suchen. Und ihr, Kai und Bedwyr, ich hoffe, welche Abenteuer ihr auch suchet, ihr werdet sie bestehen. Besteht auch diese für mich.«

So zogen sie los, bis sie zur Drossel von Cilgwry kamen. Und Gwrhyr bat sie um des Himmels willen: »Sag mir, ob du Mabon kennst, den Sohn von Modron, der als drei Tage altes Kind zwischen seiner Mutter und der Wand verschwand.« Und die Drossel antwortete: »Als ich zuerst hier ankam, gab es einen Amboß hier, und ich war ein junger Vogel. Seitdem ist da keine Arbeit mehr ausgeführt worden, außer, daß ich jeden Abend meinen Schnabel hier wetze, und nun ist kaum mehr als die Größe einer Nuß davon übrig geblieben. Die Rache des Himmels sei über mir, wenn ich in all der Zeit etwas von jenem Mann gehört haben sollte, nach dem ihr fragt. Aber ich werde tun, was recht ist und was sich für einen Gesandten Arthurs gehört. Es gibt einen Stamm von Tieren, die noch vor mir entstanden, und ich werde euch zu ihnen führen.«

So zogen sie an den Ort, an dem der Hirsch von Redynvre lebte. »Hirsch von Redynvre, sieh, wir kommen zu dir, als Gesandte Arthurs, denn wir kennen kein Tier, das älter ist als du. Kennst du Mabon, den Sohn Modrons, der als drei Nächte altes Kind seiner Mutter entrissen wurde?« Der Hirsch antwortete: »Als ich zuerst hierherkam, lag ringsum eine Ebene ohne Bäume, außer einem Eichenschößling, der zu einer Eiche heranwuchs mit hundert Ästen. Diese Eiche ist seitdem vergangen, so daß nichts mehr von ihr übrigblieb, als der morsche Stumpf, und von jenem Tag bis heute bin ich hier gewesen, aber ich habe niemals von dem Mann gehört, nach dem ihr fragt. Aber da ihr von Arthur kommt, möchte ich euch an einen Ort führen, an dem ein Tier lebt, das schon vor mir da war.«

So gingen sie an den Ort, an dem die Eule von Cwm Cawlwyd lebte. »Eule von Cwm Cawlwyd, hier sind Gesandte von Arthur, kennst du Mabon, den Sohn von Modron, der nach drei Nächten seiner Mutter entrissen wurde?« – »Wenn ich es wüßte, würde ich es sagen. Als ich zuerst hierherkam, war das weite Tal, das ihr nun seht, ein dichter Wald. Dann kamen Menschen und rodeten ihn, und es wuchs ein zweiter Wald, und dieser Wald ist der dritte. Meine Flügel sind welke Stümpfe. Aber all diese Zeit bis auf den heutigen Tag habe ich niemals von dem Mann gehört, nach dem ihr fragt. Aber ich möchte Arthurs Gesandte zu dem ältesten Tier der Welt führen, das am weitesten herumgekommen ist, dem Adler von Gwern Abwy.«

Da sagte Gwrhyr: »Adler von Gwern Abwy, wir kommen als Gesandte von Arthur zu dir, um zu fragen, ob du Mabon kennst, den Sohn Modrons, der seiner Mutter entrissen wurde, als er drei Nächte alt war.« Da sagte der Adler: »Ich bin seit langer Zeit hier, und als ich zuerst ankam, stand da ein Felsen, von dessen Spitze aus ich jeden Abend nach den Sternen hackte, und nun ist er nur noch einen Spann hoch. Von jenem Tag bis heute war ich hier, und ich habe niemals von dem Mann gehört, nach dem ihr fragt, außer einmal, als ich auf der Suche nach Futter bis Llyn Llyw flog. Und als ich dort ankam, schlug ich meine Fänge in einen Lachs, weil ich glaubte, er würde mir lange Nahrung geben. Aber er zerrte mich in die Tiefen, und ich konnte ihm nur knapp entkommen. Danach bin ich mit meinem ganzen Schwarm dorthin geflogen, um ihn anzugreifen und zu vernichten, aber er schickte Gesandte aus und schloß Frieden mit mir und bat mich, fünfzig Fischspeere aus seinem Rücken zu ziehen. Wenn der nicht weiß, wen ihr sucht, dann weiß ich nicht wer. Ich werde euch zu ihm führen.«

So zogen sie weiter, und der Adler sagte: »Lachs von Llyn Llyw, ich komme mit Gesandten von Arthur, um zu fragen, ob du Mabon kennst, den Sohn von Modron, der nach drei Nächten seiner Mutter fortgenommen wurde.« – »Ich werde euch sagen, was ich weiß. Ich ziehe mit jeder Flut den Fluß aufwärts, bis ich zu den Mauern von Gloucester komme, und dort habe ich so viel Übles gefunden wie nirgendwo sonst, und damit ihr mir das glaubt, sollen zwei von euch auf meinem Rücken dorthin reisen.« Kai und Gwrhyr Leithoedd stiegen also auf den Rücken des Lachses und kamen an die Mauern des Kerkers. Da hörten sie ein lautes Klagen und Jammern aus dem Verlies. Und Gwrhyr sagte: »Wer klagt so laut in diesem Haus aus Stein?« – »Ach, wer auch immer hier wäre, der hätte Grund genug zum Klagen. Es ist Mabon, der Sohn des Modron, der hier gefangen sitzt. Kein Gefangener war jemals so schlimm dran wie ich, weder die Lludd Llaw Ereint noch Greid, Sohn von Eri.« – »Hast du Hoffnung, gegen Gold oder Silber oder andere Schätze freigelassen zu werden, oder aber durch einen Kampf?« – »Durch einen Kampf kann ich bekommen, was ich mir wünsche.«

Darauf kehrten sie zu Arthur zurück und berichteten ihm, wo Mabon, der Sohn des Modron, gefangen war. Und Arthur rief seine Krieger zusammen, und sie zogen bis vor Gloucester, wo Mabon im Kerker saß. Kai und Bedwyr stiegen auf den Rücken des Fisches, während die Krieger Arthurs die Burg angriffen. Kai brach durch die Mauern in das Verlies und brachte den Gefangenen auf seinem Rücken heraus, während die Krieger noch weiterfochten. Und Arthur und Mabon kehrten als freie Männer nach Hause zurück.

KAPITEL 3

Die Erinnerung an die Vorfahren

Das Gedächtnis aller Gattungen ist fähig, sich an Verlorenes zu erinnern und es neu zu beleben. Kaum etwas ist aber besser entwickelt als das Andenken an die Vorfahren. In unserer heutigen Kultur gibt es fast überhaupt keine Ahnenverehrung, aber in der keltisch-schamanischen Tradition spielte sie eine bedeutsame Rolle.

Vergessen und Erinnern sind wichtige Aspekte eines Menschenlebens. Manchmal werden die Einzelheiten durch Migration, Kriege, Seuchen und Hungersnöte verwischt. Viele Kinder Großbritanniens und Irlands versuchen heute, erneut in Kontakt mit ihrer Heimat zu treten. In Musik und alten Geschichten findet sich oft eine ausgeprägte Tradition, aber das trifft auch nicht immer zu. Selbstzufriedenheit ist der Feind aller mündlichen Überlieferung. Der Tag, an dem eine Traditon so offensichtlich wird, daß jeder sie kennt und sich niemand mehr besondere Mühe gibt, sich an sie und die Gründe dafür zu erinnern, wann oder wie sie sich abgespielt hat, ist oft gleichzeitig der Tag, an dem sie dem Untergang geweiht ist. Es gibt viele Geschichten darüber, wie Wissen verloren ging – wie es an den Gestaden der willkürlichen Zeit angeschwemmt wurde –, um gerade noch wiederbelebt zu werden, ehe es tatsächlich zu spät war.

Schamanisch geht man gegen die Vergeßlichkeit von Völkern an, indem man die Ahnen befragt und sich deren Weisheit zu eigen macht. Wir stellen in diesem Teil drei Beispiele dafür vor, wie Vorfahren zurückkamen, um Rat zu erteilen. In *Tuan mac Carill* und *Fintan* haben wir ehemalige Stammesältere mit schamanischen Fähigkeiten. Caitlín Matthews erläutert anhand dieser Texte einige der verstreuten alten Lehren über Ahnenbefragung.

Die Geschichte von Tuan mac Carill[1]

Die Geschichte von Tuan mac Carill, dem Urenkel des Invasoren Partholon, stellt ein Verbindungsglied zwischen den Tieren und den Vorfahren dar. Tuan berichtet St. Finnian von Moville (579), dem Lehrer St. Columbas, von den verschiedenen Invasionen Irlands. Tuan überlebt als einziger seines Stammes und verbringt die folgenden Jahrhunderte als Hirsch, als Eber, als Falke und als Lachs, bis er von einem Angler gefangen und der Frau von Cairell vorgesetzt wird. Aus ihrem Schoß heraus wird er mit dem ungetrübten Gedächtnis an alles wiedergeboren, was ihm in vergangenen Existenzen widerfahren ist.

Die Verwandlungen Tuans sind eigentlich keine Reinkarnationen, denn er scheint dem Wesen nach der gleiche zu bleiben und nur im Schlaf die Gestalt zu wechseln. »Cormacs Glossary« zitiert das Wort *tuirgin* als einen möglichen technischen Begriff für diese Verwandlungen und definiert sie als »Geburt von einem Wesen in ein anderes ... vorübergehende Geburten, die die gesamte Natur von Adam an durchwandern und bis zum Tag des Jüngsten Gerichts alle wundersamen Zeiten durchleben«. Bei der *tuirgin*, der »forschenden Lebenssuche« Tuans, durchquert dieser tatsächlich das Reich der Tiere, behält aber seine menschliche Intelligenz und sein Gedächtnis bei. Die schamanische Fähigkeit, unter anderem in Gestalt von Tieren Visionsflüge zu unternehmen, um in deren Leben einzudringen, wird hier in triumphalen poetischen Äußerungen Tuans eingefangen.

1. Nachdem Finnen von Moville mit dem Evangelium nach Irland, ins Gebiet der Männer von Ulster gelangt war, ging er zu einem reichen Krieger, der ihn aber nicht den Zutritt zu seiner Festung gestattete, sondern ihn den Sonntag über fasten ließ. Der Glaube des Kriegers war nicht sehr gefestigt. Da sagte Finnen zu seinen Anhängern: »Es wird ein guter Mann zu euch kommen, der euch tröstet und euch die Geschichte Irlands von der Zeit an erzählt, als die Insel zuerst kolonisiert wurde, bis zum heutigen Tag.«

2. Und früh am nächsten Morgen trat ein ehrwürdiger Geistlicher zu ihnen, der sie mit den Worten begrüßte: »Kommt in meine Einsiedelei. Das geziemt sich für euch.« Sie gingen mit ihm und ehrten dort den Tag des Herrn, indem sie Psalmen sangen, beteten und Gaben darboten. Darauf bat Finnen ihn nach seinem Namen, und er sagte: »Von den Ulstermännern stamme ich, Tuan, Sohn von Cairell, Sohn von Muredach Rothals heiße ich. Ich habe diese Einsiedelei, in der Ihr nun steht, auf dem Land gebaut, das ich von meinem Vater erbte, Tuan, Sohn von Starn, Sohn von Sera, Sohn von Partholons Bruder. Das war mein allererster Name.«

3. Dann erkundigte sich Finnen nach den Ereignissen in Irland und wollte wissen, was mit ihm von der Zeit Partholons, Sohn von Sera, an geschehen sei. Und Finnen meinte, sie würden erst mit ihm essen, wenn er ihnen alle Geschichten über Irland erzählt hätte. Darauf sagte Tuan zu Finnen: »Es ist für mich aber schwer, nicht über das Wort Gottes nachzudenken, das du uns gerade mitgeteilt hast.« Aber Finnen gab zurück: »Ich erlaube euch, von euren eigenen Abenteuern und der Geschichte Irlands zu reden.«

4. »Fünfmal genau«, sagte er, »wurde Irland nach der Sintflut eingenommen, und das erste Mal war 312 Jahre nach der Großen Flut. Es war Partholon, der Sohn Seras, der es damals eroberte. Er war mit vierundzwanzig Paaren auf eine Reise gezogen. Deren Schlauheit untereinander war nicht sonderlich. Sie ließen sich in Irland nieder, bis ihr Stamm an die 5000 Menschen ausmachte. Doch zwischen zwei Sonntagen überkam sie die Sterblichkeit, so daß sie alle vergingen, außer einem Mann. Denn bei Gemetzeln ist es nicht ungewöhnlich, daß einer überlebt, um die Geschichte davon weiterzutragen. Dieser Mann bin ich«, sagte er.

5. »Dann zog ich zweiundzwanzig Jahre lang von Berg zu Berg und von Klippe zu Klippe, stets auf der Hut vor Wölfen, und in dieser Zeitspanne blieb Irland leer. Schließlich wurde ich älter und konnte nicht mehr so frei auf den Klippen und Feldern herumwandern und suchte mir eine besondere Höhle aus. Da fiel Nemed, Sohn von Agnoman, dem Bruder meines Vaters, in Irland ein, und ich sah sie von den Klippen und versuchte, ihnen aus dem

Weg zu gehen. Ich war damals dicht behaart, mit langen Klauen, faltig, grau, nackt, elend und unglücklich. Doch als ich eines Nachts schlief, sah ich, wie ich mich in einen Hirschen verwandelte. In dieser Gestalt war ich wieder jung und frei. Und damals sprach ich die folgenden Worte:

Kraftlos ist heute Senbas Sohn,
Alle Stärke hat ihn verlassen,
Und ohne seine alte Macht
Ist Senbas Sohn ein alter ...

Diese Männer aus dem Osten,
Mit Speeren, die niemals fehlen –
Ich habe nicht mal Kraft in Hand und Fuß,
Um sie auch nur zu meiden:

Starin, der stolze Gefürchtete,
Und Semel mit dem weißen Schild.
Andind rettet mich nicht, doch er ist gut und gerecht,
Wenn es nur Beoin wäre ...

Beothach würde mich leben lassen,
Cachers kämpft wie ein Stier,
Britan gewinnt stets mit dem Speer,
Und die Wut siegt stets in Fergus.

Sie kommen zu mir, oh Herr,
Die Kinder Nemeds, Agnomans Sohn,
Beharrlich warten sie auf mein Blut,
Um mich sogleich zu verwunden.

Doch da wuchsen auf meinem Haupt
Zwei Geweihe mit dreifacher Spitze.
Ich bin nun struppig und grau
Und wieder jung im Herzen.

7. »Von dem Tag an, als ich mich in einen Hirschen verwandelte, war ich der Oberste aller Herden Irlands, und überall scharten sich zahlreiche Hindinnen um mich. So verbrachte ich die Zeiten von Nemed und seinen Nachfahren. Als Nemed mit seiner Flotte nach Irland kam, hatten sie vierunddreißig Barken, dreißig Mann in jeder Barke, und das Meer hatte sie anderthalb Jahre auf dem Kaspischen Meer herumgeschleudert. Sie waren ertrunken und an Hunger und Durst gestorben, außer vier Paaren, zusammen mit Nemed. Doch anschließend nahm sein Stamm zu und wuchs an auf 4030 Paare. Doch auch die sind alle gestorben.

8. Doch schließlich überkam auch mich das Alter, und ich floh vor den Menschen und den Wölfen. Einmal saß ich vor meiner Höhle – ich weiß es noch genau – und merkte, wie meine Gestalt von einer in die andere wechselte. Dann war ich plötzlich ein wilder Eber. Da sagte ich:

Ein Eber bin ich heute.
Ein mächtiger Herr der Siege,
gibt mir wundersame Dinge,
der König von Allem – viele Gestalten.

9. In dieser Gestalt«, sagte er, »war ich wirklich und wahrhaftig wieder jung und fröhlich. Ich war der König der Wildschweinrotten ganz Irlands und zog im Land umher. Und als ich älter und elender wurde, begab ich mich in dieses Land Ulster, denn genau da hatte ich stets meine Gestalt gewechselt. Daher ging ich nun immer dorthin, um die Erneuerung zu erwarten.

10. Doch da überwältigte Semion, der Sohn des Stariath, diese Insel. Von ihm stammen Fir Domnann, Fir Bolg und die Galiuin, und diese bewohnten diese Insel, solange sie Irland bewohnten. Dann überkam mich das Alter; ich wurde trauriger und konnte nicht mehr alles so wie zuvor und weilte nur allein in dunklen Höhlen und verborgenen Felsen.

11. Doch stets ging ich zurück zu meinem eigenen Haus. Ich erinnerte mich an alle vorigen Gestalten. Ich fastete drei Tage wie sonst auch immer und hatte bald keine Kraft mehr. Daraufhin verwandelte ich mich in einen großen Falken und war wieder froh. Ich konnte wieder alles. Ich war voll Freude und Neugier. Ich flog über ganz Irland und konnte alles sehen. Da sagte ich:

Ein Falke heute, ein Eber gestern,
Wunderbare ... Unbeständigkeit!
Die mir täglich lieber wird,
Gott, mein Freund, der mich verwandelt.

12. Beothach, Sohn Iarbonels, des Propheten, übernahm diese Insel von den dort lebenden Stämmen. Von ihnen stammen die Tuatha Dé und Andé, über deren Ursprünge selbst die Gelehrten nichts wissen, aber es scheint, daß sie aus dem Himmel stammen, weil sie so klug sind und so viel wissen.

13. Dann lebte ich lange Zeit als ein Falke und überlebte so alle anderen Stämme, die in Irland eindrangen. Doch dann übernahmen die Söhne des Miled die Insel gewaltsam von den Tuatha dé Dannan. Und ich war immer noch in Gestalt eines Falken und saß in einem hohlen Baum am Fluß.

14. Dort fastete ich drei Tage und drei Nächte, und dann überkam mich der Schlaf, und ich verwandelte mich in einen Flußlachs. Gott brachte mich in einen Fluß, so daß ich dort aufwachte und wieder fröhlich und lebendig und gutgenährt war. Ich konnte hervorragend schwimmen und entkam so jeder Gefahr von der Angelrute der Fischer, von den Klauen der Falken und den Speeren der Fischer, aber die Narben, die ich davontrug, sind immer noch zu sehen.

15. Doch dann meinte Gott, mein Helfer, es sei an der Zeit, weil mich andere Tiere verfolgten und alle Angler am Teich mich kannten. Da fing mich der Fischer von Cairell, der König des Landes, und brachte mich zu Cairells Frau, der es nach Fisch verlangte. Ich weiß es noch genau, wie der Mann mich auf einen Grill legte und briet. Und die Königin gelüstete nach mir und verspeiste mich ganz allein, so daß ich nun in ihrem Schoß war. Ich erinnere mich daran, wie ich in ihrem Schoß war und was die anderen in ihrem Hause sagten und was in Irland in jener Zeit geschah. Ich erinnere mich auch, daß ich zu sprechen begann wie alle Menschen, und ich wußte alles, was in Irland geschah, denn ich war ein Seher, und man gab mir einen Namen: Tuan, Sohn von Cairell. Damals brachte Patrick den Glauben nach Irland. Da war ich schon sehr alt, wurde getauft und glaubte nun allein an den König aller Dinge und Elemente.«

16. Nachdem Tuan alle Geschichten erzählt hatte, feierte er mit Finnen und seinen Leuten die Messe, und man begab sich in die Speisehalle. Dort blieben sie eine ganze Woche zusammen und redeten miteinander. Alle Geschichten und alle Stammbäume in Irland stammen von Tuan, dem Sohn Cairells; er ist der Ursprung dieser Geschichte. Zuvor hatte er mit Patrick geredet und ihm auch alles erzählt, und er hatte mit Colum Cille gesprochen und ihm in Gegenwart des Volkes prophezeit. Finnen bot ihm an, bei ihm zu bleiben, aber das wurde ihm nicht gewährt. »Dein Haus wird berühmt sein bis zum Jüngsten Tag«, sagte Tuan.

Die Aufteilung des Hauses Tara[2]

Bei dieser Geschichte ist die Erinnerung der Angelpunkt. Wir drucken diesen Text in dieser Ausführlichkeit ab, weil er die Aufteilung Irlands in allen Einzelheiten schildert. Die irischen Provinzen werden genau charakterisiert, die aufgezählten Eigenschaften sind heute noch deutlich erkennbar. Der Text erklärt vieles von der heutigen Problematik Irlands.

Wir hören in der Geschichte vom Fest in Tara, an dem alle Ehrwürdigen Irlands mit ihrem Gefolge teilnehmen – was für alle Anwesenden Unannehmlichkeiten mit sich bringt. Die Aufteilung des Landes um Tara ist eine Aufgabe, mit der niemand etwas zu tun haben will, und der Hochkönig, Diarmuid mac Cerball (545–65) hat Schwierigkeiten, einen klugen Mann dafür zu finden (1–6). Da bringt man den ältesten Menschen Irlands herbei, Fintan mac Bóchra, ein Enkel Noahs, der die Sintflut überlebt hat. Er erzählt die Geschichte Irlands (7–9), aber es erheben sich Zweifel an seinem Gedächtnis, und so erinnert sich Fintan an das Setzen und Heranwachsen einer Eibe, des ältesten Baums in Irland, der am langsamsten wächst, und beweist damit seine Fähigkeit, gerecht zu vermitteln (10–13). Befragt, woher er soviel weiß, erzählt er die Geschichte von einer Versammlung unter einer früheren Herrschaft, bei der ein wundersam andersweltliches Wesen erschien. Trefuilngid Tre-eochair (»Starker Bewacher der Drei Schlüssel«) berichtet von den Ursprüngen der Iren (14–19) und fragt dann, welche Chroniken von den *senchais* (den Weisen, Chronisten oder Geschichtenerzählern) bewahrt wurden; die Versammlung gesteht beschämt, daß sie keinerlei Überlieferungen habe, und Trefuilngid bietet ihnen an, sieben *senchais* aus den vier Teilen Irlands darin zu unterweisen. Einer dieser Männer war Fintan, und er beschreibt Trefuilngid die Provinzen eines jeden Viertels (20–28). Trefuilngid gibt Fintan ein paar Beeren, die zu den großen Bäumen Irlands heranwachsen (29–30). Die Versammlung in Tara verspricht, die von Trefuilngid überlieferten Traditionen zu bewahren, und teilt die fünf Provinzen entsprechend auf (31–33). Dann ereilt Fintan der Tod. An seinem Begräbnis nehmen die Geister von Patrick und Brigid teil; sein Leichnam wird davongetragen wie der von Elijah und Enoch.

Dieser mittelirische Text aus dem »Gelben Buch von Lecan« (»The Yellow Book of Lecan«) hat zahlreiche christliche Elemente, die aber immer noch deutlich mit der keltischen Anderswelt-Tradition verknüpft sind. Die Kontinuität der Ahnenerinnerung wird von Fintan verkörpert, der ein Nachfahre des Urahnen Noahs ist. Trefuilngid Tre-eochair, der als Engel beschrieben wird, wenn nicht sogar als Gott selbst, hat den für die Anderswelt typischen Zweig mit Nüssen, Äpfeln und Eicheln bei sich. Er ist eine titanische Gestalt nach dem Vorbild von Bran dem Seligen, einem Wesen, das die Überlieferung der natürlichen Welt und die Tradition des Christentums in sich verkörpert. Der Verfasser dieser Geschichte benutzt absichtlich das starke Band der Ahnenverantwortung, um alte und neue Traditionen miteinander zu verknüpfen, und Trefuilngid selbst ist ein archetypischer *senchai*, der sich in beiden Richtungen auskennt.

1. Die Ui Neill hatten einmal zu Zeiten von Diarmait, Sohn des Fergus Cerball, eine Versammlung in Magh Bregh, und da wurde das Folgende besprochen: Die Lage Taras schien ihnen nicht angemessen, denn es lag auf einer Ebene mit Sicht nach sieben Seiten, und sie überlegten, wie sie soviel Grün beschneiden könnten, denn es schien ihnen nicht wirtschaftlich, so viel Land ohne ein Haus oder einen Hof darauf zu haben und keinerlei Versorgung für Tara. Denn alle drei Jahre hatte man die Pflicht, alle Männer Irlands sieben Tage und sieben Nächte zu verköstigen. Und genauso war es, als alle zum Fest des Diarmait, Sohn des Cerballs, kamen. Kein König kann ohne eine Königin sein, kein Häuptling ohne seine Häuptlingsfrau, kein Krieger ohne ... kein Narr ohne eine Hure, kein Gastwirt ohne eine Gefährtin, kein Junge ohne eine Liebste, keine Maid ohne einen Geliebten und kein Mann ohne eine Kunst.

2. Man pflegte die Könige und Weisen neben Diarmait, Sohn des Cerball, zu setzen, das heißt, alle Könige und Weisen zusammen, alle Krieger und Räuber zusammen, die Jungen und Maiden und das stolze, dumme Volk in den Kammern bei den Türen, und ein jeder bekam seinen angemessenen Anteil: Das waren Früchte und Rind und Eber und Speck für die Könige und Weisen, und für die freien Edelleute Irlands auch: Und die Haushofmeister und Hausmeisterinnen legten ihnen vor. Dann gab es gutes Fleisch von Eisenspießen und Honigbier und frisches Bier und Milchwasser für die Krieger und Räuber, und die Narren und Becherträger schnitten für sie auf und legte ihnen vor. Als nächstes Kopf und Füße [?] und alles mögliche Rind für die Kutscher und Jongleure und Türsteher und das gemeine Volk, und sie wurden von den Kutschern und Jongleuren und Türstehern bedient. Danach gab es Kalbfleisch und Lamm und Schwein und die siebte Portion ... draußen für die jungen Männer und Maiden, denn deren Fröhlichkeit unterhielt alle ... und deren Edelleute warteten auch [?]. Freie Söldner und Dienerinnen schnitten für sie auf und legten ihnen vor.

3. Dann wurden die Edelleute Irlands von Diarmait, Sohn des Cerballs, zum Fest auf Tara gebeten. Und sie sagten, sie würden erst zu diesem Fest kom-

men, wenn die Angelegenheiten des Hauses Tara geregelt seien, so wie es vor ihren Zeiten war und wie es anschließend für alle Zeiten sein würde, und diese Antwort schickten sie Diarmait. Und Diarmait erwiderte, es sei nicht recht, ihn um eine Aufteilung des Hauses Tara zu bitten, ohne Flann Febla, den Sohn des Scannlan, Sohn von Fingen, um Rat zu bitten, den Führer Irlands und Nachfolger Patricks, oder aber Fiachra, Sohn der Stickerin. Man schickte sogleich Bitten an Fiachra, den Sohn des Colman, Sohn von Eogan los, und er wurde hergebracht, um ihnen zu helfen. Denn es waren nur wenige gelehrte Männer anwesend, und viele waren ganz unwissend, hatten aber viele Streitigkeiten und Probleme.

4. Dann kam Fiachra an, und sie baten ihn um das gleiche, nämlich die Aufteilung des Hauses Tara. Und er antwortete, er würde ihnen erst eine Entscheidung zu dieser Frage geben, wenn sie einen hergeholt hätten, der älter und klüger sei als er selbst. »Wer soll das sein?« fragten sie. »Das ist nicht schwer«, antwortete er, »Cennfaelad selbst, Sohn des Ailills, Sohn des Muiredach, Sohn des Eogan, Sohn des Nialls. Aus diesem Kopf«, fuhr er fort, »wurde das Hirn der Vergeßlichkeit bei der Schlacht von Magh Rath entfernt, das heißt, daß er sich an alles erinnert, was er jemals über die Geschichte Irlands von jener Zeit bis auf den heutigen Tag gehört hat. Es ist nur angemessen, daß er herkommt, um die Sache für euch zu entscheiden.«

5. Da schickte man nach Cennfaelad, und er erschien auch, und sie baten ihn um das gleiche. Und Cennfaelad erwiderte: »Es ist nicht recht, mich zu bitten, solange die Fünf Ältesten alle in Irland sind.« – »Aber wo sind sie?« fragten die Männer Irlands. »Das ist leicht«, erwiderte Cennfaelad, »Finchad von Falmag in Leinster, Cú-alad in Cruachu Conalad, Branm Bairne in Bairenn, Dubán, Sohn des Deg, in der Provinz Fir Olnegmacht und Tuan, Sohn des Cairell, der so viele Verwandlungen durchgemacht hat, in Ulster.«

6. Da schickte man nach diesen fünf Männern, und sie wurden nach Tara gebracht, und man bat sie das nämliche: die Aufteilung des Hauses Tara vorzunehmen. Dann berichteten alle fünf, an was sie sich erinnerten und sagten, daß es nicht recht für sie sei, Tara aufzuteilen, solange ihr Oberhaupt und Ziehvater in Irland nicht bei der Versammlung sei. »Wer ist denn das?« fragten alle. »Das ist nicht schwer«, meinten sie. »Fintan, Sohn des Bóchra, Sohn des Ith, Sohn Noahs.« Er war in Dun Tulcha in Kerry.

7. Da zog Berran, Cennfaelads Diener, nach Dun Tulcha im Westen von Luachair Dedaid zu Fintan, um ihm die Botschaft zu überbringen. Und Fintan kam mit ihm nach Tara zurück. Sein Gefolge bestand aus achtzehn Kompanien, neun vor ihm und neun hinter ihm. Und es war keiner unter ihnen,

der nicht den Lenden Fintans selbst entstammte: Söhne, Enkel, Urenkel und deren Abkömmlinge.

8. In der Großen Speisehalle wurde ihnen ein herzliches Willkommen bereitet, denn alle waren froh, nun seine Worte und seine Geschichten zu hören. Alle Männer erhoben sich und baten ihn, auf dem Stuhl des Richters Platz zu nehmen. Aber Fintan meinte, das würde er erst tun, wenn er die Frage wüßte. Er sagte zu ihnen: »Es ist nicht nötig, mich so freundlich zu begrüßen, denn ich bin eures Willkommens so sicher wie ein Sohn seiner Ziehmutter, und das ist meine Ziehmutter: Die Insel, auf der wir sind, Irland, und das vertraute Knie Irlands ist der Hügel, auf dem wir uns befinden: Tara. Es sind außerdem die Mast und die Früchte, Blüten und Nahrung dieser Insel, die mich von der Sintflut bis zum heutigen Tag genährt haben. Ich kenne mich in seinen Festen und seinen Beutezügen aus, seinen Zerstörungen und seinen Eroberungen, in allem, was sich von der Sintflut bis heute zugetragen hat.« Dann sprach er die folgenden Zeilen:

9. Irland, wenn ihr mich fragt,
kenne ich genau,
alle seine Siedlungen
seit Beginn der heutigen Welt.

Cessair kam von Osten,
seine Frau, Tochter des Bith,
mit ihren fünfzig Maiden
und den drei Männern.

Die Sintflut überkam sie,
und es war jammerschade,
ertränkte sie alle,
jede in ihrer Blüte.

Doch ich wurde gerettet
vom Sohn Gottes, der mich schützte.
Die Sintflut teilte sich vor mir
vor dem großen Tul Tuinde.

Ein Jahr war ich unter Wasser
beim stürmischen Tul Tuinde,
habe nicht geschlafen
und werde es auch nicht mehr.

Dann kam Partholon
aus dem Osten, dem Land der Griechen,

und ich lebte mit seinen Nachfahren,
und es war ein langer Weg.

Ich war noch in Irland,
als es eine Wildnis war,
bis Agnomans Sohn kam,
Nemed, der freundliche.

Als nächstes kamen die Fir Bolg,
das ist eine wahre Geschichte.
Ich lebte auch mit denen,
als sie im Lande weilten.

Dann kamen die Fir Bolg und Fir Galion,
doch das war lange Zeit später.
Dann kamen die Fir Domnann
und ließen sich in Irrus nieder.

Dann kamen die Tuatha Dé
in den dunklen Wolken,
und ich lebte mit ihnen,
auf eine lange Zeit.

Dann zogen die Söhne Mileds
ins Land gegen sie.
Ich war bei jedem Stamm
bis zu eurer Zeit.

Danach kamen die Söhne Mileds
aus Spanien im Süden,
und ich lebte mit ihnen,
doch sie waren sehr kämpferisch.

Ich lebte ein langes Leben,
das ist gewiß,
als der Glaube mir gegeben
an den König der Himmel.

Ich bin der weiße Fintan,
Bóchras Sohn, das ist gewiß,
Seit der Sintflut zugegen,
bin ich von hohem Alter.

10. »Gut, oh Fintan«, sagten sie. »Wir sind schuldig, dich oft vernachlässigt zu haben, und wir wüßten gern, wie zuverlässig dein Gedächtnis ist.«

»Das ist nicht schwer«, erwiderte er, »eines Tages kam ich durch einen Wald in West Munster im Westen. Ich nahm einen rotbeerigen Eibenbaum heim und pflanzte ihn im Garten meines Hauses, und er wuchs heran, bis er groß wie ein Mensch war. Dann grub ich ihn aus dem Garten aus und pflanzte ihn auf meinem Hof, und er wuchs mitten auf dem Rasenstück dort so groß, daß ich mit hundert Kriegern unter ihm Platz fand, und er schützte mich vor Wind und Regen, vor Kälte und Hitze. Mein blühender Eibenbaum und ich blieben zusammen, bis er eines Tages alle Blätter abwarf. Als ich keine Hoffnung mehr hatte, ihn mir so zunutze zu machen, sägte ich ihn von seinem Stamm und machte daraus sieben Fässer und sieben *ians* und sieben *drolmachs*, sieben Kannen, sieben Krüge, sieben *milans* und sieben *methars* mit Reifen. Und meine Eibengefäße und ich blieben zusammen, bis vor Alter die Reifen abfielen. Darauf machte ich sie alle neu, konnte aber aus einem Faß nur noch einen *ian* gewinnen, einen *drolmach* aus einem *ian* und eine Kanne aus einem *drolmach*, einen Krug aus einer Kanne und einen *milan* aus einem Krug und einen *methar* aus einem *milan*. Ich schwöre dem allmächtigen Gott, daß ich nicht weiß, wo diese Reste geblieben sind, denn sie sind vor Alter zerfallen.«

11. »Du bist in der Tat sehr ehrwürdig«, sagte Diarmait, »dein Urteil zu übergehen heißt, das Urteil eines Ältesten zu mißachten. Aus diesem Grund haben wir dich auch hergebeten, denn du sollst das Urteil für uns sprechen. »Es ist wirklich wahr«, sagte Fintan, »daß ich mich in allen Urteilen seit Beginn der Welt bis auf den heutigen Tag gut auskenne.« Dann sprach er die folgenden Zeilen:

12. Ich kenne mich aus
wie keiner sonst,
bin erster Richter ohne zu prahlen,
und sprach das allererste Urteil.

13: »Gut, oh Fintan«, sagten alle. »Wir sind froh, daß du herkamst, um uns die Geschichte Irlands zu erzählen.« – »Ich erinnere mich genau«, sagte Fintan, »an den Verlauf der Geschichte Irlands, wie es bis auf den heutigen Tag zugegangen ist und wie es bis zum jüngsten Tag sein wird.« – »Eine Frage«, sagten sie. »Wie kommt es, daß du diese Geschichte kennst, und was daran ist nützlich für uns, um unseren Streit zu regeln, die Aufteilung des Hauses Tara?« – »Das ist nicht schwer«, meinte Fintan. »Ich werde euch mehr darüber erzählen.

14. Einmal hatten wir eine große Versammlung aller Männer Irlands bei Conaing bec-Eclach, König von Irland. Eines Tages erschien bei dieser Ver-

sammlung ein großer Held von mächtiger Gestalt vom Westen her, vom Sonnenuntergang, und kam auf uns zu. Wir staunten über seine Größe. Seine Schultern waren hoch wie die höchsten Bäume. Zwischen seinen Beinen waren der Himmel und die Sonne zu sehen, so groß und ansehnlich war er. Ihn umgab ein glänzender durchscheinender Schleier wie ein Gewand aus kostbarstem Leinen. An den Füßen trug er Sandalen, aber wir wissen nicht, aus was sie gefertigt waren. Goldenes Haar fiel ihm lockig bis zu den Schenkeln herab. In der linken Hand hielt er Steintafeln und einen Zweig mit drei Früchten: Nüsse, Äpfel und Eicheln – mitten im Mai, aber die Früchte waren unreif. Er schritt auf uns zu und umrundete die Versammlung mit seinem goldenen, vielfarbigen Zweig aus Libanonholz hinter sich. Da sagte einer zu ihm: ›Komm her und stelle dich dem König Conaing bec-Eclach vor.‹ Er antwortete: ›Was verlangt ihr von mir?‹ – ›Wir wollen wissen, woher du kommst‹, sagten sie, ›und wohin du ziehst, und deinen Namen und deine Herkunft.‹

15. ›Ich bin wirklich‹, antwortete er, ›von der untergehenden Sonne gekommen, und ich gehe zur Morgenröte. Und mein Name lautet Trefuilngid Tre-eochair.‹ – ›Warum hat man dir diesen Namen gegeben?‹ fragten sie. ›Das ist leicht‹, sagte er, ›denn ich bin es, der die Sonne zum Aufgehen und zum Untergang bewegt.‹ – ›Und was brachte dich zum Untergang, wenn du doch beim Aufgang sein willst?‹ fragten sie. ›Das ist leicht‹, sagte er. ›Ein Mann wurde heute gefoltert. Er ist heute von den Juden gekreuzigt worden, und die Sonne hat sie danach übergangen und bescheint sie nicht mehr, und daher hat man mich zur Sonnenuntergangsstelle geschickt, um nachzusehen, was der Sonne fehlt, und ich habe es erkannt. Als ich die Lande erkannte, über denen die Sonne untergeht, kam ich nach Inis Gluairi vor Irrus Domnann, und von da an westlich fand ich kein Land mehr, denn dort ist die Schwelle, wo die Sonne untergeht, genau wie das Paradies Adams die Schwelle darstellt, wo sie aufgeht.‹

16. ›Sagt an‹, meinte er nun. ›Was ist euer Stamm, und von woher kamt ihr auf diese Insel?‹ – ›Das ist einfach‹, meinte da Conaing bec-Eclach. ›Von den Kindern Mileds in Spanien und den Griechen stammen wir ab. Nach dem Bau des Turms von Nimrod und der Verwirrung der Zungen kamen wir auf Einladung des Pharaos nach Ägypten. Nél, Sohn des Fénius und Goedel Glas waren unsere Häuptlinge, als wir im Süden weilten. Daher heißen wir auch Féne, nach Fénius, und Gaels, nach Gaedel Glas, denn es heißt ja:

›Die Féne sind nach Fénius benannt, ein einfacher Name, und die Gaels nach Gaedel Glas dem Gastfreundlichen, die Schotten nach Scota.‹

Scota, die Tochter des Pharaos von Ägypten, wurde Nél, dem Sohn des Fénius zur Frau gegeben, als sie nach Ägypten kamen. Sie ist unsere Ahnherrin, und von daher heißen wir Scoten.

17. In der Nacht, als die Kinder Israels aus Ägypten flohen und trockenen Fußes hinter dem Volksführer Gottes, Moses, Sohn des Amram, her das Rote Meer durchquerten, als der Pharao und seine Armee im gleichen Meer umkamen, weil sie die Juden in Knechtschaft gehalten hatten, weil unsere Vorfahren nicht mit den Ägyptern das Volk Gottes verfolgten, fürchteten sie den Zorn des Pharaos nach seiner Rückkehr. Auch als der Pharao nicht zurückkehrte, fürchteten sie, daß die Ägypter sie versklaven würden, wie sie die Kinder Israels auch versklavt hatten. So flohen sie des Nachts in zehn Schiffen des Pharaos über das Rote Meer auf den grenzenlosen Ozean und in Richtung Nordwesten um die Welt, an den Kaukasus-Bergen vorbei, an Skythien und Indien, über das dortige Meer, das Kaspische, über Malus maeotis, an Europa vorbei vom Südosten nach Südwesten durch das Mittelmeer, links an Afrika und an den Herkulessäulen vorbei nach Spanien, und von dort aus zu dieser Insel.

18. ›Und Spanien‹, fragte Trefuilngid, ›wo liegt selbiges Land?‹ – ›Das ist nicht schwer zu beschreiben. Es liegt einen großen Prospekt von uns entfernt im Süden‹, sagte Conaing. ›Denn Ith, der Sohn des Breogan, sah die Berge des südlichen Irrus von der obersten Turmspitze auf Breogan in Spanien und kam her, um die Insel für die Söhne Mileds auszuspionieren, und hinter ihm her kamen wir, im neunten Jahr nach dem Zug der Israeliter durch das Rote Meer.‹

19. ›Wie viele seid ihr auf dieser Insel?‹ fragte Trefuilngid. ›Ich würd' euch gern an einem Ort versammelt sehen.‹ – ›Wir sind nicht so wenige‹, erwiderte Conaing. ›Aber wenn du das wünschest, so soll es geschehen. Doch ich glaube, das Volk wird sich davor fürchten, euch dabei zu versorgen.‹ – ›Es braucht sich nicht zu fürchten‹, sagte er. ›Denn der Duft dieses Zweiges in meiner Hand wird mir so lange ich lebe als Nahrung und Trank dienen.‹

20. Er blieb also vierzig Tage und Nächte bei ihnen, bis die Männer Irlands sich auf Tara für ihn versammelt hatten. Und er sah sie alle an einem Ort und sagte zu ihnen: ›Welche Berichte habt ihr über Irland und das königliche Haus Tara. Gebt sie uns bekannt.‹ Und sie antworteten: ›Wir haben keine alten *shanachies*, denn wem würden wir in Wahrheit diese Chroniken anvertraut haben, ehe du zu uns kamst?‹ – ›Das werdet ihr von mir bekommen‹, sagte er. ›Ich werde euch den Ablauf der Geschichten und Chroniken des

Hauses Tara mit den vier Teilen Irlands beschreiben, denn ich bin ein höchst gelehrter Zeuge, der alles Unbekannte erklären kann.

21. Bringt mir sieben Männer aus jedem Viertel Irlands – die klügsten, gebildetsten und auch die listigsten, und die *shanachien* des Königs selbst, die aus dem Haus Tara stammen, denn es ist nur recht, daß die vier Teile bei der Aufteilung Taras und seiner Chroniken dabei sein sollten, und jeder von ihnen kann seinen Anteil an den Chroniken des Hauses Tara mitnehmen.‹

22. Daraufhin sprach er mit den *shanachies* im einzelnen und erzählte ihnen die Chroniken aller Teile Irlands. Anschließend sagte er zu König Conaing: ›Komm du ganz allein, damit ich dir und den Männern Irlands mitteilen kann, wie wir Irland aufgeteilt haben, wie ich es schon den vier Gruppen aus sieben Weisen kundgetan habe.‹ Daraufhin erzählte er es ihnen im allgemeinen, ›und mir‹, so Fintan, ›wurde die Erklärung und der Vortrag mit dem Gastgeber anvertraut, denn ich war der älteste *shanachie*, den er in Irland angetroffen hatte. Ich war zur Zeit der Sintflut in Tul Tuinde, und nach der Flut war ich tausendundzwei Jahre lang allein, als Irland eine Wüste war, und danach habe ich jede Generation erlebt, die das Land eroberte, bis zum Tag, als Trefuilngid zur Versammlung von Conaing bec-Eclach kam, und da war es, daß Trefuilngid mich mit seinem Wissen auf die Probe stellte.‹

23. ›Oh, Fintan‹, sagte er. ›Und wie ist Irland nun aufgeteilt, und wie lebt es sich darinnen?‹

›Leicht zu sagen‹, gab Fintan zurück. ›Wissen im Westen, Kämpfe im Norden, Wohlstand im Osten, Musik im Süden und Königtum in der Mitte(?).‹

›Das ist wahr, oh, Fintan‹, sagte Trefuilngid. ›Du bist ein ausgezeichneter *shanachie*. Genauso ist es gewesen und wird es nun auf immer sein, nämlich:

24. Alles Lernen, die Grundlagen, die Lehren, die Bündnisse, Urteile, Chroniken, Ratschläge, Geschichten, Historien, Wissenschaften, Schönheit, Beredtsamkeit, Keuschheit (wortwörtlich *Erröten*), Wohlstand, Überfluß und Reichtum stammen aus dem Westen.‹

›Und was liegt da?‹ fragte der Gastgeber. ›Das ist leicht zu sagen‹, antwortete er.

›Ae, Umall, Aidne, Bairenn, Bres, Breifne, Bri Irg, Berramain, Bagna, Cera, Cirann, Cruachu, Irrus, Imga, Imgan, Tarbga, Teidme, Tulcha, Muad, Muiresc, Meada, Maige (zwischen Traige und Reocha und Lacha), Mucrama, Maenmag, Mag Luirg, Mag Enem von Arann, Aigle und Irtech.‹

25. ›Und ihre Schlachten‹, sagte er, ›und die Zwistigkeiten, die Schwere, die rauhen Gegenden, die Scharmützel, der Hochmut, die Unwirtschaftlichkeit, der Stolz, die Gefangenen, die Angriffe, die Härte, die Kriege, die Konflikte stammen aus dem Norden.‹

›Was liegt dort?‹ fragte der Gastgeber. ›Leicht zu sagen: Lie, Lorg, Lothar, Callann, Farney, Fuidga, Srub Braín, Bernas, Daball, Ard Fothaid, Goll, Irgoll, Airmach, die Glens (?), Gera, Gabor, Eman, Ailech und Imclar.‹

26. ›Irlands Reichtum‹, sagte er, ›und seine Ressourcen, seine Bienenstöcke, Wettbewerbe, Waffenlager, Haushälter, Edlen, Wunder, guten Sitten, guten Manieren, Pracht, Überfluß, Würde, Kraft, Reichtum, Wirtschaftlichkeit, Künste, Seiden, Tücher, grüngeflecktes Tuch (?) und seine Gastfreundschaft stammen aus dem Osten.‹

›Und was liegt dort?‹ fragte der Gastgeber. ›Leicht zu sagen‹, gab er zurück. ›Fethach, Fothna, Inbrechta, Mugna, Bile, Bairne, Berna, Drennam, Druach, Dimar, Lee, Line, Lathirne, Cuib, Cualnge, Cenn Con, Mag Rath, Mag Inis und Mag Muirthemne.‹

27. ›Und seine Wasserfälle, Jahrmärkte, Edlen, Räuber, Wissen, Feinsinnigkeit, Musikalität, Melodien, Sänger, Weisheit, Ehre, Musik, Gelehrsamkeit, Lehren, Kriegerschaft, *Fodchell*-Spiel, Heftigkeit, Stolz, Dichtkunst, Verteidigung, Bescheidenheit, Sitten, Gefolge und Fruchtbarkeit stammen aus dem Süden.‹

›Und von woher?‹ fragten sie. ›Leicht zu sagen‹, meinte Trefuilngid. ›Von Mairg, von Maisiu, von Raigne, von Rairiu, von Gabair, von Gabran, von Cliu, von Claire, von Femnd (?), von Faifae, von Bregon, von Barchi, von Cenn Chaille, von Clere, von Cermna, von Raithlinn, von Glennamain, von Gobair, von Luachair, von Labrand, von Loch Lèin, von Luch Lugdach, von Cathair Cairbri, von Cathair Ulad, von Dun Bindi, von Dun Chain, von Dun Tulkha, von Fertae, von Feorainn und von Fiandainn.‹

28. ›Und seine Könige, Verwalter, Würdigen, Ersten, Stabilität, Einrichtungen, Unterstützung, Zerstörungen, Kriegskunst, Kutschierkunst, Soldaten, Vorherrschaft, Hochkönigtum, Weisheit, Honigwein, Überfluß, Bier, Ruf, große Berühmtheit und Reichtum stammen aus dem Mittelteil.‹

›Und was liegt dort?‹ fragten sie. ›Leicht zu sagen‹, meinte Trefuilngid. ›Mide, Bile, Bethre, Bruiden, Colba, Cnodba, Cuilliu, Ailbem, Asal, Usnech, Sidan, Slemain, Sláine, Cno, Cerna, Cennandus, Bri Scáil, Bri Graigi, Bri meic Thaidg, Bri Foibrim, Bri Dili, Bri Fremain, Tara, Tethbe, Temair Briga Niadm, Temair Breg – die Oberherrschaft von ganz Irland stammt von hier.‹«

29. Dann verließ Trefuilngid Tre-eochair die Versammlung der Männer Irlands auf immer, und Fintan, dem Sohn von Bòchra, hinterließ er einige Beeren von dem Zweig in seiner Hand. Dieser säte sie an Stellen aus, wo sie vermutlich gut gedeihen würden, und das sind die Bäume, die aus diesen Beeren heranwuchsen: Der uralte Baum von Tortu und der Baum von Ross, der Baum von Mugnba, der astreiche Baum von Dathe und der uralte Baum von Usnech. Und Fintan blieb und erzählte dem Volk Irlands die Geschichten weiter, bis er selbst zum Überlebenden dieser alten Bäume wurde und sie noch während seiner Lebensspanne vergingen. Als Fintan nun sein Alter und das der Bäume herannahen fühlte, sagte er:

30. Ich sehe heute deutlich und klar
am frühen Morgen nach Sonnenaufgang
von Dun Tulcha im Westen
über die Baumspitzen aus dem Libanon.
Bei Gott, ich bin ein alter Mann,
will nicht mehr gern ...
es ist lange her, seit ich einen Schluck
der Sintflut aus dem Nabel von Usnech trank.

31. So blieb er und erzählte ihnen weiter die Geschichten vom Volk Irlands, bis er von Diarmait, Sohn des Cerball, und Flann Febla, dem Sohn von Scannlan und Cennfaelad, Sohn von Ailill gerufen wurde, und die Männer Irlands verkündeten das Urteil über das Anwesen des Hauses Tara. Es erging das folgende Urteil: »Soll es so bleiben, wie wir es vorgefunden haben«, sagte Fintan. »Wir wollen uns nicht gegen die Anordnungen stellen, die Trefuilngid Tre-eochair uns hinterlassen hat, denn er war ein Engel Gottes oder Gott selbst.«

32. Dann begleiteten die Edlen Irlands Fintan nach Usnech und verabschiedeten sich einer nach dem anderen auf dem Gipfel des Usnech. In ihrer Gegenwart errichtete er eine Steinsäule für die fünf Bergkämme dort. Und er bestimmte einen Bergzug für jede Provinz Irlands, denn Tara und Usnech sind in Irland wie zwei Nieren in einem Tier. Dann markierte er dort eine *forrach*, einen Teil für jede Provinz in Usnech. Nach dem Errichten der Steinsäule sprach Fintan diese Zeilen:

33. Die Fünf Teile Irlands, Meer und Land,
ihre Grenzen sind nun gut bestimmt
von Drowes mit den vielen Menschen,
südlich von Belach Cuairt
zum großen Boyne, Segais schönem Strom,

vom weiß schäumenden Boyne mit seinen hundert Häfen
zum dichtbevölkerten kalten Comar Tri nUsci.
Von diesem Comor aus
zum Paß mit dem bissigen Hund Glas,
von Belach Conglais, das hübsche Lächeln
des breiten, grünen Luimnech, von Wäldern gesäumt.
Vom Hafen Luimnechs eine flache grüne Ebene
bis zum belaubten Drowes, am Meeresschlag.
Eine kluge Teilung, von den Straßen markiert
ist die Teilung in Fünfe gelungen.
Die Spitzen aller großen Provinzen zeigen nach Usnech
und teilen jenen Stein dort in Fünf Teile.

34. Dann bezeugte Fintan, daß es recht war, die fünf Provinzen Irlands von Tara und Usnech aus zu bestimmen, und daß es auch recht war, einen Teil von jeder Provinz zu beanspruchen. Dann sagte er den Männern Irlands Lebwohl und zog nach Dun Tuilcha in Ciarraighe Luachra, wo ihn eine Schwäche überkam und er die folgenden Zeilen sprach:

Schwach bin ich heute nach meinem langen Leben,
Verfall hat mich langsam gemacht.
Ich wechsle nicht mehr die Gestalt
und bleibe Fintan, Sohn des Bòchra.

35. Angesichts seines nahenden Todes wurde er sehr bedrückt, aber als er erkannte, daß Gott es an der Zeit für ihn befand zu sterben, ohne noch einmal die Gestalt zu wechseln, sprach er die folgenden Zeilen:

Ich vergehe heute in Cumor Cuan,
und das ist mir auch leicht.
Ich wurde geboren, ich wuchs heran
fünfzig Jahre vor der Flut.
Der Helle König schwor mir,
mein Glück solle lange dauern:
fünftausendfünfhundert Jahre bisher –
die Länge der Zeit selbst.
Ich bin Fintan, habe lange gelebt,
bin uralter Weise der Edlen.
Hatte Weisheit und Tapferkeit,
bis das Alter auch mich ereilte.

36. So endete Fintans Leben, und er beichtete und nahm die Kommunion und das Opfer aus den Händen von Bischof Erc, Sohn des Ochomon, Sohn des Fidch, an, und die Geister von Patrick und Brigid waren bei seinem Tod zugegen. Die Stelle an der er begraben ist, ist nicht bekannt. Manche meinen, seine sterbliche Hülle sei an einen göttlichen Ort geholt worden, wie bei Elijah und Enoch, die ins Paradies getragen wurden, wo sie auf die Auferstehung des ehrwürdigen langlebigen Ältesten Fintan, Sohn von Bòchra, Sohn von Eithier, Sohn von Rual, Sohn von Annid, Sohn von Ham, Sohn von Noah, Sohn von Lamech warten.

Die Ahnen als Ratgeber

Caitlín Matthews

Die Hügel der Toten

Alles, was wir sind, haben wir von unseren Vorfahren ererbt. Sie haben vor uns gelebt und bleiben für uns die Verkörperung von Weisheit und die Hüter unserer Tradition. Es gibt kaum ein Volk in der Welt, das seine Ahnen nicht auf irgendeine Weise achtet und verehrt. Doch in der westlichen Gesellschaft, die sich am stärksten von ihren animistischen und schamanischen Wurzeln entfernt hat, spielt die Ahnenverehrung im Alltag kaum eine Rolle. Als bloßes Relikt einer alten Pflicht spiegelt es sich außerdem in einer völligen Respektlosigkeit gegenüber den älteren Mitgliedern unserer Gesellschaft, deren Erfahrung und Weisheit insgesamt als für unsere Belange unwichtig abgetan werden.

Die Verbindung zu den Ahnen war für die Kelten fester Bestandteil ihres Lebens. Das Reich der Toten und das der Lebenden, die Anderswelt und die gegenwärtige Welt, überschnitten sich in vieler Hinsicht. Die Wahrnehmung und das Akzeptieren dieser Schwellen waren äußerst wichtig, und die Tore von Geburt und Tod wurden von vielen Schutzzaubern umgeben, wie wir in Kapitel 10 sehen werden.

Wer aber waren diese Ahnen? Diese Frage konnten alle Kelten beantworten und ihre Familien um viele Generationen zurückverfolgen, denn das genealogische Gedächtnis war allen gemeinsam. Eine der Hauptaufgaben von Dichtern und Geschichtenerzählern war die des genealogischen Bewahrers, der die Erinnerung an schon lange verstorbene Vorfahren in Lobliedern gegenwärtig hielt. Die Ahnen waren diejenigen Menschen, die vor uns gegangen waren – die Tapferen, die Verrufenen, die Heiligen und die Schönen.

Die Befragung der Ahnen um Rat wird gewöhnlich Nekromantie oder Totenbeschwörung genannt, eine lebendige Tradition, die man von Aeneas bis zu Hamlet verfolgen kann. Diese Berufung auf die Ahnen hat gewöhnlich einen der folgenden Gründe. Man tat es entweder, um:

1. wahrzusagen oder eine prophetische Sicht in die Zukunft zu erlangen,
2. verlorengegangenes Wissen wiederzugewinnen,
3. Kenntnisse der Alten mündlich wiederzuerlangen,
4. Präzedenzfälle für gegenwärtige Rechtsstreitigkeiten zu gewinnen,
5. um eine spirituelle Tradition mit einer anderen zu verknüpfen oder um
6. in der Nähe eines Ahnengrabs Heilung oder Offenbarung zu finden.

Beispiele für die Punkte 2 und 4 haben wir bereits in der »Aufteilung des Hauses Tara« gesehen – ein Haupttext in dieser Tradition. Wir wollen in diesem Kapitel kurz die anderen Kategorien untersuchen, das Thema des abgetrennten Kopfes und die nekromantischen Traditionen der Übergangsperiode zwischen Heidentum und Christentum.

Die Kommunikation findet hauptsächlich zwischen Geistlichen und anderen auf der Suche nach verlorenem Wissen statt, etwa wenn Seanchán, der Oberdichter Irlands, seine Dichtergenossen anweist, die Bruchstücke der großartigen Geschichte von Tàin zusammenzusuchen, bis sie wieder vollständig ist. Erst als sie den Geist von Fergus mac Roich aus dem Grab rufen, des Protagonisten der Geschichte »Der Viehdiebstahl von Cooley«, können sie die ganze Geschichte an den drei Tagen von Fergus' Vortrag zusammenstellen.

Wohin wendet man sich, um die Ahnen zu befragen? Allgemein begab man sich an einen irdischen Ort der Stille. Der Dichter Nicander von Colophon (2. Jahrhundert n. Chr.) beschreibt den keltischen Brauch der orakelhaften Inkubation (Tempelschlaf), bei dem man eine Nacht neben der Asche eines Toten verbrachte, um in die Zukunft zu sehen[3].

Verbrennung und Urnenbestattung gehörten fest zur keltischen Kultur; die Erdbestattung setzte sich erst nach dem siebten Jahrhundert v. Chr. durch. Bei den Inselkelten sind verschiedene Bestattungsformen auszumachen. O'Curry zitiert das »Buch von Lecan« (»Book of Lecan«) über irische Begräbnisse:

> Ein *fert* (Hügel aus Steinen) mit einer Tür für einen Mann
> des Wissens,
> ein *fert* mit zwei Türen für eine Frau.
> Ein *fert* mit Türen für Jungen und Mädchen,
> *Cnoes* (Hügel) für bekannte Fremde.
> *Murs* für jene, die an der Pest starben.

Warum sollten die Grabhügel Türen haben? Ein *fert* bezeichnet einen gewölbten Steinhaufen, der mit Erde bedeckt wurde. Wichtig ist, daß ein *mur* eine ganz andere Struktur für andere Arten von Bestattungen war, da man hier dafür sorgen mußte, daß niemand versehentlich eine Pestgrube aushob und sich ansteckte. Während der Hungersnot und der Typhusepidemien im letzten Jahrhundert wurden immer noch *murs* ausgehoben. Ganz eindeutig war diese Art Grab nicht dazu bestimmt, jemals wieder geöffnet zu werden, während ein *fert* geöffnet werden konnte, um weitere Leichname aufzunehmen, aber auch zu anderen Zwecken.

Es gilt als sehr gefährlich, ja närrisch, sich auf einen solchen Hügel zu stellen, doch geschieht dies häufig in keltischen Geschichten und bedeutet unweigerlich ein großes Problem. Conn der hundert Schlachten erlebte zwei Visitationen. Beim ersten Mal (siehe Kap. 7) sitzt er auf der Kuppe des Benn Etair mac Etgaith und beklagt seine verstorbene Frau, als ihm Becuma begegnet, eine Feenfrau, die von den Elfen wegen ihrer Übertretungen ins Exil geschickt wurde. Beim zweiten Mal besteigt Conn täglich die Festung von Tara, um zu sehen, »ob das Völkchen aus den Feenhügeln oder die Fomorier Irland unbemerkt erobern«, und man befördert ihn in die tiefen Ahnenreiche hinab, damit er seine Abstammung kennenlernt.

Pwyll, der Prinz von Dafydd, begegnet in der gleichnamigen Geschichte Rhiannon, nachdem er sich absichtlich auf den Hügel von Arberth gesetzt hatte, einen Hügel, bei dem man entweder ein Wunder erlebt oder Prügel. Damit öffnet er ein Tor zur Anderswelt, das für ihn und seine Familie ständig offenbleibt. Muircertach begegnet der Feenfrau Sin (*Schin* ausgesprochen) auf einem Erdhügel und verliebt sich in sie. Er weiß allerdings nicht, daß sie seinen Sturz plant, weil er ihren Vater getötet hat. St. Collen baut sich seine Zelle beim Tor von Glastonbury und begegnet Gwyn ap Nudd, in dessen Reich er sich mit einem Fläschchen heiligen Wassers wagt, mit dem er die Illusionen der Feenerscheinungen besiegt.[4]

Musikanten, die sich in die Nähe eines Feenhügels verirren, werden häufig ins Innere entführt, um Melodien und Lieder auszutauschen. Viele Jahre später tauchen sie mit einem reichen Schatz an Feenmusik wieder auf, finden aber keine Familie oder Freunde mehr vor, die sie begrüßen. Die Angst vor frisch Verstorbenen war groß, aber damals wie heute haben die Leute einander gern Angst eingejagt. Das ist das Thema einer unheimlichen Geschichte, in der Nera eine Wette zur Halloween-Nacht annimmt und einem Erhängten begegnet (siehe Kapitel 9). Auch er betritt schließlich einen Feenhügel.

Bei allen diesen Beispielen erkennen wir, wie stark die Verbindung der Vorfahren zu den Feen ist. Die Iren haben noch heute eine starke Abneigung, sich in der Nähe von Grabstätten und bei alten Steinmonumenten aufzuhalten, da man diese Orte mit den Feen assoziiert. Die häufigen Versöhnungen mit den Feen in den keltischen Ländern liegen zu einem Großteil an der Tatsache, daß man Ahnen und Feen oft als gleiche Gattung betrachtet. Diese Vorstellung ist in manchen Landesteilen ausgeprägter als in anderen, aber sie leitet sich von der Idee ab, daß jene, die man in den Boden bettet, eins werden mit dem Feenvolk der hohlen Hügel: Beide bewohnen eine Dimension, die zugleich zeitlos und allgegenwärtig ist und die Sterbliche nur zu besonderen Gelegenheiten betreten können. Der gälische Name für die Geister der Toten lautet *sluagh sith*, oder »friedliche Schar« – ein versöhnlicher Euphemismus. Doch diese *sithean* sind zugleich Feen. Es ist nicht unbedeutend, daß die Toten und Feen am aktivsten zu Samhain sind, unserem heutigen Halloween.

Samhain markiert das keltische neue Jahr und den Beginn des landwirtschaftlichen Zyklus. Es wird und wurde mit großer Hingabe gefeiert. In alten Zeiten wurden in ganz Irland die Hausfeuer gelöscht und an der Flamme auf dem Hügel von Tlachtga wieder entzündet. Dieses Fest ist sehr alt: Es hat nicht nur erkennbar als alter Volksbrauch in keltischen Ländern überdauert, sondern sich als Nacht der Kinderstreiche nach Amerika ausgebreitet, wo es stark kommerzialisiert wurde. Aber das ist noch nicht alles: Das keltische Fest wurde auch zur Grundlage des christlichen Allerseelentages. Nachdem St. Odilius von Cluny es 998 übernommen hatte, setzte sich der Brauch in der westlichen Welt durch, vermutlich als indirektes Resultat der missionierenden keltischen Mönche, die einen Großteil Europas bekehrten. Heutzutage wird in vielen katholischen Ländern der Allerseelentag begangen, vor allem in Mexiko, wo man am Tag der Toten die Familiengräber besucht, Gaben und Kerzen mitbringt, singt und den Verstorbenen die neuesten Familiennachrichten übermittelt. In neuerer Zeit wurde das Fest Samhain mit der Erinnerung an die Kriegstoten am Volkstrauertag verbunden.

Bestimmten Überlieferungen zufolge sind am Samhain-Tag bestimmte Arten der Erkenntnis möglich – in der Nacht, in der die Feenhügel weit offen stehen und in der die *sidhe* herauskommen. Im folgenden, von C. Matthews zuerst ins Englische übersetzten Auszug aus dem »Buch von Lismore« (»Book of Lismore«, fo. 96.2.1) geht es um die Begegnung eines Sterblichen und einer Fee, eines Ahnen, der eine Prophezeiung abgibt. Diese Geschichte ist mit der von Nera in Kapitel 9 eng verwandt.

Fingein mac Luchta war an Samhain bei Druim Fingheim. An jedem Samhain wurde er von einer *ban-sidh* (Feenfrau) besucht, die ihm von allen Wundern und Kostbarkeiten in den königlichen Burgen Irlands erzählte.

»Erzähl mir noch etwas Außergewöhnliches«, sagte Fingein.

»Das ist nicht schwer«, antwortete sie. »Heute nacht wurden drei wichtige Gegenstände Irlands gefunden und enthüllt: Der Kopfputz von Briun mac Smethra. Der Schmied von Oengus mac Urnor fertigte ihn an, einen Helm aus reinstem Purpur aus dem Land *ndinnecda* [vermutl. Indien] mit einem goldenen Apfel darauf. Er hatte die Größe eines Männerkopfes und war mit hundert Reihen von gemischten Granatsteinen und hundert hellpurpurnen Strängen aus geläutertem Rotgold und hundert Ketten aus weißer Bronze mit verschiedenen Gliedern besetzt. Er liegt bis heute abend im Brunnen von Sidh Cruachan vor der Morrigan verborgen.

Unter der Erde verborgen bis heute abend liegt auch das *fidchell* (Spiel)-Brett von Crimtham nia Nar, das er von Oenbach Find mitbrachte, als er sich mit Nar, dem Linksäugigen Blinden, auf ein Abenteuer nach Sid Budh aufmachte, wo er an die geheimen Orte unter dem Meer ging. Das war bis heute abend im Rath von Uisnech verborgen.

Das *minn* (Diadem) von Loeguire mac Luchta Laimfinn, das Lén Linfhaclach mac Banbulg Banna anfertigte und das die drei Töchter von Faindle mac Dubroth heute nacht in Sid Findachair fanden, wo es seit der Geburt von Conchobor mit den roten Brauen bis heute abend verborgen lag.«

Fingein hat keine Skrupel, eine Feenfrau anzusprechen, um nach dieser Prophezeihung zu fragen; sie verrät ihm auch andere Dinge, die sich in den nächsten zwölf Monaten ereignen werden.

Man findet Überreste der prophetischen Samhain-Nachtwache in der Sitte der Kirchenportalwacht, die John Aubrey in seinem Buch »Remains of Gentilism and Judaism« beschreibt: Es ist bei manchen Völkern der eher seltsame Brauch, zu Mittsommer die ganze Nacht im Portal ihrer Dorfkirche zu sitzen ... um die Erscheinungen derer zu sehen, die im kommenden Jahr in der Gemeinde sterben würden, denn diese würden kommen und an die Tür pochen.

Dieser Brauch wurde in Nord- und Westengland und in Wales praktiziert und war bis ins letzte Jahrhundert weitverbreitet. Man hielt diese Wacht nicht nur in der Johannisnacht, sondern auch am Markustag (24. April), an Sylvester und an Allerseelen - einige der Hauptschwellen oder Übergangszeiten im Jahr. Die Kirchenportale waren der ideale Ort für eine solche Voraussage, weil sie an sich schon eine Schwelle zwischen dem heiligen Raum des Sanktuariums und dem Friedhof darstellten, der die Kirchen umgibt.

Der Brauch der Totenwache an Halloween wird bis heute in ganz Großbritannien und Irland ausgeübt. Man setzt Kerzen in die Fenster, um den Verstorbenen den Weg zu beleuchten (oder um böse Geister abzuwehren) und geht mit Masken verkleidet hinaus, um zum Gejohle und den Streichen dieser Nacht beizutragen. Am Allerseeelentag (2. November) ziehen die »Soulers« in Cheshire und Shropshire auf ihren Steckenpferden, der ursprünglichen »Nachtmahr«, die die Toten auf ihrem Rücken davonträgt, durch die Landschaft. Außerdem pflegen sie den alten Brauch des Seelenbackens, indem man mit Gewürzkuchen für die Totengebete bezahlt. Dies erinnert an die Ehren, die man einst den Ahnen erwies.

Doch nicht nur die Lebenden halten Wache; es ist auch Aufgabe bestimmter Vorfahren. Manche Ahnen haben kein bekanntes und bezeichnetes Grab – unter anderem einer der größten Vorfahren Britanniens: König Artus. Aber er ist nicht der einzige große Ahnherr, dem das Privileg gewährt wurde, über das Land zu wachen und in Zeiten der Not zurückzukommen.

Das Haupt der Verkündung

Man kann mit den Toten auch orakelhaft kommunizieren. In keltischen Legenden spielt der abgetrennte Kopf dabei eine wichtige Rolle, besonders sprechende Köpfe wie der von Orpheus. Man hat viel Aufhebens um einen »Kopfkult« der Kelten gemacht, die aber sicherlich keine Kopfverehrung betrieben. Die Bräuche sind viel feinsinniger und haben mit den Vorfahren zu tun. Für die Kelten war der Kopf der Sitz der Weisheit und der Seele. Wenn man den Kopf eines Ahnen verehrte, war dies lediglich eine Form von Respekt. Den Kopf eines Feindes abzuschlagen hieß, dessen List und Weisheit für den eigenen Stamm nutzbar zu machen und ihnen einen Platz unter den eigenen Angehörigen zu verweigern. Viele der erhalten gebliebenen Mythen um Köpfe drehen sich um die Vorfahren und Präzedenzfälle, die traditionelle Rechte bestätigen.

In einem Mythos geht es um den großen britischen Gottkönig Bendigeid Bran (Bran der Selige), der Powys in Nordwales beherrschte. Als die irischen Verwandten seine Schwester Branwen unverschämt behandeln, zieht er mit seinen Männern nach Irland, um sie zu retten. In dem entstehenden Kampf werden die meisten Briten getötet, so daß nur sieben überleben. Tödlich verwundet weist Bran seine Männer an, ihn zu enthaupten und den Kopf auf dem Weißen Hügel (dem heutigen Standort des Towers von London) zu begraben, um als Wächter gegen eine Invasion zu dienen. Unterwegs zu diesem heiligen Auftrag halten sich die Männer Brans 87 Jahre lang an zwei andersweltlichen Orten auf, wo der Kopf Brans zu ihnen spricht und ebenso vernünftig ist wie noch zu seinen Lebzeiten. Sie bemerken das Verstreichen der Zeit nicht und bleiben in der Abgeschiedenheit, bis einer von ihnen eine verbotene Tür öffnet und alles Leid, das sie erlitten haben, zurück in ihr Gedächtnis flutet. Die Zeit nimmt wieder ihren normalen Verlauf, und das Haupt Brans wird endlich begraben.

Diese legendäre Geschichte hat eine stark traditionelle Ausrichtung, die erst verständlich wird, wenn wir erkennen, daß das britische Wort *bran* »Rabe« bedeutet. In der Sage um den Tower of London heißt es, daß die dort lebenden Raben die Souveränität Großbritanniens bedeuten: Wenn die Raben den Tower verlassen, wird die Britische Monarchie stürzen. Brans Haupt ist immer noch auf der Wacht. In diesem Mythos erkennen wir die Bedeutung des Kopfes für den Stamm und gewinnen eine Vorstellung davon, wie sehr die verehrten Ahnen mit dem Kopf als Schrein der Seele verschmolzen waren. Brans Männer beraten sich in der anderweltlichen Abgeschiedenheit mit ihrem König, erhalten Rat von ihm und erleben seine heilende Gegenwart.

Bran besitzt außerdem einen Kessel der Wiedergeburt, den er seinen beleidigten irischen Verwandten als Sühnegeschenk übergeben muß. Sie benutzen ihn im Konflikt zwischen Irland und Britannien, indem sie die getöteten Soldaten hineinwerfen, damit sie als köperlich gesunde Krieger wieder auftauchen, die zwar nicht mehr sprechen, aber weiterkämpfen können. Es wimmelt in dieser Geschichte nur so von Toten.

Die weitverbreitete Tradition von sprechenden Köpfen in keltischen Mythen deutet auf eine alte Praktik der schamanischen Weissagung durch einen Seher hin, der das Haupt eines Vorfahren befragt. In einer der walisischen Triaden wird berichtet, wie König Artus das Haupt Brans um Rat fragte. In diesem markigen Werk bardischer Erinnerung hören wir nur von Artus' Hybris, denn er gräbt den heiligen Paladin des Reiches aus und schwört, daß nur er, Artus selbst, sein Beschützer sein wird. Wir erkennen, wie das Haupt die Erinnerung und die Kontinuität der Vorfahren verkörpert. Es war zudem zur Aufrechterhaltung uralter Rechte wichtig, besonders wenn es um Herrschaft, Heilung oder Wissen ging.

Am Eingang zum keltischen Schrein in Roquepertuse in Südfrankreich gibt es Nischen für abgetrennte Köpfe. In der gesamten keltischen Welt gelten Köpfe als Torwächter. Noch heute findet man in England oft Steinköpfe über Scheunentoren oder in Mauern, wo sie ihr Wächteramt ausüben.

Geschnitzte Köpfe sieht man häufig auch als Verzierung an heiligen Brunnen, zu denen das Volk ging, um sich heilen zu lassen. Der Brunnen von St. Helens in Yorkshire hat drei Köpfe an der Brunneninnenwand, die teilweise von Wasser bedeckt sind. Man kann sie nur

»mit der Hand sehen«. Archäologen finden häufig Schädel aus der keltischen Ära in oder nahe Brunnen. In der britischen Sagenwelt gibt es Geschichten über sprechende Köpfe in Brunnen selbst oder in deren Umgebung, die den Heldinnen zu ihrem Glück verhelfen. Der elisabethanische Dramatiker George Peele (1557–98) bedient sich dieser Tradition in seinem Stück *The Old Wives' Tale*. Hier hebt sich ein Kopf aus dem Wasser und rät der Heldin:

> Kämme mich glatt und streichle mir den Kopf,
> und jedes Haar wird zur Korngarbe
> und jede Korngarbe zu einem goldenen Baum.

Als sie den Kopf kämmt, strählt sie sich Gold und Weizen in den Schoß. In anderen Versionen dieses Mythos' wird berichtet, wie die Gegenspielerin der Heldin zum Brunnen kommt und den alten Kopf verspottet: Ihr fallen nur ekelhafte Schnecken in den Schoß. Diese alte Geschichte steht für die damalige Ahnenverehrung: Wenn man die Alten mit Respekt behandelte, brachten sie den Nachfahren Glück, aber wenn sie verspottet wurden, ereilte einen das Pech.

Die kreischenden Schädel der britischen und irischen Legenden – etwa der Schädel im Bettiscombe Manor in Dorset, der über 2000 Jahre alt sein soll und vermutlich von Pilsdon Pen, einem keltischen Heiligtum auf dem Gelände des Anwesens stammt – schreien laut, wenn man versucht, sie zu bewegen. Wie das Haupt Brans haben sie Wächtereigenschaften und sind eng mit ihrer Umgebung verbunden. Lia fail (Stein von Fal), der Stein, der unter dem rechtmäßigen König aufschreit, ist als der Phallus von Fergus bekannt, eines königlichen Helden aus Ulster, der für seine Männlichkeit und seinen königlichen Scharfsinn bekannt war. Es ist ein Orakelstein, der Könige weissagend erkennt und das Ahnenrecht von Zeugen beschützt.

Aber an welchem Punkt treten die frisch Verstorbenen ins Reich der großen Toten, der mächtigen Vorfahren? Frisch Verstorbene nähern sich anderen Sterblichen oft rächend oder beschwichtigend (und haben einen Fundus an Geistergeschichten geschaffen, für den wir hier allerdings keinen Platz haben). Das ist ein Grund, warum weit zurückliegende Ahnen oder jene, die für ihre Weisheit, Heiligkeit oder ihr Können bekannt waren, am häufigsten aufgesucht werden. Je weiter wir in der Zeit zurückgehen, desto mächtiger und legendärer werden die Taten jener, die uns vorausgingen. Je größer die Anzahl ihrer direkten Nachfahren, desto größer die Neigung, sie anzubeten und Wunder von ihnen zu erwarten. Doch hier gibt es auch Ausnahmen.

Die verbreitetste Form des Ahnenkontakts am Grab findet sich in der keltischen Hagiographie. Die Gräber von Heiligen wurden rasch zu einem Ort der Wunder. Ein Beispiel reicht hier: Es stammt aus dem Leben des St. Ninian, eines Apostels aus dem 6. Jahrhundert bei den südlichen Pikten. Hier wird berichtet, wie die Eltern eines Jungen, der mit verrenkten Gliedern zur Welt kam, ihn über Nacht bei St. Ninians Grab zurück ließen und beteten, daß ihr Sohn entweder geheilt oder getötet werden möge. Mitten in der Nacht hatte der Junge eine Vision, in der ein Mann mit einem hellen Licht auf ihn zukam und ihm befahl, gesund zu werden. Daraufhin erhob er sich mit gesunden Gliedmaßen und wurde später Geistlicher.

Die Annahme, die Ankunft des Christentums hätte den Brauch, sich an die Toten zu wenden, hinfällig werden lassen, trifft nicht zu.

Keltisch-christliche Totenbeschwörungen

Die gesamte keltische Tradition ist von einem deutlichen Faden der Ahnenabhängigkeit durchzogen, die gleichzeitig bindend und spirituell unterstützend sein kann. Das eng verzahnte keltische Clansystem mit seinen komplexen Abstammungslinien und Erbvorgängen wurde häufig von Fehden und Aufsplitterungen erschüttert. Ein enges Band zwischen den unterschiedlichen Familiengruppen bildete jedoch das Pflegesystem, nach dem die Kinder des einen Stammes als Kinder eines anderen großgezogen wurden. Oberflächlich gesehen, war dies eine recht deutliche Form der Geiselnahme; idealistisch betrachtet, förderte es starke Verwandtschaftsbande und nur schwer erschütterbare Loyalitäten. Viele keltische Geschichten drehen sich um Loyalitätskonflikte zwischen Bluts- und Pflegeverwandten in einem Krieg.

Die heidnischen und christlichen Traditionen sind in einem sehr grundsätzlichen Sinne verschwistert. Die Einführung des Christentums und dessen Durchsetzung spielten sich in Irland äußerst langsam ab, indem es sich den örtlichen Sitten und Gebräuchen anpaßte und sie übernahm. Die Christen mußten zu jedem Trick in ihrem Repertoire greifen, denn ihre Praktiken widersprachen oft offen den uralten Gesetzen und Gebräuchen. Einige waren für das Volk allerdings eine Last, wie der Militärdienst für Frauen, über den Adamnan einen ernüchternden Bericht abgibt: Frauen, die sich gegenseitig zerfleischen, während sich ihre Säuglinge an ihre Brust klammern. Zweifelsohne gab es zahllose andere Sitten – etwa die Pflicht des Aderlasses oder Inzest –, die das Christentum durch gemäßigtere soziale Verhaltensweisen zu ersetzen suchte. Aber für jeden schlechten Brauch gab es unzählige andere, die nicht so leicht auszuräumen waren, und in diesen Fällen war es für die Kirche nötig, sich den Geist der Ahnenverehrung anzueignen.

Die Achtung selbst gegenüber entfernten Verwandten, ein stark ausgeprägter Familiensinn und eine enge Bindung an das Land waren zentral für die Einstellung der Iren. Die ersten Missionare vermieden diese Themen sorgfältig, und erst die ersten bekehrten Einheimischen führten als Geistliche eine vollständigere Integrierung des Evangeliums mit dem Erbe der Ahnengeschichte durch die Liebe zur eigenen Tradition herbei. In den frühen hagiographischen Berichten über heilige Männer wurden daher häufig Vorfahren als Berater präsentiert, die man über die normale menschliche Lebenserwartung hinaus einzig zu dem Zweck am Leben erhielt, daß sie ihre Geschichte erzählen und die Taufe erhalten konnten.

Das stärkste Motiv in diesen Geschichten scheint mit dem Bedürfnis zu tun zu haben, die Ahnen in die Familie Christi einzubringen. Die Tradition der drohenden Hölle, an die im Glaubensbekenntnis der Apostel gemahnt wird: »Gekreuzigt, gestorben und begraben. Herabgefahren in die Hölle und am dritten Tag wiederauferstanden von den Toten« ist zentral für dieses keltische Bedürfnis, die Ahnen in die christliche Familie aufzunehmen. In »Die Aufteilung des Hauses Tara« (S. 62 ff.) lasen wir, wie der älteste lebende Mann seine Erinnerung mit seinem Volk teilt. Diese Urlehre, die die ignoranten Barden mit ihren Vorfahren verbindet, wird durch ein andersweltliches Wesen im bedeutsamen und zeitlosen Moment der Kreuzigung vermittelt, wenn die Ahnen traditionellerweise von ihrer Wartezeit im Purgatorium erlöst werden.

Es gibt unzählige Geschichten über die Toten oder die, die in der Anderswelt leben und zurückkehren, um den Lebenden etwas mitzuteilen. Ein verbreitetes Beispiel dafür ist, wenn christliche Heilige die Toten befragen, um deren Weisheiten oder die Geschichten vergangener Zeiten zu erfahren. St. Patrick sprach auf diese Weise mit Ossian und gewann dabei die Geschichten um Fionn mac Cumhail, während der Priester Beoan mac Innle Liban entdeckt und befragt, die 300 Jahre lang als Lachsfrau überlebt hat. In diesen Geschichten geht es in der Regel darum, wie der fragliche Heilige als einziger eine für die Seele derart gefährliche Aufgabe bestehen kann, und wie das gewöhnliche Volk davon ferngehalten wird. Angelpunkt dieser Tradition ist, daß die Ahnengeschichten für die Nachfahren wichtig sind und um jeden Preis bewahrt werden müssen, um die Vorfahren in Genuß der christlichen Erlösung zu bringen.

Die keltisch-christliche Lösung für das Problem des Stammesvergessens ist interessanterweise identisch mit der heidnisch-keltischen: Nekromantik, Geister- oder Totenbeschwörung – wortwörtlich: die Weissagung von den Toten. Natürlich wird es nicht so genannt, und die vielen Erzählungen von Heiligen, die mit den prächristlichen Göttern Geistern oder Menschen sprechen, enthalten fast alle das Verbot des Heiligen, daß seine Anhänger seine Taten nachahmen oder sogar das so gewonnene Material erfahren. Dies geht aus einem Manuskript im Trinity College, Dublin, hervor (*codex* H.3.18), das Kuno Meyer auf das frühe 8. Jahrhundert datiert. Es geht darin um den Dialog zwischen Columba (hier Columcille genannt) und dem Geist eines toten Jungen, der als der Trickbetrüger Mongan identifiziert wird. Hier die Übersetzung:

Manche sagen, daß der Junge in Carn Eolairg Mongan war, der Sohn von Fiachna. Collumcille sagte zu ihm: »Woher kommst du, mein Junge?«

Der Junge erwiderte: »Ich komme aus Landen, die bekannt und unbekannt sind, damit ich von dir den Ort in Erfahrung bringe, an dem Wissen und Ignoranz gestorben sind, den Ort, wo sie geboren wurden und wo sie auch begraben sind.«

»Da habe ich eine Frage für dich«, sagte Columcille. »Der See vor uns, was war er wohl zuvor?«

Der Junge antwortete: »Das weiß ich wohl. Er war gelb und mit Blumen bedeckt; er war grün und hügelig und voll Trinken und Feiern, er war prachtvoll silbern und voller Kutschen. Ich verließ ihn als Hirsch, und ehe ich ein Hirsch war, war ich ein Lachs und ein Seehund von großer Ausdauer und ein wandernder Wolf. Als Mann nahm ich ein Lendentuch, um die Samen meiner Nachfahren zu beschützen, mit einem grünen Segel und einem roten Segel steuerte ich durch die Liebe meines Herzens und meiner Herkunft. Frauen wandten sich mir zu, aber weder Vater noch Mutter habe ich gekannt, obwohl ich mit den Lebenden wie den Toten umgegangen bin.«

Da fragte Columcille den Jungen wieder: »Diese Insel westlich von uns, was liegt darunter?«

Der Junge sagte: »Tief unter ihr leben die langhaarigen Seedichter und hochschwangere Säue, deren Quieken melodisch klingt, und es gibt Herden von Rotwild und Urpferde und zweiköpfige Wesen und dreiköpfige Wesen in Europa, in Asien und den unbekannten Landen, einem grünen Land, das sich bis zu den Grenzen von allen Flußmündungen und Einbuchtungen erstreckt.«

»Das soll genug sein?«, meinte Columcille. Damit nahm er den Jungen beiseite, um sich mit ihm zu unterhalten und ihn nach den Geheimnissen von Himmel und Erde zu befragen. Und während sie sich einen halben Tag lang so unterhielten – oder war es von der gleichen Stunde am nämlichen Tag bis zur gleichen Stunde am folgenden Tag? – sahen die Mönche Columcilles aus der Ferne zu.

Als sich ihre Unterhaltung dem Ende näherte, sahen die Mönche, wie sich der Junge entfernte. Es war nicht zu sehen, wohin er ging. Als die Mönche Columcille fragten, was er mit ihm besprochen habe, sagte dieser, er könne ihnen nicht einmal ein Wort von dem Gesagten mitteilen, denn es sei nicht angemessen für Menschen, es zu wissen.

Ach, wenn er ihnen doch ausführlich geantwortet hätte! Wir entdecken in diesem Text den Geist von Mongan, eines berühmten Weltenwanderers der keltischen Tradition, der ein Avatara von Fionn Mac Cumhail und aufgrund prophetischer Rückschlüsse auch ein Vorläufer Christi gewesen sein soll. Mongans Grund für sein Auftauchen im Mittleren Reich ist als Suche nach dem Ort angegeben, wo Wissen und Ignoranz gestorben sind, wo sie geboren wurden und wo sie auch begraben sind. Die Lösung zu diesem Rätsel lautet: Traditionelle Ahnenerinnerung – eine Fähigkeit, die auszusterben scheint, die aber ständig wiedergeboren wird. Im Verlauf ihrer Unterhaltung wird St. Columba zu einem neuen Behältnis oder »Grab« für die Ahnentradition um Mongans Weltenwanderung und die Unterwasserwelt, wie auch für viele andere Mysterien, die zu kennen wir nicht das Privileg haben.

Es fällt auf, daß Mongan die Metapher des Segelns benutzt, wenn er die Bewachung der Samen seiner Nachfahren beschreibt; eine Verteilung durch die Wasser der Zeitalter. Mongans traditioneller andersweltlicher Lehrer ist kein anderer als Manannan, Gott des Meeres und der Anderswelt, und über dieses Reich berichtet er Columba: Das

Reich des Meeres ist untrennbar mit der Reise der Seele nach dem Tod verbunden. Zu den Überresten der uralten Todessitten im Irland des 19. Jahrhunderts gehörte auch das »Schiffmachen«. Das bedeutete die Versammlung der männlichen Nachbarn und Angehörigen eines Verstorbenen, die sich in einer Schiffsform aufstellten. Dabei wurde häufig scherzhaft mit Wasser geplanscht und manchmal auch von den Teilnehmern völlige Nacktheit verlangt. Dieser alte Brauch wurde wohl vor den Augen der Priester verborgen.

Die Befragung der Toten und Sterbenden zum Zweck der Bindung des Stamms an seine vergessenen Geschichten scheint auch in der keltisch-christlichen Tradition zulässig gewesen zu sein, zumindest in der Geschichte. Es scheint sich um eine Ausweitung der druidischen und bardischen Fähigkeit zu handeln, sich schamanisch zwischen den verschiedenen Welten hin- und herzubewegen.

Wir haben in der folgenden, von Douglas Hyde nacherzählten Geschichte ein gutes Beispiel dafür, wie eindeutig die Ahnenverbindungen zwischen St. Columba und seinem Schüler Odhran (modernes Gälisch: Oran) festgelegt sind. Die Insel Iona ist Schauplatz vieler Legenden, die jeder Besucher dort erahnen kann. Eine Stelle der Insel hallt ganz besonders von uralten Ahnengeschichten wider, die Kapelle, die den Namen Odhrans trägt, *relig Odhran*. Sie steht direkt neben der wiederaufgebauten Abtei und war Schauplatz zahlreicher königlich-schottischer Begräbnisse. Die kopfsteingepflasterte »Straße der Toten«, über die die Bestattungsprozession aus der Abtei ihren Weg nimmt, ist in mehr als nur einer Realität ein mächtiger Pfad. Die frühen schottischen Könige und späteren Lords der Insel wurden auf dem Friedhof von Odhrans Kapelle begraben, nachdem man acht Tage und Nächte bei ihnen gewacht hatte.

Verbunden mit diesem Ort sind zwei einprägsame Ahnentraditionen. Bei der einen geht es um den berühmten schwarzen Stein am Fuß des nahen St. Martins-Kreuzes. Das war traditionellerweise der Ort, an dem man den Ahnen etwas gelobte. Martin Martin berichtet von dieser Tradition in seiner Beschreibung der Westinseln Schottlands (»Description of the Western Islands of Scotland«):

Ein wenig weiter westlich liegen die schwarzen Steine, die nicht aufgrund ihrer Farbe so genannt werden, denn sie sind grau, sondern aufgrund der Wirkung, die sie der Überlieferung zufolge auf Meineidige haben, wenn einer dieses Akts schuldig ist, nachdem er bei diesen Steinen geschworen hat. Denn ein Schwur auf diese Steine galt bei allen Streitigkeiten als entscheidend.

Martin berichtet im folgenden über den Schwur McDonalds, Herr der Insel, über die Rechte seines Volks »mit erhobenen Händen und gebeugtem Knie auf den schwarzen Steinen«. Diejenigen, deren Freispruch völlig gerechtfertigt schien, sollen gesagt haben: »Ich habe die Freiheit, diese Sache bei den schwarzen Steinen zu beschwören.« Dieser Schwur auf die Steine ist eng mit den »Zeugen des Todes« verbunden, die die Macht haben, bei einem Streit Schuld zu bestätigen oder zu bestreiten. Was die Ahnen jemals gehört haben, an das erinnern sie sich auch.

Die zweite Ahnentradition betrifft Odhran selbst. Die folgende Geschichte ist in den fünf offiziellen Hagiographien von St. Columbo nicht vollständig enthalten, aber man hat unterschiedliche Versionen auf den westlichen Inseln und in Nova Scotia gefunden, der Exilheimat vieler Schotten in den Jahren nach den Jakobiterkriegen und der Flurbereinigung. In diesem Volksmärchen wird Odhran als Dobhran bezeichnet.

Columcille begann, auf Iona zu bauen. Dazu brachte er eine große Schar Menschen zusammen. Aber alles, was sie an einem Tag errichteten, wurde des Nachts wieder zerstört. Da setzte er Leute ein, um auf Iona Wache zu halten. Am Morgen aber lagen diese Männer tot am Strand von Iona. Lange setzte er dort keine Wächter ein, denn da er ein heiliger Mann war, ging er selbst hin, um Iona zu bewachen und zu sehen, was sich dort ereignete. Er bewegte sich dabei auf und ab, und es hieß, er stand oft auf dem Kamm jenes Hügels nahe dem Meer, aber er konnte nichts sehen.

Eines Tages sah er eine *Biast* am Strand auftauchen, zur Hälfte wie ein Fisch und halb wie eine Frau. Sie war alt und hatte Schuppen. Als sie sich schüttelte, erzitterten Iona und das Land. Es ging ein Klingeln von ihr aus, als würden Tonkrüge geschüttelt. Columcille trat zu ihr, sprach zu ihr und fragte sie, ob sie wisse, was die Männer umbrachte, die er nach Iona zur Wache geschickt hatte. Sie sagte, das wisse sie. »Was ist denn mit ihnen geschehen?« fragte er. Sie sagte, nichts als Furcht über ihr Aussehen habe sie ergriffen, und daß ihnen das Herz aus dem Brustkorb gesprungen sei, wenn sie an Land kam.

»Weißt du auch«, fragte er dann, »wer auf Iona alles zum Einsturz bringt, was ich baue?«

»Ja«, sagte sie. »Das wird auf Iona immer so sein, oh, heiliger Columcille. Nicht ich bringe die Mauern wieder zum Einsturz, aber es stürzt dennoch.«

»Kennst du denn ein Mittel, mit dem ich auf Iona weiterkomme?«

»Ja«, erwiderte sie. »Oh, heiliger Columcille, morgen sollst du alles Volk befragen, das für dich arbeitet, um einen zu finden, der sich aufopfert, sich lebendig im Boden begraben zu lassen. Seine Seele soll gerettet werden, wenn er dem zustimmt, und anschließend soll mich nie wieder jemand sehen, und auf Iona wird alles weitergehen.«

Am nächsten Morgen stellte er seiner großen Menschenschar diese Frage: »Gibt es unter euch einen, der zustimmt, sich lebendig zu opfern, damit seine Seele im Himmel gerettet wird?«

Doch kein einziger war bereit, sich ins Grab zu legen, auch wenn man ihnen versprach, daß Gott selbst ihre Seele retten würde. Sie (die *Biast*) hatte ihm auch gesagt, daß das Grab siebenmal so tief sein müsse wie die Armeslänge eines Mannes.

Am Rand der Menge stand der arme Dobhran, Bruder des Columcille. Da trat Dobhran zu seinem Bruder und sagte, er sei bereit, lebendig im Boden begraben zu werden, damit Iona von seinem heiligen Bruder Columcille aufgebaut würde, und er glaube Columcille auch, daß seine Seele auf den Rat Gottes gerettet würde.

Da sagte Columcille: »Ich habe ja keinen anderen Bruder als den armen Dobhran, aber ich freue mich, daß er sich opfern will, ins Grab zu steigen, damit die *Biast* nie mehr an diesem Ufer auftauchen wird.«

Da wurde das Grab siebenmal so tief wie die Armeslänge eines Mannes ausgehoben. Als Dobhran das Grab sah, wandte er sich an Columcille und bat ihn, ihm den Gefallen zu tun und ein Dach über dem Grab zu errichten und ihn so lange stehend zu begraben, wie es Gott gefiel, ihn am Leben zu lassen.

Diese Bitte wurde erfüllt. Er wurde lebendig ins Grab gebracht und dort zurückgelassen.

Dann begann Columcille erneut, auf Iona zu bauen, und zwanzig Tage lang verlief alles wunderbar. Er freute sich, daß die Arbeiten so gut fortschritten.

Doch nach zwanzig Tagen, als alle glaubten, es ginge nun gut, sagte er, er wolle nachsehen, welches Ende der arme Dobhran genommen habe, und ließ das Grab öffnen.

Dobhran bewegte sich auf dem Boden des Grabes. Als er sah, daß man das Grab geöffnet hatte und er die Welt ringsum wieder hörte, sprang er geschickt aus dem Loch heraus und legte beide Hände an den Rand der Grube. Von dort aus zog sich eine große, sanfte Wiese Iona hinauf, auf der viele Binsen wuchsen. Und alle Binsen, auf die Dobhrans Blick fiel, leuchteten rot auf. Seitdem haben alle Binsen die kleine rötliche Spitze.

Columcille auf der anderen Seite schrie auf: »Erde! Legt ihm Erde auf die Augen, ehe er mehr von der Welt und deren Sünden erblicken kann!«

Da warfen sie Erde auf ihn und kehrten zu ihrer Arbeit zurück. Und Columcille stieß nichts weiter zu, bis er die Abtei von Iona beendet hatte.«

Was fangen wir bloß mit dieser ungewöhnlichen Geschichte an, in der ein christlicher Heiliger sich an einem ausgesprochen heidnischen Ritual beteiligt? Die rituelle Bestattung eines Körpers unter einem Gebäude, ein »Fundamentsopfer«, in dieser Geschichte zeugt von dem universellen Glauben an die Vorstellung, daß kein Gebäude jemals bestehen bleibt, wenn nicht das Blut eines Menschen in die Grundmauern zementiert wird. Fundamentsopfer von Menschen, in neuerer Zeit auch von Tieren, kamen überall in Britannien und Irland bis zur Mitte des 19. Jahrhunderts vor. Odhran ist ein freiwilliges Opfer, und seine Unschuld steht im Einklang mit der üblichen Opferwahl bei einem solchen Fundamentsritual – normalerweise ein Kind oder ein Säugling.

Fundamentsopfer werden gewöhnlich bei Gebäuden praktiziert, deren Grundmauern den Boden zum ersten Mal zur Besiedlung aufbrechen. Man findet sie seit den frühesten Zeiten in Britannien und Irland, unter Erdanlagen wie Avebury, Silbury, Cadbury und anderen. Die örtlichen Legenden erwähnen oft die Ahnen als Wächter, die diese Stätten beschützen und oftmals einen großen Schatz bewachen. Wenn es nicht gelingt, ein passendes Fundamentsopfer zu vollziehen, hat das normalerweise zur Folge, daß alle Mauern über Nacht wieder einstürzen. In vielen mittelalterlichen Legenden geht es um den Einsturz von Kathedralen und Kirchen, herbeigeführt von den Erdgeistern, die nicht angemessen versöhnt oder anerkannt wurden. In vielen Fällen muß der Gründungsbischof oder Priester einen Engelsgeist anrufen, der bei diesen ungebährlich spirituellen Baustreitereien vermittelt.

Odhrans Geschichte paßt zu beiden dieser Ahnenpflichten. Er wird zum ersten Boten der Ahnen berufen und gleichzeitig zum Wächter ernannt – so viel geht aus der Tatsache hervor, daß er darum bittet, aufrecht begraben zu werden. Die Bestattung in aufrechter Haltung, wie ein Wächter oder Beschützer, findet sich in vielen keltischen Geschichten: Eoghan Bel, König von Connacht (537) wurde aufrecht begraben, den Speer in der Hand, den Blick gen Ulster gerichtet. Dadurch wurde er unbesiegbar. Die Ulstermänner ließen den Leichnam ausgraben, als sie den Grund für ihre Niederlagen erfuhren, und mit dem Kopf nach unten anderswo wieder bestatten. Ein ähnliches Begräbnis soll mit einem unruhestiftenden Zwerg geschehen sein, der mit Fionn mac Cumhail im Streit lag; nachdem er dreimal aus dem Grab wieder auferstanden war, wurde der Zwerg verkehrt herum bestattet und wandelt nun nicht mehr auf Erden. König Loeghaire von Tara weigerte sich, sich zum Christentum bekehren zu lassen und wurde in aufrechter Haltung bestattet.[5]

Aus den vielen Lebensbeschreibungen St. Columbas geht eindeutig hervor, daß der Heilige sich für ein paar kleine magische Ahnenzauber nicht zu schade war. Er läßt sich etwa mit einem piktischen Druiden auf einen aggressiven schamanischen Wettstreit ein, und seine Gebete haben unmittelbare und heilsame Wirkung auf jeden, der es wagt, sich ihm in den Weg zu stellen. Columba wirkt wie ein stolzer, eigenwilliger und selbstbewußter Kelte, dessen ursprüngliche Neigungen sich vielleicht oft stärker durchsetzen als seine christliche Firnis. Hätte er sich wirklich mit einem so alten Brauch abgefunden? In einer weniger heidnischen, gereinigten Version dieser Tradition aus einer frühen irischen Lebensgeschichte wird berichtet, daß Odhran der erste von Columbas Mönchen auf Iona war, der dort starb:

St. Columba sagte: »Es wäre gut, wenn wir hier Wurzeln schlagen könnten. Einige von euch dürfen in die Erde dieser Insel dringen, um sie zu segnen.« Da erhob sich Odhran rasch und sagte: »Wenn ihr mich annehmt, bin ich dazu bereit.« – »Oh, Odhran«, sagte Columba, »du sollst dafür reich belohnt werden. Bei meinem Grab soll niemand seine Bitte erfüllt bekommen, wenn nicht zuerst du gefragt wirst.« Und Odhran kam in den Himmel.[6]

In einer Version aus Nova Scotia stammelt Odhran drei Sätze, als er aus dem Grab steigt. Die ersten beiden hatte der Erzähler vergessen, aber der dritte lautete: *cha néil an iorron chomb dona agus a tháthar ag rádh*: »Die Hölle ist nicht so schlimm, wie es heißt.« Darauf erwiderte Columba: *»úir, úir air Dobhran«* – »Erde, Erde auf Odhran!«, damit er nicht zuviel sagt. Columbas Ziel hier ist offensichtlich, Odhran nicht die Freiheit des Ahnenorakels zu verleihen.

Es ist klar, daß Odhrans Bestattung vornehmlich dazu dient, den Boden für eine menschliche Besiedlung zu segnen. Wir dringen aber erst zum Kern dieses alten Rituals vor, wenn wir erkennen, daß mit diesem Opfer vornehmlich ein »heißer Draht« zu den Ahnen gelegt werden soll, der allen nützen wird, die anschließend hier leben. Odhrans Leichnam weiht die Erde Ionas, während seine Seele wachsam bleibt und Bitten erfüllen kann – ein Vorrecht, das St. Columba, der irischen *Lebensgeschichte* (»Life«) zufolge, nicht hatte.

Odhran bleibt wachsam über Jahrhunderte hinweg und versammelt um sich eine berühmte Gesellschaft aus schottischen Königen und Adligen und allen heiligen Mönchen der Iona-Gründung. Seine Geschichte verdeutlicht uns den keltischen Prozeß, wie man Ahnen herbeiruft und um Rat bittet.

Ende des 20. Jahrhunderts haben auch wir Anteil an dieser sich erweiternden Kommunikation mit den Vorfahren. Sie bewachen uns immer noch und schlafen keineswegs. Sie warten bloß darauf, uns daran zu erinnern, daß der Ort, an dem Wissen und Ignoranz gestorben sind, an dem sie geboren wurden und begraben liegen, nirgendwo anders ist als in unserem eigenen Gedächtnis.

Teil II

Visionäre Dichter, Druiden und schamanische Wächter

Kapitel 4

Initiationen

Bisher haben wir uns mit der schamanischen Erinnerung und den Ressourcen der natürlichen Welt zu keltischen Zeiten befaßt. Nun wenden wir uns den menschlichen Bewahrern dieser Erinnerung zu: den Dichtern, Druiden und anderen Wächtern der keltischen Tradition.

Alle Schamanen müssen irgendwann eine Ausbildung beginnen, obwohl manche für diese Rolle geboren sind und andere einen eigenen Weg ohne die Hilfe eines menschlichen Lehrers finden, indem sie sich auf ihre innere Stimme verlassen. In diesem Kapitel geht es um ein hervorragendes Beispiel für letzteres, um den irischen Helden Fionn Mac Cumhail. Seine schamanische Karriere begann schon in der Kindheit. Die Vision des unschuldigen, allwissenden Kindes spielt im keltischen Schamanismus eine wichtige Rolle. Wir finden sie in den eindeutig schamanischen Lehren um Mabon, in denen es um die Suche nach Integrität und dem Kern der Dinge geht und wie man Tugend wirksam und dauerhaft wiederherstellen kann. Man muß diese Berichte wie Mysteriengeschichten der Initiation zur Erkenntnis lesen, doch es geht nicht um Erkenntnisse durch Bücher oder halbverstandene Überlieferungen, sondern um tiefreichende Erkenntnisse, die aus einer hellseherischen und empfänglichen Seele erwachsen. Aus diesem Grund ist das Kind in dieser Tradition der Lehrer.

Die vier folgenden Texte hängen eng miteinander zusammen. Im ersten geht es um Fionns Kindheit und Jugend. Wir sehen, wie er wie viele andere schamanisch-keltische Gestalten in Abgeschiedenheit groß wird und seine Klugheit mit List erlangt. Dies entspricht der verbreiteten schamanischen Tradition, daß der Schüler seine Weisheit klammheimlich und manchmal durch Tricks erlangt. Fionn ist eine interessante, vielseitige Gestalt, die die Elemente des Kriegers, des Sehers und des Dichters in sich verkörpert. Er ist nicht bloß ein weiterer unbedarfter keltischer Held, der seine Feinde aus dem Weg hackt, sondern ein erfolgreicher Krieger: aufgeschlossen, kultiviert und listig. Seine Erkenntnisse erlangt er auf verschiedene Weise: Einmal wird sein Daumen vom Lachs des Wissens gebissen, dann wieder in die Tür eines Feenhügels eingeklemmt. Daher braucht er anschließend und bis in alle Ewigkeit nur seinen Daumen zu lutschen, um etwas zu begreifen. Das Bild eines daumenlutschenden Erwachsenen beschwört das Kind in dieser initiatorischen Tradition herauf.

Fionn hat außerdem die Aufgabe, den Kranichbeutel wiederzuerlangen, einen andersweltlichen Schatz von unermeßlicher Macht. Anfangs strebt er dies an, um seinen Vater zu rächen, aber dann vertieft er sich in das damit verbundene Wissen. Der Kranichbeutel ist ein Kompendium irisch-magischer Schätze und erscheint und verschwindet wie der Gral. Er verändert Wirklichkeit und Welten, und Manannan, der Gott des Meeres und der Anderswelt, bestellt jeden, den er will, zu dessen Wächter. In der britischen Tradition gibt es die vergleichbaren Dreizehn Schätze Britanniens, die von Merlin bewacht werden sollen.

Diese Schätze haben keinen irdischen Geldwert; es handelt sich vielmehr um spirituelle Objekte, die schamanische Macht verleihen. Schamanen in aller Welt erwerben eine Reihe von Objekten, die anderweltliche Kräfte verleihen: Messer, um spirituelle Verbindungen zu durchtrennen, Kräuter und andere Pflanzen zur Heilung und für Weisheit, Steine und Stöcke zur Weissagung, Netze und Fäden für Geisterfallen und vieles andere mehr. Allen diesen Objekten begegnet man zu Anfang auf der schamanischen Reise; anschließend kann der Schamane Objekte erwerben, geschenkt bekommen, finden oder herstellen, die ihm bestimmte Kräfte verleihen. Das Medizinbündel der amerikanischen Ureinwohner ist ein lebendiges Beispiel für diese Tradition. Solche Sammlungen schamanischer Objekte werden nicht jedem einfach so vorgeführt, sondern sie werden sorgfältig bewacht und oft über Generationen hinweg in der Familie bewahrt. Daran sollten wir denken, wenn wir von Caoiltes Beziehung zu seinem Großneffen Oisin hören: Wichtig ist, daß beide Männer Verwandte von Fionn sind, und es ist ein Privileg, daß wir von den Mysterien der Wächterschaft ihrer Familie erfahren.

In der dritten Geschichte wird Fionns tägliche Ration Schweinefleisch von den Feen gestohlen. Nur Fionn selbst kann den Schuldigen fangen und sein Mahl zurückbekommen. In der vierten Geschichte hat Fionn erneut Schwierigkeiten mit den Feen. Er verliert sein Herz an eine *ban-sidhe*, aber sie verlangt es nach seinem Diener Derg Corra. In seinem Loyalitätszwiespalt rennt Derg Corra in den Wald, wo er von Fionn entdeckt wird.

Der Mann im Baum in seiner Kutte, der von kosmologischen Tieren umgeben ist, ist in Wirklichkeit Derg Corra, aber mit den Eigenschaften eines Schwellenwächters. Amsel, Forelle und Hirsch, die ihn begleiten, stehen für die Elemente Luft, Wasser und Erde; alle sind mit der Tradition der Ältesten Tiere verwandt. Hier wird Derg Corra in seiner anderweltlichen Gestalt als ein Bewahrer des Wissens geschildert, der die harten Nüsse der Weisheit knackt und Äpfel verschenkt – in der keltischen Tradition die Frucht des ewigen Lebens und der Heilung.

Wir sehen auch, daß Derg Corras Exil bemerkenswerte Ähnlichkeit mit dem von Suibhne (siehe Kapitel 5) hat, der die unbewohnte, natürliche Welt aufsucht, um sein Leben fortsetzen zu können.

Die Jugendabenteuer Finns[1]

Und es begab sich ein Wettstreit um Tapferkeit und Waffengeschick um die Führerschaft des *fian* und die Herrschaft über Irland zwischen Cumall, Sohn von Trénmor, und Urgriu, Sohn von Lugaid Corr von den Luaigui. Dieser Cumall gehörte zu den Corco Oche von Cuil Contuind, weil Cumalls Stamm zu den Ui Tairrsig gehörte. Torba, die Tochter von Erchaman von Erne, war die Frau von Cumall, bis er Muirne mit dem schönen Hals ehelichte.

Zwischen Cumall und Urgriu wurde die Schlacht von Cnucha ausgetragen. Daire der Rote, Sohn von Echaid dem Schönen, Sohn von Coirpre dem Tapferen, Sohn des Muiredach, und dessen Sohn Aed kämpften auf Urgrius Seite. Ein anderer Name für diesen Daire war Morna Wryneck. Und das begab sich in der Schlacht: Luchet und Aed, Sohn von Morna, trafen im Kampf aufeinander. Luchet verwundete Aed und zerstörte ihm ein Auge; seitdem hängt ihm der Name Goll (Einäugiger) an. Luchet fiel durch Goll. Der Mann, der Cumalls Schatzbeutel hielt, verwundete Cumall. Cumall fiel in dieser Schlacht durch Goll, den Sohn Mornas, der dessen Beute und dessen Kopf davontrug. Und von da an bestand eine Erbfehde zwischen Finn und den Söhnen Mornas.

Und der *shanachie* sang:

Goll, Sohn von Daire dem Roten, voll Ruhm,
Sohn von Echaid dem Schönen, dem Tapferen,
Sohn von Cairpre, dem Mutigen,
Sohn von Muiredach aus Findmag.

Goll tötete Luchet, den hundertfachen,
In der Schlacht von Cnucha, das ist wahr,
Luchet der Schöne, der Geschickte,
Fiel durch den Sohn von Morna.

Durch ihn fiel auch der große Cumall
Im Kampf bei Cnucha.
Es ging um die Herrschaft von Erins *fian,*
In dieser blutigen Schlacht.

Die Kinder von Morna standen im Kampf,
Und die Luaigni von Tara,
Denn sie waren die Herren über die Männer Fáls
An der Seite des tapferen Königs.

Der siegreiche Cumall hatte einen Sohn,
Finn, blutig und mit scharfen Waffen,
Finn und Goll waren beide berühmt
und tapfere Krieger beide.

Danach schlossen sie den Frieden,
Finn und Goll von den hundert Taten,
Bis Banb Sinna fiel
Wegen des Schweins bei Tara Luachra.

Aed hieß der Sohn des Daire,
Bis der ruhmreiche Luchet ihn schlug.
Als die spitze Lanze sein Auge durchbohrte
Wurde er fortan Goll genannt.

Cumalls Frau Muirne war bei seinem Tod schwanger. Sie gebar einen Sohn, dem man den Namen Demne gab. Fiacail, Sohn von Conchenn, und Bodbmall, die Druidin, und der Graue von Luachair kamen zu Muirne und trugen den Jungen fort, denn seine Mutter ließ ihn nicht zu ihnen. Danach schlief Muirne mit Gleor Rothand, dem König von Lamraige, und daher heißt es oft: »Finn, Sohn von Gleor«. Bodbmall, der Graue und der Junge zogen in den Wald von Slieve Bloom. Dort wurde der Junge in aller Abgeschiedenheit groß. Das war auch nötig, denn zahlreiche tapfere Jungen und viele feindselige Krieger und wütende Helden der Luaigni und der Söhne Mornas warteten auf diesen Jungen und auf Tulcha, den Sohn Cumalls. Daher bewachten ihn die beiden Kriegerinnen scharf.

Nach sechs Jahren kam seine Mutter, ihren Sohn zu besuchen, denn man hatte ihr seinen Aufenthalt verraten. Sie fürchtete, die Söhne Mornas könnten ihm etwas antun, und daher zog sie von einer Wildnis zur anderen, bis sie zum Wald von Slieve Bloom gelangte. Dort fand sie die Jagdhütte und den Jungen, der schlief. Da zog sie den Jungen an ihr Herz und drückte ihn an sich, schwanger, wie sie war.

Daraufhin verabschiedete sich die Frau von den Kriegerinnen und trug ihnen auf, den Jungen großzuziehen, bis er alt genug sei, ein Krieger zu werden. So wuchs der Junge heran, bis er jagen konnte.

Eines Tages zog der Junge allein auf die Jagd und sah Enten auf einem Teich. Er schoß auf sie, traf aber nur die Federn und Flügel von einer, so daß sie in Trance fiel. Da ergriff er sie und brachte sie zurück in die Jagdhütte. Das war Finns erste Beute.

Später floh er mit gewissen *cairds* vor den Söhnen Mornas und war mit ihnen bei Crotta. Ihre Namen lauteten: Futh, Ruth, Regna, Moy Fea, Temle, Olpe und Rogein. Doch da befiel ihn Skorbut, und er wurde kahl. Von da an nannte man ihn Demne den Kahlen. Damals gab es einen Räuber in Leinster, Fiacail, Sohn des Codna. Und Fiacail stieß in Feeguile auf die *cairds* und tötete sie alle außer Demne. Danach blieb dieser bei Fiacail, Sohn des Codna, in dessen Haus in Sescenn Uairbéoil, bis die beiden Kriegerinnen auf der Suche nach Demne nach Süden zum Haus des Fiacail, Sohn des Codna, kamen und er ihnen übergeben wurde. Danach brachten sie ihn aus dem Süden wieder an den alten Ort.

Eines Tages ging er allein aus bis an die Moy Liffey, zu einer gewissen Festung. Dort sah er, wie junge Männer auf der Wiese vor der Festung herumtollten. Er nahm an ihren Wettkämpfen im Laufen und Ringen teil. Als er am nächsten Tag wiederkam, stellten sie ein Viertel ihrer Zahl gegen ihn auf. Darauf stellten sie ein Drittel ihrer Zahl gegen ihn. Schließlich wandten sich alle gegen ihn, aber er gewann trotzdem jedes Spiel.

»Wie heißt du?« fragten sie. »Demne«, antwortete er. Das sagten die Jungen dem Herrn der Festung. »Dann bringt ihn um, wenn ihr wißt, wie – und wenn ihr das könnt«, sagte dieser. »Wir können wohl nichts gegen ihn ausrichten«, erwiderten sie. »Hat er euch seinen Namen gesagt?« fragte er. »Ja«, meinten sie. »Er heißt Demne.« – »Wie sieht er aus?« fragte er. »Ein schöner Junge«, antworteten sie. »Dann soll Demne Finn (der Schöne) heißen. Daraufhin nannten ihn die Jungen nur noch Finn.

Als er am nächsten Tag wiederkam, um mit ihnen zu spielen, warfen alle mit Steinen nach ihm. Da wandte er sich gegen sie und zwang sieben zu Boden. Anschließend ging er zurück in den Wald von Slieve Bloom.

Am Ende der Woche kehrte er an den gleichen Ort zurück. Die Jungen schwammen gerade in dem nahen See. Sie forderten ihn heraus, sie unterzutauchen, und er sprang in den Teich zu ihnen und ertränkte neun von ihnen im See. Anschließend ging er zurück nach Slieve Bloom. »Wer hat die Jungen ertränkt?« fragten alle. »Finn«, antworteten sie. Von da an hing dieser Name ihm an.

Einmal streifte er mit den beiden Kriegerinnen durch den Wald von Slieve Bloom, als eine Herde wilder Rehe auf einem Bergkamm an ihnen vorbeifloh. »Wie schade«, sagten die beiden alten Frauen, »daß wir nicht eines von ihnen fangen können!« – »Ich kann es«, meinte Finn da, setzte ihnen nach, fing zwei Böcke und brachte sie zurück zu ihrer Jagdhütte. Danach ist er stets für sie auf die Jagd gegangen. »Geh nun fort, Junge«, sagten die Kriegerinnen zu ihm. »Denn die Söhne Mornas sind hinter dir her, um dich zu töten.«

Da zog er allein fort bis er zum Lough Leane, oberhalb von Luachair, und trat in den Dienst des Königs von Bantry, ohne sich zu erkennen zu geben. Aber es gab damals dort keinen Jäger, der ihm gleichkam. Daher sagte der König einmal zu ihm: »Wenn Cumall einen Sohn gehabt hätte, dann würde man denken, das seist du. Aber wir haben keine Kunde, daß er einen Sohn hinterlassen hat – außer Tulcha mac Cumaill, und der steht im Kriegsdienst beim König von Schottland.«

Eine Weile später verabschiedete er sich vom König und zog von dannen nach Carbrige, welches heute Kerry heißt, um in den Kriegsdienst des dortigen Königs zu treten. An einem bestimmten Tag kam der König, um *fidchell* zu spielen. Da forderte ihn Finn heraus und siegte in sieben Spielen hintereinander. »Wer bist du?« fragte der König. »Der Sohn eines Bauern der

Luaigni von Tara«, entgegnete dieser. »Nein«, sagt der König, »du bist der Sohn, den Muirne Cumall schenkte, und du sollst hier nicht länger bleiben, denn sonst wirst du ermordet, während du unter meinem Schutz stehst.«

Von da aus zog er nach Cullen zu den Uì Cuanach, zum Haus von Lochàn, einem Schmiedemeister, der eine schöne Tochter hatte, Cruithne mit Namen. Sie verliebte sich in den Jungen. »Ich gebe dir meine Tochter, aber ich weiß nicht, wer du bist.« Darauf schlief das Mädchen mit dem Jungen. »Mache mir Speere«, sagte der Junge zum Schmied. Und so fertigte Lochàn zwei Lanzen für ihn an. Dann verabschiedete er sich von Lochàn und zog von dannen. »Mein Sohn«, sagte Lochàn, »geh nicht über den Weg, an dem die Sau Beo weilt. Sie hat die Lande um Munster völlig verwüstet.« Aber unser Junge begab sich auf den nämlichen Weg, wo die Sau lebte. Das Tier griff ihn an, doch er warf den Speer nach ihm, der es durchbohrte und es mit dem Leben bezahlen ließ. Dann brachte er den Kopf der Sau zum Schmied als Brautgabe für seine Tochter. Daher gibt es Slieve Muck in Munster.

Danach zog der Junge weiter nach Connaught, um Crimall zu suchen, den Sohn von Trénmór. Unterwegs hörte er das Klagen einer Frau. Er ging darauf zu und sah eine Frau, die weinte Tränen aus Blut, und Blut strömte ihr auch aus dem Mund. »Du hast einen roten Mund, Frau«, sagte er. »Ich habe guten Grund zum Weinen«, erwiderte sie, »denn mein einziger Sohn wurde von einem schrecklichen Krieger umgebracht, der uns in den Weg trat.« – »Wie hieß dein Sohn?« fragte er. »Glonda war sein Name«, antwortete sie. Daher gibt es die Furt von Glonda und den Pfad von Glonda auf dem Moinmoy, und wegen des roten Mundes hat die Furt des Roten Mundes ihren Namen erhalten. Da machte sich Finn an die Verfolgung dieses Kriegers, und sie kämpften gegeneinander, bis der andere fiel. So trug es sich zu: Er hatte nämlich einen Schatzbeutel bei sich, den Schatz von Cumall. Der Gefallene war der Graue von Luachair, der Cumall in der Schlacht von Cnucha den ersten Hieb erteilt hatte.

Daraufhin zog er nach Connaught und fand Crimall als alten Mann in einem dürren Wald vor. Bei ihm waren ein paar der alten *fian*, die für ihn jagten. Er zeigte ihnen den Beutel und erzählte ihnen seine Geschichte vom Anfang bis zum Ende, wie er den Mann der Schätze getötet hatte. Dann verabschiedete sich Finn von Crimall und ging zu Finnéces, der am Boyne lebte, um von ihm die Dichtkunst zu lernen. Er wagte es nicht, sich irgendwo anders in Irland aufzuhalten, aus Angst vor dem Sohn des Urgriu und den Söhnen Mornas.

Sieben Jahre lang hatte Finnéces am Boyne gelebt und die Lachse in Fècs Teich beobachtet, denn ihm war prophezeit worden, daß er den Lachs von Fèc verspeisen würde; dann würde ihm nichts mehr verborgen sein. Der Lachs wurde gefangen, und Demne wurde befohlen, ihn zu kochen. Der Dichter riet ihm, nichts von diesem Fisch zu verspeisen. Der Junge brachte ihm den fertigen Lachs. »Hast du etwas von diesem Lachs gegessen, mein Junge?« fragte der Dichter. »Nein«, erwiderte der Junge, »aber ich habe mir den Daumen verbrannt und ihn anschließend in den Mund gesteckt.« – »Wie heißest du, mein Junge?« fragte der andere. »Demne«, erwiderte der Junge. »Finn ist dein Name, und dir wurde der Lachs gegeben, um ihn zu essen, denn du bist wahrhaft der Schöne.« Daraufhin verspeiste der Junge den Lachs. Dadurch erlangte Finn sein Wissen, denn immer wenn er den Daumen in den Mund steckte und das *teinm làida* sang, wurde ihm alles enthüllt, was ihm bis dahin unbekannt gewesen war.

Er lernte, daß drei Dinge einen Dichter ausmachen, nämlich *teinm làida* und *imbas forosna* und *dichetul dichennaib*. Darauf schmiedete Finn diese Zeilen, um seine Dichtkunst zu beweisen:

Maitag, schönste Jahreszeit. Alle Farben sind prachtvoll, die Amseln singen aus voller Kehle, sobald der erste Strahl Licht sich regt.

Der graue Kuckuck ruft laut Willkommen, prachtvoller Sommer! Das bitterböse Wetter ist vorbei, die Äste der Bäume werden dichter.

Der Sommer schmälert den Fluß, die flinken Pferdeherden suchen den Teich, das lange Haar der Heide ist ausgebreitet, das weiche weiße Wollgras blüht im Sumpf.

Panik erschreckt das Herz des Rehs, das glatte Meer fließt davon – die Zeit, wenn selbst das Meer schläft –, und Blüten überziehen die Welt.

Die Bienen mit ihrer jämmerlichen Kraft tragen eine reichliche Last, die Ernte der Blüten. Am Berghang trampelt das Vieh im Schlamm, die Ameise erntet reichliche Beute.

Die Harfen des Waldes ertönen, das Segel bläht sich – perfekter Friede. Farben senken sich auf alle Höhen, Dunst liegt über dem See, voll bis zum Rand.

Die Wiesenknarre, ein unermüdlicher Barde, schwebt hoch, der steile, jungfräuliche Wasserfall singt dem warmen Teich ein Willkommen, die Binsen tuscheln und rascheln.

Schwerelose Schwalben schweben hoch, fröhliche Melodien klingen um den Hügel, pralle Knospen springen auf, der Morast übt sich im Gurgeln.

Der Torfsumpf ist schwarz wie ein Rabenmantel, der Kuckuck ruft laut willkommen, der gefleckte Fisch schnellt hoch, und hoch springt der flinke Krieger.

Der Mann erblüht, die Mädchen knospen in schönem Stolz, vollkommen ist jeder Wald vom Wipfel bis zur Wurzel, vollkommen alle erhabenen Ebenen.

Köstlich ist die Pracht des Sommers, der rauhe Winter ist vorbei, weiß ist das fruchtige Holz. Es herrscht ein fröhlicher Friede.

Ein Vogelschwarm läßt sich auf der Wiese nieder, das grüne Feld rauscht, durch das ein gurgelnder Bach fließt.

Dich erfaßt ein wildes Sehnen, loszureiten. Die versammelten Armeen sind aufgezogen. Ein heller Strahl ergießt sich ins Land, so daß die Sumpfirisse golden aufschimmern.

Ein furchtsamer, hartnäckiger kleiner Bursche singt aus voller Kehle, die Lerche trällert ihr fröhliches Lied und übertrifft den Maitag mit seinen köstlichen Farben.

Dann ging Finn zu Cethern, dem Sohn des Fintan, um weitere Dichtkunst von ihm zu erlernen. Damals gab es ein wunderschönes Mädchen in Bri Ele, das heißt, im Feenhügel von Bri Ele, und sie hieß Ele. Alle Männer Irlands lagen miteinander um dieses Mädchen in Streit. Einer nach dem anderen umwarb sie jedes Jahr zu Halloween, denn an diesem Tag kann in den Feenhügeln nichts verborgen werden. Doch jeder Mann, der hinging, um sie zu werben, verlor einen der Seinen. Dies geschah, um den Anlaß zu bezeichnen. Und man fand nie heraus, wer es tat.

Der Dichter Cethern ging wie alle anderen hin, um das Mädchen zu freien. Aber Finn gefiel es nicht, daß der Dichter dorthin zog. Damals lautete der Name von Cumalls Sohn Finnéces. Auf dem Weg zur Brautwerbung teilten sie sich in drei Gruppen auf. In jeder Gruppe waren neun Mann. Unterwegs zum Feenhügel wurde ein Mann von ihnen getötet, und es war unbekannt, wer das verübt hatte. Oircbel der Dichter war der Name des Getöteten. Daher gibt es in Clonfad ein Fert Oircbeil (Grab des O.). Daraufhin trennten sie sich, und Finn zog weiter und ... Jedenfalls hielt er es für ein Unding und eine große Schande.

Er ging weiter bis zum Haus des Helden Fiacail mac Conchinn, bei Slievemargue. Dort stand sein Haus damals. Da beklagte sich Finn bei ihm und erzählte ihm, wie beim Feenhügel ein Mann von ihnen getötet worden sei. Fiacal riet ihm, sich bei den beiden Spitzhügeln von Anu hinter Luachair niederzulassen. Er zog los und setzte sich zwischen die beiden Festungen, die zwischen den beiden Spitzhügeln von Anu lagen.

Als Finn dort in der Halloweennacht saß, sah er, wie sich in der Nähe zwei Feenhügel um ihn, und die beiden Festungen öffneten, und ihre Anlagen ringsum schienen verschwunden. In einer Festung sah er ein großes

Feuer. Daraus ertönte eine Stimme, die sagte: »Ist dein guter Fuß gesund?« »Aber ja«, antwortete eine Stimme im anderen Feenhügel. »Eine Frage. Soll etwas von uns zu euch genommen werden?« – »Wenn uns das gegeben wird, wird etwas an euch zurückgegeben.« Finn sah, wie ein Mann aus dem Feenhügel trat. Er hielt eine Backschüssel in der Hand mit einem ... Schwein darauf, einem zubereiteten Kalb und einem Strauß wilden Knoblauchs. Das war an Halloween. Der Mann kam auf dem Weg zum anderen Feenhügel an Finn vorbei. Finn warf mit dem Speer von Fiacauil mac Conchinn nach ihm. Er schleuderte ihn nach Süden auf Slievemargue zu. Dann sagte er: »Wenn der Speer einen von uns erreicht, möge er ihm lebend entkommen. Ich meine, das war eine Rache für meinen Gefährten.«

Als das geschehen war, hörte er wieder ein Klagen und lautes Jammern:

Auf dem Hügel durch einen scharfen Speer
Fiel Aed, Fidgas Sohn,
Durch die Lanze von Fiacail, Scodnas Sohn,
Finn hat ihn getötet ...

Dann kam Fiacail zu Finn bei den beiden Spitzhügeln von Anu. Fiacail fragte ihn, wen er umgebracht habe. »Ich weiß nicht«, erwiderte Finn, »ob mein Wurf etwas erreicht hat.« – »Vermutlich«, sagte Fiacail, »wurde jemand getötet. Mir scheint, wenn du es nicht heute abend tust, wirst du es das ganze Jahr nicht tun.« Aber Finn sagte, er habe eine Lanze geworfen, und es sei wahrscheinlich, daß er jemanden damit getroffen habe. Da hörte er in dem Feenhügel ein lautes Gejammer:

Giftig ist dieser Speer,
Und giftig sein Besitzer,
Giftig, wer ihn warf,
Und Gift für den, den er traf.

Vor dem Feenhügel von Cruachan Brig Ele ergriff Finn eine Frau, die um seinen Speer bat. Die Frau versprach, den Speer zu schicken, wenn er sie freigäbe. Finn ließ die Frau zurück in den Hügel. Als sie ihn betrat, sagte die Frau:

Giftig der Speer,
Und giftig die Hand, die ihn warf.
Wenn er nicht aus dem Hügel schwirrt,
Wird ein Murrain das Land erobern.

Daraufhin wurde der Speer aus dem Hügel herausgeschleudert, und Finn nahm ihn mit zu Fiacail. »Nun«, sagte dieser, »behalte diesen Speer bei dir, mit dem du deine berühmte Tat begangen hast.« Fiacail meinte, es sei ein glücklicher Tag, denn der Mann, den Finn getötet hatte, habe Finns Gefährten umgebracht. »Er, den du getötet hast, ist der, der alle umbrachte, die das Mädchen umwarben, denn er selbst liebte die Maid.«

Daraufhin zogen Finn und Fiacail weiter. Fiacail hatte eine Verabredung mit den *fian* beim Inver Colphta. Da sagte er zu Finn, er möge heimgehen ... da ihre Sache miteinander beendet sei. Sagte Finn: »Laß mich mit dir ziehen.« – »Ich will aber nicht, daß du mit mir kommst«, antwortete Fiacail, »denn dir könnte die Kraft versagen.« – »Das werden wir sehen«, meinte Finn. Dann zogen sie weiter. Um den Hals von Fiacail hingen zwölf Bleikugeln, um seine Kraft einzudämmen, so schnell war er. Eine nach der anderen warf er die Kugeln von sich, und Finn hob sie auf, aber Fiacail rannte trotzdem nicht schneller als Finn.

Sie gelangten nach Inver Colphta. Da legte Finn alle zwölf Bleikugeln vor Fiacail, und dieser freute sich. In dieser Nacht schliefen sie dort. Dann sollte Finn die Nacht durchwachen und den Krieger wecken, wenn er irgendwelches Ungemach hörte. In einer Stunde dieser Nacht, als Finn Wache hielt, hörte er einen Schrei aus dem Norden, weckte den Krieger aber nicht.

Er zog allein in Richtung des Schreis nach Slieve Slanga. Als Finn dort bei den Männern Ulsters war, überholte er zur Mitternacht drei Frauen vor ihm bei einem grünen Hügel, die Hörner hatten wie Feenfrauen. Bei diesem Hügel begannen sie zu klagen und legten die Hände darauf. Dann flohen die Frauen vor Finn in den Feenhügel. Finn erwischte eine von ihnen, als sie gerade den Feenhügel von Slanga betreten wollte, und entriß ihr die Schnalle vom Umhang. Die Frau lief hinter Finn her und flehte ihn an, ihr die Schnalle wiederzugeben. Sie sagte, sie könne nicht mit einem Makel zurück in den Feenhügel treten, und versprach ihm eine Belohnung ...

Der Kranichbeutel[2]

Ich habe eine Frage für dich, Caoilte, Mann der wechselnden Waffen: Wem gehörte der gute Kranichbeutel, den Cumhall, Sohn Tréanmhors, besaß?

Ein Kranich, der dem sanften Manannan gehörte – es war ein Schatz der Macht mit vielen Tugenden – von seiner Haut, einem seltenen Ding, wurde der Kranichbeutel gefertigt.

Sag uns, was war der Kranich, Caoilte der vielen Beutezüge, sag uns, warum seine Haut um die Schätze genäht wurde?

Aoife, die Tochter des guten Dealbhaoth, Schatz von Ilbhreac der zahlreichen Schönheiten, sie und Iuchra mit der schönen Haut verliebten sich in den Mann.

Iuchra lud voll Wut Aoife ein, mit ihr schwimmen zu gehen, aber es war kein glücklicher Treff, denn sie trieb sie in Gestalt eines Kranichs durch das Moorland.

Dann verlangte Aoife von der schönen Tochter Abhartachs: »Wie lange soll ich in dieser Gestalt bleiben, Frau, du schöne Iuchra mit der weißen Brust?«

»Ich werde dir kein kurzes Urteil geben, Aiofe mit den trägen Augen. Du sollst zweihundert weiße Jahre im edlen Haus von Manannan bleiben.«

»Du sollst auf immer in dem Haus sein, wo jeder dich verspottet, ein Kranich, der kein Land besucht, sollst du niemals landen.«

»Aus deiner Haut soll ein guter Schatzbeutel gefertigt werden – und das ist kein geringes Ding. Sein Name soll bis in ferne Zeiten der Kranichbeutel sein.«

Als sie starb, machte Manannan aus ihr einen Beutel, und danach enthielt er stets alle Schätze, die er besaß:

Das Hemd Manannans und sein Messer, Goibhnes Gürtel und ein Schmiedehaken von dem kräftigen Mann – das waren die Schätze in dem Kranichbeutel.

Die Scheren des Königs von Schottland, der Helm des Königs von Lochlainn sollen darin gewesen sein, und die Knochen von Asals Schwein.

Ein Gürtel aus den Rippen eines großen Wals befand sich in dem schönen Kranichbeutel: Das sage ich dir ohne Schaden. Er wurde darin herumgetragen.

Wenn das Meer voll war, waren die Schätze in der Mitte sichtbar; wenn die heftige See verebbt war, war auch der Kranichbeutel leer.

Nun weißt du es, edler Oisin, wie dieses Ding geschaffen wurde, und nun werde ich dir erzählen, wie es ihm erging.

Lange Zeit gehörte der Kranichbeutel dem Helden Lugh Langarm; bis schließlich der König von den Söhnen von Cearmaid Honigmund getötet wurde.

Ihnen gehörte der Kranichbeutel nach ihm, bis die drei, voller Tatendrang, vor den großen Söhnen Mileds fielen.

Manannan kam ohne Furcht und trug den Kranichbeutel wieder von dannen, und er zeigte ihn niemandem, bis Conaire erschien.

Der Schöne Conaire schlief bei Tara auf der Ebene. Als der listige Schöne erwachte, hing der Kranichbeutel um seinen Hals.

Wie Finn die Weisheit fand[3]

Ein anderes Mal war Find* in Cwend Curraig. Dort hielt er sich gewöhnlich auf.

Jeden Morgen wurde ein Mann beauftragt, ein Schwein für ihn als seine Tagesmahlzeit zu braten. Einmal wurde Oisine befohlen, das Schwein zu braten. Als er es für fertig hielt, spießte er es auf die Gabel und legte es auf den Teller, den sein Gefährte hielt. Dann saß es fest. Er wollte schon hinausgehen, aber dann rannte Oisine hinter ihm her zum Suir, über den Ath Nemthen, über Ord und Inniuin, Fan hua Faelan hinaus zum Gipfel von Sith Fer Femen. Danach ging er in den Feenhügel, und die Tür wurde hinter ihm geschlossen. Oisine ließ er zurück.

Als Finds Gefolgsleute erwachten, kam er gerade an.

»Wo ist das Schwein?« fragte Find.

»Ein mutigerer Mann hat es fortgenommen«, antwortete Oisine.

Am folgenden Tag nahm Cailte es. Ihm wurde es auf gleiche Weise weggenommen. Darauf kam er zurück.

»Wo ist das Schwein?« fragte Find.

»Ich bin kein tapfererer Mann als der, dem es gestern abgenommen wurde«, sagte Cailte.

»Ich werde es braten«, sagte Find. »Schärfer ist jeder Dorn, wenn er jünger ist.«

Da briet er selbst das Schwein, den Speerschaft in der Linken, und mit der anderen Hand drehte er das Schwein am Spieß. Es saß fest. Find stieß zu. Aber nur die Spitze seines Speers berührte dessen Rücken. Daraufhin ließ er den Bauch bei Mag Tarra in Lee beim Cell Ichtair zurück und die Seite am Hange von Toib Muicce. Siebenmal sprang er über den Siur.

»Öffne«, sagte er, »vor ihm«, sagte er auf der Kuppe des Hügels. »Öffne«, sagte er und rannte über den Kamm.

»Hier ist etwas von mir«, sagte Find. Er hieb zu, als er in den Feenhügel trat, und brach dabei den Rücken. Seine Hand blieb am Türpfosten kleben, so daß die Tür sich um seinen Daumen schloß, den er in den Mund steckte. Daher meinen manche, daß Find so seine Weisheit erlangte, denn er steckte jedesmal den Finger in den Mund, der in den Feenhügel gelangt war. Man hörte ihr Klagen.

»Was ist das?« fragten sie.

»Cul Dub ist getötet worden!«

»Wer hat ihn getötet?«

»Find hua Baiscni.«
Alle jammerten und klagten.
Dann sagte er. »Süß, süß, süß ist die Sprache ...«
Er trug das Schwein am Herzen und verteilte es in seinem Hause.

Finn und der Mann im Baum[4]

Als die *fian* in Badamair am Ufer des Suir waren, kam Cùldum der Sohn von Ua Birgge aus dem Feenhügel auf der Ebene von Femen und nahm ihnen ihr Essen fort. Drei Nächte lang wiederholte sich dies. Beim dritten Mal wußte Finn Bescheid und ging vor ihm zum Feenhügel von Femen. Finn lauerte ihm auf, als er in den Hügel ging, so daß er hinstürzte. Als er seine Hand zurückzog, trat eine Frau mit einem vollen Gefäß in der Hand aus dem Hügel, weil sie gerade einen Trank ausgeteilt hatte. Sie schlug die Tür gegen den Hügel, und Finns Finger wurde zwischen Tür und Pfosten eingeklemmt. Er steckte den Finger in den Mund. Als er ihn wieder herauszog, begann er zu singen, die *imbas* erleuchtete ihn, und er sagte ... [hier folgt eine unübersetzbare »Rede«]

Einige Zeit später trugen die *fian* gefangene Frauen aus Dùn Iascaig im Land der Dési fort. Darunter befand sich eine wunderschöne Maid. Finn begehrte die Frau für sich selbst. Sie aber verlor ihr Herz an seinen Diener, den Derg Corra, Sohn des Ua Daigre. Denn das war seine Art: Als sie das Essen zubereiteten, sprang der Junge immer wieder über das Kochfeuer. Dafür liebte ihn das Mädchen. Eines Tages sagte sie zu ihm, er möge zu ihr kommen und bei ihr schlafen. Derg Corra nahm aber Finns wegen nicht an ... da hetzte sie Finn gegen ihn auf und sagte: »Tun wir ihm Gewalt an!« Daraufhin sagte Finn: »Geh fort! Geh mir aus den Augen. Drei Tage und drei Nächte sollst du Ruhe haben, aber danach hüte dich vor mir.«

Da ging Derg Corra ins Exil und nahm Zuflucht im Wald und jagte die Rehe. Eines Tages, als Finn im Wald auf der Suche nach ihm war, sah er einen Mann in einem Baumwipfel, eine Amsel auf der rechten Schulter, in der Linken eine weiße Bronzeschale voll Wasser, in der sich eine flinke Forelle bewegte, und am Fuß des Baums saß ein Hirsch. Dann tat der Mann das Folgende: Er knackte Nüsse und gab einen halben Nußkern der Amsel auf seiner rechten Schulter, während er selbst die andere Hälfte aß. Dann nahm er einen Apfel aus der Bronzeschale in seiner Linken, teilte ihn in zwei Hälften, warf eine Hälfte dem Hirschen am Fuß des Baums zu und aß die andere Hälfte selbst. Darauf nahm er einen Schluck

Wasser aus der Bronzeschale in seiner Hand, so daß er, die Forelle, der Hirsch und die Amsel zusammen tranken. Dann fragten die Gefolgsleute Finn, wer in dem Baum saß, denn sie erkannten ihn nicht, weil er einen Umhang mit Kapuze trug.

Da steckte Finn seinen Daumen in den Mund. Als er ihn wieder herausnahm, erleuchtete ihn sein *imbas,* und er sang eine Anrufung und sagte: »Es ist Derg Corra, Sohn von Ua Daigre«, sagte er. »Der sitzt im Baum.«

Kapitel 5
Gestaltwechsel

In diesem Kapitel stellen wir zwei Beispiele für keltischen Gestaltwechsel in Britannien und Irland vor. Beginnen möchten wir aber mit einem allgemeinen Überblick über diese traditionelle Praktik der Kelten.

Fith-fath: Gestaltwechsel in der keltisch-schamanischen Tradition

Caitlín Matthews

Das Erlernen der Kunst

Gestaltwechsel ist ein integraler Bestandteil keltisch-schamanischer Praxis. Schamanen sind allgemein potentiell polymorph, fähig, die Gestalt anderer Lebewesen anzunehmen, ob in den mittleren Reichen oder in der Anderswelt – manchmal auch in beiden.

Diese Fähigkeit, gleichzeitig allen Existenzebenen anzugehören, ist eng mit der übergreifenden Offenbarung des Schamanen verbunden. Damit etwa Amairgin den Milesiern helfen kann, Irland zu erobern, muß er zunächst mit dem Gesamtwesen des Landes in Kontakt treten; erst dann kann er seine großartige Lobeshymne der Identifikation mit den Elementen des Landes singen (siehe Kapitel 1). Das ist für den Nichteingeweihten schwer zu begreifen – vielleicht kann man es mit der Verschmelzung des Mystikers mit der Gesamtheit der Schöpfung vergleichen, die sich in zahllosen spirituellen Traditionen findet. Der Unterschied zwischen den beiden ist, daß der Mystiker normalerweise nicht anstrebt, sich in einer anderen Gestalt als der eigenen zu manifestieren oder so zu erscheinen. Der Schamane versucht hingegen aktiv, anders zu wirken oder aus verschiedensten Gründen in einer anderen Gestalt in die Anderswelt zu reisen, weil die menschliche Gestalt oft ein Nachteil ist oder zu schwache Energien eine grundsätzliche Änderung verlangen.

Beim Gestaltwechsel ist es wichtig, die richtige Kraft zu finden, die den Schamanen dabei unterstützt. Der Gestaltwechsler ruft häufig die Macht eines seiner Tiere oder anderer Helfer an, um anstehende Dinge in dessen Geist auszuführen. Der projizierte Geist ist gewöhnlich für andere unsichtbar, kann aber von Personen beobachtet werden, die das gälische *da shealladh* haben, das »Zweite Gesicht«. In diesem Fall kann auf die Geistgestalt geschossen werden, wodurch gleichzeitig auch der Gestaltwechsler verletzt wird.

Die Hauptziele des Gestaltwechsels in der keltischen Tradition können wie folgt umrissen werden:

1. von der Tiergestalt zu lernen oder Informationen oder Dinge aufzuspüren;
2. einem geliebten Menschen oder Feind aufzulauern;
3. sich vor jemandem zu verstecken oder »unsichtbar« zu werden;
4. zu Zeiten und an Orten zu überleben, wenn das Menschsein zu gefährlich ist;
5. zu einem andersweltlichen Wächter zu werden oder dazu verzaubert zu werden.

Es gibt außerdem viele Beispiele dafür, wie Schamanen die Gestalt wechseln, um zu täuschen, zu verwirren oder etwas zu verzögern, aber damit wollen wir uns hier nicht befassen. Verwandelt wird sich gewöhnlich, wenn auch nicht unbedingt immer, in eine Tiergestalt.

Schauen wir uns zunächst an, was Schamanen aus der Tiergestalt lernen oder wie sie Dinge und Informationen finden können. In dem traditionellen schottischen Lied: »The Great Selkie of Sule Skerry«, einem Gespräch zwischen einer Frau und einem Selkie, einem Seehund, der sich in einen Menschen verwandeln kann, hören wir, wie er sie geschwängert hat und sie nun besucht, um ihren gemeinsamen Sohn abzuholen und in die Geheimnisse der Selkies einzuweihen. Er prophezeit, daß die Frau einen Jäger heiraten wird, dessen erster Schuß den Selkie und ihren gemeinsamen Sohn töten wird. Dieses Lied gehört in die Tradition um Manannan, den nächtlich erscheinenden Gott der Anderswelt, der häufig mit Menschenfrauen verkehrt. In »Compert Mongain« aus dem »Book of Fermoy« fordert er seinen Sohn Mongan ein, um ihm die Lehren der Anderswelt beizubringen. Mongan bleibt dort, bis er 16 ist, und lernt die Geheimnisse des Gestaltwechsels. Dann kehrt er zu seiner irdischen Familie zurück und erweist sich als ein findiger Betrüger. Manannan prophezeit seinem Sohn:

Er wird zum Drachen vor jeder großen Armee,
Er wird zum Wolf in allen großen Wäldern,
Er wird zum Hirschen mit Hörnern aus Silber,
Er wird ein gefleckter Lachs im stillen Teich,
Er wird zum Seehund, zum schneeweißen Schwan,
Er wird Jahrhunderte überdauern,
Hundert Jahre als gerechter König ...

Doch trotz dieser Verwandlungen wird seine Zeit auf der Erde nur kurz währen, denn er wird von einem Drachenstein getötet und von der »Weißen Armee« in die Anderswelt getragen. Mongan ist dazu bestimmt, im Laufe seiner andersweltlichen Erziehung viele Tiergestalten anzunehmen, doch er stirbt in Menschengestalt. (T. H. White läßt seinen jungen König Artus auf ähnliche Weise von Merlin erziehen, wenn er lernt, hartnäckig zu sein wie ein Dachs, geduldig wie ein Falke und menschliche Grenzen völlig zu mißachten wie ein Vogel.) Wir sehen, daß Mongan zum Wasser-, Land- und Luftwesen wird und die Eigenschaften eines jeden Elements kennenlernt. Häufig ist die Fähigkeit, verschiedene Elemente zu durchwandern, ein Aspekt bei der Gestaltwahl des Schamanen. Es ist beispielsweise leichter, Heilung vom anderen Ufer eines andersweltlichen Meeres zu holen, wenn man in Gestalt eines Seehunds schwimmt und nicht als Mensch.

In Mongans Geschichte erkennen wir den Keim des schamanischen Verständnisses von den verschiedenen Tierkräften. In der walisischen Geschichte von Math, dem Sohn des Mathonwy, geht es um den Mythos, wie die Verwandlung in ein Tier zu einer heilsamen Lernerfahrung werden kann. Math, ein als Druide ausgebildeter König, verwandelt seine Neffen Gwydion und Gilfaethwy drei Jahre lang in Tiere, um ihnen eine Lektion zu erteilen. Gwydion hat, angestachelt von Gilfaethwy, das Mädchen Goewin vergewaltigt. Im ersten Jahr macht Math den Täter zu einer Hindin und Gwydion zum Hirschen; im zweiten Jahr wechseln sie das Geschlecht, und der Täter wird zum Eber und Gwydion zur Sau. Im dritten Jahr wird Gilfaethwy zur Wölfin und sein Bruder zum Wolfsrüden. Dies ist an sich schon demütigend genug, aber Math verschärft die Strafe noch, indem er seinen Neffen auch ein tierisches Wesen gibt und sich paaren läßt. Aus diesen unnatürlichen Verbindungen geht dreimal Nachwuchs hervor. Der Vergewaltiger trägt also Rehkitze und Wolfsjunge aus und lernt, was es bedeutet, eine Frau zu sein.

Die Grunderfahrung einer Lehre in Tiergestalt ist das völlige Versenken in eine andersweltliche Realität. Dies geht aus allen Werken keltischer Dichter eindeutig hervor. Auch als sich die primitiven schamanischen Praktiken im Mittelalter aufzulösen begannen, erhielt sich dieses Verständnis in der keltischen Erinnerung und findet sich bis heute in bestimmten Familien, deren Affinität zu einem bestimmten Tier – oft einem Vogel – eine Ahnenerinnerung an die uralte Verbindung mit Tierwesen darstellt.

Der Beute auflauern

Es ist wohl unmöglich, alle subtilen Querverbindungen zwischen Erkenntnissen, sexueller Suche und Nahrung zu ergründen, die die keltisch-schamanische Tradition miteinander verzahnen. Intellektuelles und fleischliches Wissen wurden oft in der spirituellen Metapher von der mystischen Erfahrung einer göttlichen Vereinigung zusammengefaßt. Eine Schamanenreise führt oft zu einem ähnlichen Verständnis: Schamanen erleben in der andersweltlichen Realität die sexuelle Vereinigung mit Tieren oder verzehren ihre Tiere, erhalten aber gleichzeitig deren uneingeschränktes Wissen. Das ist Thema einer Geschichte aus den Highlands, in der ein Junge, Alasdair, zur Vogelinsel geschickt wird, um die Sprache der Vögel zu lernen – synonym für eine magische, anderweltliche Sprache und Kenntnisse. Nach dreijähriger Lehre sind die Eltern des Jungen mit dessen rätselhaften Übersetzungen aus der Vogelsprache aber nicht zufrieden, besonders als er ihnen die Botschaft eines Buchfinken übersetzt, der prophezeit, daß Alasdairs Eltern sich vor ihrem Sohn demütigen werden. Der Vater verurteilt den Sohn zum Tode, aber er entkommt auf die Vogelinsel, wo er die Vögel tötet und verzehrt, um schneller aufzunehmen, was sie ihm zu sagen haben.[1]

Manchmal ist die Suche nach Wissen mehr als nur eine Pirsch, bei der man dem erwünschten Objekt wie ein listiger Jäger nachstellt. Der räuberische Aspekt der sexuellen Liebe ist oft mit der Jagdkunst verglichen worden. Wir brauchen uns nur anzusehen, wie Gwion unwissentlich aus dem Kessel der Erkenntnis schöpft, nachdem er von Ceridwen in den verschiedensten Tiergestalten verfolgt, schließlich verzehrt und aus ihrem Schoß wiedergeboren wurde, um zu erkennen, daß der Kessel und der Schoß die Zwillingsgefäße der Verwandlung sind. Alles Leben beugt sich den Forderungen der Sexualität und des Hungers; diese nackten Bedürfnisse erzeugen die schamanische Pirsch-Mentalität. Denn entgegen allgemeiner Erwartung wird der Gestaltwechsel wie die meisten schamanischen Praktiken nicht allein zum Vorteil des Schamanen unternommen, sondern auch, um die Bedürfnisse anderer zu erfüllen. Und zu keiner Zeit sind diese schärfer ausgeprägt als zu Zeiten des Verliebtseins.

Aengus mac Og, Besitzer des *brugh* (siehe Kapitel 11), der Gott der Liebe und der Jugend, träumt von einem schönen Mädchen und wird krank vor Liebe. Nach längerer Beobachtung entdeckt er, daß seine Liebste Caer Ibormaith ist und die meiste Zeit in Schwanengestalt verbringt und in einem Schwarm aus 150 Schwänen lebt. Wenn er sie dort erkennen kann, hat sie die Wahl, bei ihm zu bleiben oder ihn zu verlassen. Er ruft sie zu sich, und sie umkreisen den See in Schwanengestalt. Der Zauber ihres von Musik begleiteten Flugs läßt alle, die es hören, drei Tage lang in tiefen Schlaf fallen, als sie zum *brugh*[2] zurückkehren. Hier nimmt er ihre Gestalt an, um sie zu erobern.

Die Aufgabe, einen geliebten Menschen unter 150 verzauberten anderen Wesen herauszufinden, ist ein verbreitetes Thema in der keltischen Mythologie. Hier kommt der Gestaltwechsel richtig zum Tragen, denn man kann die Wesen nur voneinander unterscheiden, indem man ihre Gestalt annimmt.

In einer lustigen Episode im »Compert Mongain« versucht der Held Mongan seine vom König von Leinster entführte Frau Dubh-Lacha zu retten. Mongan und seine Helferin Cuimne, die Hexe von der Mühle, erscheinen in Gestalt eines schönen Paares am Hof von Leinster. Der König verliebt sich unsterblich in die Frau und bittet darum, die Partnerinnen zu tauschen. Darauf flieht Mongan rasch mit Dubh-Lacha, woraufhin Cuimne sich zum Mißfallen des Königs wieder in die alte Hexe zurückverwandelt.

Das Spiel von Gwion und Ceridwen kommt auf schamanischen Reisen ebenfalls häufig vor, wenn der Schamane in Gestalt seines Tieres Wesen in der Anderswelt verfolgt, um für andere Macht und Wissen zu erlangen. Die räuberische Natur dieser Verfolgung findet sich auch in einem schottischen Volkslied, in dem die Jahreszeiten und Elemente in einer Reihe von Tierverwandlungen beschrieben werden.

Im Frühling bin ich der Zaunkönig klein,
Der fliegt auf stummen Flügeln fein
Zu Ehren unserer Herrin,
Bis ich wieder daheim.

Dann fliegen wir als Falken grau
Und jagen grausam Has' und Maus
Zu Ehren unseres Gottes
Bis wir wieder zuhaus ...[3]

»Unsere Herrin« und »Gott« sind in dieser Version die Titel für ältere Gottheiten, als es im Mittelalter sonst üblich war; in einigen Versionen wird der »Gute Gott« durch den »Teufel« ersetzt. Für jeden Monat des Jahres steht ein bestimmtes Tier. Die Jagd zwischen Jäger und Beute ist gleichzeitig die von Schüler und Lehrer oder von Liebespaaren. Ähnlich verhält es sich im Lied von den zwei Zauberern, in dem eine Frau und ein Schmied einen Rätselwettstreit darüber abhalten, wie sie ihre Jungfräulichkeit erhalten und er sie gleichzeitig erobern kann. Sie ist weiß wie Milch, er schwarz wie Seide, sie wird zur Ente, er zum Jagdhund, sie wird zum Hasen und er zum Windhund. Schließlich wird sie zu einem Laken auf dem Bett und er zur Bettdecke.

Die erotischen Elemente beim Gestaltwechsel und in anderen überlieferten Verbindungen mit Tieren scheinen in deutlichem Zusammenhang zu den keltischen Hauptfesttagen zu stehen. Den Maitag, an dem der keltische Sommer begann, verbrachten die jungen Leute stets mit ihrem Liebsten. Weniger schön war der Brauch auf der Insel Man, den Stechginster in Brand zu stecken, um die »Hexen zu verjagen, die an diesem Tag oft die Gestalt von Hasen annehmen«. Frazer zitiert einen Bericht aus dem 16. Jahrhundert, demzufolge die Iren »jede Frau, die am Maitag Feuerholz sucht, zur Hexe erklärten ... Am Maitag töten sie alle Hasen, die sie unter ihrem Vieh finden, weil das angeblich alte Frauen waren, die es auf ihre Butter abgesehen hatten.«[4] Der Maitag ist ebenso wie Halloween ein unheimlicher Tag, an dem merkwürdige Dinge geschehen. Auch heute noch verkleidet man sich häufig an Samhain. Der alte Brauch, Masken und Kostüme anzulegen, sollte die umherwandernden Toten verwirren, damit sie glaubten, die Kostümierten gehörten zu ihnen und nicht zu den Sterblichen. Zu Samhain kann die tapfere Janet endlich Tam Lin entzaubern, indem sie ihn festhält, während er sich in eine Reihe von monströsen Gestalten verwandelt, ehe er endlich er selbst wird: ein nackter Mann, der nicht mehr im Bann der Feenkönigin steht.[5] Es gibt zahlreiche Belege – mehr als wir hier darstellen können – dafür, daß die Schwellentage Beltane und Samhain wichtige Zeitpunkte für Geister und Menschen sind, die Gestalt zu wechseln.

Die Fähigkeit zum Gestaltwechsel ist aber nicht ausschließlich Druiden und Zauberern vorbehalten. Dumézil meint: »Entweder aufgrund eines Talents zur Verwandlung oder eines unirdischen Erbes besitzt der hervorragende Krieger ein ausgeprägt tierhaftes Wesen.« Cuchulainns ungewöhnliche Fähigkeiten als Krieger werden noch verstärkt, indem er sich bewußt der Kräfte des Hundes bedient. Diarmuids Hartnäckigkeit wird von seinem Totemtier, einem Eber, bekräftigt; Pryderis mütterliches Totem ist das Pferd; daher verschwindet er unter den Fohlen und wird dort wiedergefunden.

Manchmal erscheinen Krieger auch in seltsamen Gestalten, etwa Fionn mac Cumhail, der gegen eine Armee von Männern mit Katzen- und Hundeköpfen anzieht, und Art mac Conn (siehe Kapitel 10), der auf seinen andersweltlichen Abenteuern einem hundeköpfigen Individuum begegnet. Handelt es sich hier um Krieger, die sich bewußt auf ihr Stammestotem stützen, oder sind es bloß Beispiele für die keltische Neigung, Nachbarstämme mit dem Attribut »Katzen-/Hundekopf« zu beleidigen? Im »Traum von Rhinabwy« im »Mabinogion« verwandeln sich die Truppen Owains in Raben und greifen Artus' Truppen zur gleichen Zeit wütend an, als ihre jeweiligen Kommandeure ein entscheidendes Brettspiel spielen; die geschnitzten Figuren und die Truppen sind deutlich miteinander verbunden, aber die Vorteile des Gestaltwechsels werden zunichte gemacht, als Artus das Brett mit den Spielsteinen auf den Boden wirft und damit entmachtet.

Die Göttin des Krieges, Morrighan, begehrt Cuchulainn zum Geliebten. Mit seiner Weigerung zieht er sich ihren lebenslangen Haß zu: Sie verfolgt ihn in den verschiedensten Gestalten und bekämpft ihn, bis sie ihn schließlich bezwingt. Sie erscheint ihm als schwarzer Aal, als weiße Kuh und als graue Wölfin und wird jedesmal von ihm verletzt. Sie überlistet ihn, sie zu heilen, indem sie als verschrumpelte Alte erscheint, die eine Kuh mit schwerem Euter führt. Für drei Schluck Milch segnet Cuchulainn die Spenderin dreimal, und jedes Wort bedeutet für Morrighan die Heilung.[6]

Es paßt gut, daß man Morrighan, die irische Göttin des Krieges, als keltische Schutzpatronin des Gestaltwechsels betrachtet, denn sie hat darin viel Erfahrung – unter anderem als Morgan le Fay, die bekannte Gestaltwechslerin in den Artuslegenden.[7] Als Geoffrey von Monmouths Morgan ist sie die Königin von Avalon, eine Heilerin und Gestaltwechslerin. Bei Malory verrät sich ihre Morrighan-ähnliche Abstammung in ihrer eifersüchtigen Bestrebung, Artus zu stürzen.[8] In der gesamten keltischen Literatur gibt es keine bessere Jägerin als sie, die Herrin über Leben und Tod.

Fith-fath und Verzauberung

Der Titel dieses Abschnitts, fith-fath, »fi-fah« ausgesprochen, ist ein schottisch-gälischer Ausdruck für einen Zauber, der sein Objekt unsichtbar macht, indem er es in einer anderen Gestalt auftreten läßt. Er scheint vornehmlich von Jägern, Kriegern und Reisenden angewendet worden zu sein und ist mit dem keltischen Schutzzauber *lorica* verbunden, dem Brustpanzer-Zauber. Ein schottisch-gälischer Fith-fath-Zauber geht etwa so:

Ich umhülle dich mit einer Zauberwolke,
Vom Hund zur Katz,
Von der Kuh zum Pferd,
Vom Mann zur Maid
Und zum kleinen Kind,
Bis ich wiederkomm.[9]

Er scheint häufig von keltischen Heiligen angewendet worden zu sein. Die Mutter von St. Finchua erlegte ihn sich selbst auf, als sie von Feinden verfolgt wurde, die sie andernfalls vergewaltigt und ihr ungeborenes Kind abgetrieben hätten.[10] Aber der berühmteste Schutzzauber war wohl der von St. Patrick, der sich selbst und seinen Mönchen einen komplizierten fith-fath auferlegt, als ihn König Loegaires Truppen verfolgen: Sie verwandeln sich allesamt in Rehe. Dieser Zauber ist allgemein als »St. Patricks Brustpanzer« oder *lorica* bekannt. Der Heilige ruft die Mächte der Dreieinigkeit an, die Kraft, die durch Geburt, Kreuzigung, Auferstehung und die zweite Ankunft Christi verliehen wird, sowie durch die neun Kräfte der Engelswächter der Kirche, der Apostel, der Beichtväter und Jungfrauen, ehe die neunfachen Kräfte der Elemente angerufen werden:

Ich erhebe mich heut
Durch die Kraft der Himmel,
Licht der Sonne,
Strahlen des Mondes,
Pracht des Feuers,
Rasen der Blitze,
Toben des Windes,
Tiefe des Meeres,
Festigkeit der Erde,
Härte des Felsens.[11]

Weitere Anrufungen, unter anderem der »Zauber von Frauen, Schmieden und Druiden«, wenden sich an die Macht Gottes, zu schützen und vor den zahlreichen Feinden zu bewahren. Der Zauber endet mit einer magischen Anrufung Christi in allen Richtungen.

Fith-fath, manchmal auch fath-fith, kann als »Tieraspekt« übersetzt werden; interessanterweise wird der frühe irische Name für St. Patricks Brustpanzer, die feh-faidha, oft als »Schrei des Rehs« fehlübersetzt. Hier scheint es sich um einen besonderen Zauber gehandelt zu haben, der einen in ein Reh verwandelte, doch Carmichael kommt in seinen Forschungen zu dem Ergebnis, die Männer seien auch in Pferde oder Stiere verwandelt worden, die Frauen in Katzen oder Hasen.

Im Fianna-Zyklus findet sich ein hervorragendes Beispiel für diese Tradition. In einer schottisch-gälischen Version der Geschichte hat Fionn eine Elfe zur Geliebten, die er aber verläßt, um eine Menschenfrau zu heiraten.[12] Die Feenfrau erlegt der Menschenfrau einen Fith-fath-Zauber auf, und sie verwandelt sich in ein Reh und zieht sich, von Fionn schwanger, in die Wildnis zurück. Das Kind, Oisin, wird in Menschengestalt geboren, behält aber einen Büschel Kitzhaare, wo seine Mutter ihn leckte. Er wird von den Fianna aufgenommen und begegnet seiner Mutter auf einer Jagd. Sie nimmt Menschengestalt an und erinnert ihn daran, wer sie ist. Darauf singt er ihr ein Warnlied, ehe er zur Familie seines Vaters zurückkehrt:

> Wenn du meine Mutter und dazu ein Reh,
> Erheb dich vor dem ersten Sonnenstrahl
> Und hüte dich vor den Männern der Fianna.

Der Fith-fath-Zauber wird vorwiegend zum Schutz angewendet, aber man nutzt ihn auch für andere Zwecke. Der manipulative Gebrauch des Gestaltwechsels, um andere zu etwas zu zwingen oder an etwas zu hindern, ist eine traditionelle Methode alter Schamanen. Die Kraft, andere zu verzaubern, wird in vielen Teilen der Welt immer noch als »böser Blick« gefürchtet, der einen Menschen, ein Tier oder Dinge verzaubern kann. Die Sitte, einen Schutzmantel herbeizurufen oder sich selbst, sein Tier oder sein Haus mystisch von Gebeten zu umgeben, ist in keltischen Ländern immer noch verbreitet (siehe Kapitel 8).

Die Verzauberung in eine nichtmenschliche Gestalt kann außerdem erfolgen, um jemanden daran hindern, erkannt zu werden, als volles Mitglied der Gesellschaft zu funktionieren, um jemanden zu enteignen oder aus bloßer Rache. Etain (siehe Kapitel 11) und die Kinder von Lir werden aus Eifersucht in andere Gestalten verzaubert. Etain wird vom Eschenstab der Frau ihres Liebsten Fuamnach berührt und verwandelt sich nacheinander in einen Teich, einen Wurm und eine Fliege, ehe sie von der Frau Etars verschluckt wird und als Etain die zweite wiedergeboren wird. Die Kinder von Lir werden von ihrer Stiefmutter in Schwäne verwandelt. In dieser Gestalt müssen sie bleiben, bis eine Prinzessin aus dem Süden einen Prinzen aus dem Norden heiratet. 300 Jahre vergehen, ehe sie erlöst werden.

Wir sind in der Geschichte von Tuan mac Carill (siehe Seite Kapitel 3) Beispielen dafür begegnet, wie man überlebt, wenn das Menschsein zu bestimmten Zeiten und an gewissen Orten gefährlich oder unpassend ist. Tuan überlebt seinen Stamm in den verschiedensten Tiergestalten, in die er nachts überwechselt, wenn ihm die Unannehmlichkeiten des Alters zu viel werden.

Liban, die Tochter von Eochaud und Ebliú, ist die einzige Überlebende ihrer Familie, als Loch Neagh überflutet. Nach einem Jahr in ihrem Unterwasser - *grinanan* (Solarium) bittet sie darum, in einen Fisch verwandelt zu werden, um besser im See leben zu können. Sie wird halb zum Lachs und bleibt halb Frau, während ihr Hund zum Otter wird. 300 Jahre später wird sie von Caoilter von den Fianna entdeckt, mit dem sie einen Jagdwettstreit ausführt. Als St. Comgall seinen Priester Beoan zu St. Gregor nach Rom schickt, singt Liban für den Geistlichen und verabredet sich ein Jahr später mit ihm. Dann wird sie gefragt, ob sie weitere 300 Jahre eine Meerjungfrau bleiben möchte oder getauft werden will, um anschließend zu sterben. Auf ihre Bitte hin tauft St. Comgall ihre Muirgheis- (seegeborene) Gestalt. Sie stirbt und wird von einem Hirschen im Himmel wiedergeboren.[13]

Wenn das Wort *tuirgin* für solche Verwandlungen gebraucht wird, ist damit ein Erkundungskreislauf der Existenzen von einem einzigen Geburtszeitpunkt aus gemeint, aber in »Cormacs Glossar« bezeichnet es einen fließenden Übergang der Seele von einer Gestalt zur anderen. Die verschlungenen Flechtmuster auf den meisten keltischen Objekten enthalten gewöhnlich einen oder mehr gewundene Streifen, die auf den ersten Blick oft nur mühsam mit dem Auge zu verfolgen sind. So verhält es sich auch mit dem keltischen Gestaltwechsel. Diese Zyklen von Tiergestalten scheinen mit vielen Ahnenlehren der Welt verbunden zu sein (siehe Kapitel 2).

Die zahllosen Beweise für Metempsychose (Seelenwanderung) und Megamorphose (Gestaltwechsel) in keltischen Quellentexten deuten nicht unbedingt auf eine regelrechte Paralleldoktrin der Reinkarnation hin. Doch es ist durchaus möglich, daß die tatsächliche Praxis des Gestaltwechsels in einem Leben eine Brücke für die Seele bauen kann, die den Übergang von einem Seelenschrein, wie der Körper auch genannt wird, zu einem anderen erleichtert. Wenn man verschiedene

Zeitspannen und Dimensionen überbrücken kann, wird man unweigerlich zu einem Bewohner der Anderswelt und kann als Bewahrer von Erinnerung, Tradition und Wissen betrachtet werden, von dem nachfolgende Menschen viel lernen können.

Die Geister des Landes und die Schwellenwächter

Manchmal hat ein Gestaltwechselzauber eine fast dauerhafte Wirkung, die das Objekt schließlich zu einem Bewohner der Anderswelt oder einem Schwellenwächter macht. Frühe theriomorphe (tiergestaltige) Gottheiten wie Cernunnos, der Gott mit dem Hirschgeweih, haben ihren Ursprung vermutlich in präkeltischen Zeiten. Wie der Zyklop sind diese Gestalten oft monströs, titanisch und mit Tiereigenschaften oder -zügen ausgestattet. Oft sind es Hirten, Schäfer, Schweinehirten oder Hüter von anderen Tieren, bewandert in Rätseln und Fragen. Der Grüne Ritter der mittelalterlichen Gawain-Geschichten ist ein neueres Beispiel hierfür. Er wird von Morgan le Fay vom Menschen in eine andersweltliche Gestalt verzaubert und dazu ernannt, die Tore des Winters gegen alle Eindringlinge zu verteidigen.[14] Solche Gestalten sind die Ur-Schwellenwächter, so alt, daß niemand sich erinnern kann, ob sie überhaupt menschliche Ahnen hatten. Sie überdauern als Ungeheuer und Bewacher von Schätzen oder Geheimnissen, die erst überwältigt werden können, wenn sie jemandem begegnen, der sich vor ihnen nicht fürchtet und bereit ist, die Wächterrolle an ihrer statt zu übernehmen. Eine solche Übertragung von Verantwortung ist in der keltischen Tradition ein wiederholtes Thema und führt uns zum Hauptzweck der alten Gestaltwechsel-Geschichten. Als Pwyll, der Prinz von Dyfed, dem Gott der Unterwelt, Arawn begegnet, nachdem er ein Reh dieses Gottes getötet hat, steht er vor der Aufgabe, seinen Fehler wiedergutzumachen. Sie schwören einander ewige Freundschaft, und Arawn bittet Pwyll, ein Jahr lang mit ihm den Platz zu tauschen, damit er seinen Feind Hafgan überwältigen kann. Pwyll verbringt ein Jahr in der Unterwelt, während Arawn Dyfed regiert: Auch die Gestalt der beiden Männer wechselt, so daß niemand etwas von dem Tausch ahnt. Am Ende des Jahres überwindet Pwyll Hafgan für Arawn, und beide Männer kehren an ihren ursprünglichen Platz zurück. Für diesen Dienst wird Pwyll der Titel Pen Annwn verliehen, Herr der Unterwelt. Auch in den folgenden Geschichten ist er oft in Annwn zu finden: Er heiratet Rhiannon, die auch aus der Unterwelt stammt. Er erwirbt die Schweine von Annwn, eine Spezies, die bislang auf der Erde unbekannt war.[15]

Wir sehen also, daß Gestaltwechsel subtiler sein können, als wir gedacht haben, denn dazu gehört oft auch ein Tausch der Macht. Ein solcher Wechsel beruht auf gegenseitigem Respekt. Wenn ein Wächter sein Geheimnis preisgibt, überträgt er damit auch sein Wächteramt. Diejenigen, die Schätze aus den Tiefen der Unterwelt zurückbringen, werden selbst zu Bewachern der Hölle, Schwellenwächtern, die Macht zwischen einem Reich und einem anderen übertragen können.

Viele unserer Beispiele scheinen nichts weiter zu sein als Legenden und Märchen, aber viele Geschichten werfen auch einen langen Schatten. In Ulster gibt es beispielsweise eine Geschichte um den Bau des Black Pig's Dyke, eines von Menschenhand geschaffenen Erdwalls, der sich ursprünglich von der Donegal-Bucht im Westen bis zu den Mewry-Sümpfen im Osten erstreckte. Die Überreste wurden vor kurzem auf 100 n. Chr. datiert. Zweifelsohne wurde der Wall errichtet, um Angreifer aus Ulster fernzuhalten.[16] Die Linie des Walls folgt fast genau der Grenze von Nordirland.

In der Kernlegende von den Ursprüngen finden wir Cian mac Cainte, den Vater des Gottes Lugh. Er begegnet den Feinden seines Sohnes, den Söhnen Tuirenns, und da er sich nicht auf einen ungleichen Kampf einlassen will, berührt er sich mit einem Druidenstab und verwandelt sich in ein Schwein. Die Söhne Tuirenns, Iucharba und Iuchar, nehmen an, daß sie ihre Beute verlieren, aber ihr Bruder Brian ruft: »Wenig habt ihr in der Stadt des Wissens gelernt, wenn ihr nicht einmal ein Druidentier von einem natürlichen Tier unterscheiden könnt!«[17] Er berührt seine Brüder mit einem Druidenstab, worauf sie sich in Hunde verwandeln, die das Schwein verfolgen. Brian verwundet das Schwein, das ihn bittet, in seine ursprüngliche Menschengestalt zurückkehren zu dürfen, um zu sterben. Da Cian nun ein Mann ist und kein Schwein, ist der Ehrenpreis entsprechend höher, und er prophezeit, daß kein Ehrenpreis höher sein wird als seiner. Die Söhne Tuirenns steinigen ihn daraufhin zu Tode und verstecken seinen Leichnam. Sie müssen ihn mehrere Male begraben, bis sie ihn endlich zur Ruhe betten können. Lugh, Cians Sohn, rächt seinen Vater, indem er andersweltliche und praktisch unerreichbare Gegenstände fordert, ehe er die Mörder seines Vaters umbringt.

Das ist der Kern der Legende. Aber die Volksmärchen haben diese Geschichte ausgeschmückt und berichten, wie Cian als schwarzes Schwein über die Grenze von Ulster gejagt wurde und bei seiner wilden Flucht die Erde aufwühlte und einen Graben aushob. In manchen Orten heißt es, daß das Schwein eines Tages zurückkehren und alle Fremden im Norden umbringen wird. Man glaubt zudem, daß Häuser entlang dieses Walls ihren Bewohnern Tod oder Unglück bringen. Eine alte Frau prophezeite 1953, daß das Schwein zwei Jahre später seinen Streit und die Zerstörung wiederaufnehmen würde.[18] 1956/57 begann die IRA tatsächlich eine Reihe von Angriffen auf die Grenze, was zu einer Beschleunigung der gegenwärtigen Besetzung Ulsters durch die britische Armee führte. Die Geschichte vom schwarzen Schwein und dem Wall wirft tatsächlich einen langen Schatten und verlangt einen hohen Ehrenpreis!

Außerdem sind die Schwellenwächter in der verzauberten Gestalt zutiefst dem Land verbunden, aus dem sie stammen. Wenn sich die Geister dieses Landes manifestieren, kann man sicher sein, daß wichtige Dinge bevorstehen. Die Verwandlung der Göttin des Landes in der keltischen Überlieferung von der Alten in das junge Mädchen, spiegelt das polymorphe Wesen des Landes selbst, das seinen Mantel mit den Jahreszeiten wechselt: von der dürren Kargheit des Winters zum Putz des Frühlings. Sie zeigt, wie die Schwellenwächter und die Wächter der Anderswelt jene bestätigen, die sich richtig verhalten und die richtigen Antworten geben (siehe Kapitel 7).

Daß Gestaltwechsel besonders häufig in den Geschichten der Schotten und Briten vorkommen, ist vielleicht kein Wunder. Der Name Britannien stammt von dem alten Wort für die Briten – *pritani* – ab, ein Name, der im heutigen walisischen Wort für Großbritannien, Prydein, überlebt hat. In der gälischen Version wird aus *pritani cruitni*, da es im Gälischen kein »p« gibt und dies klangmalerisch durch das »Qu« ersetzt wird.

Cruitni ist das gälische Wort für die Pikten. Über die Ursprünge der Pikten gibt es unterschiedliche Meinungen: Manche halten sie für die ursprünglichen, präkeltischen Einwohner Schottlands, während andere sie für Abkömmlinge der nichtkeltischen indoeuropäischen Eindringlinge halten. Gleichwie, wir erinnern uns wohl daran, daß die Römer sie das »bemalte Volk« nannten. Im 17. Jahrhundert schrieb Duald MacFibis, der sich einer heute verlorengegangenen Quelle bediente: »Die cruitneach (Pikten) sind diejenigen, die die cruths oder Formen von Tieren, Vögeln und Fischen im Gesicht annehmen, und nicht nur dort, sondern am ganzen Körper.«[19]

Er bezieht sich auf die umstrittene Behauptung, daß die Pikten sich mit aus Holz gewonnenen Substanzen tätowierten oder bemalten.

Das Wort *cruth*, »Gestalt, Form, Erscheinung oder Ausdruck« findet eine Entsprechung im heutigen walisischen *pryd*: »Form, Aspekt, Tönung«. Die dahinterliegende Bedeutung ist »Gestalt«, in der Tat das schottisch-gälische Wort für den Schöpfer *Cruithear*. Gemeinsam mit vielen Ureinwohnerstämmen der Welt haben die alten Briten sich vielleicht für das »erschaffene Volk« gehalten, womöglich auch für die »Schöpfer«. Wir möchten noch eine weitere Deutung hinzufügen: daß sie sich für die ursprünglichen »Gestaltwechsler« hielten, die so auf die lebendigen Tierkräfte eingestimmt waren, daß sie deren Gestalten körperlich annahmen und sich auch so abbildeten.

Die *cruitni* oder *protani* können tatsächlich die ersten, präkeltischen Bewohner Britanniens gewesen sein, die sich in der Kunst des Gestaltwechsels auskannten. Sie haben uns keine Schriftsprache hinterlassen, keine Texte, die wir entziffern könnten; statt dessen haben sie uns ein Ahnenerbe hinterlassen, die geheime Kunst des Gestaltwechsels und den Fith-fath-Zauber, die wir immer noch anwenden können, wenn wir auf die Mächte lauschen, die sie ihnen beibrachten.

Die Schweinehirten, die die Gestalt wechselten[20]

Es folgt die Geschichte der beiden Stiere, des Braunen von Cuailgne und vom Weißgehörnten von Cruachan, und so trug es sich mit ihnen zu – denn sie waren keine echten Stiere, sondern auf ihnen lag ein Zauber.

Vor langer Zeit war Bodb der König der Sidhe in Munster und lebte in Femen am Slieve-na-man, und Iochall Ochne war König der Sidhe in Connaught und hielt sich in Cruachan auf. Einmal lagen sie miteinander im Streit, doch anschließend hielten sie Frieden und waren gute Freunde. Bodb hatte einen Schweinehirten, der hieß Friuch, und Ochall hatte einen Schweinehirten namens Rucht, und sie waren ebenso miteinander befreundet wie ihre Herren. Die beiden kannten sich in der Zauberei aus und konnten sich in jede beliebige Gestalt verwandeln. Wenn es in Munster viel zu fressen gab für die Schweine, brachte der Hirt von Connaught seine dünnen Tiere in den Süden, und umgekehrt, wenn es viel Futter in Connaught gab, brachte der Schweinehirt seine Schweine nach Norden und führte sie gemästet wieder zurück.

Doch nach einer Weile entstand ein Streit zwischen ihnen, denn auch die Männer von Connaught und die Männer von Munster begannen sich gegeneinander zu wenden. In diesem Jahr gab es in Munster viel Futter für die Tiere, und Rucht brachte seine Herde von Connaught her, und als sein Gefährte Friuch ihn begrüßt hatte, sagte er: »Die Leute sagen, deine Macht sei größer als meine.« – »Dem ist auch so«, meinte Ochalls Hirte. »Das wird sich bald herausstellen«, entgegnete Friuch. »Ich werde deine Schweine verzaubern, daß sie nicht fett werden wie meine, selbst wenn sie ihren Anteil am Futter verzehren.« So geschah es auch: Er erlegte den Schweinen aus Connaught einen Zauber auf, und als Rucht sie nach Hause trieb, konnten sie kaum allein gehen, so dünn und schwach waren sie, und alle Leute lachten über ihren jämmerlichen Zustand. »Das war ein schlechter Tag für dich, als du in den Süden zogst«, spotteten sie, »denn dein Freund hat mehr Macht als du.« – »Das stimmt nicht«, entgegnete er. »Wartet, bis er an der Reihe ist, hier seine Tiere zu mästen, dann werde ich es ihm mit dem gleichen Trick heimzahlen.«

Am nächsten Tag ereignete es sich genau so, wie er gesagt hatte, und die Schweine aus Munster litten, so daß jeder meinte, ihre Macht sei gleich stark. Als Bodbs Hirte mit seinen dünnen Tieren zurück nach Munster zog, setzte ihn sein Herr ab. Ochall schickte seinen Hirten ebenfalls fort, weil die Tiere so mager aus Munster zurückgekommen waren.

Eines Tages, volle zwei Jahre später, versammelten sich die Männer aus Munster nahe Femen und bemerkten zwei Raben, die großen Lärm machten. »Was für einen Lärm diese Vögel das ganze Jahr machen!« sagten sie. »Sie hören niemals auf, einander zu beschimpfen!« In diesem Augenblick kam Findell, Ochalls Verwalter aus Cruachan, zu ihnen auf den Hügel, und sie begrüßten ihn. »Was für einen Lärm diese Vögel machen«, klagte er. »Man könnte meinen, es seien die gleichen, die wir letztes Jahr in Cruachan hatten.« Bei diesen Worten sahen alle, wie sich die beiden Raben in zwei Menschen verwandelten, und sie erkannten sie als die beiden Schweinehirten und begrüßten sie. »Es ist nicht recht, daß ihr uns begrüßt«, sagte Bodbs Hirte, »denn es wird viele Tote unter euren Freunden geben und es wird viel um uns geweint werden.« – »Was ist euch in den beiden Jahren nur zugestoßen?« fragten sie. »Nichts Gutes«, antworteten sie. »Seit wir fortzogen, waren wir ständig in der Gestalt von Vögeln, und ihr habt ja gesehen, wie sie einander die ganze Zeit beschimpfen. Genauso haben wir uns das ganze letzte Jahr in Cruachan gestritten, und die Männer im Norden und Süden haben gesehen, welche Macht wir haben. Und nun«, fuhr er fort, »werden wir uns in Wassertiere verwandeln und volle zwei Jahre lang unter Wasser leben.« Bei diesen Worten verwandelte sich der eine in den Sionnan und der andere in den Suir, und sie wurden ein Jahr lang im Suir gesehen und ein Jahr im Sionnan, und dann verschlangen sie einander. Eines Tages hielten die Männer in Connaught eine große Versammlung bei Edechna am Sionnon ab und sahen die beiden Tiere im Fluß. Beide waren so groß wie ein Berg, und sie griffen einander so wütend an, daß feurige Schwerter aus ihrem Rachen zu blitzen schienen, und die Menschen strömten an beide Ufer. Dann kamen die Tiere aus dem Wasser und verwandelten sich, sobald sie Land betreten hatten, in zwei Schweinehirten. Ochall hieß sie willkommen. »Wo seid ihr gewesen?« fragte er sie. »Wir sind unserer Wanderungen recht überdrüssig«, antworteten sie. »Ihr habt mit eigenen Augen gesehen, was wir tun, und so ist es die ganzen zwei Jahre lang gewesen, im Meer und in anderen Gewässern. Nun müssen wir eine neue Gestalt annehmen, sonst fordern wir einander wieder heraus.« Damit verschwanden sie.

Eine ganze Weile später trug sich eine große Versammlung der Männer von Connaught am Loch Riach zu, denn Bodb machte einen Freundschaftsbesuch bei Ochall. Bodb brachte einen großen Trupp Männer mit, so prachtvoll, wie man sie noch nie gesehen hatte: Sie hatten gefleckte Pferde und grüne Umhänge mit Silberschnallen und Schuhe mit Schnallen aus rötlicher Bronze, und jeder trug ein Halsband aus Gold mit einem Edelstein, so wertvoll wie eine gerade gekalbte Kuh. Als Ochall die prachtvollen Gewänder und Pferde sah, rief er heimlich seine Leute zusammen und fragte sie, ob sie sich ähnlich prächtig kleiden könnten, mit Pferden und Waffen, aber sie meinten, das könnten sie nicht. Da sagte Ochall: »Das ist schade, denn unser guter Ruf steht auf dem Spiel.« In diesem Augenblick sah man einen großen Trupp aus dem Norden heranziehen. Die Männer ritten schwarze Pferde, und man konnte denken, daß sie aus dem Meer selbst entsprungen waren. Die Halfter und Trensen schienen aus purem Gold. Die Reiter trugen schwarzgraue Umhänge mit goldenen Schnallen auf der Brust, ein weißes Hemd mit roten Streifen und jedermann fünfzig Ringe aus hellem Gold. Alle hatten schwarzes Haar, so glatt, als habe eine Kuh sie geleckt. Sie hielten ein Stück entfernt an, und die Männer von Connaught erhoben sich und boten ihnen ihren Platz an. Unter ihnen war auch ein Druide aus Britannien, und als er sah, wie sie den anderen Platz machten, sagte er: »Von hier an bis zum Ende von Leben und allen Zeiten werden die Männer aus Connaught unter dem Joch stehen und sich auf immer um die Hunde und Söhne von Königen und Königinnen kümmern.«

Nachdem sie eine Weile gefeiert hatten, fragte Bodb, ob sich unter den Connaught-Männern einer befände, der gegen seinen Helden Rinn antreten wolle, der ihn begleitet hatte. Dieser hatte einen guten Ruf, aber niemand wußte, woher er kam. Zuerst wollte sich niemand finden, aber dann trat ein fremder Ritter unter den Männern Connaughts hervor und sagte: »Ich werde gegen ihn antreten.« – »Das ist keine gute Nachricht«, sagte Rinn. Drei Tage und drei Nächte lang kämpften sie gegeneinander, und gegen Ende dieses Zeitraums beteiligten sich auch die Armeen an diesem Kampf. Dann kam ein Trupp aus Leinster und trat auf Bodbs Seite, und ein weiterer Trupp kam aus Meath und kämpfte mit Ochall. Vier Könige wurden hier getötet, darunter auch Ochall, und dann zog Bodb zurück nach Slieve-na-man. Doch was unsere beiden Helden angeht, so wurden sie nie mehr gesehen, aber man wußte, daß es die beiden Schweinehirten waren. Später sah man sie zwei Jahre lang als Schatten, die einander bedrohten, und viele Menschen starben vor Angst bei ihrem Anblick.

Anschließend verwandelten sie sich in Aale, und einer ging in den Fluß Cruind in Cuailgne. Irgendwann kam eine Kuh, die Daire gehörte, dem Sohn Fachnas, und verschluckte ihn. Der andere ging in die Quelle des Uaran Garad in Connaught, und eines Tages trat Maeve hinaus an die Quelle, ein kleines Bronzegefäß in der Hand, das sie ins Wasser tauchte. Der kleine Aal schlüpfte hinein. Er hatte alle möglichen Farben, und sie betrachtete ihn eine Weile, weil sie ihn so schön fand. Dann verschwand das Wasser, und der Aal blieb in dem Gefäß zurück. »Wie schade, daß er nicht mit mir reden kann«, sagte Maeve. »Was willst du denn wissen?« fragte der Aal. »Ich möchte wissen, was du in dieser Gestalt tust«, antwortete sie, »und ich möchte wissen, was mit mir geschieht, wenn ich die Herrschaft über Connaught erlange.« – »Ich bin ein armes Tier«, sagte er, »und habe viele Gestalten gehabt. Doch du solltest«, fuhr der Aal fort, »so schön wie du bist, dir für deine Herrschaft einen guten Mann suchen.« – »Ich möchte aber nicht«, erwiderte Maeve, »daß ein Mann aus Connaught bei mir das Sagen hätte.« Mit diesen Worten ging sie wieder heim.

Aber danach heiratete sie Ailell, und der Aal wurde von einer von Maeves Kühen verschluckt, die an dieser Quelle tranken.

Von dieser Kuh und von der, die Daire gehörte, dem Sohn Fachnas, wurden die beiden Stiere geboren, der Weißgehörnte und der Braune. Es waren die schönsten Stiere, die man jemals in Irland gesehen hatte, und die Männer aus Ulster und Connaught schmückten ihnen die Hörner mit Gold und Silber. In Connaught wagte kein Stier, vor dem Weißgehörnten zu brüllen, und in Ulster wagte kein Stier, vor dem Braunen zu brüllen.

Das Brüllen des Braunen, der zuvor Friuch gewesen war, der Schweinehirt aus Munster, war für das Volk in ganz Cuailgne wie Musik, wenn er abends heim auf seinen Hof kam. Und wo immer er war, konnten weder Bocanachs noch Bananachs noch Hexen an einem Ort mit ihm zusammen sein. Wegen ihm brach ein großer Krieg aus.

Als Maeve sah, daß die Schlacht von Ilgairech zu ihren Ungunsten verlief, schickte sie acht Boten aus, die den Braunen Stier und seine Kühe fortbringen sollten. »Denn egal wer zurückkommt und wer nicht«, sagte sie, »der Braune Stier muß zurück nach Cruachan.«

Als der Braune Stier nach Connaught kam und das wunderbare, unberührte Land vor sich sah, stieß er ein dreifaches lautes Brüllen aus. Sobald der Weißgehörnte das hörte, machte er sich auf zu der Stelle, von wo das Brüllen ertönt war – den Kopf hoch in die Luft gereckt.

Dann sagte Maeve, daß die Männer ihrer Armee nicht nach Hause dürften, bis sie den Kampf zwischen den beiden Stieren mitangesehen hätten.

Und alle meinten, einer müsse den Kampf beobachten, um anschließend darüber zu berichten. Sie kamen überein, daß Bricciu damit beauftragt würde, weil er in dem Krieg keine Partei ergriffen hatte. Er war die ganze Zeit über unter Obhut der Ärzte in Cruachan mit seiner Wunde gelegen, die er sich am Tag zuzog, als er Fergus neckte und Fergus ihm die Schachfigur auf den Kopf geschlagen hatte. »Ich gehe gern«, sagte Bricciu, zog los und nahm seinen Platz in einer Senke ein, wo er den Kampf gut beobachten konnte.

Als die Stiere einander erblickten, stampften sie mit den Hufen so wütend auf den Boden, daß die Erde nur so hochflog. Ihre Augen waren wie Feuerbälle. Sie verhakten ihre Hörner ineinander und pflügten den Boden mit ihren Hufen auf und versuchten den ganzen Tag über einander zu vernichten und zu töten.

Einmal trat der Weißgehörnte ein Stück zurück, um auf den Braunen loszustürmen, stieß ihm ein Horn in die Flanke und stieß ein lautes Gebrüll aus, und dann rasten sie zusammen durch die Senke, in der Bricciu lag, und er wurde von ihren Hufen in den Staub getrampelt. So erlitt Bricciu, die Bittere Zunge, Sohn des Cairbre, den Tod.

Als die Nacht hereinbrach, nahm Cormac Conloingeas einen Speerschaft und schlug den Braunen dreimal damit auf den Rücken. Dabei sagte er: »Ein schöner Schatz, auf den man stolz sein kann, der nicht ein Kalb halb so alt wie er besiegen kann.« Als der Braune diese Beleidigung hörte, überkam ihn großer Zorn, und er wandte sich erneut gegen den Weißgehörnten. Die ganze Nacht hindurch lauschten die Männer Irlands dem Brüllen, denn sie stürmten bei ihrem Kampf durch das ganze Land.

Am Morgen sah man den Braunen Stier von Cruachan aus dem Westen herankommen. Auf den Hörnern trug er die Überreste des Weißgehörnten.

Da erhoben sich Maeves Söhne, die Maines, um ihn wegen des Connaught-Stiers anzugreifen, den dieser getötet hatte. »Wohin ziehen diese Männer?« fragte Fergus. »Sie wollen den Braunen Stier von Cuailgne töten.« – »Beim Schwur meines Volkes«, sagte Fergus, »wenn ihr den Braunen nicht sicher zurück in sein Land ziehen laßt, ist das, was er dem Weißgehörnten antat, gering im Vergleich zu dem, was ich euch antun werde.«

Dann brüllte der Braune dreimal und machte sich auf den Weg. Als er zur großen Furt des Sionnan kam, hielt er an, um zu trinken. Diese Stelle bis auf den heutigen Tag heißt Ath-luain, die Furt der Lende. Seine Leber fiel in einen Fluß in Meath, und diese Stelle heißt bis auf den heutigen Tag Ath-Truim, Furt der Leber.

Dann ging er weiter bis zum Gipfel von Slieve Breagh, und als er herabblickte, sah er seine Heimat, die Hügel von Cuailgne, und bei diesem Anblick regte sich ein Sehnen in seiner Brust, und Wahnsinn und Wut überkamen ihn, und er stürmte los und tötete alle, die sich ihm in den Weg stellten.

Als er in seine Heimat kam, wandte er den Rücken den Bergen zu und stieß ein lautes Siegesgebrüll aus. Doch dabei brach ihm das Herz im Leib, und Blut schoß aus seinem Maul, und er starb.

Der Wahnsinn von Suibhne[21]

In dieser Geschichte zieht sich Suibhne, der König des Dalriadianischen Irlands, den Zorn von St. Rónán zu und wird zum Wesen und den Fähigkeiten eines Vogels verwandelt, aber nicht zu dessen Gestalt. Diesem schrecklichen Fluch entsprechend, löst er sich aus seiner normalen Umgebung und hält sich nur noch an wilden, menschenleeren Orten auf. Seine Lage ist so bemitleidenswert, weil er in diesem Exil als Vogel auch Phasen menschlicher Einsicht hat.

In seinem Wahnsinn flieht er vor aller menschlichen Gesellschaft und sucht auf die uralte Weise aller Schamanen Trost in der Natur.

Dort begegnet er der Alten aus der Mühle, mit der er einen Springwettstreit abhält. Sie ist niemand andere als Cailleach na Dudain, die Alte Frau der Mühle, die die Mühle von Leben und Tod dreht. Ihr begegnen oft Wahnsinnige und Dichter, und sie ist das gälische Gegenstück der britischen Göttin Arianrhod vom Turm Caer Sidi. Taliesin spricht von seiner Gefangenschaft in ihrem Turm während drei Initiationsphasen. Durch ihre läuternde Mühle gelangen Suibhne und die anderen zu einer schamanischen Erkenntnis und verstärken ihre Fähigkeiten.

St. Moling verhält sich zu Suibhne mitfühlender als St. Rónán, der Geistliche, den er ursprünglich beleidigte. Er heißt ihn willkommen und versucht nicht, ihn einzusperren. Aber Molings Schweinehirt Mingan ist verantwortlich für Suibhnes schließliche Menschwerdung, Entzauberung und Tod.

Themen aus der Suibhne-Geschichte haben Parallelen in den Legenden um Merlin und Lailokan. Diese Geschichte hat viele inspiriert, unter anderem den irischen Schriftsteller Flann O'Brien zu seinem »At Swim Two Birds«, das auf Suibhnes Abenteuern beruht. Die folgenden Prosaauszüge beruhen auf der Übersetzung von T. P. Cross und C. H. Slover, die Verse auf J. G. O'Keefe.

Suibhne, der Sohn Colmáns, war König von Dàl nAraide.[22] Eines Tages markierte der heilige Rónán die Abmessungen für eine Kirche im Land, und Suibhne hörte den Klang seiner Glocke. Als seine Leute ihm sagten, daß Rónán eine Kirche errichten wolle, machte er sich zornig auf den Weg, den Geistlichen zu vertreiben. Seine Frau Eorann versuchte ihn zu beruhigen und ergriff den Saum seines Umhangs, doch er stürzte nackt aus dem Haus und ließ den Umhang in ihren Händen. Rónán sang gerade die Messe, als Suibhne zu ihm trat, und der König griff nach dem Psalterbuch und warf es in den See. Dann legte er Hand an den Heiligen und wollte ihn wegzerren, als ein Bote vom Congal-Clan erschien und ihn zur Schlacht von Moira rief. Suibhne zog mit dem Boten von dannen und ließ Rónán betroffen zurück. Am nächsten Tag brachte ein Otter das Psalterbuch des Heiligen unbeschädigt aus dem See zurück. Rónán dankte Gott und verfluchte den König. Er wünschte ihm, er möge so nackt durch die Welt ziehen, wie er vor ihn getreten war.

Rónán ging nach Moira, um Frieden zwischen dem Domnall und dem Congal-Clan zu stiften, aber ohne Erfolg. Seine Geistlichen und er besprengten die Armeen mit heiligem Wasser, aber als sie Suibhne damit besprengten, tötete er einen von ihnen mit dem Speer und begann Rónán selbst anzugreifen. Der zweite Speer brach an der Glocke des Heiligen, und der Schaft flog hoch in die Luft. Rónán verwünschte Suibhne, auf daß er durch die Luft fliegen solle wie der Schaft seines Speers und durch einen Speerhieb sterben solle wie der Geistliche, den er getötet hatte.

Im Laufe der Schlacht stießen die Armeen auf beiden Seiten einmal einen lauten Schrei aus. Suibhne war darüber so erschrocken, daß ihm die Waffen aus der Hand fielen. Ihn überkam ein Zittern, und er floh in seinem Wahnsinn wie ein Vogel der Lüfte. Seine Füße berührten kaum den Boden auf seiner Flucht, und schließlich landete er auf einer Eibe, weit weg vom Schlachtfeld. Dort wurde er von einem Verwandten, Angus dem Fetten, entdeckt, der das Feld nach dem Sieg bei Domnall verlassen hatte. Angus versuchte, Suibhne zu überreden, mit ihm zu kommen, aber Suibhne floh wie ein Vogel und gelangte zu Tír Conaill, wo er sich auf einen Baum nahe der Kirche Cell Riagáin niederließ. Dort hatte die siegreiche Armee von Domnall nach dem Kampf gelagert. Domnall erkannte ihn und beklagte sein Unglück.

Suibhne ergriff wiederum die Flucht, und zog lange durch Irland, bis er schließlich nach Glen Bolcáin kam.

> Dort pflegte sich der Irre aufzuhalten, als das Jahr der ersten Verrücktheit vorbei war, denn dieses Tal ist für Wahnsinnige aller Arten stets sehr angenehm. Glen Bolcáin hat vier Senken gegen den Wind und einen wunderbar duftenden Wald, saubere Bäche und kühle Quellen und einen sandigen Fluß mit klarem Wasser und grüner Kresse und langen, wehenden Wasserlinsen.

So blieb er im Glen Bolcáin, bis er sich wieder [in die Lüfte] aufschwang und nach Cluain Cille an der Grenze zwischen Tír Conaill und Tír Boghaine kam. Er trat an den Rand des Brunnens, wo er zum Abend Brunnenkresse und Wasser zu sich nahm. Danach flog er in einen alten Baum bei der Kirche. Der Erenach dieser Kirche war Faibhlen aus der Familie der Brughach, Sohn des Deaghadh. In dieser Nacht tat sich ein fürchterlicher Sturm auf, so daß Suibhne davon ganz betroffen wurde und sagte: »Es ist traurig, daß ich nicht am Magh Rath getötet wurde, denn so müßte ich diese schweren Zeiten nicht erleben«; worauf hin er diese Ballade anstimmte:

> Kalt ist der Schnee heut' nacht,
> Von Dauer ist meine Armut,
> Habe keine Kraft mehr zum Kampf,
> Hunger hat mich verletzt und wahnsinnig gemacht. (...)

Sieben Jahre lang zog Suibhne durch Irland, dann kehrte er ins Glen Bolcáin zurück. Dort besuchte ihn Loingsechán. (Manche meinen, dieser Loingsechán sei ein Sohn von Suibhnes Mutter, andere meinen, sein Ziehbruder, jedenfalls war er ein treuer Freund, denn er rettete Suibhne dreimal.[23]) Loingsechán fand die Spuren Suibhnes nahe dem Fluß, wo er seine Brunnenkresse aß, und er fand auch Spuren von einem Baum zum anderen an den gebrochenen Zweigen, aber Suibhne selbst fand er nicht. Eine Nacht schlief er in einer Hütte, und Suibhne trat zu ihm und hörte ihn schnarchen. Da stammelte er:

> Der Mann an der Mauer schnarcht. So wage ich nie mehr zu schlafen.
> Sieben Jahre lang, seit jenem Dienstag bei Moura, habe ich keinen Moment geschlafen ...
> Die Kresse im Brunnen Druim Cirb ist mein Mahl,
> und mein Gesicht verrät: Ich bin Suibhne der Irre ...
> Grüne Kresse und Wasser ist alles für mich. Ich lächle nie. Das ist nicht das Schicksal des Mannes bei der Mauer ...

Eorann, Suibhnes Frau, lebte nun mit Guaire, einem der Anwärter auf das Königreich. Suibhne besuchte sie und sprach von ihrem früheren Glück, wie gut sie es habe und wie elend er sei. Er wirft ihr in Versform vor, sich an der Liebe eines anderen Mannes zu erfreuen und es beqem in dessen Haus zu haben, während ihr Gatte ein Ausgestoßener sei. Sie protestiert, sie wolle lieber mit Suibhne in der Wildnis leben, als mit allen Männern Irlands und Schottlands. Suibhne sagt jedoch, sie solle besser bei Guaire bleiben, statt das Leben eines Irren zu teilen, und daß er keinen Groll gegen sie hege. Als sich andere nähern, flieht er wieder.

Dann kam Suibhne nach Ros Ercáin, wo er ein Haus gehabt hatte, und ließ sich dort in einer Eibe nieder. Loingsechán kam ihm nach, um ihn einzufangen. Zuerst flehte er ihn an, nach Hause zu kommen und die königlichen Ehren wieder anzunehmen, die ihm zustanden. Da bat Suibhne Loingsechán, ihn seinem Schicksal zu überlassen, und fragte nach Neuigkeiten aus seinem Land.

> »Dein Vater ist tot.« – »Das bekümmert mich«, antwortete er. »Deine Mutter ist tot«, sprach der Junge. »Nun ist aller Jammer für mich zu Ende«, sagte er. »Dein Bruder ist tot«, sagte Loingsechán. »Das trifft mich tief«, gab Suibhne zurück. »Deine Tochter ist tot«, sagte Loingsechán. »Eine einzige Tochter ist eine Nadel im Herzen«, erwiderte Suibhne. »Tot ist auch dein Sohn, der dich Vater nannte«, sagte Loingsechán. »Wahrhaft«, antwortete der andere, »das ist der Tropfen, der einen Mann zu Boden wirft.«

Als Suibhne vom Tod seines Sohnes hörte, fiel er aus dem Baum, und Loingsechán ergriff ihn und fesselte ihn und sagte ihm dann, daß all seine Verwandten noch am Leben seien. Da erlangte er bald seinen Verstand wieder und wurde wieder König, blieb aber unter der Obhut von Loingsechán ...

Nachdem ihm die Fesseln abgenommen waren, wurde Suibhne in Loingsecháns Schlafkammer gebracht, und sein Verstand kehrte zurück. Das Zimmer wurde abgeschlossen, und niemand blieb bei ihm, außer der Alten der Mühle. Man hatte ihr befohlen, nicht mit ihm zu reden. Doch sie sprach ihn dennoch an und bat ihn, ihr von seinen Abenteuern im Zustand des Wahnsinns zu erzählen. »Verflucht sei dein Mund, Alte«, sagte Suibhne. »Es ist von Übel, was du sprichst. Gott wird nicht dulden, daß ich wieder verrückt werde.« – »Ich weiß es wohl«, sagte die Vettel, »daß es die Untat gegen Rónán war, die dich in den Wahnsinn trieb.« – »Oh, Frau«, entgegnete er, »es ist hassenswert, daß du mich verrätst und verführst.« – »Es ist kein Verrat, sondern die Wahrheit.« Da sagte Suibhne: »Alte, ich habe Schweres erlebt, wenn du es wissen willst. Viele schreckliche Sprünge tat ich von einem Hügel zum andern, von einer Festung zur nächsten, von Land zu Land und von Tal zu Tal. »Um Gottes willen«, meinte die Alte, »spring doch für uns jetzt so, wie du sprangest, als du wahnsinnig warst.« Darauf sprang er über das Bettgestell bis zum anderen Ende. »Meiner Treu!« rief die Alte. »Das kann ich auch!« und tat es ihm nach. Er tat einen weiteren Sprung durch das Dachfenster seiner Kammer. »Das kann ich auch«, meinte die Alte und sprang ihm nach. Kurz gesagt, Suibhne reiste an diesem Tag durch die fünf Cantreds von Dal Araidhe, bis er im Glenn na nEachtach in Fiodh Gaibhle ankam, während sie ihm folgte. Als sich Suibhne dort auf der Spitze eines hohen Efeustammes ausruhte, ließ sich die Alte auf einem anderen Baum neben ihm nieder. Es war damals das Ende der Erntezeit, und Suibhne hörte den Jagdruf vieler Menschen vom Waldesrand her. »Das ist der Ruf eines großen Trupps«, sagte er, »es sind die Ui Faelain, die kommen, um mich zu töten und Oilill Cedach zu rächen, den König der Ui Faelain, den ich im Kampf bei Magh Rath umbrachte.« Er hörte das Röhren des Hirschen und schmiedete Verse über die Bäume Irlands, in denen er sich an seine schweren Zeiten und seinen Kummer erinnerte.

Danach ging Suibhne wieder ins Glen Bolcàin und begegnete dort einer wahnsinnigen Frau. Er floh vor ihr, aber erkannte, daß sie sich im Zustand des Irreseins befand und wandte sich gegen sie. Da floh sie vor ihm. »Ach, Gott!« rief Suibhne, »dieses Leben ist elend. Ich fliehe vor einer verrückten Frau und sie vor mir in diesem Glen Bolcaìn, diesem schönen, sanften Ort.«

Nach weiteren Abenteuern besuchte Suibhne erneut seine Frau, weigerte sich aber, das Haus zu betreten, aus Angst, seine Leute würden ihn dort festhalten. Eorann sagte, da er nicht bei ihr bleiben wolle, solle er fortgehen und nicht mehr wiederkommen, denn sie schäme sich, wenn die Leute ihn in seinem Wahnsinn sähen. Da beklagt Suibhne die Unstetigkeit der Frauen und erinnert sich an seine siegreichen Schlachten, als er noch König war. Darauf flieht er nach Benn Boirche.

Dort kehrte der Verstand zu Suibhne zurück, und er wollte zurück zu seinem Volk. Doch davon erfuhr Rónán, und er betete, man solle Suibhne nicht erlauben, die Kirche wie zuvor zu verfolgen. Unterwegs hatte der Irre eine schreckliche Erscheinung von kopflosen Körpern und leiblosen Köpfen, die ihn mit furchterregendem Lärm durch die Lüfte verfolgten, bis er vor ihnen in die Wolken floh.

Schließlich gelangte Suibhne an einen Ort, an dem auch Moling war, sogar Teach Moling. Moling hatte gerade den Psalter von Kevin vor sich und las seinen Schülern daraus vor. Vor diesem Geistlichen trat Suibhne zum Brunnen und aß ein wenig Brunnenkresse.

»Willkommen hier, Suibhne«, sagte Moling. »Denn es ist dir vorbestimmt, hier zu sein und dein Leben hier zu beschließen. Hier hinterläßt du deine Geschichte und Abenteuer und wirst auf dem Friedhof unter Gerechten bestattet. Ich verpflichte dich, daß du jeden Abend hierher zurückkommst – wie weit du auch durch Irland ziehen magst –, um deine Geschichte hier aufzuzeichnen.«

Ein Jahr lang besuchte der Wahnsinnige Moling. Eines Tages ging er nach Innis Bo Finne im Westen von Connacht, an einem anderen ins schöne Eas Ruaidh, an einem anderen zum glatten, schönen Sliabh Mis, an einem anderen zum allzeit kalten Benn Boirche, aber wo immer er hinging, er kam zur Vesper nach Teach Moling. Moling bestellte ihm zu dieser Stunde eine Mahlzeit und sagte seinem Koch, er möge ihm von der Milch des Tages einschenken. Die Köchin hieß Muiorghil und war die Frau Mongans, des Schweinehirten. Und das war die Mahlzeit, die die Frau ihm gab: Sie stapfte mit dem Fuß bis zum Knöchel in den Kuhdung und füllte das Loch mit frischer Milch für Suibhne. Dann kam er vorsichtig und achtsam in diese leere Ecke des Melkhofes und trank die Milch.

Eines Abends entbrannte ein Streit zwischen Muirgil und einer anderen Frau im Melkstall, und letztere sagte: »Um so schlimmer für dich, daß dir ein anderer Mann willkommen ist, und daß dir dieser Irre, der dich schon ein Jahr lang besucht, lieber ist als dein eigener Gatte.« Das hörte die Schwester des Hirten, aber sie erwähnte es nicht, bis sie am Morgen beobachtete, wie Muirgil die Milch für Suibhne im Kuhdung bei der Hecke zurückließ. Als die Schwester das sah, sagte sie zu ihrem Bruder: »Du feiger Mann, deine Frau ist mit einem anderen Mann in der Hecke.« Als der Hirte das hörte, wurde er eifersüchtig, erhob sich wütend, ergriff einen Speer und machte sich auf den

Weg zu dem Irren. Der Irre bot ihm die Seite, denn er kniete auf dem Boden, um die Milch aus dem Kuhdung zu trinken. Da stieß der Hirte mit dem Speer zu und verwundete Suibhne auf der linken Brustseite. Der Schaft durchbohrte ihn und brach ihm den Rücken.

Als Enna Mac Bracain die Glocke zur Vesper am Tor zum Kirchhof läutete, sah er die Tat und sprach:

Traurig ist's, Schweinehirt von Moling,
deine schlechte, traurige Tat,
weh ihm, der durch seine Kraft
den König, den Heiligen, den heiligen Irren tötete ...

Dann lief Enna zurück und berichtete Moling, daß Suibhne von dem Schweinehirten Mongan umgebracht worden sei. Moling ging, begleitet von seinen Geistlichen, dorthin wo Suibhne lag, und Suibhne beichtete seine Missetaten und gestand und nahm das Abendmahl und dankte Gott. Anschließend wurde ihm von den Geistlichen die Ölung erteilt.

Dann trat der Hirte zu ihm. »Deine Tat war grausam, oh, Hirte«, sagte Suibhne, »mich Unschuldigen zu töten, denn ich kann nicht durch die Hecke entkommen mit dieser Wunde.« – »Wenn ich gewußt hätte, daß du es warst«, sagte der Hirte, »hätte ich dich nicht verletzt, gleichwie du mich verletzt haben magst.« – »Bei Jesus, Mann!« sagte der andere. »Ich habe dir nichts Unrechtes getan, gleich was du denken magst, noch irgendeinem anderen auf dieser Welt, seit Gott mich in den Wahnsinn schickte, und es war für dich nichts, wenn ich hier in der Hecke ein wenig Milch von Gottes Gnade und deiner Frau bekam. Ich würde mich um der Erde und all ihrer Früchte willen weder an deine Frau noch an irgendeine andere wagen.«

»Christi Fluch, oh, Hirte«, sagte Moling. »Das war eine üble Tat, und nur kurz wird deine Bleibe in diesem Leben hier und in der Hölle danach sein.« »Hier ist nicht mehr mein Bleiben«, sprach Suibhne, »denn deine Listen haben mich überwunden, und ich werde an dieser Wunde sterben.« – »Du wirst einen *eric* dafür gewinnen«, sagte Moling, »damit du ebenso lange im Himmel sein wirst wie ich.«

Kapitel 6

Druiden und visionäre Dichter

Der Name Druide (irisch *drui*, walisisch *derwydd*) leitet sich letztendlich von dem Sanskrit-Stamm *veda* ab: sehen oder wissen. Außerdem ist er unauflöslich mit der Eiche verknüpft (irisch *daur*, walisisch *derw*, gallisch *dervo*). Die Aufgaben des Druiden waren schamanischer Natur, wozu man gründliche enzyklopädische Kenntnisse der verschiedenen Weisheiten, Künste und Wissenschaften benötigte sowie die Fähigkeit, mit den zahlreichen Dimensionen der Anderswelt zu kommunizieren. Männliche wie weibliche Druiden wirkten als Berater, Philosophen, Gestaltwechsler, Wahrsager und Zauberer für ihre Herrscher. Bei den Kelten war der Ehrenpreis (eine Art Versicherungsprämie oder Entschädigung bei Beleidigung oder Verletzung) für einen Druiden ebenso hoch wie für einen König, was einem die Ehrfurcht und den Respekt verdeutlicht, die man den Druiden entgegenbrachte. Die Römer erkannten zu Recht, daß sie, um die Kelten zu besiegen, erst einmal deren Intelligenzija entmachten mußten.

Nach der römischen Invasion Britanniens wurden das Druidentum verboten, das britische Druiden-Hauptquartier auf Anglesey zerstört und ein Großteil des druidischen Netzes und die damit verbundenen Praktiken aufgesplittert. Irland hatte jedoch nicht unter dieser Invasion zu leiden; aus diesem Grund gibt es zahlreiche literarische Hinweise auf die druidische Tradition der Inselkelten; eine solche Materialfülle fehlt im britischen und gallischen Bereich fast vollständig. Druidische Praktiken hielten sich in Irland bis zur Durchsetzung des Christentums als Hauptreligion im 5. Jahrhundert.

In Irland wurden die Druiden in Zellen ausgebildet: Ein Druide nahm eine Handvoll Schüler an, manchmal aber nur einen oder zwei. Die Studenten eines bestimmten Lehrers bildeten bestimmte spirituelle Familien, hatten erkennbare Lehrstile und praktische Fertigkeiten, genau wie in Tibet einzelne Buddha-Meister für bestimmte tibetanisch-buddhistische Orden oder Stämme verantwortlich waren. Gelehrt wurde ähnlich wie bei den Dichtern (siehe Kapitel 4) durch mündliche Unterweisung und praktische Beispiele. Wie im heutigen Universitätssystem suchten sich die Studenten Druidenlehrer aus, die über besondere Fertigkeiten verfügten, und nahmen oft größere Entfernungen und sogar Seereisen in Kauf, um von deren Weisheit zu profitieren. Wir sehen dies in der Geschichte von Nede (»Das Gespräch der beiden Weisen«), der auf eine berühmte Schule in Alba (Schottland) zieht.

In der gesamten alt-keltischen Welt gab es vor der Ankunft des Christentums und politischen Eroberungen Druidenversammlungen und vermutlich größere Lehreinheiten oder Kollegs. Britannien und Alba scheinen unter den keltischen Ländern die scholastische Spitze gebildet zu haben, denn zahlreiche gallische Schüler wurden zur Ausbildung nach Britannien geschickt, ebenso wie irische Schüler nach Alba zogen. Wir wissen den Grund hierfür nicht und können auch nicht voll erfassen, in welchem Ausmaß die keltischen Druiden von eingeborenen schamanischen Traditionen beeinflußt wurden, oder wie sie deren Fähigkeiten nutzten.

Man kann die Überschneidung der örtlichen schamanischen Tradition und der »offiziellen« Druidenpraktiken in Britannien und Irland nur schwer beurteilen. Wir wissen von dem nemedischen Druiden Miach, der die einheimischen Druiden besiegt, indem er ihnen die Zungen herausschneidet und sie damit wirksam zum Schweigen bringt. Man muß dies als symbolisches Paradigma dafür begreifen, was geschah, als das keltische Volk in Irland landete: Sie brachten die eingeborenen spirituellen Anführer zum Schweigen und übernahmen deren heilige Stätten zum eigenen Gebrauch. Ob wir Tara oder Jerusalem betrachten, dieses Muster wiederholt sich überall.

Viele indoeuropäische Studien haben auf die engen Parallelen zwischen den Druiden und den Brahminenpriestern der Hindu hingewiesen und geschlossen, daß mit der indoeuropäischen Ausbreitung der Kelten druidische Praktiken nach Britannien und Irland gelangten. Aber vielleicht gab es dort bereits ein etabliertes Druidentum?

Eine Parallele zwischen der Entstehung des keltischen Druidentums in Britannien und Irland und des Buddhismus in Tibet zu ziehen, ist sehr verführerisch. Als buddhistische Missionare im 7. Jahrhundert n. Chr. nach Tibet kamen, stießen sie auf die schamanischen Praktiken der Bön-Po-Religion. Fast unmittelbar begann eine subtile Verschmelzung, in der der Buddhismus eine besondere tibetanische Prägung annahm. Einige schamanische Elemente des Bön-Po sind in zeitgenössischen tibetisch-buddhistischen Praktiken immer noch spürbar: Rituelle Trance und Tanz, die Einbeziehung von Bön-Po-Geistern als buddhistische *dharma* - Beschützer, ein komplexes, präzises und praktisches Verständnis der Innenwelt und eine Fähigkeit zu reisen oder zu meditieren.

Es gibt übrigens eine besonders enge Parallele zum Schicksal des britischen Druidentums im Jahre 64: Als China 1950 in Tibet eindrang, erlitten die tibetischen Buddhisten ein schweres intellektuelles und spirituelles Pogrom. Uns die Vernichtung, Folter und Verfolgung buddhistischer Mönche, Nonnen und Lehrer vor Augen zu führen, kann uns vielleicht eine Hilfe dabei sein, das Elend der britischen Druiden unter den Römern zu begreifen. In solchen Zeiten wird die Erinnerung entweder rasch ausgewischt oder hartnäckig und heimlich bewahrt.

Es ist möglich, daß frühere schamanische oder druidische Praktiken ebenso ins keltische Druidentum integriert wurden wie die Bön-Po-Elemente in den tibetischen Buddhismus. Es scheint unwahrscheinlich, daß keine Erkenntnisse ausgetauscht wurden. Selbst unter der römischen Regierung wurden einheimische Schreinwächter an örtlichen britannischen Schreinen, die nun römisch-britisch genutzt wurden, ermutigt, ihre wichtigen Pflichten fortzusetzen. Es war eher das nationale und regionale Netz der Druiden, das auf Dauer geschwächt wurde.

Unter dem Christentum stellten die irischen Druiden fest, daß ihre Praktiken aus der Mode gerieten, und obwohl manche von ihnen unter heidnischen Herrschern individuellen Schutz genossen, fanden die meisten es leichter, ihren Status und ihre Macht beizubehalten, indem sie zu Geistlichen wurden. Die keltisch-christliche Praxis des verheirateten Priesters mit Erbrechten, eine Parallele zu irisch-druidischer Praxis, scheint diese Vorstellung zu bestätigen.

Der Niedergang des Druidentums bei den Kelten schließt aber nicht jene Einzelgänger aus, die weiterhin lehrten und praktizierten. Mog Roith (siehe unten) ist dafür ein gutes Beispiel. Aus irischen Zeugnissen geht hervor, daß vereinzelte Fragmente der druidischen Praxis fest mit den bardischen Lehren der visionären Dichter verknüpft blieben.

Die klassischen Schriftsteller geben uns widersprüchliche Berichte über die Unterschiede zwischen Druiden, Dichtern und Sehern. Während der prä-römischen, keltischen Periode auf der Insel finden wir Druiden, Ovaten (*faíth* in Irland) und Barden (*fili* in Irland). Mit der Zeit forderten Eroberungen und religiöse Veränderungen ihren Preis, wodurch diese drei Rollen weniger eindeutig definierbar wurden und mehr zu Überschneidungen neigten. Betrachten wir die ursprünglichen Definitionen:

Der Druide war eine Person, die sich mit den Verbindungen zwischen den sichtbaren und unsichtbaren Welten auskannte, besonders aber in der Ordnung der politischen und gesellschaftlichen Lebensmuster. Er oder sie besaß zudem die Fähigkeiten von Sehern, Richtern, Dichtern, Propheten oder Philosophen. Der Druide hatte als Vermittler von gesellschaftlicher Rechtmäßigkeit oft einen priesterlichen, brahminischen Charakter.

Die Rolle des Ovaten (des *faíth*) war die des Propheten, Wahrsagers und Opferers. Der Name stammt vielleicht von der indoeuropäischen Wurzel *uat* ab, »inspiriert oder besessen sein«. Strabo definiert den Ovaten als einen »Deuter der Natur«. Der gleiche Wortstamm liegt den Namen Odin und Wotan zugrunde[1]. Die Ovaten bei den Kontinentalkelten arbeiteten in enger Verbindung mit den Druiden, aber die Rolle des Opferers wird in der Inseltradition nur selten erwähnt, wo die wahrsagerischen und prophezeienden Fähigkeiten vorherrschen.

Barden müssen eindeutig im Kontext betrachtet werden, denn das Wort kann eine Reihe von Positionen bezeichnen. In Irland konnte ein Barde ein Unterhalter von der allergeringsten Sorte sein, der im *Crith Gablach* als »einer ohne rechtliches Wissen, aber mit einiger Klugheit« bezeichnet wird. Professionelle Dichter, *fili* genannt, hatten mindestens zwölf Jahre Unterweisung in Poetik, Prosodie, Metrik und lernten mühsam die traditionellen Geschichten auswendig. Im achten Jahr der Ausbildung wurden die Künste der prophetischen Anrufung und schamanische Wissenssuche gelehrt. Nur an der Spitze der Kaste hatte man das Anrecht auf die Bezeichnung *ollamh*, was im heutigen akademischen Sprachgebrauch wohl am ehesten einen hochangesehenen Lehrstuhl bezeichnen würde.

In Britannien waren die Barden Dichter mit verschiedensten Fertigkeiten. An der Spitze stand der *pencerdd*, der Hauptdichter, der diesen Rang aufgrund seiner überragenden Fähigkeiten erlangt hatte; er stand auf gleicher Ebene mit Hofbeamten. Am unteren Ende gab es den *clerwr*, den Sänger, der wie der irische Barde keinem bestimmten Haushalt angehörte.

Barden und Dichter waren vermutlich ursprünglich Lobsänger, aber mit der Aushöhlung der Druiden- und Ovaten-Rollen übernahm die Dichterkaste mit ihrer gesellschaftlichen Funktion viele von deren Fertigkeiten. Die prophetische Kunst des Dichters wird im nächsten Kapitel genauer untersucht. Die *fili*-Klasse war vermutlich eher mit der Inspiration insgesamt, dem *awan* befaßt, oft auf panische, liebeskranke Weise. Zu viel Inspiration führt zu göttlichem Wahnsinn, wie im Fall Merlins und Suibhnes.

Inspiration war und ist ein Weg zwischen den Welten, ohne den diese Welt zu einer trüben Ödnis würde. Die Werke von Taliesin wimmeln von Bildern von Brunnen und fließendem Wasser, und er singt in lyrischen Worten von der Herrin von Awen, Ceridwen. Im »Gespräch der zwei Weisen« zwischen Nede und Ferchertne erkennen wir einen Inspirationsfluß von gleicher Bedeutung, dieses Mal an Boiann gerichtet, die Herrin von Boyne, die mystische Quelle poetischer Inbrunst. In »Drei Kessel der Inspiration« entdecken wir die Quelle der Inspiration und wie ihr Fluß gezielter gerichtet werden kann. Aber wir beginnen dieses Kapitel mit einer Untersuchung von Mog Roith und seiner Tochter als Archetypen für Druiden.

Herr und Herrin des Rades: Die Geschichten von Mog Roith und Tlachtga

Caitlín Matthews

Der Druide des Rades

Es gibt in jeder Tradition weise Wächter des Wissens, die die Zeitalter überdauern und deren Ebbe und Flut steuern. Manchmal wird ihr Andenken in Ehren gehalten, manchmal werden sie vergessen. Sie beginnen zwar als machtvolle Gottheiten, schrumpfen aber schließlich zu gewöhnlichen Sterblichen oder bevölkern schließlich Märchen und Alpträume. Mit Mog Roith und seiner Tochter Tlachtga haben wir zwei derartige Wächter, deren Aufgabe vergessen und deren Legende stark abgewandelt wurde.

Der ausführliche Text über Mog Roith schildert den interessanten Fall eines Druiden, der zu einem archetypischen Gegner des Christentums wird. Als andere weise Druiden schon lange vergessen waren, hielt sich Mog Roith in der Erinnerung als ein Held des Heidentums; in Verbindung mit dem Tod von Johannes dem Täufer (im apokryphen irischen Christentum) und als Gefährte von Simon Magus (Acts 8:8–25).

Aber die Abstammung von Mog Roith geht viel weiter zurück als diese Verbindungen andeuten. Sein Name bedeutet »Anhänger des Rades«. O'Rahilly meint, daß Mog Roith der Druide der wohl letzte Überrest einer keltischen Gottheit Roth, Gott des Rades, sei. Das Rad steht nicht nur für die Sonne, sondern auch für den Zyklus der Jahre und Jahreszeiten. Diesem Hintergrund entsprechend durchlebt Mog Roith viele Zeitalter und wird zum Ahnen vieler Menschen. Er wird von der Kriegerin Scathach militärisch ausgebildet, die auch Cuchulainn unterwies.

Im Text »Die Belagerung von Druim Damhgaire« (»The Siege of Druim Damhgaire«) finden wir das ausführliche Porträt eines Druiden in voller Aktion. Die erstaunlichste Tatsache hier ist, daß Mog Roith blind ist, aber das beeinträchtigt seine schamanischen Fähigkeiten keineswegs. Die Legende berichtet, daß er ein Auge in den Alpen verlor, das zum »Gletscherkalb«, einem Berg wurde, während er das andere verlor, als er einmal zwei Tage lang den Lauf der Sonne aufhielt. Ein solcher Verlust der Sehfähigkeit findet sich zuweilen in Legenden besonders alter keltischer Gottheiten, etwa von Lughs Großvater, dem schrecklichen Baloir. Dies deutet darauf hin, daß Mog Roiths Abstammung bis in die Nebel der Vorzeit zurückgeht.

Von Mog Roith wird als Besonderheit berichtet, daß er wie ein Vogel durch die Luft fliegen konnte, um seine Feinde zu überwachen. Dazu hat er die schamanische Ausrüstung des *encennach*, eines Vogelkopfputzes, und sein *roth ramach*, sein Ruderrad, mit dem er durch die Luft fliegt. In einem St. Columba gewidmeten Gedicht wird das *roth ramach* als ein großes Schiff beschrieben, mit dem man über Land und Wasser segeln kann. Beide Bilder sprechen von einer Kutsche, einem Gefäß der Sonne, das oft als *roth fàil* oder »Kreisendes Rad aus Licht« beschrieben wird.

Der Gott, von dem der Druide Mog Roith abstammt, ist daher eine Sonnengottheit, die den Manipulationen der Zauberkunst feindlich gegenübersteht. Aber es wundert einen gar nicht, wenn Mog Roiths Aktivitäten und die Legenden um ihn so dunkel und zauberhaft sind: Es war immer schon typisch für neu auftauchende Religionen, sich an den guten Ruf der alten anzuhängen und gleichzeitig die alten Praktiken zu diffamieren. Das läßt sich leicht in der verbreiteten Anwendung von Sonnen-Namen für christliche Gottheiten erkennen wie *Ard-Ri Ind Roith*, »Hochkönig des Rades«, und *Ard-Ri Grenbe*, »Hochkönig der Sonne«. Die Sonne wird *roth greine* genannt, das »Sonnenrad«. Alles, was nicht zur Sonne gehört, ist Teil der Dunkelheit. Krönende Ironie dieser Verschiebung des Sonnensymbolismus in Mog Roiths Geschichte ist die Prophezeiung, daß der *roth ramach* vor dem Jüngsten Gericht alle Länder Europas zur Strafe überschatten soll, in denen es Gelehrte gibt, die mit Simon Magus statt mit St. Petrus gearbeitet haben! Die christliche Opposition zum Druidentum wurde nie krasser ausgedrückt als hier!

Diese druidische Verbindung mit Simon Magus schadete aber der keltischen Kirche schließlich, als sie mit der römischen Kirche in einen Streit über einheimischen Liturgie-Gebrauch geriet. Die keltisch-christliche Tonsur von einem Ohr zum anderen über den Schädel wurde bereits »Simon-Magus-Tonsur« genannt und unterschied die keltischen Geistlichen von ihren auf dem Oberkopf geschorenen römischen Brüdern. Aus den hierarchischen Streitigkeiten um die religiöse Oberherrschaft ging die keltische Kirche fast ebenso geschwächt hervor wie Simon Magus selbst und verlor fast alle Macht, die sich mehr und mehr in Rom konzentrierte.

Um Simon Magus entwickelte sich eine komplexe Legende. Seine Praktiken wurden von einer gnostischen Sekte übernommen, die nach den »Geheimnissen des inneren Feuers« suchte; im Mittelalter entstand aus seiner Legende die Geschichte von Faustus.[2] Isidor zufolge forderte Simon Peter und Paul heraus, mit ihm in den Himmel zu fliegen. Er erhob sich in die Lüfte, wurde aber von ihren Gebeten wieder auf die Erde zurückgeholt. Hier ist die Ähnlichkeit zwischen Mog Roith und Simon am stärksten. Trotz der negativen Legenden um ihn taucht Mog Roith unter den ehrwürdigen Vorfahren von beiden St. Ciarans, von St. Fursa, St. Molaga und St. Mochuda wieder auf.[3] Es ist zudem interessant, daß man ihn als *Tigenach* anredet, als »Herrscher«, ein Titel, der sich auf seine ursprüngliche Funktion als Sonnengott zu beziehen scheint. Selbst die Gegenüberstellung von Mog Roith und Johannes dem Täufer ist nicht unbedeutend, da man das Johannisfest im Mittsommer begeht, zu einer Zeit, in der das Sonnenrad sich am prachtvollsten dreht.

Aber nun lassen wir die Streitigkeiten um die spirituelle Herrschaft beiseite und wenden uns den klaren Beweisen für Mog Roith als Schamanen und Druiden zu.

Die Belagerung von Druim Damhgaire

Dieser lange Text ist erst in neuerer Zeit teilweise ins Englische übersetzt worden. In den Arbeitsausgaben fehlen die meisten Anrufungen Mog Roiths; vermutlich hielten viele Schreiber sie für zu gefährlich! Wir geben hier einen Teil dieser bislang unübersetzten Texte wieder.

»Die Belagerung von Druim Damhgaire« ist der ausführliche und zuweilen komische Bericht, wie Cormac mac Art mit seiner Armee in Munster einfiel, um den Tribut zu verdoppeln, den König Fiacha ihm schuldete. Cormac brachte seine eigenen Druiden mit, unterstützt durch jene seiner Geliebten aus dem Feenreich, die alle Wasserläufe in Munster austrockneten, bis sich die feindliche Seite fast ergab. Die nur ungenügend vorbereitete Expedition schien zu gelingen, doch da beschlossen die Munstermänner, selbst druidische Hilfe heranzuziehen. Sie stellten zu einem hohen Preis Mog Roith ein, der die Wasser freigeben und die Sache für sie entscheiden sollte.

»Kennt ihr irgend jemanden in dieser Provinz, der unsere Sache regeln kann?« fragte König Fiacha von Munster.

»Ich kenne keinen einzigen, der kommen würde, außer unseren Lehrer Mog Roith«, antwortete Dil mac Dacreca. »Ich habe Euch mit seiner Hilfe großgezogen. Er war es, der Euch am Tag Eurer Geburt prophezeite, daß Conns Hälfte [der Norden Irlands] Euch angreifen würde, wie Ihr es heute gesehen habt, und daß niemand Euch helfen kann, wenn nicht er kommt, denn Mog Roith erlangt seit sieben Jahrhunderten sein Wissen und seine Weisheit von Sidh Cairn Breacthatan und Ban Buannan, der Druidin, Tochter von Derhg Dhualach. Es gibt keinen Zauber, den er nicht beherrscht, ob innerhalb oder außerhalb der *Sidhe*, ob von seiner Seite oder der anderen [der Welten], denn außer ihm hat es keinen anderen Bewohner Irlands in Fleisch und Blut gegeben, der im Reich der Feen das Zaubern lernte – nur er.«

Fiacha fragt sich, welche Entschädigung der Druide verlangen wird. Man schickt Boten aus, dies herauszufinden, und sie erfahren:

Hundert weiße Milchkühe, hundert wohlgemästete Schweine, hundert starke Zugbullen, hundert Rennpferde und fünfzig weiche, weiße Umhänge. Nach Abschluß der Sache die Tochter des vornehmsten Herrn im Osten oder des vornehmsten nach ihm, um mit ihr Kinder zu zeugen ... den ersten Platz in den Annalen der Munsterschen Armee für meinen Nachfolger, der auf Dauer den Rang eines Provinzkönigs haben soll ... daß der König von Munster seinen Berater unter meinen Nachkömmlingen aussuchen soll ... daß mir ein Gebiet meiner Wahl in Munster zugeteilt wird ...

Dil kehrt zum König zurück, der nach Beratung diesem hohen Preis zustimmt. Dil kehrt zu Mog Roith zurück, der sich nun zum Aufbruch bereitmacht.

Dann bat Mog Roith seinen Schüler Cennmar, ihm seine Reiseausrüstung zu bringen: seine zwei edlen Bullen, schnell wie Schwerter, aus Sliab Mis mit Namen Luathtren und Loth Lis, seine schöne Kriegskutsche aus Eschenholz, mit Schäften aus heller Bronze, mit Karfunkelsteinen besetzt und mit kristallenen Türen, so daß man die Nacht wie den Tag erlebte, wenn man in dieser Kutsche fuhr. Er nahm sein Schwert mit dem Griff aus Elfenbein, dessen Klinge hart und blau war, seine bronzenen Lanzen, seine zwei scharfen, fünfzackigen Speere aus starkem Holz, leicht zu werfen und mit heller Bronze eingelegt, seine braune, hornlose Ochsenhaut, um sie über die Karosse zu spannen und an den Seiten herab über seine Schenkel zu legen.

Mit einer Begleitung von 300 Mann macht er sich auf, um herauszufinden welchen Teil Munsters er für sich beanspruchen will. Seine Vertreter bringen ihm je eine Handvoll Erde aus allen Landesteilen, die er beriechen und befragen kann; schließlich entscheidet er sich für das Gebiet von Corchaille mac Con aufgrund der zahlreichen Mineralablagerungen in der Erde. Er läßt seine Kinder schwören, sich an die Bedingungen dieses Vertrags mit Fiachna zu halten, und macht sich auf, seine Grenzen abzustecken. Außerdem wählt er Eimhne, die Tochter von Aengus Tirech, aber überläßt ihr die Wahl, ob sie ihn heiraten will oder seinen Sohn Buan. Sie entscheidet sich für Mog Roith.

Nachdem der Belohnungspreis ausgehandelt ist, bewirkt Mog Roith, daß die Wasser in Munster wieder fließen, indem er Cennmar seine Zauberlanzen gibt, um sie in den Boden zu stecken. Ganz Munster, Mensch und Tier, können wieder trinken.

Am folgenden Tag fragte Mog Roith: »Welche Hilfe braucht Ihr noch?«

»Flache den Berg ab« [den Cormacs Druiden aufgeschüttet hatten], sagten sie, »denn es ist eine Plage und ein Unglück für uns, daß sich unsere Feinde hoch über uns auf einem magischen Hügel erheben können, während wir hier unten zu ihren Füßen stehen und sie nur sehen können, wenn wir unseren Blick heben.«

»Jemand soll mein Gesicht zu diesem Hügel wenden«, sagte Mog Roith. Das geschah ohne Verzug. Sogleich rief er seinen Gott und seine Macht an und wurde fast so groß wie der Hügel, und sein Kopf verbreiterte sich, bis er so breit war wie der Hügelkamm, gekrönt von Eichenbäumen, und bei seinem Anblick erschraken alle, die ihn sahen.

Auf diese Weise konnte er seinen Freund sehen, Gadhra von Druim mac Criadhnaidhi, den Sohn der Schwester von Ban Buannan, der Druidin, Tochter von Derhg Dhualach. Dieser trat Mog Roith zur Seite und half ihm. Er war an diesem Tag sehr schön, aber nur die Seite, die er Mog Roith und dem Volk von Munster zuwandte, denn auf der Seite, die er Cormac und seinen Armeen zuwandte, war er fürchterlich und schrecklich anzusehen: stachelig und spindeldürr wie eine Tanne und dabei so groß wie ein königlicher Palast. Seine Augen waren so groß wie der Kessel eines Königs und standen weit aus dem Kopf hervor; seine Knie waren nach hinten gebeugt, und seine Fersen standen nach vorn. In der Hand hielt er einen eisernen Dreizack; bedeckt war er von einem braunen, wolkigen Mantel, voll Knochen und Hörner, und ein Ziegenbock und ein Widder folgten ihm. Jeder, der ihn in diesem Aufzug sah, geriet in Angst und Schrecken.

»Warum bist du gekommen?« fragte Mog Roith.

»Ich bin gekommen«, antwortete jener, »um die Armeen in solche Angst und Schrecken zu versetzen, daß sie kaum noch die Kraft einer Frau im Kindbett haben, wenn es zum Kampf kommt.«

Dann machte sich Gadhra in diesem Aufzug auf nach Druim Damhgaire, umkreiste den Hügel dreimal und stieß drei rauhe Schreie aus. Anschließend zeigte er sich dem Feind, der vor Schreck und Entsetzen erstarrte. Dann saugte er allen Kriegern die Kraft und die Tapferkeit aus ...

Darauf begann Mog Roith, den Hügel anzublasen. Kein Krieger aus dem Norden konnte in seinem Zelt bleiben, so stark wehte dieser Sturm, und ihre Druiden wußten nicht, wie das geschah. Mog Roith blies erneut und sagte dabei: »Ich drehe mich um und kehre zurück.«

Da verschwand der Hügel vollständig und wurde von dunklen Wolken und Nebelwirbeln umgeben, und alle erfaßte ein großer Schrecken beim Schrei der Bataillone, dem Getümmel der Pferde und Kutschen und der Verwirrung der zersprengten Armee, während der Hügel auf seine Grundlagen geschliffen wurde. Ein Teil der Armee lag in Agonie dahingestreckt, alle anderen ergaben sich der Verzweiflung und der Entmutigung.«

Von diesem Schauspiel erschüttert, schickt Cormac seinen Druiden Colphta in den Kampf, begleitet von seinem eigenen Sohn Cairpre Lifechair. Mog Roith wird ihre Ankunft mitgeteilt, und er rät seinem Schüler Cennmar, sich auf den Kampf vorzubereiten.

Mog Roith sagt zu Cennmar: »Gib mir meinen vergifteten Stein, meinen Handstein, meinen Hundertkämpfer und die Vernichtung meiner Feinde.« Dies wurde ihm gegeben, und er begann diese Dinge zu preisen und verlieh ihnen einen Giftzauber.

Bei dem folgenden Kampf zwischen Colphta und Cennmar bewirkt Mog Roith, daß Steine und Sand in allen Erdklumpen zu Feuerbränden werden, worauf Colphta schlimm verbrannt wird. Darüber hinaus machen Kühe, Bullen, Ameisen, Eber und selbst die Sumpfpflanzen einen entsetzlichen Lärm. Colphta sieht den blinden Mog Roith auf der anderen Seite der Furt und erkennt, wer diese Zauber bewirkt hat. »Kurz deine Existenz, die Existenz deines Stammes«, murmelt Mog Roith. »Nun werde ich den Druiden verzaubern.« Bei diesen Worten legt Cennmar den Handstein Mog Roiths ins Wasser der Furt, wo er zu einem riesigen Aal wird, während Cennmar selbst sich in einen Stein verwandelt. Der Aal greift Colphta an, bricht ihm die Arme und schlingt neun Knoten um ihn, um seine Zähne in dessen Kopf zu graben. Cennmar verwandelt sich zurück, schleudert eine der Zauberlanzen, und Colphta stirbt.

Nach weiteren Einzelkämpfen rächen sich Cormacs Druiden – es gibt unter ihnen drei Druidinnen: Errgi, Eang und Engain, die sich in Schafe verwandeln.

Die Schafe zeigten sich am folgenden Morgen. Sie waren von brauner Farbe, hatten harte, knochige Köpfe und eine gehörnte Haut. Ihre Nasen waren von Eisen. Sie waren so flink wie Schwalben, geschmeidig wie Wiesel, schnell wie Vögel und konnten im Kampf hundert Krieger besiegen.

»Seht unseren Beschützer!« riefen die Männer aus Munster. »Seht, wer in Gestalt von drei braunen Schafen zurückkommt, jene, die hundert Männer in die tiefste Agonie und den Tod stürzen können!«

»Ich werde sie für euch besiegen, fürchtet euch nicht«, sagte Mog Roith. Er fragte Cennmar: »Wo sind meine Druidenwerkzeuge, die ich dir für den Kampf gegen die Druidinnen gab?«

»Ich habe sie hier«, erwiderte Cennmar. Es waren die Zunderbüchse von Simon, der Feuerstein von Daniel und der Zunder von Ether Ilcrothaig.

Er gab sie Mog Roith; mit diesen Geräten konnte man Herz und Verstand der Munstermänner in der Stunde des Kampfes in Stein verwandeln; Feuerflammen gegen die gleichfarbigen Schafe.

Mog Roith hieb dreimal mit der Zunderbüchse gegen die Steine. Dann nahm er geschickt drei Stränge Zunder, die er in den Falten seines Gewands versteckte, und murmelte den Zauber: »Unter der Herde hier soll ein Trupp sich erheben ...« Dann sagte er zu Cennmar: »Schau diese Dinge an. Was ist aus ihnen geworden?«

Cennmar betrachtete sie und sagte: »Es ist gut. Sie sind nun zwei Hündinnen und ein Hund.« Er betrachtete sie genauer und setzte sie dann beide mit den Köpfen nach Norden zu den Schafen.

Die Hunde machen sich an die Verfolgung der in Schafe verwandelten Druidinnen und behauchen sie mit ihrem Feueratem, so daß ihr Fell in Brand gerät, sie zurück zur eigenen Armee rennen und ein giftiges Gas verbreiten. Daraufhin müssen sich alle Druiden Cormacs verstecken, denn ihre Kräfte sind nutzlos geworden. Die Schafe stürzen auf eine Öffnung in der Erde zu, aber die Hunde verfolgen sie und fressen sie auf.

Da schickt Cormac seinen Hauptdruiden Cithruadh aus, um mit Mog Roith zu verhandeln, aber dieser weigert sich. Mog Roith besucht seine Lehrerin, die Druidin Ban Buannan (»die langlebige Herrin«) in Sidhe, um sie um Hilfe zu bitten, wie die Munstermänner den Kampf weiterführen sollen. Er verbringt die Nacht dort, und sie rät ihm, früh aufzubrechen, um dem Volk von Munster den Sieg zu bringen. Als er sich zum Aufbruch vorbereitet, erzählt ihm Buan, sein Sohn, von einer Vision, die er ihm in einer alten Sprache mitteilt. »Mir kam eine Botschaft ...« Leider erfahren wir nicht, um was es geht.

Der entscheidende Kampf spielt sich zwischen den beiden Druidenparteien ab, die beide Druidenfeuer entfachen, um die Gegenseite zu verwirren. Cormacs Druiden entzünden ihres als erste, dann trägt Mog Roith Fiachas Männern auf, ein Bündel Holz von der Bergflanke zu holen, wo es im dreifachen Schutz gewachsen ist: vor den Märzwinden, vor dem Seewind und vor dem Wind, der Waldbrände verursacht. Das Feuerholz wird sorgfältig in Form einer Kanne mit drei Seiten und Ecken und mit sieben Öffnungen errichtet. Cormacs Feuer ist hingegen nur grob zusammengeschichtet und hat nur drei Öffnungen.

»Das Feuer ist bereit«, sagte Cennmar. »Man braucht es nur noch anzuzünden.«

Da schlug Mog Roith gegen seine Zunderbüchse. Das Feuer des Nordens war ebenfalls bereit, aber alle waren voll Zweifel und ängstlicher Hast.

Da sagte Mog Roith zu den Munstermännern: »Rasch, schabt einen Holzsplitter von euren Speerschäften ab.« Sie gehorchten und reichten sie ihm. Er vermischte die Späne mit Butter und legte diesen Ball aufs Feuer, während er sang:

> Ich mische ein rauschendes, heftiges Feuer,
> Und vernichte Wälder, versenge Gras.
> Wütende Flammen in rasender Eile
> Schlagen zum Himmel,
> Vernichten den Zorn anderer Feuer,
> Und die Schlacht bricht aus um Conns Stamm [den Norden].

Als man den Ball ins Feuer warf, schlug eine hohe Flamme prasselnd hoch. Mog Roith sang:

> Gott der Druiden,
> mein Gott da oben,
> und alle anderen Götter ...

»Und nun«, sagte Mog Roith, »bringt meinen Bullen und macht meine Kutsche bereit. Haltet die Pferde am Zaum. Wenn sich das Feuer gen Norden wendet, müßt ihr bereit zum Angriff sein. Wenn das eintritt, zögert nicht, denn ich werde mit euch angreifen. Wenn das Feuer aus dem Norden kommt, macht euch zur Verteidigung bereit ...«

Mit diesen Worten schickte er einen druidischen Wind in die Luft und in den Himmel, bis er sich schattenhaft und dunkel über Cenn Claire legte und Blut regnete. Und Mog Roith sang: »Ich schicke einen Bann mit Hilfe der Wolke. Blutregen fällt auf das Gras ...«

Mog Roith informiert sich über den Verlauf beider Feuer, indem er alle Zuschauer befragt. Schließlich möchte er es selbst sehen.

Da brachte jemand Mog Roith seine braune, hornlose Stierhaut und seinen *encennach*, den Vogelkopfputz, den ausgebreitete Flügel zierten, und seine anderen druidischen Ausrüstungen. Er erhob sich in die Luft und den Himmel wie die beiden Feuer und schlug mit den Flügeln, um die Feuer nach Norden zu richten, während er den Zauber sang: »Ich mache den Druidenpfeil ...«

Es gelingt Mog Roith, die Flammen nach Norden zu richten.

Dann senkte sich Mog Roith wieder herab und stieg in seine prachtvoll ausgestattete Kutsche, die von stolzen, ungestümen Bullen so schnell wie der Märzwind gezogen wurde. Er nahm seine braune, hornlose Stierhaut und wandte sich zu den Truppen. Dann schickte er Cennmar los, um die Munstermänner vorzuschicken, und alle stürmten wild hinter dem Druiden her ...

»Was ist vor mir?« fragte Mog Roith, als sie voranstürmten. Aber er wußte es bereits, denn er sagte: »Sind es nicht Cecht, Crota und Cithruadh? Mein Gott hat mir versprochen, daß ich sie in Steine verwandle, wenn sie in meine Reichweite gelangen. Ich brauche sie einfach nur anzuhauchen.« Dabei stieß er einen druidischen Hauch aus, und sie wurden in die Steine verwandelt – die wir bis auf den heutigen Tag Leaca Raighne nennen.

Cormac gesteht seine Niederlage ein, und die Munstermänner unter Mog Roiths Führerschaft sind siegreich.

In diesem Text wimmelt es von Anhaltspunkten für druidische Praktiken. Ein Hauptaspekt ist, daß Mog Roiths Zauber immer wieder denen des gegnerischen Druiden überlegen sind. Cormacs Druiden scheinen sich an allgemeine druidische Praktiken zu halten, aber Mog Roith übertrifft sie, indem er anpassungsfähiger und vielseitiger reagiert. Er ist gut auf die Elemente Luft, Erde, Wasser und Feuer eingestimmt und erweist sich damit als ein meisterhafter Schamane. Seine überlegenen Fähigkeiten entstammen eindeutig seiner größeren Erfahrung durch sieben Jahrhunderte Ausbildung in den Feenhügeln. Aber trotz seiner

Meisterschaft ist er nicht zu stolz, sich mit seiner Lehrerin Ban Buannan zu beraten, der langlebigen Herrin.

Mog Roiths Kleidung wird genau beschrieben: Sie besteht aus einer Stierhaut und dem gefiederten Kopfputz, dem *encennach*, der ihn fliegen läßt. Die Stierhaut benötigt er für seine Prophezeiungen; sie ist praktisch sein Schamanenmantel. Ein Vogelkopfputz mit Flügeln findet sich in keinem anderen keltischen Text, aber es gibt zahlreiche keltische Gestalten, die die Macht haben zu fliegen. Bladud, der legendäre König von Bath, der die magischen Künste in Britannien eingeführt haben soll, machte sich ein Paar Flügel, fiel aber vom Apollotempel in London herab.[4] Morgan von Avalon soll zwischen verschiedenen Ländern hin- und hergeflogen sein.[5] Abari, der Druide, soll auf einem goldenen Druidenpfeil geflogen sein und im Dienst von Apollo gestanden haben, und wir haben bereits erfahren, daß Mog Roith ebenfalls einen druidischen Pfeil auf seinem Flug benutzt.

Die Elemente des Fluges und schamanischer oder druidischer Praktiken scheinen in der keltischen Vorstellung eng miteinander verknüpft zu sein und bleiben der Erinnerung noch verhaftet, wenn andere Praktiken schon lange vergessen sind. Die christlichen Missionare zogen rasch offensichtliche Verbindungen zwischen dem Schamanenflug der Druiden und dem Flugwettstreit zwischen Simon Magus und Petrus und Paulus.

Tlachtga, die weise Gewitterfrau

Aber wenn schon Mog Roith den Christen mißfiel, was haben sie dann mit seiner Tochter Tlachtga angefangen, für die die »Kirchengeschichte einen Haß aufbrachte, wie man ihn bei keinem anderen keltischen Gott oder Heldin fand«?[6] Tlachtga gab ihren Namen dem Wachtberg nahe Athboy in der Grafschaft Meath; hier wurden stets die Feuer zu Samhain angezündet. Unter der Herrschaft von Tuthal Teachtmair wurden die vier keltischen Festtage an bestimmten Stätten begangen, die alle von einer Frau gegründet wurden:

Festtag	*Ort*	*Göttin*
Samhain	Tlachtga	Tlachtga
Beltane	Uisneach	Eriu
Lughnsadh	Taillte	Tailtiu
Feis von Tara	Tara	Tea

Imbolc wurde im häuslichen Rahmen gefeiert, denn es fand mitten im Winter statt. Keating[7] spricht von dem Feuer von Tlachtga, bei dem es Brauch war, sich am Abend des Samhain zu versammeln und die Druiden Irlands zusammenzubringen, um allen Göttern zu opfern. In diesem Feuer wurden auch ihre Opfer verbrannt, und »man durfte unter Strafe in ganz Irland in dieser Nacht kein Feuer auslöschen, und kein Feuer durfte brennen, das nicht an diesem Feuer entzündet worden war. Der König von Munster bekam eine Abgabe ... denn das Land, auf dem Tlachtga liegt, gehört zu jenem Teil Munsters, der Meath übergeben worden war.«

Es ist von Bedeutung, daß der Hügel von Tlachtga als Sammelpunkt aller Druiden Irlands gilt, denn wir sehen in der Legende um Tlachtga, daß sie eine hochgeehrte Schutzpatronin der druidischen Künste ist. Es paßt auch, daß Munster hier erwähnt wird, denn es ist die Heimat von Mog Roith. Er weilt auf Inis Dairbre (Valentia) vor der Küste Kerrys.

Tlachtga erzeugt aus dem Teil eines Rades den gefürchteten Säulenstein von Cnamchaill. Cnamchaill bedeutet »Knochenschaden«. Diese Steinsäule soll jeden umbringen, der sie berührt, wird alle blenden, die sie erblicken, und alle taub machen, die sie hören. O'Rahilly glaubt, ein Blitz oder Feuerstein schösse aus dem Fels hervor, ein gefürchtetes Geschoß, mit dem Mog Roith seine Helden bei der Belagerung von Druim Damhgaire ausstattet. Die Eigenschaft dieser Steinsäule, eine Erblindung zu bewirken, weist vielleicht auch auf Mog Roiths eigene Blindheit hin.

Tlachtga wird wie viele alte Gründerinnen heiliger Stätten vergewaltigt und stirbt im Kindbett. Ihre dreifache Schändung durch die Söhne Simons ist offensichtlich eine christliche Veränderung, aber es gibt Hinweise darauf, daß sie im Laufe ihres Lebens rituell mit mehreren Partnern Beischlaf hatte. Der Tod bei schweren Wehen oder zu harter Arbeit an einer heiligen Stätte ist ein so verbreitetes mythisches Thema bei den frühen Erdgöttinnen, daß wir die Existenz eines noch früheren Mythos nicht ganz ausschließen können. Ihr Name selbst geht auf die Wurzeln *tlacht*, Erde, zurück und auf *gae*, Speer, was vermuten läßt, daß sie vielleicht meteoritischen Ursprungs ist wie viele andere Hauptgöttinnen, etwa Cybele, deren Meteoritenstein in einem Schrein in Rom aufbewahrt wird; und die präislamische Göttin Al-Uzza, deren Stein bis heute von Muslimen in der Kaaba in Mekka verehrt wird.[8]

Wenn dies zutrifft, wird deutlicher erkennbar, warum Tlachtgas Grab an Samhain zu einem solchen Sammelpunkt wird und warum dort die göttlichen Vorfahren besänftigt werden. Die Namen ihrer Söhne haben eine schützende Funktion im Hinblick auf Irland. Sie entspricht dem Archetypen einer schwarzen Göttin, einem Prüfstein für Weisheit. Man könnte spekulieren, daß die Erschaffung einer Steinsäule aus einem Radfragment auf einem vergessenen Mythos beruht, dem gnostischen Diebstahl der Weisheit aus dem Himmel durch Sophia vergleichbar, oder dem Raub der Frucht der Erkenntnis durch Eva.

Wenn wir von einem solchen Weisheitsmythos ausgehen, können wir im folgenden Text Spuren entdecken, die diese These stützen. Tlachtga wird als vornehme Ahnherrin verehrt wie ihr Vater – ebenso dunkel und beständig, wie er hell und beständig ist. Ihre Steinsäule bei Cnamchaill macht die Menschen taub, blind oder bringt sie um, oder aber verwandelt ihre Feinde in eine andere Gestalt. Ihnen entspricht die Polarität von Himmel und Erde, Sonnenlicht und Erdschatten, Sonnenrad und Blitzschlag. Wie die *vajra dakinis* in Tibet, die ihre Erkenntnisse mit gnadenloser Macht vermitteln, schleudert Tlachtga den Blitz voller Weisheit und hinterläßt ihren Nachfahren machtvolle Worte und Erkenntnisse in den bloßen Elementen ihres Sitzes. Eine direkte Erkenntnis durch die Steinsäule ist für die meisten Menschen zu gefährlich und ebenso verboten wie der Baum der Erkenntnis in Eden selbst.

Im folgenden Text, in einer Übersetzung der englischen Version, findet sich eine verschlungene Abstammungslinie von Mog Roith und Tlachtga, die wir mit Hilfe anderer Texte entwirren konnten. Weibliche Ahnen sind unterstrichen.

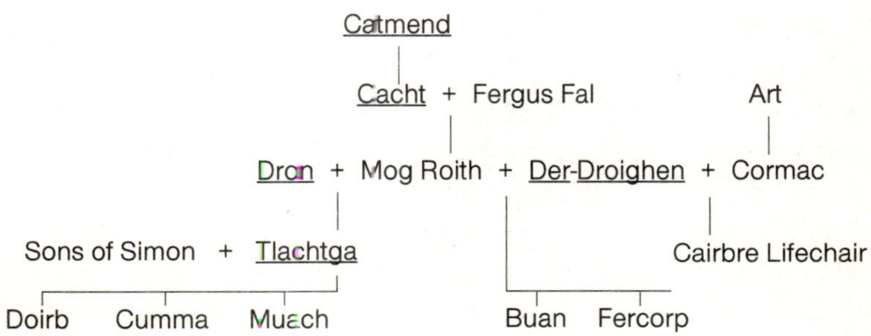

Stammbaum von Mog Raith und Tlachta

Warum wurde Tlachtga so genannt? Die Antwort ist nicht schwer: Tlachtga war die Tochter von Mog Roith, dem Sohn des Fergus. Drei Söhne des Zauberers Simon vergewaltigten sie.

Sie zog mit ihrem Vater durch die Welt, um die magischen Künste zu lernen. Sie war es, die für Trian das Rollende Rad machte, den Stein in Forcathu und die Säule in Cnamchaill. Sie stammte aus dem Osten und führte diese Dinge mit sich, bis sie am Hügel von Tlachtga ankam.

Dort gebar sie drei Söhne, Doirb, Cumma und Muach, die ihre Namen drei Landstrichen gaben. Solange man sich in Irland an ihre Namen erinnert, wird das Land nicht von rachsüchtigen Fremden überfallen.

Wir haben in Tlachtga und Mog Roith zwei höchst anbetungswürdige Gottheiten, deren Legenden Erinnerungen an druidische und schamanische Macht enthalten. Das Rad der Sonne umgibt alles Leben und ist von höchster Bedeutung für das Verständnis des alten wie neueren Druidentums. Die Strahlen ihrer Kreisbahn markieren unsere Jahreszeiten und fördern das Wachstum aller lebendigen Dinge. Wenn die erhaltengebliebenen Legenden um Mog Roith und Tlachtga rätselhaft oder unheilvoll erscheinen, hat dies den Sinn, uns daran zu erinnern, daß

> jeder, der versucht, ein Stück des grobspeichigen Rades zu nehmen, sterben wird.

Der Kreis der Sonnenstrahlen umhüllt alle Lebewesen. Durch sie kann zwar spirituelle Aufklärung verliehen werden, aber man kann ihre Weisheiten niemals rauben oder abändern. Tlachtga und Mog Roith sind der Herr und die Herrin des Rades aus Leben und Tod, Bewahrer druidischer Kenntnisse und der Geheimnisse, die immer noch in beider Händen ruhen.

Das Gespräch der beiden Weisen

John Matthews

Diesen Text, als *Immacallam in da Thuarad* bekannt, gibt es in den verschiedensten Quellen. Er verdeutlicht die Komplexität der Dichtkunst und deren schamanische Eigenschaften. Aus den alten irischen Gesetzestexten, die als *senchas mor* bekannt sind, geht hervor, daß die beiden Dichter ihren Fall vor König Conchobor mac Nessa bringen und »mit dunklen Zungen« vortragen, so daß weder er noch seine Obersten sie verstehen. »Diese Leute«, erklären die Berater des Königs, »behalten ihr Urteil und ihr Wissen für sich«. Und Conchobor meinte zustimmend, daß eine solche Angelegenheit zu Ende gebracht werden müsse.

Dies bedeutet, daß die schamanischen Dichter über eine Sprache verfügten, die nur für sie verständlich war. Bei flüchtiger Betrachtung des Textes gewinnt man tatsächlich den Eindruck, daß es um die Sprache von Eingeweihten geht, die sich in Rätseln und symbolischen Begriffen verständigen, die nur sie selbst gekannt haben können.

In der irischen Überlieferung werden drei Dichter mit Namen Ferchertne erwähnt: der Dichter, der Lebraid Lorc diente, der Dichter, der Cu-roi diente und Ferchertne mac Glais, der Dichter von Conchobor mac Nessa. Nedes spätere schillernde Karriere wird in Cormacs Glossar erwähnt, wo er mehrere Abenteuer erlebt, die in John Matthews *Taliesin* ausführlicher beschrieben werden. Die folgende Übersetzung [ins Englische] beruht auf der von Whitley Stokes und wurde zuerst 1905 in der akademischen Zeitschrift *Revue celtique* veröffentlicht. Wie häufig bei Übersetzungen in dieser Epoche begriffen die Übersetzer überwiegend die Bedeutung der Worte, aber sie hatten nur wenig oder gar kein Verständnis für die Sprache der Gedichte insgesamt oder für den eventuell verborgenen Sinn. Wir haben daher unsere eigene Version erstellt, die auf dem ursprünglichen irischen Text wie auf Stokes Übersetzung beruht und unser Verständnis von der hier bewahrten Vision einbezieht. Wir sind dem eigentlichen Wortsinn zwar eng gefolgt, haben aber gelegentlich die Sprache komprimiert, wenn sie unnötig gewunden schien. Ein kurzer Absatz am Ende der Prosaeinleitung ist gestrichen, denn dort wird lediglich etwas zuvor Ausgedrücktes wiederholt und zusammengefaßt.

Adne, der Sohn des Uthider, von einem Stamm Connaughts, war in ganz Irland der weiseste und erfahrenste Dichter. Er hatte einen Sohn, Nede, der nach Schottland zog, um von Eochu Pferdemaul zu lernen, bei dem er blieb, bis er alles gelernt hatte.

Eines Tages streifte der Junge zum Meeresstrand – schon immer haben Dichter geglaubt, daß das Ufer ein Ort der Offenbarungen sei. Und als er dort stand, hörte er etwas, das wie ein Trauergesang klang, und das kam ihm seltsam vor. Daher sprach er einen Zauber über die Wasser und zwang sie, ihm zu offenbaren, was geschah. Und die Wellen erklärten, das Klagen, das er gehört habe, sei der Trauergesang um seinen Vater Adne, dessen Dichtermantel an Ferchertne übergeben worden sei, der an seiner statt die Würde des Obersten Barden übernommen habe.

Da ging der Junge heim und erzählte alles seinem Lehrer. Eochu sagte zu ihm: »Geh zurück. Du hast hier gut gelernt, und man sieht, daß du dich in allen Weisheiten und in der Dichtkunst gut auskennst.«

So zog Nede nach Hause, begleitet von seinen drei Brüdern Lugaid, Cairbre und Cruttine. Unterwegs kreuzte ein *bolg belce* (Bovist) ihren Weg. Da sagte einer von ihnen: »Warum wird er *bolg belce* genannt?« Da sie dies nicht wußten, gingen sie zu Eochu zurück und blieben einen weiteren Monat. Dann brachen sie erneut auf und begegneten unterwegs einer *soimind* (Binse). Da sie nicht wußten, warum diese so genannt wurde, gingen sie zu ihrem Lehrer zurück. Am Ende eines weiteren Monats machten sie sich wieder auf den Weg. Da stand ein *gass sanais* (Sanikelkraut) auf ihrem Weg. Da sie nicht wußten, warum dies seinen Namen trug, gingen sie wieder zu Eochu zurück und blieben einen weiteren Monat.

Als ihre Fragen endlich beantwortet waren, zogen sie nach Cantire, von da aus nach Rind Snoc. Und von Port Rig aus fuhren sie übers Meer, bis sie bei Rind Roic landeten. Von dort aus zogen sie über Semne, Latharna, Mag Line, Ollarba, Tulach Roise, Ard Slebe, Craeb Selcha, Mag Eicaite, über den Bann, am Uachtar entlang über den Glenn Rige durch den Bezirk Huy Brasil über Ard Ailech, das heute Armagh heißt, und über den Feenhügel nach Emain [Macha].

Der Junge trug beim Gehen ein Silberzweig über sich, denn das war Sitte für *anruths* (junge Dichter). Ältere Barden hatten einen Goldzweig über sich und alle anderen Dichter einen aus Kupfer.

So zogen sie nach Emain Macha, und unterwegs begegneten sie Bricriu. Er meinte, wenn sie ihm dienten, würde Nede zum Oberdichter Irlands. Nede gab ihm ein scharlachfarbenes Hemd, das mit Gold und Silber verziert war, und Bricriu trug ihm auf, sich auf den Thron des Barden zu setzen. Er teilte Nede auch mit, daß Ferchertne gestorben sei, doch in Wirklichkeit hielt dieser sich bloß im Norden auf und lehrte seine Schüler.

Dann sagte Bricriu: »Kein bartloser Junge erhält die Bardenwürde von Emain Macha« – denn Nede war immer noch ein Junge. Da pflückte Nede eine Handvoll Gras und sprach einen Zauber, so daß es an ihm wie ein Bart wirkte. Dann setzte er sich wieder auf den Thron des Barden und zog sein Gewand um sich. Dieses Gewand hatte drei Farben: In der Mitte waren bunte Vogelfedern, unten Flecken von *findruine*, während es oben leuchtend golden schien.

Derweil ging Bricriu zu Ferchertne und sagte: »Es wäre schade, oh, Ferchertne, wenn du die Würde des Obersten Barden verlieren würdest. Aber ein junger, ehrenwerter Mann hat deinen Platz in Emain Macha eingenommen.«

Darüber wurde Ferchertne so wütend, daß er zurückeilte. Er blieb mit den Händen am Türrahmen der Halle stehen, erblickte Nede und sagte:

Wer ist dieser Dichter in prachtvollem Kleid,
Der sich hier zeigt, ohne eine Zeile gesungen zu haben?
Ich sehe bloß einen Schüler,
Und sein Bart ist auch nur Gras.
Wer ist dieser Dichterrivale?
Von Adnes Sohn habe ich noch nie gehört,
Hörte nie etwas von seinem Wissen.
Ein Irrtum ist's, daß er hier sitzt.

Und Nede antwortete Ferchertne redlich:

Oh, Ehrwürdiger, alle Weisen verbessern einander,
Und alle Weisen mißachten den Dummen,
Aber vorher soll man sehen, welches Unheil zugegen.
Willkommen sei deine scharfe Weisheit.
Jungsein ist kaum ein Makel,
Wenn nicht die Kunst angegriffen wird.
Sei vorsichtig, oh, Häuptling,
Du schätzt mein Wissen gering,
Aber ich wurde von einem weisen Mann gesäugt.

Ferchertne antwortete:
Eine Frage, kluger Bengel, woher kommst du?

Nede antwortete:
Das ist nicht schwer: Von der Ferse eines Weisen,
Von einem Zusammenfluß der Weisheit,

Von vollständiger Güte,
Vom Leuchten eines Sonnenaufgangs,
Von den neun Haseln der Dichtkunst,
Von den prachvollen Strahlen eines Landes,
In dem Wahrheit an Perfektion gemessen wird,
Wo keine Falschheit herrscht,
Wo es bunt zugeht
Und Dichter sich erfrischen.

Und du, mein Herr, von wo kommst du?

Ferchertne antwortete:

Das ist nicht schwer: Durch die Säulen der Zeitalter
An den Flüssen Galions entlang [Leinster],
Vom Elfenmund, Nechtans Frau,
Am Arm von Nuadas Frau entlang,
Aus dem Land der Sonne,
Aus dem Reich des Mondes,
An Mac ind Ocs Nabelschnur entlang.

Eine Frage, oh kluger Junge, wie heißt du?

Nede antwortete:

Das ist nicht schwer: Sehr klein, sehr groß,
Sehr hell, sehr hart,
Wütend wie Feuer,
Feuer der Sprache,
Laute des Wissens,
Brunnen der Weisheit,
Schwert der Lieder,
Singe ich aus dem Herzen des Feuers heraus.

Und du, Alter, wie heißest du?

Fechertne antwortete:

Das ist nicht schwer: Frager, Erklärer, Held der Lieder,
Suchender der Wissenschaften,
Webrahmen der Künste,
Faß der Dichtkunst,
Überfluß aus dem Meer des Wissens.

Eine Frage, oh junger Lehrer, welche Künste übst du aus?

Nede antwortete:

Das ist nicht schwer: Erröten der Miene,
Beißende Satiren,
Förderung der Scheuheit,
Ablegen der Schamlosigkeit,
Pflege der Dichtkunst,
Suche nach Ruhm,
Werben um die Wissenschaft,
Kunst für jeden Mund,
Verbreitung von Wissen,
Prägen der Sprache.
In einem kleinen Raum
Mache ich Gedichte, das Vieh der Weisen,
Einen Strom der Wissenschaft,
Lehren im Überfluß,
Geschliffene Geschichten zur Freude von Königen.

Und du, mein Alter, welche Künste übst du aus?

Ferchertne antwortete:

Ich jage nach den Schätzen des Wissens,
Stifte Frieden,
Forme Wörter
Und feiere die Künste,
Teile eine Pritsche mit dem König,
Trinke am Boyne,
Mache *briarmon smetrach,*
Den Schild von Athirne,
Eine Qual für alle,
Ein Teil Weisheit vom Strom der Wissenschaft,
Wut der Inspiration,
Struktur des Geistes,
Kunst der kurzen Gedichte,
Klarer Aufbau von Worten,
Kriegergeschichten,
Wandern über die große Straße,
Wie eine Perle in der Fassung,
Gebe der Wissenschaft Kraft durch poetische Künste.

Eine Frage, du junger Lehrer, wie lauten deine Aufgaben?

Nede antwortete:

Das ist nicht schwer: Die Ebene des Alters betreten,
Zum Berg der Jugend,
Zur Jagd des Alters,
Einem König zu folgen,
In ein Haus aus Ton,
Zwischen Kerze und Feuer,
Zwischen der Schlacht und ihrem Leid,
Unter dem Volk von Fomor,
In Strömen der Erkenntnis.

Und du, du Weiser, was sind deine Aufgaben?

Ferchertne antwortete:

Mich in den Berg des Ruhms zu begeben,
Zur Vereinigung mit den Wissenschaften,
In die Lande der Wissenden,
An die Brust der poetischen Vision,
Zur Feier des großen Ebers,
Um Respekt unter den Menschen zu finden.
In den Todeshügel zu gehen,
Wo ich große Ehren empfange.

Eine Frage, du gescheiter Junge, auf welchem Weg kamest du?

Nede antwortete:

Das ist nicht schwer: Auf der hellen Ebene der Erkenntnis,
Auf dem Bart eines Königs,
Durch einen Wald des Alters,
Auf dem Rücken eines Zugochsen,
Beim Licht eines Sommermondes,
Mit reicher Nahrung,
Aus Korn und Milch der Göttin,
Mit dürrem Korn,
Durch eine schmale Furt,
Auf meinen eigenen kräftigen Beinen.

Und du, Weiser, woher kamest du?

Ferchertne antwortete:

Das ist nicht schwer: Auf Lughs Reitweg,
An der Brust sanfter Frauen,

An einem Waldstreifen vorbei,
Auf der Spitze eines Speers,
Mit einem Gewand aus Silber,
In einer Kutsche ohne Reifen,
Auf einem Reifen ohne Kutsche,
Mit der dreifachen Unwissenheit des Mac ind Oc.

Und du, du kenntnisreicher Junge, wessen Sohn bist du?

Nede antwortete:

Das ist nicht schwer: Ich bin der Sohn der Dichtkunst,
Dichtersohn der Prüfung,
Prüfungssohn der Meditation,
Meditationssohn der Kunde,
Kundiger Sohn der Fragen,
Fragender Sohn der Forschung,
Forschungssohn des großen Wissens,
Wissender Sohn mit Verstand,
Verständiger Sohn der Weisheit,
Weiser Sohn der Dreifachgottheit der Dichtung.

Und du, Weiser, wessen Sohn bist du?

Ferchertne antwortete:

Das ist nicht schwer:
Ich bin der Sohn des Mannes ohne Vater,
Der begraben war in seiner Mutter Schoß,
Der nach seinem Tod gesegnet,
Und mit dem Tod vermählt.
Er war die erste Äußerung aller Lebenden,
Der Schrei eines jeden Toten,
Luftiger Ailm ist sein Name.

Eine Frage, kluger Junge, gibt es etwas Neues?

Nede antwortete:

Das gibt es wohl: Gute Neuigkeiten:
Fruchtbare Meere,
Strände zuhauf,
lächelnde Wälder,
fliegende Holzflügel,
blühende Fruchtbäume,
hochwachsende Kornfelder,

viele Bienenschwärme,
eine strahlende Welt,
einen glücklichen Frieden,
einen freundlichen Sommer,
Soldaten mit Sold,
Könige, von der Sonne gesegnet,
wundersame Weisheit,
vergangene Schlachten,
alle für ihre Künste;
tapfere Männer,
nähende Frauen,
mächtige Dornbäume,
volle Schatzkammern,
genügend Mut,
jede Kunst vollkommen,
alle guten Menschen gerecht,
jede Nachricht gut,
und auf immer gut.

Und du, Alter, hast du Neuigkeiten?

Ferchertne antwortete:

Die habe ich wohl: Schreckliche Neuigkeiten,
böse Zeiten immerdar,
viele Anführer,
aber nur wenig Ehre,
gerechte Urteile sind aufgehoben,
die Welt ist ein Viehwagen,
Menschen sind unmäßig,
Helden ziehen fort.
Alle Menschen sind schlecht,
wenig Könige, viele Anwärter,
Menschen entehrt,
und alle voll Makel.
Kutschen zerschmettert auf dem Weg,
Nials Ebenen überrollt,
die Wahrheit garantiert keinen Wohlstand mehr,
und Wächter bewachen die heiligen Stätten.
Die Kunst wird zur Possenreißerei,
nur Lügen werden laut.
Durch Stolz und Hochmut,

ist niemand an seinem rechten Platz,
Weder Rang, Alter noch Ehren,
Würde noch Kunst
wird gedient.
Alle Fertigkeiten vergehen,
Könige werden arm,
Edle verdammt,
und Niedere schwanken,
bis weder Gott noch Mensch wird verehrt.
Prinzen, echte und unechte, vergehen,
wenn die Männer mit den schwarzen Lanzen kommen.
Aller Glaube endet,
Gaben werden gestohlen,
Häuser aufgebrochen,
Zellen untergraben,
Kirchen verbrannt.
Selbst kleine Scheuern werden vernichtet,
Früchte und Blumen welken,
und die Anhänger des Königs
werden heimatlos.
Hunde wenden sich gegen Herren,
alle verletzen dreifach,
im Dunkeln, durch Groll und Vernachlässigung,
Künstler streiten,
alle zahlen dem Satiriker,
um eine Satire für sie zu schreiben,
alle wollen sicher sein,
doch Nachbarn verraten einander:
Bruder gegen Bruder,
und Trinkkumpane bringen einander um,
kennen weder Wahrheit noch Ehre noch Seele.
Nörgler machen alles zunichte,
Ehrgeizlinge machen einander herunter,
mit Stürmen dunkler Flüche.
Ränge splittern, Geistliche werden vergessen,
und Weise verachtet.
Musik langweilt den Menschen,
und aus Helden werden Mönche.
Die Weisheit wird auf den Kopf gestellt,
Die Herren bekämpfen die Kirche,

nur Übles, kein Segen in ihrem Gebet.
Und alle Beziehungen sind treulos.

Bauernsöhne und Schurken
entdecken freien Willen und Stolz,
Geiz, Habsucht und Betrug regieren,
und die Kunst dunkelt.
Schöne Stickerei entsteht
von den Händen von Huren und Schlampen.
Machen Kleider ohne Farben.

Kein Herr kann gerechte Urteile sprechen,
vor Treulosigkeit und Wut,
sie herrschen in allen,
daß weder Knecht noch Magd
ihren Herren dienen,
weder Könige noch Herren
die Gebete ihres Volks vernehmen,
noch hören die Verwalter
die Schreie ihrer Untergebenen,
Tribute bleiben unbezahlt,
Vasallen der Kirche
zahlen nicht das Ihrige,
Frauen gehorchen den Männern nicht,
Söhne und Töchter nicht den Eltern,
Schüler ignorieren ihre Lehrer.

Ein jeder übt sich in der Falschheit
und sucht seine Lehrer zu übertreffen,
so daß Studenten über den Lehrern sitzen,
und es herrscht keine Scham,
wenn Könige essen und trinken,
während andere warten,
und Bauern feiern,
wenn die Tür geschlossen,
wenn die Künstler ihren Mantel und ihre Ehre
zum Preis einer Mahlzeit veräußern.
So daß jeder sich beim Essen
vom andern abwendet,
und Gier jedes Herz erfüllt,
bis der stolzeste seine Ehre

und die Seele für einen Penny verscherbelt.
Bescheidenheit verschwindet,
Menschen werden verdammt
und Herren vernichtet,
Ränge werden verachtet,
der Sonntag entehrt,
Briefe vergessen,
und die Dichter sterben aus.

Der Glaube schwindet,
Fehlurteile zuhauf,
durch die Emporkömmlinge der letzten Welt;
Früchte werden verbrannt,
von Fremden und Gesochs.
Das Land behaust zu viele Menschen,
Reiche werden ausgedehnt,
aus Wäldern werden Ebenen,
und aus Ebenen Wälder.
Jeder wird zum Sklaven.

Dann kommen schreckliche Krankheiten,
plötzliche, furchtbare Stürme,
Blitze, unter denen Bäume ächzen,
belaubte Winter,
trübe Sommer,
Herbst ohne Ernte,
Frühling ohne Blumen,
Tote durch Hunger,
und Seuchen im Vieh:
Krätze, Räude, Rotlauf und Wucherungen.

Zuchttiere ohne Gewinn,
Schätze ohne Preis,
Waren ohne Verbraucher,
und keine Helden mehr.
Ernten bleiben aus,
Vorurteile
und wütende Reden,
Tod auf drei Tage und drei Nächte,
für ein Drittel der Menschheit,
ein Drittel aller Seuchen bei Tier, Wald und Meer.

Darauf folgen
sieben Jahre der Plagen:
Blumen welken,
und Tränen in jedem Haus.
Fremde überrollen Erins Ebenen.
Mann bewacht Mann,
und Streit herrscht um Cnamchoill,
gute Menschen sterben.
Töchter schlafen mit den Vätern,
und an heiligen Orten wird gekämpft.
Ödnis sucht Berg und Tal heim,
das Meer bricht seine Grenzen,
wenn das Land der Verheißung sinkt.
Irland wird verlassen
sieben Jahre lang,
um das Gemetzel zu betrauern.

Dann kommen die Male des Antichrist,
und jeder Stamm gebiert ein Ungeheuer.
Teiche fließen zu Strömen,
und Pferdekot glänzt wie Gold.
Wasser schmeckt wie Wein.
Die Berge wirken wie schöner Acker,
und in den Sümpfen blüht Klee,
Bienen schwärmen im Hochland,
und die Flut weicht erst nach Tagen.

Dann folgen sieben dunkle Jahre.
Die Lichter des Himmels bleiben verborgen,
und das Ende der Welt wird zum Gericht.
Es wird das jüngste Gericht, mein Sohn.
Große Neuigkeiten, schlechte Neuigkeiten,
in diesen üblen Zeiten!

Und Ferchertne sagte:

Weißt du, jung an Jahren, aber alt an Weisheit, wer mächtiger ist als du?

Nede antwortete:

Das ist leicht zu sagen: Gott ist größer als ich,
und der klügste Prophet.
Ich kenne die Zweige der Dichtkunst
und weiß, daß Ferchertne ein großer Dichter und Prophet ist.

Dann kniete sich der Junge vor Ferchertne und überreichte ihm die Dichterrobe, die er ihm abgenommen hatte. Dann erhob sich Nede vom Thron des Dichters, wo er gesessen hatte, und warf sich vor Ferchertne zu Boden. Darauf sagte Ferchertne:

Bleib, großer Dichter, weiser Jüngling, Sohn des Adne!
Mögest du zu Ruhm und Ehren gelangen
Im Blick der Menschen und Götter.
Mögest du den Schatz der Dichtkunst wahren,
Und die Waffe des Königs sein,
Mögest du ein Fels von Barde sein,
Und der Ruhm von Emain Macha,
Mögest du über allen stehen!

Nede sagte:

Möge dem so sein, mit den gleichen Titeln
zwei Bäume aus einer Wurzel, ohne zu stören,
Ein Schatz an Dichtkunst, ein Ausdruck der Weisheit.
Dies ist der klügste Weg:
Vom Vater zum Sohn, vom Sohn zum Vater.
Ich hatte drei Väter:
Einen Vater an Alter,
Einen fleischlichen Vater,
Einen Vater der Lehre.
Mein fleischlicher Vater vergeht,
Mein Vater der Lehre ist nicht hier,
Du Ferchertne, sei mein Vater vom Alter her!
Dich erkenne ich an – möge dem so sein!

Dieses Werk weist eine Reihe von Anzeichen für Schamanismus auf. Es verdeutlicht die Gelehrsamkeit und die Weisheit der Dichter, die in allem außer dem Namen nach Schamanen waren, und beweist, daß diese letztendlich aus den inneren Welten stammen.

Nede wird als der Typ des ungewöhnlichen Jungen vorgestellt, dessen inspirierte Aussagen auch von seinen Kritikern als solche erkannt werden. In diesem Wettstreit der beiden Männer, die ihr gesammeltes Wissen aufbieten, um ihre Ansprüche zu belegen, geht es aber mehr um Freundschaft und Demut. Es wundert kaum, daß der König und seine Berater das Gesagte nicht verstehen konnten. Aber der Text ist keineswegs unsinnig. Mit ein wenig Überlegung kann das meiste leicht entschlüsselt werden.

Im ersten Vers wirft Ferchertne Nede den Fehdehandschuh hin und fordert ihn heraus, seine Klugheit zu beweisen. Nede antwortet höflich, daß Weise zwar jüngere Dichter kritisieren dürften, aber sie sollten doch zumindest anhören, was diese zu sagen haben, besonders, da der Jugendliche in diesem Fall die Vorzüge eines weisen Lehrers genossen habe. Dann fragt Ferchertne, woher Nede stammt, und wir hören die erste Salve seiner poetischen Antworten. Nede stammt von einem Zusammenfluß der Weisheiten, hat von den neun Haselruten der Dichtkunst genossen, die an einem Strom wachsen sollen, der in der Anderswelt entspringt. In diesem »Vorzüglichen Land« sind viele Farben wie eine, was auf die Macht und die Eigenschaften dieses Volkes hinweisen soll. Dort werden Dichter neu belebt.

Ferchertne, der sich herausgefordert fühlt, antwortet, er sei an den »Säulen des Alters« heruntergewandert, von andersweltlichen Orten, wo Sonne und Mond zuhause sind. Er ist der Sohn des Aengus (Mac ind Oic), Gott der Liebe und der Inspiration. Dann verlangt er Nedes Namen und meint natürlich dessen poetischen Namen. Nedes Antwort wimmelt von knisternden, funkensprühenden Worten; ihn erfüllt das Feuer poetischer Einsichten und Erkenntnisse.

Ferchertnes poetischer Name hat mit Neugier, Kunst, Wortgewandtheit und großen Kenntnissen zu tun, die er durch Fragen und langes Studium erlangte. Er will wissen, welche Künste der junge Gegner ausübt.

Nede spricht von Satiren, *briarmon smetrach*, der schärfsten Waffe eines Dichters. Er spricht sich für »Schüchternheit« aus und will, daß sich Wangen röten. Außerdem pflegt er die Dichtkunst selbst, indem er »polierte Geschichten« erzählt, die Könige entzücken, indem er die Sprache auf ihr Gerüst zurechtschleift, seine Worte wie Vieh herumkommandiert und sein Wissen an alle weitergibt, die ihm zuhören.

Ferchertne spricht ebenfalls von der Jagd nach dem »Schatz des Wissens«, der Rolle des Friedensstifters, zum Ruhm eines Königs, dessen Pritsche er teilt. Damit meint er, daß er dem König so nahe steht wie möglich. Er befiehlt seinen Worten wie Soldaten, und auch er übt sich in der gefürchteten Kunst der Satire.

Nede benennt hierauf seine Aufgaben als ein Betreten der Ebene des Alters: das Lernen der Weisheit, die sich mit den Jahren einstellt. Aber er bleibt gleichzeitig jugendlich und besucht die Berge der Jugend. Er folgt seinem König bis in den Tod, zum Volk von Fomor, dem andersweltlichen Stamm, dem die ursprünglichen Bewohner Irlands angehörten.

Darauf meint Ferchertne, daß er an einen Ort gehen will, an dem weise Männer weilen, zur »Brust der poetischen Weisheit«, wo er noch viel lernen will. Auch er stellt sich dem Tod und erwartet dort große Ehren.

Beim nächsen Austausch geht es um den Weg, auf dem die beiden Dichter ihre Weisheit und Aufklärung erlangt haben. Nede hat »die hellen Ebenen des Wissens« überquert (ein weiterer Ausdruck für die Anderswelt) »auf dem Rücken eines Zugochsen«, womit das Verfassen von Versen gemeint ist. Er hat sich von der Mast genährt, dem Lieblingsfutter der heiligen Schweine, und den reichen Gaben der Göttin, indem er auf seinen »eigenen starken Beinen« gewandelt ist.

Ferchertne kam auf »Lughs Reitweg«, ein Hinweis auf die drei Erfindungen des Gottes – das Damespiel, das Ballspiel und die Reitkünste (manchmal aber auch eine Pferdepeitsche, wie in diesem Text). Er kam auch in einer »Kutsche ohne Reifen, einem Reifen ohne Kutsche«, was sich auf die Kutsche der Dichtkunst selbst bezieht, die entweder sanft oder rauh sein kann, glatt oder wütend. Die »dreifache Unwissenheit des Mac ind Cic« wird so überdeckt: Er »wußte nicht, wann er starb, und welcher Tod ihn hinwegtragen würde und in welcher Erde er liegen würde«. Ferchertne scheint dies auf sich selbst zu beziehen, vermutlich, daß einem Dichter alles mögliche widerfahren kann.

Nedes Behauptungen sind ebenso bescheiden. Er ist der Sohn der Dichtung selbst, er hat die Weisheit und Kundigkeit eines mit Wissen Geborenen, er ist das Kind der Dreifachgottheit der Dichtkunst, ausgedrückt als »drei Söhne von Brigid der Dichterin, nämlich Brian, Iuchar und Uar.« Es gibt keinen Hinweis, daß Brigids drei Söhne Götter der Dichtkunst seien. Brigid selbst war eine Göttin mit Dreifachaspekt: Sie beherrschte die Schmiedekunst und Medizin wie auch die Dichtkunst.

Ferchertnes Antwort ist problematischer. Die meisten Forscher haben diesen Vers als Hinweis mit christlichem Inhalt gedeutet. *Ailm* ist der Name des Buchstaben A im Irischen, und dies soll sich entweder auf Adam beziehen, der keinen Vater hat, der im Schoß der Erde begraben liegt (aus der er gemacht wurde) und der nach seinem Tod gesegnet wurde, oder aber auf Christus als Alpha. Da das Gedicht von einem christlichen Mönch kopiert wurde, überrascht dies nicht – vermutlich hat er seine Version gegen eine ursprünglich heidnische ausgetauscht. Der letzte Teil des Gedichts nimmt die Form von Prophezeiungen an, die so überwältigend düster und bedrohlich sind, daß Ferchertnes Vision den Jüngeren schließlich überwältigt. In dieser Schreckensschilderung wird alles auf den Kopf gestellt. Die Verse wimmeln von Beziehungen aufeinander, denn der Dichter kehrt immer wieder zum gleichen Punkt zurück: die Verwüstung des Landes (Nials Ebenen, den Ebenen Erins usw.), die Umkehr der Meeressöhne und das Scheitern aller Gesellschaftsstrukturen. Die Zeilen über die Dichter, die ihre Umhänge verkaufen und ihre Ehre gegen eine Brotkruste eintauschen müssen, spricht von einer persönlichen Erfahrung. Allgemein ist diese Vision apokalyptisch und endgültig in ihrem Urteil über die Menschheit.

Schließlich erfahren wir von der Versöhnung der beiden Dichter, die sich einander nun mit Komplimenten zu übertreffen versuchen, bis Ferchertne schließlich seine Robe und seinen Platz dem Jüngeren überläßt, der diesen wiederum als »Vater im Alter« anerkennt.

Die Geschichte teilt uns eine Menge über die bardischen Mysterien mit. Das Spektrum der Weisheiten und die geschickte Wortwahl sind beachtlich. Wir stellen auch fest, daß die Dichter einen andersweltlichen Ursprung für ihre Inspirationen angeben und viele verschiedene Einflüsse und Fähigkeiten aufführen, die für diese Kunst nötig sind. Man hat gemeint, daß es regelmäßig solche poetischen Wettbewerbe gab, in denen die Barden ausgewählt wurden, den Thron und das Amt einzunehmen. Vermutlich herrschte starke Rivalität, da Dichter gut behandelt, gut bezahlt und hoch geehrt wurden. Das Gedicht ist insgesamt außergewöhnlich in seiner brillanten Anrufung des Mysteriums des Worteschmiedens, wie auch als Zeugnis für die eindringlichen visionären Fähigkeiten der schamanischen Dichter.

Die drei Kessel der Inspiration

Caitlín Matthews

Die Gefäße der Inspiration

Ein zentrales Bild in der keltisch-schamanischen Tradition ist der Kessel, ein Gefäß der Wärme, des Überflusses und der Inspiration. Auf dem Kessel von Gundestrup, einem riesigen, in Dänemark gefundenen Silbergefäß, das im 4. bis 3. Jahrhundert v. Chr. entstanden sein soll, findet sich die Darstellung einer Reihe von Kriegern, die darauf warten, zur Initiation oder Opferung in einen tiefen Kessel getaucht zu werden. Diese eindeutige Abbildung wird von archäologischen, mündlichen und literarischen Zeugnissen über die Kelten bestätigt, von den frühesten Weihgaben in Gewässern bis zu den komplexen Windungen der Gralsgeschichte.

Da der Kessel in erster Linie ein Spender körperlicher Nahrung war, überrascht es kaum, daß er auch als Symbol für Inspiration, Wissen, Weisheiten und Wiedergeburt galt. Es gibt zwar keine einzige überlieferte, zusammenhängende keltische Schöpfungsgeschichte, aber viele Hinweise auf Seen, Flüsse und Überflutungen in der mündlichen Tradition, daß wir von einem Urkessel ausgehen können, aus dem alles entstand.

Zu den bekannteren keltischen Kesseln gehören der Kessel der Dagdam, der niemanden unzufrieden läßt, der Kessel von Diwrnach, der keinen Feigling bedient, der Kessel von Bran dem Seligen, der zur Wiedergeburt verhilft und der Kessel von Ceridwen, der Weisheit verleiht. Diese Eigenschaften finden sich auch in den späteren Manifestationen des Kessels als Gral, der einem Überfluß, Heilung und spirituelle Weisheit schenkt.[9]

Die Hauptrolle des Kessels in der keltischen Überlieferung ist es, Nahrung zu spenden, Status zu verleihen und den Empfang und die Weitergabe von Kenntnissen und Inspiration zu regeln. Wir wollen uns hier mit dieser letzten Eigenschaft befassen, da der folgende Text der mystischen Funktion von drei körperlichen Gefäßen *innerhalb* des inspirierten Praktikers selbst gewidmet ist.

Keltische Dichter konzentrierten sich in erster Linie auf die Inspiration (*imbas* in Irland, *awen* in Britannien), besonders wenn sie die alten prophetischen und visionären Talente der Ovaten oder *fàith* geerbt hatten – vermutlich die älteste Form des keltischen Schamanismus. Die schamanischen Praktiken der Prophezeiung, der Weissagung und der Wahrsagerei scheinen viele Jahrhunderte nach dem Niedergang des Druidentums immer noch zur keltischen Tradition gehört zu haben. Mit Beginn der Christianisierung wurden schamanisch Begabte nach und nach aus allen öffentlichen Ämtern verdrängt. Diese Fähigkeiten konzentrierten sich in einzelnen, begabten Individuen, die von der Gesellschaft immer häufiger als Exzentriker bezeichnet wurden. Doch in ihrer unmittelbaren Umgebung wurden Seher und Propheten hoch geschätzt, und sie genießen in keltischen Gemeinschaften auch heute noch den gleichen Respekt wie zu alten Zeiten.

Geraldus Cambrensis, Gerald von Wales, berichtet in seinen »Itinerary of Wales« im 12. Jahrhundert über eine schamanische Vision und prophetisch inspirierte Menschen, die *awenyddion* (wörtlich: Inspirierte), die in Trance fallen, wenn man ihnen Fragen stellt. Ihre Antworten sind gnomisch verschlüsselt, aber sie ergeben einen Sinn und lösen Probleme. Man muß die *awenyddion* kräftig schütteln, wenn man sie ins normale Bewußtsein zurückbringen will. Gerald meint hierzu: »Sie scheinen die Gaben der Weissagung durch Visionen zu erlangen, die sie im Traum sehen. Einige haben dabei den Eindruck, als würde ihnen jemand Honig oder gezuckerte Milch auf die Lippen streichen.« Die *awenyddion* scheinen direkte Nachfahren der britischen Ovaten zu sein (Walisisch: *ofyddion*).

Innerhalb der gälischen Tradition wurden die Wahrsagerei und die schamanischen Fähigkeiten des Suchens und Heilens in der Dichterkaste bewahrt. In Schottland wurden bis zum 17. Jahrhundert bei der Dichterausbildung schamanische Methoden benutzt, um Inspiration zu erlangen. Hören wir hierzu Martin Martins »Description of the Western Islands of Scotland«:

> Ich darf nicht versäumen, ihre Studiermethode zu beschreiben, die sehr ungewöhnlich ist. Sie schließen den Tag über alle Türen und Fenster, legen sich auf dem Rücken ruhend einen Stein auf den Bauch und ziehen eine Decke über den Kopf, bis ihre Augen bedeckt sind. Dann überlegen sie bei sich eine rhetorische Lobrede oder -hymne und erzeugen in dieser dunklen Zelle einen Stil, den nur wenige begreifen.

Diese Studiermethode hat eine Parallele in Irland, die uns vom Marquis von Clanricarde 1722 in dessen »Memoiren« beschrieben wird. Er erzählt, wie er eine Dichterschule besuchte. Sie stand nur den Nachfahren von Dichtern offen und lag weit entfernt von allen Ablenkungen. Das Haus der Erinnerung war eine niedrige Hütte ohne Fenster »um weder den Tag einzulassen noch anderes Licht, außer ein paar Kerzen. Der Lehrer gab jeder Klasse ein geeignetes Thema ... über Nacht, damit sie, jeder auf seinem Bett, allein darüber nachdachten; den ganzen darauffolgenden Tag verbrachten sie ebenfalls im Dunklen, bis zu einer bestimmten Stunde gegen Abend. Dann brachte man ihnen Lichter und befahl ihnen, alles aufzuschreiben.« Anschließend kleideten sich die Schüler an und stellten ihre Arbeit dem Lehrer vor. Darauf gab man ihnen ein neues Thema, um es im Dunkeln zu studieren.«

Die Dunklen Häuser waren Brutstätten der Inspiration und der Visionen. Dunkelheit und Isolation sind bei schamanischen Praktiken in der ganzen Welt zentraler Bestandteil. Aber was geschieht in der Dunkelheit? Was wird gesucht? Welche Visionen werden entdeckt? Das sind die Geheimnisse des Schamanen, der die alte Kunst ausübt, die Ariadnefäden der Vision zu unterscheiden und zu deuten, die sich durch Dunkelheit und Stille winden. Wir erkennen, daß die *awenyddion* aufgefordert werden, Probleme zu lösen oder Informationen zu finden, daß man den Dichterlehrlingen ein Thema gibt, über das sie auf dem Bett liegend meditieren. Schamanische Visionen können nicht ohne Zweck durchgeführt werden. Keltische Seher und Dichter waren mit einer bestimmten Datenbank traditioneller Weisheiten verbunden; sie waren keine Medien, die mit unwichtigen Daten arbeiteten. Die Visionen von Dichtern und Sehern wurden in und von der Anderswelt angeregt und im Hinblick auf menschliche Bedürfnisse weiterentwickelt – beides Grundbestandteile aller menschlichen Suche.

In unserer heutigen Zeit, in der alle direkten Quellen der Inspiration verspottet oder an den Rand gedrängt werden, scheint ein derart fundamentales Vertrauen fehl am Platz. Doch Künstler lernen insgesamt, der Phantasie als Nährboden für Inspiration zu trauen und nutzen sie, um ewige Wahrheiten und die tiefen Erkenntnisse der Anderswelt zu empfangen.

Die keltische Anderswelt ist eine Realität, die die gewöhnliche Realität, die wir den Alltag nennen, transzendiert, aber auch durchdringt. Sie ist nicht von der gewöhnlichen Wirklichkeit abgehoben, sondern unauflöslich mit ihr verknüpft, versorgt sie, empfängt von ihr und wirkt wie eine tiefe Quelle der Weisheit. Jede Kultur hat ihr eigenes Phantasiereich. Die hebräische Kabbalah nennt sie die Welt von Briah, das kreative Reich; im Platonismus ist es das »Reich der Archetpyen«, in der Jungschen Theorie das »Kollektive Unbewußte«. Die keltische Anderswelt entspricht diesen nicht unbedingt; sie bleibt ein Ort, an dem die essentielle Inspiration des Universums direkt zugänglich ist.

Die keltische Anderswelt war und ist durch die Imagination, jenes Brennglas der Seele, zugänglich. Die ursprüngliche Bedeutung dieses Wortes ist zu »Fähigkeit, illusorische Dinge zu erträumen« verzerrt worden. Aber die Phantasie ist nichts weniger als unsere Pforte in die Anderswelt, die Hauptfähigkeit des schamanischen Bewußtseins, durch das Träume, Visionen und Ideen entstehen, die wir wiederum in die Wirklichkeit integrieren. Wir müssen lernen, den Informationen zu vertrauen, die wir durch Meditation gewinnen, müssen unserer Phantasie und unseren Träumen trauen und die Antworten genau betrachten, die die Anderswelt uns gibt.

Jede Gesellschaft braucht ihre Talente, ihre Künstler und Mystiker: Ohne sie wird das Land trübsinnig und entmutigt. Die traditionelle keltische Gesellschaft sorgte für die Aufrechterhaltung des anderweltlichen Zaubers, indem sie ihre Talente unterstützte. Was ist Zauber? Wie die Phantasie und andere Begriffe hat dieses Wort seine Bedeutung und seinen Stellenwert verloren. Wortwörtlich geht das englische Wort »enchantment« auf den Ausdruck zurück: »Mit Liedern erfüllen«. Die Tradition des Urtons, durch den die Schöpfung entstand, wird von vielen spirituellen Kulturen bestätigt. Die erste Äußerung der Götter läßt Schwingungen und Harmonien entstehen, deren Verschlingungen innerhalb der Schöpfung Vielfalt bewirken. Diese Schwingungsraten unterscheiden sich durch Farben, Zahlen und qualitative Funktionen, die die Gesamtheit unseres Lebens beeinflussen. Musik stiftet als erste Ordnung im Chaos. Wenn die Musik der Verzauberung nicht mehr ertönt, kehrt das Chaos zurück.

Es gibt eine ausgeprägte Tradition, daß druidische wie schamanische Gründungen »ständige Chöre« hatten, die Britanniens heilige Orden fortsetzten. In der heidnisch-keltischen Tradition handelte es sich sicherlich um die Dichter und Barden, die ausgebildet waren, dem Zauber der Anderswelt Stimmen zu verleihen. Sie überlieferten die Lieder des Landes über heilige Geschichten. Diese Vorherrschaft der mündlichen Tradition im Keltischen ist das Gegenteil zu unserem heutigen ausschließlichen Verlassen auf Aufzeichnungen.

Die mündlichen Überlieferungen wimmeln von Wasserbildern, denn die Mythen, auf die die Quellen keltischer Inspiration zurückgehen, haben fast ausschließlich mit Kesseln und Wasserläufen, Brunnen, Quellen und Bädern zu tun – allen natürlichen Behältnissen und Aspekten, die Wasser enthalten oder empfangen. Diese Mythen nähren den Strom der Gralstexte bis schließlich zu deren mittelalterlicher Blüte.

Die Gottheiten, die die Inspiration bewahren und nähren, sind unweigerlich weiblich – Boann, Ceridwen und Brigid. Taliesin trinkt in einem komplexen Mythos voller Wasserbilder den Saft aus dem Kessel der Inspiration und wird in Ceridwens Schoß wiedergeboren, ins Wasser geworfen und von seinem Schutzpatron Elphin herausgezogen, der im Wehr Lachse angelt.

Die Quelle des Boyne, nach der Göttin Boann benannt, wird als »ein glänzender Brunnen, aus dem fünf Ströme fließen ...« beschrieben. »Neun Haselbüsche wachsen über der Quelle. Die lila Haselruten ließen ihre Nüsse in den Brunnen fallen, und fünf Lachse bissen sie auf und ließen die Schalen flußabwärts schwimmen.« Wir hören, daß diese »die fünf Flüsse der Sinne sind, durch die wir Wissen erlangen. Und niemand wird etwas wissen, der nicht einen Schluck aus der Quelle selbst und aus einem der Flüsse getrunken hat. Die Völker mit vielen Künstlern haben aus beiden genossen.«[10] Es handelt sich um nichts anderes als die *aois dána*, die inspirierten Dichter. Einer Tradition zufolge können sich Unwürdige dieser mystischen Quelle des Boyne nicht nähern, da vier Becherträger sie umwandeln und bewachen und das Wasser nur an diejenigen mit reinem Herzen ausschenken.

Den Wasserbildern stehen diejenigen von Hitze und Feuer gegenüber, denn der Inspirationsfluß wird im Kessel bewahrt und gewärmt, um eine noch stärkere Flüssigkeit zu produzieren. Die Danann-Göttin Brigid ist die oberste, die Weisheit austeilt. In der Tradition der Inselkelten ist sie (gewöhnlich in Gestalt ihrer Namensschwester St. Brigid von Kildare) diejenige, die man anruft, um die Herdfeuer zu schüren und die Seelen in Sicherheit zu bewahren. Geoffrey von Monmouth spricht von Taliesin, der unter dem Schutz der Minerva stand, mit der man Brigid in römisch-keltischen Zeiten stark identifizierte. Brigid und Cerdiwen haben beide den Ruf, die Herrscherinnen von Inspiration und Weisheit zu sein.

Die reformierten Zweige des Druidentums haben für den Erguß von *awen* drei Tropfen als Zeichen angenommen, aus denen drei Strahlen hervorbrechen. Diese drei Tropfen kann man als drei heiße Spritzer betrachten, die *Gwion bach* mit dem Finger auffängt, ehe er in den allwissenden Taliesin verwandelt wird, dessen inspiriertes Wissen in Strahlen die Welt durchdringt.

Im folgenden Text finden wir eine ähnliche heilige Dreiheit: drei Wächtergefäße der Inspiration, die den Empfang und die Verteilung der großzügigen Gaben der Anderswelt regeln.

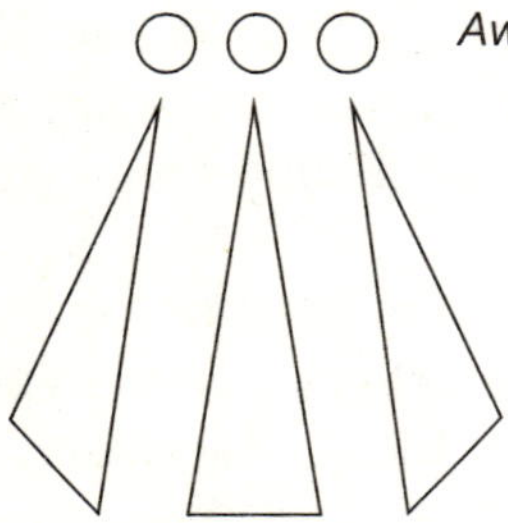

Awen – die Inspiration

Die drei Kessel

Neu übersetzt und mit einem Kommentar versehen von
Caitlín Matthews

Diese Abhandlung über die Dichtkunst aus dem 15. Jahrhundert, die in einem irischen Gesetzeskodex gefunden wurde, verzeichnet seltene und ungewöhnliche Einzelheiten über die Metaphysik der Inspiration, die wir andernfalls nie kennengelernt hätten. Der Großteil der überlieferten irischen Dichtungslehre befaßt sich mit der praktischen Ebene des Handwerks und der Komposition von Dichtung, doch das in diesem Text enthaltene Material vermittelt neue Einblicke in die dichterische Ausbildung und die menschlichen Kreativität.

Der Text existiert nur in einer einzigen Ausgabe vollständig (MS TCD MS H.3.18, S. 53a1–57b5) und wurde als Original von Annie Power zu »Anecdota from Irish MS, Bd. 5« übertragen. Sie betitelte ihn als »Der Kessel der Dichtkunst«. Ich nenne ihn hier »Die drei Kessel«.

Der Text wurde im 15. oder 16. Jahrhundert in Druim Coll (unbekannt) transkribiert und ist im Grunde genommen als Anweisung für junge Dichter gedacht; er handelt von der Inspiration und den poetischen Künsten, hat aber große Bedeutung für alle, die sich für die praktische Anwendung des keltischen Schamanentums interessieren, denn er beschreibt die Gefäße der Inspiration innerhalb des Körpers. Wir haben mit unseren Studenten auch prakisch mit dem Text gearbeitet und festgestellt, daß er eine nützliche Methode bietet, den Fluß der körperlichen, künstlerischen und spirituellen Energie zu identifizieren und zu begreifen.

Zwei Abschnitte des Textes werden dem berühmten alten Dichter Amairgin und Nede mac Adne in den Mund gelegt, denen wir im »Gespräch der zwei Weisen« begegnet sind. Wie wir bereits gesehen haben, galt Amairgin während der milesischen Invasion Irlands als die Speerspitze der Dichtkunst, während Nede mac Adne der oberste *ollamh* (Professor für Poetik) unter dem Ulsterkönig Conchobor mac Nessa war. Es ist, als würde man heutzutage junge Dichter unterweisen, indem man für sie Seminare im Stil Shakespeares und Chaucers veranstaltet.

Der Text ist komplex und stellenweise sehr technisch gehalten, und wir haben versucht, ihn mit Hilfe von Erläuterungen und einer Zeichnung verständlicher zu machen. Dem Text folgt eine Diskussion des Inhalts. Die vier Abschnitte wurden umbenannt und mit einer Erläuterung versehen. Die Verse sind nach Zeilen durchnumeriert, die Prosa nach Sätzen.

1. Amairgins Lied von den drei Kesseln

Mein eigener Kessel, mein Kessel warm,
Gottesgeschenk von den geheimnisvollen Elementen,
edel die drei Bäuche, aus denen
alle Worte sich ergießen.
Amairgin Weißknie bin ich genannt,
mit blauen Mustern auf den Beinen und einem grauen Bart.
Mein Kessel der Wärme dient mir gut
mit vielfarbigen Versen.
Nicht jeder bekommt sein
Talent von Gott,
aber manche sind gut, andere geneigt,
andere ergeben, andere leer oder halbvoll,

und manche wissen viel wie Eber und Donn.
Wenn sie Verse schmieden
und Gesänge verfassen
in männlich, weiblich, sächlich,
mit Zeichen für Doppelkonsonanten,
langen und kurzen Vokalen,
wird die Funktion metrisch erklärt,
durch die Gabe dieses Kessels.
Ich singe vom Kessel des Wissens,
aus dem die Gesetze für jede Kunst stammen.
die jedem Künstler mächtig helfen,
und jedem seine Gabe schenken.

3–4: Jeder Mensch hat einen Kessel der Wärme, aber diejenigen, die ihr lebenswichtiges Gefäß nutzen, um Verse zu wärmen, sind besonders zu schätzen. Die Metapher des Bauches (als Wärmespender) wird hier bestätigt und kann mit einem Theorem der traditionellen chinesischen Heilkunde verglichen werden, nach dem die Körperhöhle als ein dreifaches Gefäß der Erwärmung bezeichnet wird.
7–9: Über die »Farbe der Dichtkunst: In einer Glosse heißt es: »Schwarz ist die Satire, gefleckt die Warnung (wenn der Lohn des Dichters nicht gezahlt wurde), weiß ist das Lob.«
10–21: Hier scheint vom Kessel der Berufung die Rede zu sein.
14: Eber und Donn waren Söhne von Miled. Eber übernahm die Herrschaft von Südirland, während Donn in dem Sturm umkam, der die Milesier nach Irland führte. Er ist in Tech Duinn begraben, vor der Südwestküste Munsters.
17–19: Gemeint sind die Bestandteile der dichterischen Metrik.

2. Die Lehre von den drei Kesseln

1. Frage: Liegt die Quelle der Dichtkunst bei einem Menschen in seinem Körper oder in seiner Seele? 2. Manche meinen, es sei die Seele, denn der Körper ist mit ihr eins. 3. Andere sagen, es sei der Körper, denn er stammt aus der entsprechenden Quelle, vom Vater und Großvater, aber wahrer ist es, daß die Quelle der Dichtkunst bei jedem Menschen im Körper ist, denn sie fehlt bei jedem zweiten Menschen, in allen anderen ist sie vorhanden.

4. Was ist also die Quelle der Dichtkunst und von allem anderen Wissen?
5. Das ist nicht schwer. 6. In jedem Menschen entstehen drei Gefäße: Der Kessel der Wärme, der Kessel der Berufung und der Kessel des Wissens.
7. Der Kessel der Wärme entsteht in einem Menschen als erstes in aufrechter Stellung; aus ihm werden in der Kindheit Lehren an alle verteilt.
8. Der Kessel der Berufung wird größer, wenn er einmal aktiviert wurde; er liegt ursprünglich in einem Menschen auf der Seite. 9. Der Kessel des Wissens ist normalerweise umgedreht und spendet außer der Dichtkunst viele künstlerische Gaben.
10. Der Kessel der Berufung ist bei jedem zweiten Menschen umgestülpt, wenn man nicht aufgeweckt ist. Er liegt auf der Seite bei jenen, die die bardischen und dichterischen Künste ausüben. Er ist aufrecht bei den Meistern des Wissens und der gelehrten Künste. 11. Nicht jeder entwickelt die gleiche Geschicklichkeit, weil der Kessel der Berufung für sie auf dem Kopf steht, bis er durch Trauer oder Freude aufgerichtet wird.
12. Frage: Wie viele Arten von Trauer braucht es, um ihn umzudrehen?
13. Das ist nicht schwer. Es sind insgesamt vier: Sehnsucht, Trauer, die Schmerzen der Eifersucht und das Exil auf der Pilgerschaft um Gottes willen; diese werden innerlich erlebt, auch wenn sie von außen erzeugt werden.
14. Es gibt zwei Hauptarten von Freude, die den Kessel des Wissens umkehren können: göttliche und menschliche Freude. 15. Die menschliche Freude hat vier Arten, nämlich die Kraft der Sexualität, die Freude an der Gesundheit, die Freude, nach langem Studium poetische Ehren zu erlangen, Freude über das Auftauchen der *imbas*, die an den neun Haselruten voll Fruchtbarkeit in Segais und im *sidhe* erzeugt wird, und mitten im Juni alle sieben Jahre den Boyne in einem Widderschädel aufwärts hüpft – rascher als ein Dreijähriger auf der Rennbahn.
16. Göttliche Freude bringt jedoch eine besondere Gnade mit sich, die den Kessel des Wissens umdreht, und so entstehen heilige und weltliche Propheten, Kommentatoren über heilige und praktische Dinge, die Worte der Gnade sprechen und Wunder vollziehen, deren Ankündigungen Präzedenzfälle und Urteile darstellen und zum Muster für alle Reden werden. Und diese Eigenschaften von außen richten den Kessel auf, obwohl sie innerlich entstehen.

1. Viele irische Abhandlungen beginnen mit dieser Frage: Hier haben wir zweifelsohne einen Nachfolger der mündlichen Prüfung der Studenten von Poetiklehrern in den Bardenschulen.
3. Die Theorie von erblichen Fähigkeiten wird zugunsten einer potentiellen Fähigkeit in jedem zurückgestellt.

5. Diese bescheidene Antwort ist in derartigen Diskussionen verbreitet und geht gewöhnlich einer längeren Ausführung oder Antwort voran.
6. Jeder Mensch verfügt über diese drei Gefäße. Die ursprünglichen irischen Bezeichnungen für diese Kessel sind: *Coire Goiriath*, Kessel der Wärme; gemeint sind hier die Wärme der Frömmigkeit, des Dienstes oder der Anbetung; *Coire Ernmae*, Kessel der Berufung – gemeint sind auch Handlungsrichtung, Lehre oder berufliche Neigungen; und *Coire Soís*, der Kessel des Wissens.
9. Der Kessel des Wissens verteilt und gibt, und diese Funktion des Spendens und Verteilens wurde Menschen von hohem Rang zugeschrieben, dem König, Häuptling oder Herrscher, einem Gastgeber oder einer Gastgeberin, den göttlichen Mächten. In den Gedichten von Taliesin wird das göttliche Wesen als »Verteiler« bezeichnet.
10. Bei *anruths* steht der Kessel aufrecht. Dieser Begriff steht etwa für jemanden mit den Fähigkeiten eines Magisters der freien Künste. Ein Doktor der Philosophie wäre ein *ollamh*.
14. Der Kessel der Berufung wird zwar von Kummer oder Freude umgekehrt, aber der Text erwähnt nur die Wirkungen von Kummer. Die Wirkungen von Freude werden dem Kessel des Wissens zugeschrieben, vermutlich, weil der Kessel der Berufung durch die Suche nach Harmonie aktiviert wird – er bewegt sich, weil sein Träger die Quelle für Trost, Inspiration und Ganzheit finden will. Der Kessel des Wissens dreht sich vor Freude, weil der Kessel der Berufung selbst bei dieser Suche gekippt wird.
15. Als erste Freude wird im Original wortwörtlich »die Lust der Eifersucht beim Ehebruch« bezeichnet. Wir geben es wie oben wieder, denn es scheint sich um einen Euphemismus für »Unzucht« zu handeln. Da sich die Abhandlung zweifelsohne an junge Dichter wendet, die bis nach der Schlußprüfung nicht das Einkommen hatten, um eine Familie zu unterhalten, scheint man zu empfehlen, daß junge Männer ihre Lust unter den jungen Frauen finden, die mit älteren Männern verheiratet sind.

Imbas bedeutet »Inspiration« – für den irischen Dichter *das* Instrument für seine poetische Laufban. Am Brunnen von Segaís, nahe der Quelle des Boyne, standen neun Haselbüsche, die ihre Nüsse in den Fluß fallen ließen, wo sie vom Lachs des Wissens verschluckt wurden. Alle Dichter identifizierten sich mit diesem Lachs und zollen dem

Boyne, dessen Schutzherrin Boann und den neun Haselbüschen Respekt als einem privilegierten Ort, von dem die poetische Inspiration insgesamt stammt.
16. Wir sehen hier, daß heilige und weltliche Gelehrsamkeit gleichermaßen geachtet werden und man sie für Geistliche wie Dichter auf den gleichen Kessel des Wissens zurückführt.

3. Der Kessel der Berufung

Hört die Worte von Nede mac Adne:
Der Kessel der Berufung singt
mit Einsichten in Gnade,
einem bestimmten Wissen,
mit Strömen der Inspiration;
einem Delta an Klugheit,
einem Zusammenfluß aller Weisheit,
einem Strom der Würde,
und erhöht die Niedrigen.
Beherrschung der Rede,
königlicher Geschmack,
herrscherliche Einsicht,
das poetische Erbe,
um Studenten zu hegen.
Wo Gesetze geschaffen,
und Sinn erläutert,
wo Musik und Lied gesummt,
und Weisen verbreitet,
wo die Freien gelehrt,
wo die Knechte befreit,
wo die Namenlosen berühmt,
und Lob durch Regeln
und verschiedene Stufen bestimmt.
Mit reinster Unberührbarkeit,
der Beredtsamkeit von Weisen:
ein Zusammenfluß an Gelehrten,
ein nobles Gebräu, in dem die
Grundlagen allen Wissens gekocht.
Es geht der Reihe nach
von Fleiß beflügelt,

gärend von Inspiration,
und überwältigt von Freude,
zeigt sich durch Kummer
und ist eine starke Macht
deren Schutz nie versagt.
So singt der Kessel der Berufung.

38 Frage: Was ist *ermae* [berufliche Neigung]? 39. Das ist nicht schwer: Ein edler Weg zur Leistung, eine edle Rückkehr, eine künstlerische Berufung, d. h., sie vermittelt Wissen und Freiheit und Rang, wenn [der Kessel] sich gedreht hat.

In diesem Gedicht geht es um den Kessel der Berufung, der je nachdem, was hineingelangt, umgedreht werden kann. Die gehäuften Wasserbilder bezeichnen die poetische Inspiration, das Erlernen der praktischen Kenntnisse des dichterischen Handwerks und legen den Schluß nahe, daß die *aois dâna* genau wußten, wie sie den Kessel der Berufung in Bewegung setzen konnten! Das Gedicht ist zwar vom Stolz auf den schließlichen Status des Dichters als allen anderen Wesen überlegen durchzogen, aber es verdeutlicht auch, daß die berufliche Neigung nicht nur ein Talent von Edlen ist, sondern auch von jenen erlangt werden kann, die unfreien oder Vasallenstatus haben. Denn eine künstlerische Gabe wie diese veredelt seinen Besitzer.
3–8: Ein wiederholtes Bild von den Ergüssen des Kessel ist das von Tropfen aus einem großen Gefäß mit Wasser.
9–11: Die Metapher deutet an, daß alle Studenten, von arm bis reich, erhöht werden.
13: Zeile 9 spricht von *doeir* oder *daer*, »Unfreien« oder Vasallen. Es wird den *saer*, den Freien, gegenübergestellt. Das Bild deutet die Erhöhung der Unfreien an, indem man ihnen einen neuen familiären Hintergrund gibt, den Stammbaum der Dichter. Diese Metapher setzt sich in der nächsten Zeile fort.
15–27: Der Kessel ist die »Studierstube« für das Erlernen vieler Künste.
16–17: Das gesamte irische Wissen wurde durch mechanisches Aufsagen auswendig gelernt; zuweilen wurde es dabei halb gesungen oder mit Melodien versehen.
25: Die Immunität des Dichters vor bestimmten Gesetzen wurde in ganz Irland beachtet. Wenn man einen Dichter verletzte, ob durch Gewalt oder Beleidigung, zog man sich hohe Strafen zu und setzte sich

den schamanischen Fähigkeiten eines Satirikers aus. Fionn mac Cumhail ging in seiner Jugend, als seine Familie von einer Fehde bedroht war, zu einem Dichter in die Lehre, um poetische Immunität vor Angriffen zu erlangen.

4. Die neun Gaben des Kessels

Der Kessel der Berufung
gibt und wird gefüllt,
fördert und wird vergrößert,
nährt und empfängt Leben,
veredelt und wird erhöht,
bittet und ist voller Antworten,
singt und ist voller Lieder,
bewahrt und wird gestärkt,
sorgt und wird versorgt,
erhält und wird erhalten.
Gut ist der Brunnen des Maßes,
Gut ist das Reich der Sprache,
Gut ist der Zusammenfluß der Macht,
er baut die Kraft auf.
Er ist größer als alle Reiche,
besser als jedes Erbe,
zählt uns zu den Weisen,
und wir lösen uns von den Unwissenden.

Dieses Gedicht zählt die neun Gaben des Kessels der Berufung auf, die man mit den Gaben der neun Haselruten des Brunnens von Segaís vergleichen kann – Quelle aller poetischen Inspiration. Die Doppelfunktion des Kessels wird deutlich beschrieben. Dieses Gefäß, aktiv in allen, die sich ihrer kreativen Ressourcen bewußt sind, gibt anderen in der körperlichen Welt und wird von der inneren Welt aufgefüllt. Dies ist eine wichtige Erkenntnis für den Bereich der Kunst: daß die Ausübung einer Kunst den Menschen nicht aushöhlt, sondern erneut erfüllt. Das persönliche Talent wird weder in Quantität noch Qualität verringert.

Durch die neun Gaben des Kessels wird der Dichter zum Vermittler für Menschen, die ihn oder sie aufsuchen. Die genaue Beziehung zwischen den hier aufgeführten neun Gaben und den drei Kesseln wird nicht erwähnt.

Die Funktion der drei Kessel

Wir sind es gewöhnt, den archetypischen Kessel, den Gral, als Ziel einer Suche zu betrachten, aber unsere erste Erkenntnis beim Lesen dieses Textes ist, daß diese Kessel als innerhalb von jedem Menschen gedacht werden. Wir werden oft gefragt, ob es ein keltisches Gegenstück zum Chakra-System der Hindu gäbe. Es gibt zwar keine direkte Parallele, aber dieser Text legt den Schluß nahe, daß die drei Kessel eine enge metaphysische Beziehung zu Empfang und Verteilung von Inspiration haben. Betrachten wir nun die Funktionen und den möglichen Sitz dieser Kessel innerhalb des Körpers.

Coire Goiriath – der Kessel der Wärme

Dieser Kessel existiert und funktioniert in allen Menschen; er ist das Grundgefäß, das die Lebensenergie und -macht enthält, aber auch das kulturelle Erbe bewahrt, das jeder Mensch mit der Erziehung erhält. Er gibt uns die Grundnahrung, die alle Menschen brauchen. Er steht in jedem Menschen aufrecht.

Coire Ernmae – der Kessel der Berufung

Dieser Kessel ist bei manchen Menschen umgekehrt, die keine offensichtlichen Gaben oder Fähigkeiten haben. Bei jenen, die sich ihrer Fähigkeiten bewußt sind, liegt er auf der Seite, wie eine Satellitenschüssel. Bei den voll Aufgeklärten steht er in aufrechter Position. Er kann jedoch durch Freude oder Kummer aus der umgekehrten Stellung gedreht werden. Er spendet eine reiche Auswahl an Talenten, wenn er zur Wirkung gelangt, und hilft, die Verbindung zwischen gewöhnlicher und nicht so gewöhnlicher Realität aufrechtzuerhalten.

Coire Soís – der Kessel des Wissens

Dieses Gefäß ist ursprünglich umgedreht. Wie der *Coire Ernmae* kann er aber durch Freude oder Kummer umgekehrt werden, und manche meinen, daß der *Coire Ernmae* voll funktionsfähig sein muß, ehe der *Coire Soís* sich drehen kann. Bei spirituell voller Funktion oder Erkenntnis ist er aufrecht und bietet das größte Potential für spirituelle und künstlerische Gaben.

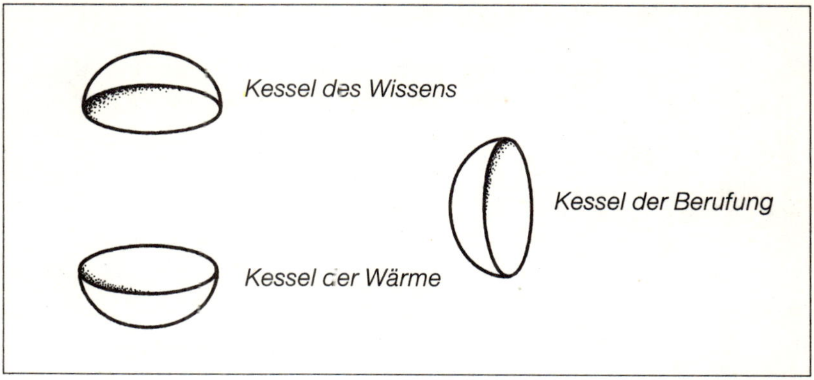

Position der Kessel zum Zeitpunkt der Geburt

Bei den meisten Menschen ist nur der erste Kessel in Funktion und der zweite darüber gestülpt, was auf einen geschlossenen Erfahrungskreislauf deuten läßt. Bei Dichtern und anderen Inspirierten liegt der zweite Kessel auf der Seite, als eine Art Empfänger der Erfahrung. Bei spirituell Begabten hat auch der dritte Kessel seine Funktion. Das Drehen, die Umkehrung der beiden oberen Kessel des Wissens und der Berufung ist recht geheimnisvoll. Der Text deutet an, daß die Stellung des Kessels des Wissens die kreative Reaktionsfähigkeit bestimmt. Die Wirkungen dieses Kessels können bei jedem verliebten Menschen beobachtet werden! Der Text deutet an, daß der Kessel der Berufung bei denjenigen, deren Neigung darin besteht, einem spirituellen Pfad zu folgen, wiederum den Kessel des Wissens aktiviert.

Für den Empfang und die Verteilung der Inspiration ist offensichtlich die Ausrichtung der drei Kessel von großer Bedeutung. Jeder wirkt wie ein Grundgefäß der Versorgung des Gesamtwesens: Wenn einer nicht funktioniert, dann ist die körperliche, emotionale und spirituelle Gesundheit beeinträchtigt. Die folgende Tabelle bietet ein mögliches Schema für die Philosophie, die durch die drei Kessel ausgedrückt wird:

Kessel:	Wärme	Berufung	Wissen
Ort:	Bauch/Schoß	Herz/Solarplexus	Kopf
Gesundheit:	Lebenskraft/köperl.	emotional/psych.	spirituell

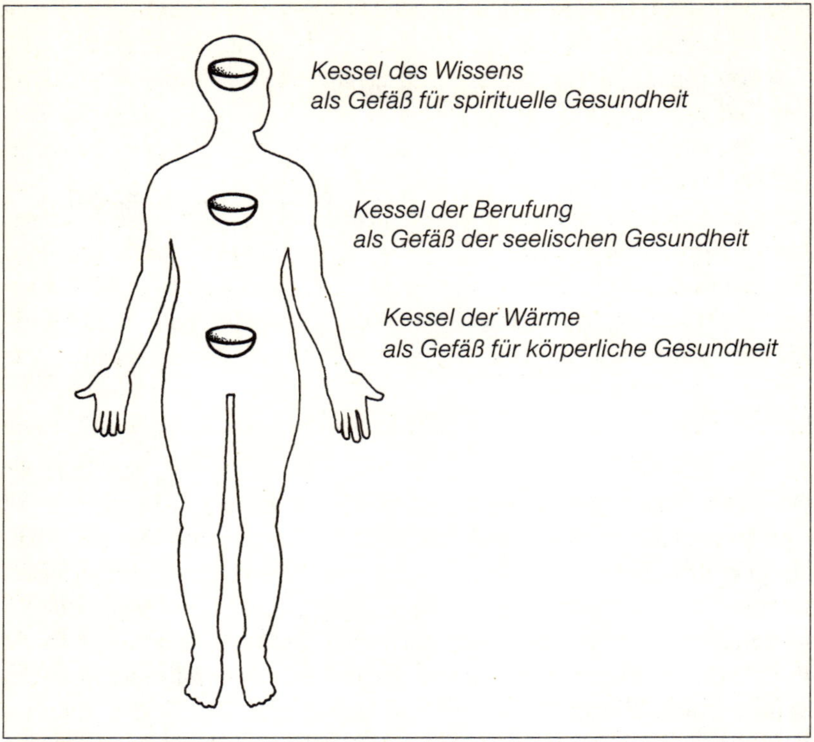

Lage der Gefäße im Körper

Diese Theorie wird von einer ausführlichen Untersuchung der keltischen Einstellung zum Körper bestätigt. Der Kopf ist für die Kelten von höchster Bedeutung, denn er gilt als der Sitz der Seele, als Orakelverbindung zu den Vorfahren und wird vor allen anderen Körperteilen geehrt. Daraus folgt, daß der Kessel des Wissens im Gehirn angesiedelt sein muß, dem Organ der Weisheit. Wenn das zutrifft, dann müssen die beiden anderen Kessel sich in einer Position befinden, die ihn aufrichten können. In dem Text ist deutlich davon die Rede, wie der Kessel der Berufung durch die Wirkung der Gefühle Freude und Kummer aufgerichtet werden kann, die man im Herzen oder Solarplexus-Bereich empfindet – dem Teil des Körpers, den wir automatisch schützen, wenn wir körperlich oder emotional angegriffen werden. Der Kessel der Wärme scheint zum Bauch oder Schoß zu gehören, dem Gefäß des Lebens selbst und seiner Bewahrer.

Auch in unserer Kultur weist man bestimmten Organen und Körperteilen emotionale, körperliche und spirituelle Eigenschaften zu. Wir sprechen von der »überlaufenden Galle«, daß einem »etwas an die Nieren geht«, und der »Laus, die einem über die Leber läuft«. Uns schlagen Dinge »auf den Magen«, und wir wünschen einander »Hals- und Beinbruch«. Auch wir betrachten den Kopf als den Sitz des Wissens, das Herz als den der Gefühle, und obzwar die meisten westlichen Kulturen den Bauch als Sitz der Lebenskraft nicht mehr kennen, wird das Konzept der *hara*, der lebendigen Bauchkraft, im Fernen Osten und in Afrika noch geschätzt. Solche Einschätzungen haben unbewußt Einfluß darauf, wie wir uns bewegen, auf unsere Körpersprache, unsere emotionalen Reaktionen und unser spirituelles Verständnis.

Die drei Kessel als Gefäße des Geistes sind mit ähnlichen Gefäßen aus anderen esoterischen Traditionen vergleichbar: Lurianic Qabala spricht von den zehn Sephirothen oder Sphären, die die lebendige Essenz des göttlichen Wesens enthalten, das nach dem Sturz versprengt war. Kabbalisten versuchen durch eine fromme Lebensweise und spirituelle Hingabe zu heilen, was zerbrochen wurde. Die sephirothischen Gefäße werden als gleichzeitig makrokosmisch und mikrokosmisch begriffen, und sie sind gleichzeitig im Universum verstreut und in der Menschheit aktiv.

In der chinesischen Heilkunde finden wir eine interessante Parallele zu den drei Kesseln. Die Körperenergien werden hier von dem dreifachen Wärmer (Heizung oder Brenner) beherrscht, der als »drei Brennflächen« im Körper beschrieben wird; diese beziehen sich auf die im jeweiligen Körperbereich angesiedelten Organe: Oberer Wärmer – Herz und Lungen, reguliert Atmung und Kreislauf; Mittlerer Wärmer – Bauch, Milz, Gallenblase, Leber und Dünndarm, reguliert die Verdauung, die Enzymausscheidung, Gallenproduktion, Blutentgiftung und Aufnahme von Nährstoffen; der Untere Wärmer – Nieren, Blase und Dickdarm – steuert die Trennung der Nährstoffe, die Ausscheidung der Abfallstoffe, die Temperatur, das Lymph- und das Immunsystem.

Es ist interessant, daß das chinesische Heilkundewerk »Yellow Emperor's Classic« den Oberen Wärmer mit einem Nebel vergleicht, den Mittleren mit Schaum und den Unteren mit einem Sumpf, was von einem Verständnis von den Drei Wärmern als zentral für den alchimistischen Destillierprozeß zeugt.

Die Lehre von den Hindu-Chakras wird in umfangreicher Literatur beschrieben und ist für diese Untersuchung nur am Rande von Bedeutung, wenngleich es das bekanntere System ist. Die Chakras werden nicht als Gefäße, sondern als regulierende Räder begriffen, durch die sich körperliche und feinstoffliche Energien drehen. Die interessanteste Parallele zu den drei Kesseln besteht darin, daß die Chakras gleichzeitig Empfänger wie Bewahrer von Energie sind.[11]

Es wird deutlich, daß die in dem Text von den drei Kesseln enthaltenen Lehren nicht einzigartig sind; sie weisen auf ein universelles Verständnis von den feinstofflichen und grundwichtigen Energien des Lebens selbst hin. Wenden wir uns nun der schamanischen Anwendung zu.

Die schamanische Anwendung der drei Kessel

Bei der schamanischen Praktik geht es um die Entfachung, die Zähmung und die Verteilung der spirituellen Wärme. Das ursprünglich sibirische Tungus-Wort *shaman* bedeutet »große Hitze« oder Erwärmung. Wir können uns auch auf die Ursprünge des Wortes Enthusiasmus besinnen, das von der griechischen Bezeichnung für »Inspiration der Götter« herrührt. Die schamanische Arbeit befaßt sich vor allem mit dieser Aufgabe des Erwärmens, wenn schwächer werdende Lebenskraft, nachlassende Begeisterung oder spirituelle Kälte geheilt werden.

Der Kessel der Wärme, *Coire Goiriath*, hat als Grundbedeutung Hitze oder Wärme, aber es geht auch um die Wärme des Dienstes oder die Frömmigkeit eines Menschen. Hier ist interessant, daß in der walisischen Geschichte von Culhwch und Olwen im *Mabinogion* ein Charakter namens Gwyddolwyn Gorr auftaucht – der »kleine irische Zwerg«. Seine Funktion ist viel interessanter als die zufällige Ähnlichkeit zwischen seinem Beinamen *gorr* (mutiert von corr, walisisch für Zwerg) und dem irischen *goire*, denn er hat Fläschchen, die die Hitze von allem bewahren, was man hineinfüllt, von den östlichen Rändern der Welt bis zur Westseite. Gwyddolwyn Gorrs heizende Eigenschaften sind vielleicht mit der Wächterschaft des Kessels der Wärme verknüpft.

Schamanismus ist eine alchemistische Kunst, die die vorhandenen Bestandteile einer Situation, einer Krankheit oder eines Problems nutzt; sie diagnostiziert die Ursache und destilliert das Heilmittel durch direkten Zugang zur Geisterwelt. Die alchemistischen Verbindungen der drei Kessel werden durch deren alchemistische Wächter aufrechterhalten. In der Geschichte von Taliesin wird Ceridwens Kessel ein Jahr und einen Tag lang am Brauen gehalten; die Bestandteile hat sie nach den »Künsten aus den Büchern der *fferyllt*« gesammelt. Die *fferyllt* sind die alten Alchemisten der britischen Tradition, Wesen, die die spirituelle Wärme des Landes bewahren. Sie halten sich in den hohen Bereichen von Snowdonia auf, bei Dinas Affaraon, der Festung der Höheren Mächte, wo man sie mit der Herrschaft der Drachen verbindet, den symbolischen Bewachern der Energie des Landes.[12]

Die alchemistische Verwandlung von rohen Gefühlen zu Nahrung für die Inspiration wird deutlich in den drei Kesseln sichtbar. In einem anonymen Bardengedicht aus dem Irland des 18. Jahrhunderts spricht der Dichter von seiner Bardenschule als dem Ort der drei Schmieden: dem Haus des Auswendiglernens, dem Haus der Ruhe und dem Haus der Kritik, wo man nacheinander die Inspiration, das Studium und den Ausdruck von Dichtkunst lernte:

> Die drei Schmieden, in denen ich umschlossen,
> brachten meinem Geist nur Freude;
> daß ich die drei Schmieden nicht mehr besuchen kann,
> nagt an meinem Geiste.
>
> (Nach der engl. Übers.)

Das gnostische »Erwecken der inneren Feuer«, ebenso wie die Hinduvorstellung von der Erweckung der *kundalini*, ist aus weltlicher Sicht ausschließlich mit der Sexualität assoziiert worden. In der esoterischen Tradition geht es aber beim Entfachen des inneren Feuers um den Kontakt zur Quelle der göttlichen Inspiration und der Ausrichtung darauf, damit der Praktiker zu einem Blitzableiter der Offenbarung wird. Alle, die dem Praktiker begegnen, werden sich des göttlichen Potentials in sich selbst bewußt; plötzlich wird alles möglich, und Wunder geschehen. Die Macht in einem solchen Individuum ist so stark, daß selbst der Aufenthalt in seiner Nähe zur Offenbarung wird. In der keltischen Tradition waren daher visionäre Dichter Gefäße der Prophezeiung und der Inspiration, fähig, Fragen zu beantworten und Wissen zu übertragen.

Für die schamanische Aufgabe ist die Vermittlung von Segnungen und Wissen zentral; wenn das nicht der Fall wäre, hätte man schon vor langer Zeit aufgehört, Schamanen zu konsultieren. Die Verteilung von Geschenken oder Segnungen ist auch Funktion der keltischen Kessel, wie wir es im Kessel von Annwyn finden, der britannischen Unterwelt. Artus begibt sich auf die Suche nach diesem Kessel, der vom Atem von neun Jungfrauen gewärmt wird. Diese neun Schwestern finden sich überall in der keltischen Tradition als Bewahrerinnen der Künste, spiritueller wie weltlicher.[13] Hier vereinen sich Bilder von Wasser und Feuer in einer endgültigen chemischen Fusion. Die Wasser zwischen den Welten werden vom Kessel gehalten, und die Flüssigkeit wird vom Hauch der anderweltlichen Feuerwächterinnen erwärmt. Die neun Schwestern sind die höchsten Verteilerinnen der Inspiration, weil ihr Atem das Gebräu im Kessel inspiriert und ihm neunfache Gaben verleiht. Sie erscheinen uns als Feenmütter, die Taufgeschenke überreichen. Aber diese Funktion ist vornehmlich Aufgabe ihrer Herrin, keiner anderen als Brigid selbst, Göttin der Inspiration.

Das Geschenk der neun Gaben ist in der gälischen Sagenwelt unauflöslich mit Brigid verbunden, die man häufig anruft, um Neugeborene zu segnen. Brigid hat drei Aspekte, den der Schmiedekunst, der Heilkunst und der Dichtkunst. Jeder Aspekt verleiht einem drei Gaben, die die Lebensumstände, die Gesundheit und die Inspiration des Einzelwesens fördern. Im schottischen Hochland wurde noch vor 100 Jahren ein Kind bei der Geburt dreimal über ein Feuer gereicht und dreimal im Uhrzeigersinn um das Feuer getragen, ehe es die »Hebammentaufe« mit Wasser erhielt:

Eine kleine Welle für deine Gestalt,
Eine kleine Welle für deine Stimme,
Eine kleine Welle für deine Sprache,
Eine kleine Welle für deine Mittel,
Eine kleine Welle für deine Großzügigkeit,
Eine kleine Welle für deinen Appetit,
Eine kleine Welle für deinen Wohlstand,
Eine kleine Welle für dein Leben,
Eine kleine Welle für deine Gesundheit.
Neun Wellen der Gnade für dich,
Wellen vom Spender aller Gesundheit.

Die Segnungen mit Feuer und Wasser sind traditionell mit Brigid verbunden, der Schutzpatronin der Hebammen. Brigid ist auch ein Wesen mit neun verschiedenen spirituellen Erscheinungsformen und Segnungen, das überall in der keltischen Welt angerufen wird, wie hier von Nede mac Adne, der im »Gespräch der zwei Weisen« (»The Collogy of the Two Sages«) von seiner mystischen Abstammung berichtet:

Ich bin der Sohn der Dichtkunst,
Dichterischer Sohn des Nachdenkens,
Nachdenklicher Sohn der Meditation,
Meditierender Sohn der Volkskunde,
Kundiger Sohn der Forschung,
Forschender Sohn von großem Wissen,
Wissender Sohn der Klugheit,
Kluger Sohn des Verständnisses,
Verständnisvoller Sohn der Weisheit,
Weiser Sohn der drei Götter Danas.

Die drei Götter Danas gelten als Brigids drei Söhne von Tuireann, Sohn des Ogma: Brian, Iuchar und Iucharba, die hier als die Gründer eines spirituellen Familienstammes geehrt werden, von dem alle Dichter abstammen. Brigid wird oft mit der alten keltischen Ahnherrin Dana verschmolzen. Wir können diese neun »Ahnen« neben die neun Gaben setzen, die in den »Neun Gaben des Kessels« (»The Nine Gifts of the Cauldron«) im »Drei-Kessel«-Text aufgeführt werden.

Dichtkunst: Singt und ist von Liedern erfüllt
Nachdenken: Erhält und wird erhalten
Meditation: Bewahrt und wird gestärkt
Überlieferung: Fördert und wird angereichert
Forschung: Fordert und ist erfüllt von Antworten
Großes Wissen: Gibt und wird erfüllt
Klugheit: Versorgt und wird versorgt
Verständnis: Nährt und erhält Leben
Weisheit: Veredelt und wird erhöht

Da kein Teil in beiden Texten umgestellt werden mußte, um dieses poetische »Rätsel« zu ergeben, können wir den Schluß ziehen, daß beide Lehren aus einer einzigen Quelle stammen. Die genaue Beziehung unter den neun Geschenken und den drei Kesseln wird in unserem Text nicht eindeutig hergestellt, aber die Gegenüberstellung der beiden Gedichte hier enthüllt eine schamanische Kernpraktik und Philosophie, die kaum zu widerlegen ist. Ein Großteil der keltisch-poetischen Verweise ist oft sehr technisch und theoretisch gehalten und von der egozentrischen Verinnerlichung einer professionellen Spezialistenclique durchsetzt. Der Text bietet ein umfassendes und praktisches Gerüst, in dem gleichermaßen gegeben und genommen wird. Er spricht eindeutig von einer überlieferten schamanischen Tradition, die wir noch heute nutzen können.

Man kann den Text auf verschiedene Weisen praktisch nutzen. Als wir ihn zuerst aufspürten und übersetzten, begaben wir uns auf eine schamanische Reise, um den Zustand unserer eigenen Kessel festzustellen. Uns wurde gezeigt, wie man die Stellung und die Lebenskraft der Kessel erkannte, indem man rasselte, sang oder Unterhaltungen mit anderen Menschen anregte. Man konnte sich auf eine Reise begeben, um die Gesundheit der eigenen Kessel zu überprüfen; es war auch möglich, die eigenen Kesselwächter aufzuspüren und sich mit ihnen zu besprechen; sie konnten einem Rat geben, wie man Dinge verändern konnte.

Unsere allgemeinen Erkenntnisse aus der schamanischen Arbeit an diesem Text sind wie folgt zu benennen: Der Kessel der Wärme erhält den Körper; wenn er umgedreht ist, wird sein Besitzer gefährlich krank oder stirbt. Er zeigt körperliche Krankheiten an, indem seine Flüssigkeit verfärbt ist, schlecht riecht oder der Kessel selbst rostet. Der Kessel der Berufung verändert sich stark und kann innerhalb kurzer Zeit mehrmals seine Position wechseln. Es ist deutlich erkennbar, wenn bei jemandem der Kessel der Berufung umgedreht ist: Man stellt einen Mangel an Lebenskraft und Interesse fest. Wenn er längere Zeit umgedreht bleibt, können Seelenzerfall und -aufsplitterung stattfinden. Dieser Kessel kann fast blütenartig wechselhaft erscheinen, mit der Empfindsamkeit eines Mobiles oder einer von der Sonne angeregten Pflanze. Die Kapazität des Kessel des Wissens für spirituelles Bewußtsein scheint von der Position des Kessels der Berufung abzuhängen, von der Fähigkeit und Bereitschaft des Subjekts, sich selbstlos in den Dienst des Universums zu stellen. Bei emotionaler Aufregung, die den Kessel der Berufung umkehrt, kann auch der Kessel des Wissens kippen. Es ist möglich, über die Kessel zu meditieren, um weitere Informationen über deren persönliche Anwendung herauszufinden.

Als die Bewahrer dieser Lehren uns diese Geheimnisse preisgaben, haben sie uns ein unermeßlich wertvolles Geschenk aus ihrem schamanischen Erbe gemacht. Von diesen subtilen Lehren hat kaum etwas in Textform überlebt, denn sie wurden fast ausschlielich mündlich überliefert. Aber aufgrund der kulturellen Isolierung Irlands, des uralten Respekts für die visionären Dichter und dank der Art und Weise, in der alte schamanische Lehren in die mittelalterliche irische Dichtkunst integriert wurden, finden wir hier eine wichtige, überaus wertvolle Lehre vor.

TEIL III

Das wahre Wissen

Kapitel 7

Prophezeiung und Wahrsagung

Die keltische Kunst des Wahrsagens

Caitlín Matthews

In allen Gesellschaften wird die Fähigkeit, die Zukunft vorauszusagen, zu deuten und Prophezeiungen auszusprechen hoch geschätzt. Der Prophet oder Wahrsager gelangt an derartige Informationen, indem er sich etwa in die Anderswelt versenkt und mit den Geistern Kontakt aufnimmt, die jene Reiche bewohnen. Diese wahrsagerische Fähigkeit ist wohl die höchste Kunst des Schamanen, aber andere Formen der Weissagung – bei denen verschiedene symbolische Analogien benutzt werden und die nicht in Trance stattfinden – sind nicht schamanisch.

Man kann die Hauptmethoden der Kelten, an anderweltliche Informationen zu gelangen, wie folgt umreißen:

1. Zweites Gesicht
2. Träume (unwillkürliche oder rituell angeregte)
3. Studium prophetischer Muster (Vogelrufe, das Ogham-Orakel, Steine usw.)
4. Rituelle Wahrsagung (*frith*)
5. Prophezeiungen durch Psychometrie, Trancegesang oder rituelle Speisen

Viele dieser Methoden überschneiden sich. Das Sehertum, das Zweite Gesicht, ist auch heute noch in der keltischen Welt verbreitet. Seher haben die Gabe (oder das Leiden, je nach Einschätzung) *da shealladh* (wörtlich: doppelt sehen). Man kann dieses Talent weder verleugnen noch abstellen; es ermöglicht dem Seher, gleichzeitig die gewöhnliche wie die ungewöhnliche Welt zu erkennen, und ist daher ein wahrhaft verstörendes und erschreckendes Talent. Martin Martin schilderte im 17. Jahrhundert seine Begegnung mit Menschen aus dem Hochland Schottlands, die diese Gabe besitzen:

Das Zweite Gesicht ist die ungewöhnliche Fähigkeit, ein ansonsten unsichtbares Objekt ohne andere Mittel zu erkennen, außer daß der Sehende es zu diesem Zweck wahrnimmt. Die Visionen machen auf den Seher einen solch starken Eindruck, daß sie nichts anderes wahrnehmen oder denken als die Vision, solange diese andauert ... Der Seher kennt weder das Objekt noch Zeit und Ort einer Vision, ehe sie erscheint, und das gleiche Objekt wird oft von verschiedenen Personen beobachtet, die in beträchtlichem Abstand zueinander leben.

Er berichtet von einem Vorfall bei einer Familie, bei der er zur Miete wohnte:

Archibald MacDonald hielt sich zufällig eines Abends im Dorf Knocknow auf ... und erzählte der Familie, er habe gerade die seltsamste Begebenheit seines Lebens gesehen. Es war ein Mann mit einer häßlichen langen Mütze, der ständig mit dem Kopf wackelte, aber das Seltsamste an ihm war seine kleine Harfe, die nur vier Saiten hatte und außerdem vorn zwei Hirschhörner. Alle, die von dieser sonderlichen Vision hörten, lachten Archibald aus und meinten, er habe es geträumt ...

[Aber] drei oder vier Tage später erschien ein Mann mit der Mütze, der Harfe usw. vor dem Haus, auf den die Beschreibung genau paßte. Er schüttelte beim Spielen den Kopf, denn an seiner Kappe waren zwei Glöckchen befestigt. Dieser Harfenspieler war ein armer Mann und machte sich für sein tägliches Brot zum Narren. Er war nie zuvor in jenem Teil des Landes gesehen worden, denn zur Zeit der Voraussagung war er auf der Insel Barray gewesen, zwanzig Meilen weit von jenem Teil Skyes entfernt.[1]

Eine derart genaue Beschreibung ist für gälische Seher normal, dennoch finden Menschen mit dem Zweitem Gesicht ihre Begabung nur selten nützlich. Kann man das Zweite Gesicht nun als schamanische Fähigkeit betrachten? Da es unwillkürlich erfolgt und die Geister vor einem erscheinen, wie sie wollen, kann dies von der Persönlichkeit des Sehers abhängen und seiner oder ihrer Bereitschaft zu kooperieren. Eilidh Watt, eine gälische Seherin unserer Zeit, spricht über ihre Erfahrungen:

Ich werde manchmal dazu angeregt, Gebete zu beantworten, auch wenn mir das gar nicht recht ist. Vielleicht verpasse ich dadurch einen Bus oder muß einen Umweg machen, um die jeweilige Person zu sehen. Eine Kette trivialer Ereignisse führt mich vielleicht zu einer bestimmten Person.

Manchmal werde ich auch sehr unruhig und habe das Gefühl, daß ich irgendwo jemanden besuchen muß ... wenn ich dann ankomme, wird mein Erscheinen wie selbstverständlich erwartet, und ich werde gebeten, jemanden zu pflegen, Formulare auszufüllen oder jemandem auszureden, Selbstmord zu begehen. Bei mir bleibt immer das Gefühl zurück, ich werde benützt. Andererseits bin ich auch von Natur aus bereit benützt zu werden, wenn es im Dienst meiner Mitmenschen geschieht.[2]

Seher sind sich oft eines Wächtergeistes bewußt, der sie begleitet. Dieser *coimimeadh*, der Mitgänger, wird von Robert Kirk im 17. Jahrhundert in seiner Studie über das Zweite Gesicht und Feen, »The Secret Commonwealth of Elves, Fauns and Fairies«, beschrieben:

[Dieser] Mitgänger ist in jeder Hinsicht wie ein Mensch, ein Zwillingsbruder und Gefährte, der ihm wie ein Schatten folgt und oft gesehen und erkannt wird, weil er dem Original ähnelt ... man sah ihn früher oft, wie er ein Haus betrat, und dann wußten die Menschen, daß jemand von gleichem Aussehen sie ein paar Tage später besuchen würde.[3]

Eilidh Watt berichtet von ihren Erfahrungen damit:

Ich glaube, ich habe eine Mitgängerin, und manchmal habe ich das Gefühl, es seien mehr als nur eine, vermutlich alle mit verschiedenen Funktionen.[4]

Die Kombination von Mitgänger und Zweitem Gesicht und einer Bereitschaft, in der Gemeinschaft zu helfen, würden einen Menschen sicherlich als Schamanen definieren, obwohl diese Kombination nicht bei allen Sehern zu finden ist.

Die verbreitetste Form der Wahrsagung, die vermutlich jeder zu Zeiten unwillkürlich praktiziert, ist der Traum, um Informationen zu entdecken. Der Einsatz von schamanischem Tempelschlaf wird in Kapitel 9 behandelt. An dieser Stelle wollen wir nur kurz weitere Methoden untersuchen, wie man durch einen Traum an Informationen gelangt. Die Träume nichtschamanischer Menschen haben oft einen wahrsagerischen, weissagenden oder hilfreichen Inhalt. »Der Traum von Maxen Wledig« aus dem »Mabinogion« beschreibt ausführlich, wie Maxen in Rom einschläft und im Traum nach Britannien fährt, wo er einer Frau begegnet, in die er sich augenblicklich verliebt. Er erwacht mit ausführlichen Informationen über die Landschaft und bekräftigenden Einzelheiten und schickt Boten aus, den Aufenthalt seiner Braut zu entdecken. Sie wird in Nordwales gefunden, aufgrund der Informationen aus seinem Traum erkannt und schließlich zu seiner Frau.

Überall in keltischen Überlieferungen finden wir ähnliche Fälle von prophetischen Träumen, aber die ausgeprägteste Nutzung von Träumen als schamanische Reise findet sich in der druidischen Sitte des *tarbh feis*. Hier ißt und trinkt der Druide die Suppe von einem frisch geschlachteten Stier, wickelt sich in dessen Fell und legt sich darin schlafen, um eine Vision zu erleben, die ein Problem lösen soll.

Der Historiker Keating (17. Jahrhundert) schreibt über die prophetischen Gewohnheiten von Druiden, die sich auf eine mündliche Tradition stützen:

Diese Druiden benutzten die Felle von Stieren, die man geopfert hatte, um etwas herauszufinden oder den Dämonen *geasa* aufzuerlegen. Es gab viele Arten von *geasa*, etwa sein eigenes Spiegelbild im Wasser anzuschauen, die Wolken des Himmels zu betrachten oder dem Wind oder Vogelruf zu lauschen. Auch wenn all diese Methoden versagten, waren sie verpflichtet, alles Erdenkliche zu versuchen. Sie errichteten runde Stäbe um eine Eberesche und breiteten darauf die Häute der geopferten Stiere aus, mit der Seite nach oben, die am Fleisch gelegen hatte. Sie verließen sich ganz auf ihre geasa und riefen die Dämonen herbei, um Informationen von ihnen zu erlangen, wie es Zauberer noch heute im Zirkus versuchen.[5]

Geasa (Singular *geas*) sind Gebote oder bindende Pflichten, die einem normalerweise bei der Geburt von einem Seher auferlegt werden. Ein *geas* zu brechen heißt, sein Glück und letztendlich sein Leben auf die Probe zu stellen. Keating berichtet von Druiden, die »Dämonen«, Geistern, *geasa* auferlegen.

Aus diesem wie anderen Texten geht nicht eindeutig hervor, ob man »Schlaf« wörtlich nehmen soll oder ob es um einen Trancezustand des Bewußtseins geht. Das technische Vokabular für Visionen ist in der Regel bei jenen beschränkt, die selbst keine haben. Die schamanische Trance-Reise wird normalerweise im Wachzustand unternommen, aber das Einnehmen einer bestimmten Speise, vermutlich nach einer Fastenperiode, legt den Schluß nahe, daß die Aufnahme von Fleisch mit der Absicht geschieht, Visionen zu erleben, und daß die Person aufgrund ihres vollen Bauches tatsächlich schläft.

Das alte druidische *tarbh feis* hat sein schottisches Gegenstück im *targhairm*. Hier wickelte sich der Wahrsager in die Haut eines frisch geschlachteten Ochsen und legte sich hinter einen Wasserfall oder in Nähe eines Flußdeltas mit Gezeiten; in diesem »Gewand der Erkenntnis« suchte der Seher die Antwort im Tosen der Wasser und vom Geist des geschlachteten Tieres zu erhalten; sicher eine Praktik, die jedem Schlaf vorausging. Im schottischen Hochland wurden Seher, die nach dieser Methode vorgingen, *taibhsear* oder »Geisterseher« genannt.

Die Vielzahl druidischer Wahrsagungsmethoden, die in dem Auszug von Keating angedeutet werden, finden sich fast überall in den Überlieferungen.

Klassische Schriftsteller nennen die drei wichtigsten gallischen Wahrsagungsbräuche. Diodorus schreibt entsetzt von Ovaten, die aus den Kehlen sterbender Gefangener, denen man oberhalb des Zwerchfells einen Stich versetzte, die Zukunft lesen. Je nachdem wie das Opfer fiel, nach den Zuckungen der Gliedmaßen und dem Blutfluß konnte man bestimmte Dinge voraussagen. Diodorus beschreibt außerdem die keltische Sitte der Ornithomantik, die Beobachtung des Vogelflugs. Diese Methode war auch unter den Etruskern und Römern verbreitet, aber es ist nicht bekannt, ob Druiden anfangs eine Aufteilung (templum) des Himmels vornahmen.

Die Beobachtung von Tieren ist schon sehr lange eine Grundlage für Voraussagungen. Die Kelten haben vielleicht sogar bestimmte

Arten für heilige Zwecke gezüchtet, statt für kulinarische, wie man aus Cäsars Liste von tabuisierten Tieren herauslesen kann: »Hasen, Wildgeflügel und Gänse dürfen sie nicht essen, aber sie halten sie zum Vergnügen und zur Belustigung.« Warum erwähnte er dies?

Der Hase bringt die Sonne wieder aus dem Boden, indem er im März wild herumhüpft – um die Osterzeit und die Frühlingstagundnachtgleiche. Die Hasenjagd mit Windhunden hat vielleicht uralte prophethische Vorgänger. Der Hase war der Göttin Andraste der Ikener heilig, bei der Boadicea ein Orakel suchte, indem sie einen Hasen aus ihrem Gewand freigab und den Ausgang ihrer Schlacht aus seinen Sprüngen zu erkennen suchte.

Gänse reagieren stark auf Fremde und werden schon seit langer Zeit als aufmerksame Wächter an Grenzen gehalten. Eine Gans ist auf dem Fries über dem Schädelschrein des gallischen Heiligtums Entremont zu sehen; die Überreste von Gänsen fand man in Grabstätten von Kriegern. Man kann annehmen, daß das Schnattern von Gänsen im Flug dazu beigetragen haben mag, daß sie als Schwellentiere betrachtet wurden, die auf einen Weg zwischen den Welten hinwiesen.

Auch Hühnereier wurden vermutlich für druidische Wahrsagung benutzt und das Scharren der Hühner auf der Suche nach Korn auf prophetischen Inhalt untersucht. Wir wissen, daß der Hahn als Begleiter Merkurs auf römisch-britannischen Reliefs erscheint wie auch auf keltischen Münzen.

Trotz Cäsars Bemerkung, daß die Kelten diese drei Tiere nicht verspeisen, tauchen ihre Überreste an archäologischen Fundstätten aus dieser Periode auf, besonders Hühnerknochen. Wahrsagerei ist ein Glücksspiel, weil alle Dinge dazu benützt werden können, etwas zu weissagen oder um etwas zu spielen. Vielleicht finden wir die hauchzarte Trennlinie zwischen beiden in der Hasenjagd und beim Hahnenkampf, wo Glück und Verderben miteinander verknüpft scheinen.

Eine Hauptquelle der Wahrsagung scheint die Wetterbeobachtung gewesen zu sein. Die Druiden waren sicherlich ebenso wetterkundig wie unsere heutigen Meteorologen. Ein Blick auf den Kalender von Coligny, eine gallische Bronzetafel aus dem 1. Jahrhundert, zeigt uns, daß die Druiden mindestens fünf Jahre lang tagtäglich das Wetter beobachteten, um aus der Zufallskombination meteorologischer Bedingungen eine Liste von günstigen und ungünstigen Tagen aufzustellen, die man den auf die Tafel geritzten Omen zuordnete. *Neldoracht* oder

Wolkenbeobachtung wird auch in »Die Belagerung von Druim Damghaire« (»The Siege ob Druim Damghaire«) beschrieben, wo die Druiden auf beiden Seiten das Wetter betrachten und den Himmel eingehend studieren, um daraus abzulesen, wie der Tag verlaufen wird.

Die weiteren Einzelheiten dieser Bräuche sind uns nicht überliefert, aber obwohl man vom modernen Praktiker kaum verlangen würde, Menschen- oder Tieropfer wieder einzuführen, gibt es keinen Grund, sie nicht schamanisch wiederzubeleben. Man muß jedoch hervorheben, daß die meisten dieser Methoden nicht schamanisch sind, weil sie sich auf symbolische Analogien oder traditionelle Omen und Zeichen stützen, statt auf die schamanische Vision.

Brigid, die Zentralfigur der keltischen Visionswelt, wird im vorliegenden Buch an zahlreichen Stellen erwähnt – das Augurentum, das *frith*, von Brigid bildet eine wichtige Form der Wahrsagung und wird getrennt von gewöhnlichen Wahrsagungsmethoden aufgeführt, da es nicht nur angewendet wurde, um Zeichen für die kommende Jahreszeit preiszugeben, sondern auch, um über große Entfernungen hinweg Informationen schamanisch zu gewinnen. Um die Rolle der Brigid begreifen zu können, betrachten wir diesen Auszug aus Cormacs »Glossar«:

Brigid – Dichterin, Tochter der Dagda. Sie ist die weibliche Weise, die Frau des Wissens, oder Brigid die Göttin, die die Dichter verehrten, weil sie in ihrem Schutz und ihrer Fürsorge groß und berühmt wurden. Man nannte sie auch die »Göttin der Dichter«. Ihre Schwestern waren Brigid, die Ärztin, und Brigid, die Schmiedin. Die Iren hatten eine Göttin Brigid. Brigid stammt von *breo-aigit*, dem »feurigen Pfeil«.

Cormac zählt hier alle Informationen über die Brigid der Tuatha de Dannan auf. Die Verehrung der Brigid durchzog die gesamte keltische Welt: In Britannien kannte man sie als Brigantia, und nachdem die Mythen der Göttin Brigid und von Sankt Brigida von Kildare praktisch miteinander verschmolzen waren, ist sie als St. Ffraid in Wales bekannt und als St. Bride in Schottland. Cormacs Deutung eines etymologischen Zusammenhangs mit »feuriger Pfeil« ist einfallsreich, aber stimmt nicht, denn *Brigid* stammt vom Sanskrit-Wort *brahti* ab, »Hochgeborene«.

In der keltisch-christlichen Überlieferung wird St. Brigid zur Hebamme und Ziehmutter Christi, zur beständigen, treuen Freundin Marias. Die gälische Methode des *frith* soll vom Verlorengehen Christi im Tempel herrühren:

> Die Prophezeiung, die Brigid für ihren Ziehsohn machte:
> Sie machte eine Pfeife aus den Händen,
> »Ich sehe einen Ziehsohn am Brunnen,
> Der die Menschen lehrt.«

Manchmal findet das Orakel durch Maria statt:

> Das Orakel der sanften Maria für ihren Sohn,
> Die Königin der Jungfrauen blickte durch ihre Hände.
> Siehst du den König des Lebens?
> Die Königin der Jungfrauen bejahte dies.[6]

Diese Methode, die Handflächen zu einem »Sehrohr« zusammenzulegen, scheint von den *frithirs* oft benutzt worden zu sein, um verlorengegangene Menschen und Tiere zu entdecken oder um die Gesundheit von Abwesenden festzustellen. Das Benützen der Handflächen ist auch im Irisch-Gälischen weitverbreitet, wo die Handflächen eine »Sehfläche«, ein *tabula rasa* herstellen, um das Licht auszublenden oder dem Seher die Konzentration zu erleichtern. Hier wurde echte schamanische Visionskraft benutzt, um Unbekanntes zu entdecken. Um die Jahrhundertwende emigrierte ein Mann aus Lewis (Äußere Hebriden) nach Australien. Drei Jahre lang hörte man nichts von ihm. Da bat seine Frau einen *frithir*, der in Trance fiel und antwortete, ihr Mann habe seinen Wohnort gewechselt und sei nicht reich geworden, aber er würde ihr bald schreiben. Drei Monate später kam ein Brief an, in dem er seine Frau fragte, ob sie an diesem oder jenen Tag eine Seherin konsultiert habe, Mary Macneill. Er beschrieb, wie er mit der *frithir* gesprochen und daraufhin nach Hause geschrieben habe.[7] Manchmal benutzten die *frithir* einen Wahrsagestein, den sie während des *frith* hielten oder trugen; ein solcher »kleiner Stein der Suche« aus rotem Quarz gelangte in Besitz des Sammlers Alexander Carmichael; der gleiche Stein half, den Leichnam von Donald McLean von Coll zu finden, der in der Meerenge von Ulvas ertrunken war.

Gewöhnlich wurde die Praktik des *frith* von einem *frithir* am ersten Montag des Mondviertels bei Sonnenaufgang mit entblößtem Kopf und nackten Füßen und nüchtern vorgenommen. Dies geschah, um das folgende Quartal vorherzusagen. Es wurden besondere Gebete an Maria und Brigid und um den *frith* zu begrüßen gesprochen, während man im Uhrzeigersinn dreimal um das Herdfeuer schritt. Dann trat der *frithir* mit geschlossenen oder verbundenen Augen zur Schwelle des Hauses, legte die Hände an die Türpfosten, um zu beten und die Bitte zu gewähren, die den *frith* ausgelöst hatte. Mit wieder offenen Augen blickten sie oder er dann stetig geradeaus und nahmen alles auf, was sie sahen.

Die Zeichen werden entweder als *rathadach* (glücksbringend) oder *rosadach* (unglücklich) bezeichnet. Wenn ein Mensch oder Tier sich erhebt, deutet dies auf sich bessernde Gesundheit hin, ein Niederlegen auf Krankheit und Tod. Ein Hahn, der auf den *frithir* zukommt, bringt Glück, während andere sich nähernde Vögel auf Neuigkeiten hindeuten. Eine Ente ist ein Zeichen für eine sichere Seefahrt, während ein Rabe den Tod bedeutet. Es gibt heute noch einen Reim über Pferde und den *frith*:

> Ein weißes Pferd für Land,
> Ein graues Pferd für das Meer,
> Ein Fuchs für ein Begräbnis,
> Ein braunes Pferd für Leid.[8]

Die Rolle des *frithir* soll erblich gewesen sein; der Name hat als Nachname *Freer* überlebt, Titel des Astrologen von schottischen Königen.

Unter keltischen Sehern galt das Gedächtnis als am wichtigsten. Ohne Erinnerung konnte es kein Wissen geben. Aber wenn die Kreisläufe der Erinnerung zufällig einmal ausgelöscht wurden, gab es immer Methoden, sie wiederzugewinnen – durch die schamanischen Techniken des *teinm laegda* (durch Verse entschlüsseln), des *dichetul* do *chennaib* (psychometrische Komposition) und *imbas forosna* (Inspiration durch Tradition). Diese drei Techniken wurden die Drei Illuminationen genannt, da sie Licht ins Dunkle warfen. Es sind die Grundfähigkeiten des Schamanen, wie sie der *filidh*-Dichter anwendet, der aus diesen Kenntnissen die zusätzlichen Fähigkeiten zu prophetischen und magischen Einsichten gewinnt. Die Drei Illuminationen stützen sich auf die Fähigkeit, etwas mit Hilfe von visionärer und prophetischer Dichtung, psychometrischer Berührung und Geist-Visions-Flügen zu analysieren.

Das Bedürfnis, den Ursprung, die Quelle oder den Präzedenzfall kennenzulernen, spiegelt den Worthunger der Kelten, der sich hartnäckig und forschend durch philosophische Komplexitäten windet und den Nichtkelten immer wieder verblüfft. Wer James Joyces »Finnegan's Wake«, Dylan Thomas' »Under Milkwood« und David Jones' »Anathamata« gelesen hat, wird sich in diesen Gewässern wohlfühlen. Cormacs »Glossar« ist der früheste Versuch zu einem ethymologischen Wörterbuch von Namen; es findet sich im »Yellow Book of Lecan«, dem Werk eines Mönchs aus dem 9. oder 10. Jahrhundert, der die Drei Illuminationen vom christlichen Standpunkt aus beschreibt und erläutert.

Imbas Fosonai – die Inspiration der Tradition, das Wissen, das entdeckt, was der Dichter erfahren möchte. Es geht so: Der Dichter kaut ein Stück Fleisch von einem wilden Schwein, einer Katze oder einem Hund und legt es auf den Schwellenstein vor der Tür. Darüber spricht er eine Anrufung aus und bietet es seinen Geistern an. Dann ruft er seine Geister herbei, und wenn sie ihm nicht unmittelbar die Sache deuten, singt er Anrufungen über seinen beiden Händen und bittet die Geister, ihn ungestört schlafen zu lassen. Dann legt er die Hände an die Wangen und schläft in dieser Haltung ein. Man beobachtet ihn, um dafür zu sorgen, daß ihn nichts stört, bis sich ihm die Sache klärt. Das kann ein paar Minuten dauern oder so lange wie nötig. Patrick schaffte diese Praktik ebenso ab wie das *teinma laegda* und meinte, diejenigen, die dies ausübten, verdienten weder Himmel noch Erde, denn es wende sich gegen den Taufeid. Die Praktik des *dichetal do chennaib* ließ er zu, denn es war dabei nicht nötig, den Geistern Gaben darzubieten, weil die Offenbarungen direkt aus den Fingerspitzen des Dichters stammten.

Dieser wichtige Text beleuchtet die wahre schamanische Kapazität des Dichters. Hier bietet der Dichter den Geistern ein Fleischopfer an, das er mit ihnen teilt. Dann singt er, um sie herbeizurufen und etwas Unbekanntes zu erfahren. Wenn das nicht klappt, legt er sich nieder und bedeckt die Augen mit den Händen, um eine schamanische Reise zu machen. Cormac begreift eindeutig nicht die Notwendigkeit für Dunkelheit und meint nur, die Hände und Wangen seien irgendwie von Bedeutung. Diese Reise wirkt im Vergleich mit weltweiten Beispielen für schamanischen Geistflug eher kurz, von wenigen Minuten zu mehreren Stunden, aber die Versenkung des *filidhs* scheint vollständig, und die Ergebnisse zeigen sich in den meisten Beispielen sehr rasch. Daraus schließen wir, daß *tarbh feis* selbst eine Form von *imbas forosna* ist.

Wir erkennen, daß die Zusammenarbeit mit Tiergeistern eine Hauptrolle bei *tarbh feis* und *imbas forosna* spielt, wo Haut und Fleisch eines Tieres benutzt werden. Bei schamanischen Praktiken ist es unmöglich, körperliche Überreste von Tieren zu benutzen oder zu verspeisen, ohne auch mit dessen Geist zu kommunizieren. Die Tiere, die bei diesen Methoden benutzt werden, sind, soweit wir es aus Cormacs unzusammenhängender Darstellung erkennen können, das Schwein, die Katze, der Hund und der Ochse, alles Haustiere mit einer langen Beziehung zum Menschen. Häufiger noch werden ungezähmte Tiere von Schamanen als Tierhelfer eingesetzt, aber wir müssen uns in Erinnerung rufen, daß manche heutige Haustiere zu keltischen Zeiten noch ausgeprägte wilde Neigungen hatten und nicht mit unseren hochgezüchteten Nutztieren verglichen werden können. Die Methode folgte vermutlich auf eine vorbereitende Fastenphase. Das Kauen von Fleisch, das vermutlich roh oder kaum gekocht war, löste Endorphine im Gehirn aus, um die *filidh* auf die Orakelsprüche vorzubereiten.

Dichetal do chennaib, die psychometrische Methode der Weissagung, wird an anderer Stelle in Cormacs »Glossar« beschrieben:

Coire Breccain – Breccans Kessel: Breccan, der Sohn des Niall von den Neun Geiseln, hatte fünfzig *curradhs*, die zwischen Irland und Schottland Handel trieben, und einmal fielen sie in einen Kessel dort, und niemand wußte von ihrem Tod, außer Lugaid, der Blinde Dichter, der nach Bangor kam, und sein Volk ging an den Strand von Inver Bece und fand dort einen kleinen Schädel. Sie brachten ihn zu Lugaid und fragten ihn, wessen Schädel es sei, und er sagte: »Legt das Ende eines Dichterstabes daran.« Das geschah auch, und Lugaid sagte: »Die stürmischen Wasser der Strudel haben Breccan vernichtet. Das ist der Kopf von seinem Hund.«

Dieser kleine Auszug gibt aber noch mehr preis als nur schamanische Dichtkunst. Hier praktiziert der Blinde Lugaid *dichetal do chennaib*, indem er aufgrund der Berührung von Breccans Hundeschädel mit seinem Zauberstab Informationen über einen lange Verstorbenen und dessen Begleiter gewinnt. Wir haben bereits gesehen (Kapitel 6), wie der blinde Druide Mog Roith die beste Erde in Munster durch Berührung und Geruch bestimmte. Wissen entzündet sich in Dunkelheit, wo die schamanischen Sinne geschärft sind, um die Schwingungen spiritueller Gegenwart unterscheiden und aufspüren zu können.

Cormac, der als Geistlicher im 9. Jahrhundert schrieb, hat wenig über die Druiden an sich zu sagen, aber er verbindet in seiner Definition der Druiden ihre Zauberei mit Dichtung: »*drai* – ein Zauberer. Durch die Kunst seiner Dichtung gelangt er zu seinen Anrufungen.« Um was für eine Dichtung handelt es sich hier? Schamanische Methoden von Trancegesängen finden sich überall in der Welt und scheinen besonders in der keltischen Zeit verbreitet gewesen zu sein. Die *filidh* benutzten eine Form von Stimmensuche, *teinm laegda*, die »Entschlüsselung des Gedichts«, wozu auch Trancegesänge gehören, um an unbekannte Informationen zu gelangen. Der *filidh* versenkte sich über seinem Objekt, um in Kontakt zu dessen Seelenleben oder Energiefeld zu gelangen, und sang laut von den Bildern, Eindrücken und Metaphern, die ihm in den Sinn kamen. Dem Faden des Gedichtes/Liedes folgend, konnte er zu einer Lösung kommen. Ein Beispiel hierfür findet sich im folgenden Auszug von Cormac:

orc reith – wörtlich »hochgestimmtes Ferkel« oder »junger Lachs«, eine Bezeichnung für einen Königssohn ... es geschah, daß Fionn mac Cumhails Narr Lomna den Helden Coirpre mit Fionns Frau schlafen sah. Die Frau verpflichtete ihn zum Schweigen, aber Lomna konnte seinen Herrn nicht betrügen, daher schnitzte er ein Ogham auf ein vierkantiges Holz und erwähnte den Betrug: »Ein Eschenstab in einem silbernen Zaun. Nachtschatten in einem Bündel Kresse ...« Fionn las es und verstand und ließ seine Frau zu sich holen. Die Frau stachelte Coirpre an, Lomna zu töten. Coirpre enthauptete den Narren und ließ seinen Körper liegen. »Wessen Körper liegt hier ohne Kopf?« rief die *fianna*. Fionn steckte seinen Daumen in den Mund und sprach durch *teinm laegda*:

> Er ist nicht vom Volk getötet,
> Noch vom Volk von Leinster,
> Noch von einem wilden Eber,
> Er starb nicht durch einen Sturz,
> Und auch nicht auf seinem Bett,
> Es ist Lomna, Lomnas Körper!

Fionn setzte Coirpre mit Hunden nach und fand ihn mit Lomnas Kopf auf einer Stange, als er gerade einen Fisch zum Braten zubereitete. Coirpre gab aber weder dem Kopf Fisch zu essen noch den *fianna*, daher sagte Lomna: »Ein weißbäuchiger Lachs (*orc*) ist aus einem kleinen Fisch entstanden!«

Diese elliptische Geschichte beleuchtet, wie der große Held Fionn Lomna aufgrund seiner dichterischen Fähigkeiten und der schamanischen Kunst des *teinm laegda* findet. Die wiederholte Diagnose der Situation spitzt sich zur Identifikation des Leichnams als Lomnas zu. Der Kopf des toten Lomna selbst verschafft ihm sein eigenes *teinm laegda*, indem er seinen Mörder als »kleinen Fisch« bezeichnet. Diese Geschichte spielt auch auf die Kunst des Ogham an, Runen in einen Holzstab einzuritzen. So versandten Dichter Botschaften, die von Uneingeweihten nicht gelesen werden konnten. Lomna, der die »dunkle Sprache« der oghamschen Anspielungen benutzt, enthüllt loyal und diskret den Betrug an seinem Herrn.

Fionns magischer Daumen, der einst den Lachs des Wissens berührte, wird ebenfalls hinzugezogen, um das Geheimnis zu entschlüsseln. Benutzt Fionn *dichetal do chennaib* hier ebenso wie *teinm laegda*? *Dichetal do chennaib*, »psychometrische Komposition«, wird auch als »Komponieren mit den Fingerspitzen« bezeichnet. Gab es eine prophetische Methode der Aufzählung oder Eliminierung von Möglichkeiten, die *filidh* in solchen Situationen praktizierten? Abgesehen von anderen psychometrischen Anwendungen wissen wir, daß man die Fingergelenke beim *dichetal do chennaib* benutzte, denn Cormac führt im weiteren aus: »Wenn [der Dichter] die Person oder den Gegenstand vor sich erkennt, macht er sogleich einen Vers mit seinen Fingerspitzen oder im Kopf, ohne zu überlegen und komponiert und spricht ihn gleichzeitig.«

Das legt den Schluß nahe, daß die Finger irgendwie einige Punkte »aktiviert« hielten. Es ist auch möglich, wie Robert Graves meinte, daß die Handfläche mit den Fingergelenken als eine mnemotechnische Methode der Erinnerung an assoziative Bilder diente, indem das poetische Alphabet, das Ogham, ebenso benutzt wurde, wie wir etwa mit den Fingern zählen.

Da jeder Ogham-Buchstabe zahllose poetische Kennzeichen oder Anspielungen hat, brauchte der ausgebildete *filidh* nur den entsprechenden Finger oder ein Fingergelenk zu berühren, um sich an die damit verbundenen Ogham-Buchstaben zu erinnern, und »aktivierte« damit schamanische Visionen durch Anrufungen. Siehe hierzu auch: »The Celtic Shaman« (»Keltischer Schamanismus«), von John Matthews.

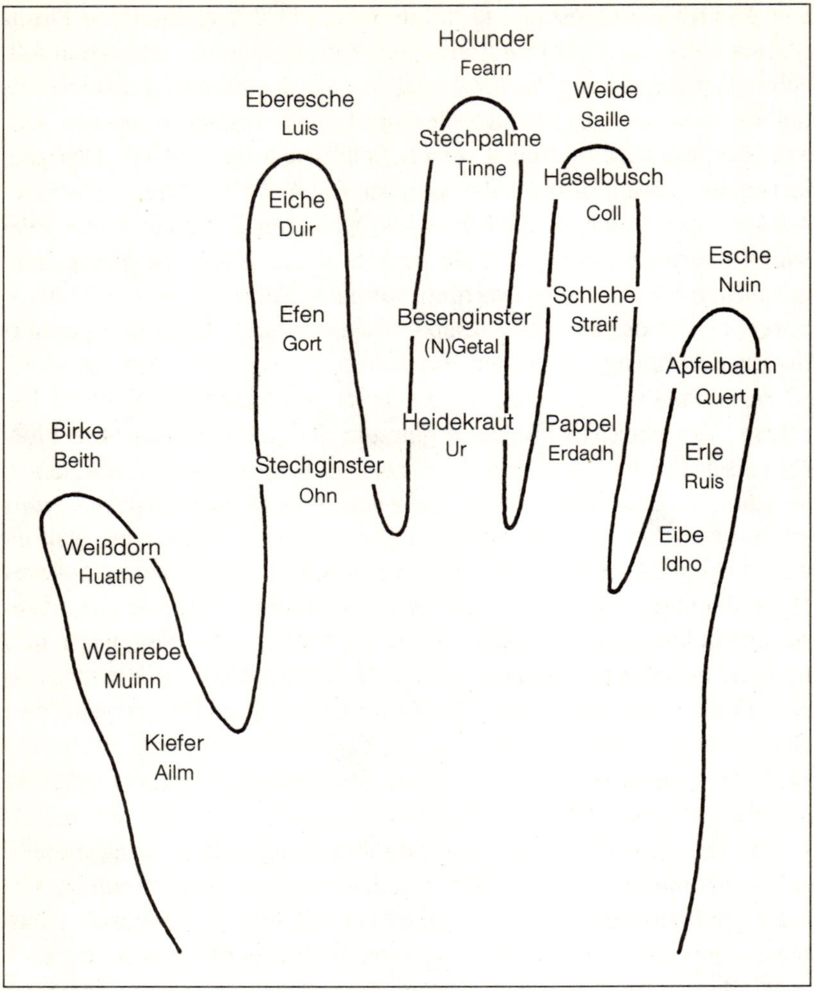

Die Hand als mnemotechnisches Hilfsmittel beim Ogham

Teinm laegda und *imbas forosna* wurden zwar von St. Patrick verboten, da zum Taufschwur eines Christen gehörte, allen anderen Geistern außer der Dreieinigkeit abzuschwören, und die Anrufung von Geistern widersprach dem deutlich. Doch es ist interessant, daß Patrick das *dichetal do chennaib*, als eine Methode, Unbekanntes zu entdecken, weniger kritisch betrachtet. Was war wohl der Grund hierfür?

Wir stellen fest, daß alle Drei Illuminationen dem Wesen nach orakelhaft und eng verbunden mit den mystischen und poetischen Lehren sind, die allen Dichtern und Sehern gemein waren. Diese Lehren konnten nicht leicht übergangen werden, denn durch sie war alles Wissen zusammengetragen, bewahrt und aufgezeichnet worden. Genealogie, Wissen, Wissenschaften und andersweltliche Verbindungen waren für die Kelten eins; man betrachtete sie als Zweige eines einzigen Baums. Die Stimme der Ahnentradition konnte nicht plötzlich zum Schweigen verdammt werden. Wenn christliche Geistliche wie Patrick in dieser Gesellschaft Fuß fassen wollten, dann mußten sie die respektierten Traditionen akzeptieren und erkennen, daß Wahrsagung, Prophezeiungen und das Zweite Gesicht allgemeine Methoden der Wissensaneignung waren.

Trotz Cormacs Versicherung, daß zwei der Drei Illuminationen verboten wurden, sehen wir ihren Gebrauch nur wenig beschränkt, auch nicht unter christlichen Heiligen wie Columba, der visionäre und prophetische Anrufungen benutzt zu haben scheint, um Gefahren abzuwenden, Feinde zu bestrafen und geheimnisvolle Dinge zu untersuchen. Wir haben bereits gesehen (Kapitel 3), wie vollständig die Kirche sich dem Ahnenerbe aufpfropfen wollte. Columba selbst erweist sich in dieser Hinsicht als ebenso eifriger *filidh*, Satiriker und Visionär wie sein heidnisches Landvolk.

Die Wiedergewinnung von verlorengegangenem Wissen ist immer noch wichtiger Bestandteil der schamanischen Tradition. Wir haben bei unserer schamanischen Arbeit viele dieser Weissagungsmethoden benutzt und oft mit verschiedenen Methoden experimentiert. Wir haben Studenten aufgefordert, ihre persönlichen Formen der Prophezeiung aus der Beobachtung von Naturphänomenen zu finden, aber auch die vertrauteren hier beschriebenen Methoden benutzt. Offensichtlich ist die Methode des *imbas forosna* für heutige Zeiten unbrauchbar: Es gibt weitaus leichtere und ordentlichere Wege zu einem schamanischen Geisterflug.

Ich finde eine Kombination aus *teinm laegda* und *dichetal do chennaib* sehr praktisch, besonders bei der Diagnose von körperlichen Krankheiten und zur Seelenwanderung. Ich beginne mit dem Singen einer Reihe von Tönen über der liegenden Person, bis ich mich in seinen oder ihren »Grundton« einstimme – die spirituelle Schwingung des jeweiligen Energiefeldes. Dabei strecke ich die Hände über der

Person aus und halte manchmal einen Monochord – einen langen Klangkörper, über den eine stimmbare Metallsaite gespannt ist. Mit der Hand oder dem schwingenden Resonanzkörper des Monochords fange ich nun Eindrücke auf, die ich über meine Lippen in einem Lied ausdrücke. Dies bildet sich zu einer Anrufung heraus, die sich zu einer Geschichte oder Reise entwickelt, besonders, wenn ich schamanisch eine zersplitterte Seele aufspüre. Mein Geist begibt sich bei diesem Prozeß auf einen Flug, und ich beginne meine Reise, wobei ich gleichzeitig meine Erfahrungen singe.

Anschließend sind die Personen oft von den passenden Bildern und der Synchronizität des Pfades beeindruckt, dem beim Singen gefolgt wird. Oft erleben sie oft als Folge des Liedes allein deutliche körperliche Veränderungen oder unmittelbare spirituelle Erleichterung im Hinblick auf ihre Probleme. Das überrascht nicht, denn die Interaktion des *teinm laegda* und *dichetal do chennaib* wendet sich an das körperliche Energiefeld des Menschen und ermöglicht, schamanisch an den Ort und in die Zeit zu reisen, in dem die Lösung oder Heilung verborgen liegen. Der Weg wird durch Lautschwingungen eröffnet und entfaltet sich in Eindrücken, die in direktem Zusammenhang mit der Erfahrung des Subjekts stehen – und keinem anderen traditionellen oder schamanischen Kriterium. In direktem Widerspruch zu Patricks Verbot rufe ich stets meine helfenden Geister an, ehe ich diese Kombination der Drei Illuminationen beginne.

Der Einsatz von Weissagung, um Unbekanntes, Verlorengegangenes oder Verborgenes zu entdecken, reizt die Menschheit weiterhin und ist sicherlich nicht unter den keltischen Sehern und schamanischen Praktikern verlorengegangen. Ob der Seher von Geburt an mit dem Zweiten Gesicht begabt ist oder Probleme mit Hilfe von Blumen, Tieren, dem Wetter oder anderen Omen klären will, die Antworten konnen immer noch von jenen gefunden werden, die sich verbunden genug fühlen, die richtigen Fragen zu stellen.[9]

Die Prophezeiung der Landeshoheit

Einige der ausgeprägtesten Methoden für Prophezeiung und Wahrsagung finden sich in Geschichten um die Hoheit des Landes: Bei den Kelten wurde die königliche Erbfolge nicht durch die Erstgeburt bestimmt, sondern durch die Stämme, die den passendsten Kandidaten von königlichem Geblüt wählten. Die Suche und Wahl des Herrschers war eine schwere Pflicht, in die später auch die Druiden und visionären Seher einbezogen wurden, denn nur schamanisch Begabte konnten die mystische Eignung eines Kandidaten bestimmen.

In der folgenden Auswahl von Texten erkennen wir verschiedene Methoden, mit denen ein Herrscher gewählt oder bestätigt wurde:

1. *Tarbh feis*, ritueller Traumschlaf in einer Stierhaut
2. Der Stein von Fál, Ort der Inthronisierung
3. Die Bestätigung der Göttin der Landeshoheit
4. Durch direkten Befehl eines Engels
5. Durch direkten Befehl des Gottes Lugh.

Baile in Scail – oder Die Erscheinung des Schattens[10]

Im 2. Jahrhundert n. Chr. herrschte Conn Cet Chathach (Conn der Hundert Schlachten) über Irland. In dieser wichtigen Erzählung begegnet Conn zweimal den Vermittlern von Herrschaft, dem Stein von Fál, der als Lia Fáil bekannt ist, und dem Gott Lugh, der mit der Göttin der Landeshoheit selbst verbunden zu sein scheint.

Eines Tages hielt sich Conn in Tara auf, nachdem die anderen Könige schon wieder abgereist waren. Er stieg hinter seinen drei Druiden Mael, Bloc und Bluiccniu und mit Eochu, Corbb und Cesarn, dem *fili*, auf die Zinnen. Er hatte nämlich die Angewohnheit, jeden Tag auf die Zinnen zu steigen, damit nicht die Völkchen der Feenhügel oder die Formorier Irland unerwartet überfielen. Da sah er einen Stein zu seinen Füßen und trat darauf, und der Stein schrie so laut, daß man es in ganz Tara hören konnte. Conn fragte den *fili*, warum der Stein geschrieen habe und was für ein Stein es sei. Der *fili* bat um dreiundfünfzig Tage Bedenkzeit. Am Ende dieses Zeitraums konnte er aufgrund seiner wahrsagerischen Kräfte eine Antwort geben: Fál (*fo-ail*, unter dem Stein, d. h. ein Stein unter einem König) laute der Name des Steins. Er sei von Inis Fáil nach Tara im Land Fál gelangt. Er würde sich nach

Teltown begeben, wo man immer den Jahrmarkt und Spiele abhielt, und alle Prinzen, die ihn nicht am letzten Tag der Jahrmarktswoche in Teltown gefunden hatten, würden innerhalb eines Jahres sterben. Die Anzahl der Schreie, die der Stein unter Conns Füßen ausgestoßen hatte, bedeutete die Anzahl der Könige seines Geblüts, die über Irland herrschen würden. »Sag sie mir auf«, meinte Conn darauf. »Dazu bin ich nicht bestimmt«, erwiderte der Druide.

Da hob sich ein dichter Nebel um sie her, so daß sie sich verirrten. Sie hörten, wie ein Reiter sich näherte und dreimal gegen sie anritt. Der *fili* warnte mit lauter Stimme, den König nicht zu verletzen. Da hielt der Reiter inne, begrüßte Conn und bat ihn, mit zu seinem Haus zu kommen. Sie gelangten auf eine Ebene, auf der ein goldener Baum stand. Dort stand auch ein Haus, das war dreißig Fuß lang mit einem Dachbalken aus reinem Gold. Sie betraten das Haus und sahen ein Mädchen auf einen Thron aus Kristall, das eine goldene Krone trug. Vor ihr stand ein silbernes Faß mit goldenen Reifen. Dann sahen sie die Erscheinung selbst auf dem Thron, und noch nie war in Tara etwas so Wunderbares gesehen worden.

> Sie hob die Stimme und sagte: »Ich bin kein Geist und keine Erscheinung, und ich bin nach meinem Tod hierhergekommen, damit du mir deine Ehre erweist, denn ich gehöre zum Stamm Adams. Mein Name lautet Lug von Ethniu, Sohn des Smretha, Sohn des Tigernmar, Sohn des Faelu, Sohn des Etheor, Sohn des Irial, Sohn des Érimón, Sohn des Míl von Spanien. Ich bin gekommen, um dir die Länge deiner Herrschaft und das eines jeden Prinzen zu nennen, der, von dir abstammend, in Tara herrschen wird.«

Das Mädchen war die Landeshoheit Irlands, und sie gab Conn zu essen: die Rippe eines Ochsen und die Rippe eines Schweins. Die Ochsenrippe war vierundzwanzig Fuß lang und acht Fuß von der Rundung bis zum Boden. Die Schweinsrippe war zwölf Fuß lang und fünf Fuß hoch von der Biegung bis zum Boden. Als sie das Bier ausschenkte, fragte sie, wem der Becher mit dem roten Bier (*dergflaith*) gegeben werden sollte, und das Phantom antwortete. Als er jeden Prinzen von Conn an aufgezählt hatte, schrieb Cesarn sie in Ogham auf vier Eibenstäbe auf. Dann verschwanden die Erscheinung und das Haus, aber das Faß und der Becher und die Stäbe blieben bei Conn. So geht die Geschichte von der Vision und dem Abenteuer und der Reise von Conn der hundert Schlachten und dem Zorn der Erscheinung.

Wir sehen hier Conn, begleitet von seinen Druiden und Dichtern, bei einer königlichen und heiligen Aufgabe, der magischen Verteidigung des Landes vor einem Angriff der Feen. Die Sitte, heilige

Berge zu besteigen, kommt in keltischen Geschichten häufig vor und ist auch Kernstück folgender Begegnungen mit der Göttin des Landes. Im »Mabinogion« steigt Pwyll auf den Berg von Arberth und erspäht Rhiannon, selbst eine Vertreterin der Landeshoheit. Keltische Herrscher wurden auf Anhöhen inthronisiert, damit sie von allen Seiten zu sehen waren.

Conn entdeckt in der heiligen Landschaft um Tara den Lia Fáil, indem er darauf tritt. Er fragt seinen *filidh* Cesarn, warum er unter ihm aufschrie. Immer wenn wir in einer keltischen Geschichte einem schreienden Stein begegnen, können wir sicher sein, die Stimme des Landes zu hören, die auf urtümliche Weise reagiert. Dieses Thema durchzieht die gesamte keltische Tradition bis zum schließlichen Höhepunkt in den Gralslegenden, wo aus dem keltischen Inaugurationsstein der Gefährliche Sitz wird, der aufschreit, wenn sich ein unwürdiger Ritter darauf niederläßt. Der Lia Fáil stammt von der Insel Fáil und bewegt sich vermutlich alljährlich nach Teltown, wo man Jahr für Jahr einen Markt oder ein Fest abhält. Dies geht auf die ursprünglichen Bestattungsspiele von Tailtiu zurück, Lughs Ziehmutter, die bei der Übertragung von Herrschaft eine wichtige Rolle spielt. Der Herrscher, der den Stein bis zum letzten Tag dort nicht findet (oder nicht am Fest teilnimmt), stirbt innerhalb des darauffolgenden Jahres. Cesarn bittet um ungewöhnlich lange Zeit, um die Antwort für Conn zu finden. Doch trotz dieser Verzögerung können weder er noch die Druiden dem König sagen, wie viele seiner Nachfahren über Irland herrschen werden.

An diesem Punkt zeigt sich die tiefergehende Antwort. Conn und sein heiliges Gefolge werden vom Nebel der Vision umhüllt und erlangen diese ungewöhnliche herrscherliche Information aus erster Hand. Sie betreten an den Schwellenwächtern vorbei die Anderswelt, gelangen in die Ebene, auf der der goldene Baum steht, das Symbol für die Anderswelt, und finden das Haus von Lugh. Lugh selbst erscheint als Hochkönig, und Conn wird die spektakuläre Ehre erwiesen, daß ihn niemand anderer als die Landeshoheit selbst bedient. Er erhält die gigantischen Rippen der beiden Haupttiere zu essen, Kuh und Schwein, statt die Schenkel – die übliche Portion des Königs.

Lugh Samildanach, der vielfältige Gott, der den Tuatha de Dannan hilft, ist der Schatten oder Geist des Titels: In allen irischen Volksmärchen erscheint er als Helfer von Helden. Viele Interpreten vergleichen ihn mit dem Gott des Nordens Odin. Beide stehen für Glück im Krieg, haben vielfältige Talente, Raben als Boten und können sich gelegentlich in Adler verwandeln. Beide werden mit Bergen und hochgelegenen Orten in Verbindung gebracht. Odin ist Herr der Walhalla, Lugh Hochkönig der anderweltlichen Halle.[11]

Diese Verbindung ist in diesem Text besonders signifikant, da man Odin auch mit der Funktion der schamanischen Seherin Seidhkona verbindet, die traditionell auf einem hohen Thron sitzt und Orakel von sich gibt, während ein kleiner Frauenchor ein Trance anregendes Lied singt. In »Báile in Scáil« sind die beiden anderweltlichen Protagonisten Lugh und die Göttin der Landeshoheit, die auf einem Kristallthron sitzt und die Gefäße der Inspiration und der Landeshoheit vor sich hat, die auch nach der Vision als Manifestationen der anderweltlichen Segnung verbleiben.

Das Orakel wird hier von Lugh verkündet, während die Landeshoheit das königliche Getränk ausschenkt, das die Königswürde bestätigt. Die Königsliste wird vom *filidh* Cesarn in Ogham-Buchstaben auf Eibenholz aufgezeichnet, dem dauerhaftesten Holz. Wir erkennen, daß diese Vision von Conn ausgelöst wird, der eine Frage nach dem Lia Fáil stellt.

Niall und die Neun Geiseln[12]

Niall von den Neun Geiseln war von 379 bis 405 n. Chr. Hochkönig von Irland. Dies ist die Geschichte seiner Anwartschaft und Einsetzung als König. Niall wird von zwei Männern unterstützt: Torna, einem Dichter, und Sithcenn, einem Schmied, der aber auch Prophet ist. Doch es ist Niall selbst, der bei der letzten Prüfung durch die Hand der Landeshoheit siegt.

Eochu Muigmedón, der König von Irland, hatte fünf Söhne: Brian, Ailill, Fiachra, Fergus und Niall. Mongfind (»Hellhaar«), die Tochter des Fiedch, war seine Königin und Mutter von vieren seiner Söhne, aber Niall war der Sohn von Cairenn Chasdub, Tochter von Scal dem Dummen, König der Sachsen. Mongfind haßte Niall und seine Mutter und machte Cairell das Leben sehr schwer: Sie war gezwungen, das Wasser aus dem Brunnen zu schöpfen. Selbst als sie mit Niall schwanger ging, mußte sie weiter arbeiten, und das Kind kam im Freien neben ihrem Eimer zur Welt. Sie wagte es nicht, es aufzunehmen, sondern ließ es dort liegen, und auch niemand anderer wagte aus Angst vor Mongfind, es hochzunehmen. Dann kam Torna der Dichter, nahm das Kind und sah alles, was da passieren sollte, voraus. Er zog den Jungen auf, und weder er noch das Kind näherten sich Tara wieder, bis Niall alt genug war, um König zu sein.

> Dann zogen Torna und Niall nach Tara. Sie begegneten Cairell, die gerade Wasser holte. Niall sagte zu ihr: »Laß diese schwere Arbeit!« – »Ich wage es nicht«, erwiderte sie, »wegen der Königin.« – »Meine Mutter soll nicht als Dienerin arbeiten«, sagte er. »Ich bin der Sohn des Königs von Irland!« Er nahm sie mit nach Tara und kleidete sie in ein purpurnes Gewand.

Da wurde Mongfind wütend und beschwor Eochu, unter seinen Söhnen zu wählen, wer ihm nachfolgen sollte. Er übertrug die Angelegenheit Sithchenn, dem Schmied, der Prophet war. Da legte Sithchenn Feuer in der Schmiede, in der die fünf Söhne arbeiteten. Niall kam heraus mit dem Amboß, Brian brachte die Hämmer, Fiachra brachte einen Krug Bier und den Blasebalg, Ailill schleppte die Waffen und Fergus ein Bündel Kleinholz mit einem Eibenstock darin. Sithchenn begrüßte Niall als den Sieger und lobte die anderen für ihre Verdienste. Fergus wurde als unfruchtbar bezeichnet, und von daher stammt das Sprichwort: »Ein Eibenstöckchen in einem Bündel Kleinholz«.

Eines Tages gingen die fünf Söhne auf die Jagd und verirrten sich im Wald, der sie von allen Seiten umschloß. Da machten sie ein Feuer und brieten ihr Wildbret und aßen, bis sie gesättigt waren. Es verlangte sie nach Wasser, und Fergus machte sich auf die Suche. Er fand eine Quelle, die aber von einer alten Frau bewacht wurde. Sie war so schwarz wie Kohle. Ihr Haar war wie der Schweif eines wilden Pferdes. Ihre faulen Zähne waren von einem Ohr zum anderen sichtbar und so scharf, daß sie einen grünen Eichenast hätten durchbeißen können. Ihre Augen waren schwarz, ihre Nase ausladend und hakenförmig. Ihr Körper war schmutzig und voller Pusteln und Wunden. Ihre Beine waren krumm. Ihre Knie und

Knöchel waren geschwollen, die Schultern breit, die Nägel grün. Die Frau war sehr häßlich.

»Du siehst furchtbar aus«, sagte der Junge. »Ja«, erwiderte sie. »Bewachst du die Quelle?« fragte der Junge. »Ja«, gab sie zurück. »Darf ich Wasser schöpfen?« fragte der Junge. »Ja«, antwortete sie, »wenn du mir einen Kuß auf die Wange gibst.« – »Nein!« rief er. »Dann wirst du kein Wasser von mir bekommen«, sagte sie. »Ich gebe dir mein Wort«, meinte er, »daß ich lieber vor Durst sterben will als dich küssen.«

Fergus kehrte also ohne Wasser zurück, und dann zogen nacheinander die anderen Brüder los. Nur Fiachra sprach bescheiden mit der Alten, und sie versprach ihm, er würde Tara besuchen. Das wurde auch wahr, sagt die Geschichte, denn zwei seiner Nachfahren, Dá Thi und Ailill Molt, wurden Könige von Irland, aber keiner der Nachkömmlinge der anderen drei. Schließlich war Niall an der Reihe. Als die Alte ihn um einen Kuß bat, stimmte er zu und lag bei ihr. Aber als er auf sie herabblickte, war sie ein so schönes Mädchen, wie es kaum eines in der Welt gab. Sie war so hellhäutig wie der letzte Schnee in den Senken. Ihre Arme waren gerundet und königlich, die Finger lang und schlank, die Beine gerade und glänzend. An den weißen kleinen Füßen trug sie zwei goldene Schuhe. Sie trug einen kostbaren purpurfarbenen Umhang, der vorn von einer silbernen Brosche gehalten wurde. Ihre Zähne waren wie Perlen, die Augen groß und königlich, die Lippen von tiefem Rot.

»Du bist eine schöne Frau«, sagte der Junge. »Aye«, erwiderte sie. »Wer bist du?« fragte der Junge. »Ich bin die Landeshoheit«, sagte sie, und dann fuhr sie fort:
»König von Tara, ich bin die Landeshoheit. Ich werde dir von den Tugenden des Landes berichten. Dein Same wird in alle Stämme dringen. Es gibt guten Grund für meine Worte.«

Sie bat ihn, mit dem Wasser zu seinen Brüdern zurückzukehren und sagte ihm, daß er und sein Stamm auf immer Könige von Irland sein würden, abgesehen von Dá Thi und Ailill Molt und einem König aus Munster, Brian Bórama. So, wie er sie gesehen hatte, zuerst schrecklich und dann schön, verhält es sich auch mit der Landeshoheit, denn sie wird oftmals durch Kriege und Morde errungen, aber ist schließlich immer prachtvoll. Er sollte seinen Brüdern erst Wasser mitgeben, wenn sie seine Oberherrschaft anerkannt hatten, damit er seine Waffen eine Handbreit über den ihren erheben könnte. Er kehrte also mit dem Wasser zurück und führte alles genau so aus, wie das Mädchen es ihm aufgetragen hatte.

Anschließend kehrten die Brüder nach Tara zurück, und als sie ihre Waffen aufhängten, hing Niall seine eine Handbreit höher als sie. Eochu fragte nach Neuigkeiten, und Niall erzählte ihm ihre Geschichte. Mongfind fragte, warum nicht Brian, der Älteste, das Wort ergriff. Da antworteten sie, sie hätten Niall die Oberherrschaft und das höchste Recht auf die Königswürde gegeben. Sithchenn verkündete, daß sie sie nun auf immer aufgegeben hätten, denn Niall und seine Nachfahren würden nun auf immer in Irland herrschen.

Das wurde auch wahr, denn nach Niall hatte niemand die Königswürde in Irland außer seinen Kindern und Kindeskindern, bis zu Mael Schechlainn, Sohn des Domnall – außer in Zeiten der Revolte. Insgesamt waren es sechsundzwanzig Könige von Uí Néill im Norden und Süden, zehn vom Stamm Conalls und sechzehn aus dem Stamm von Eogan.

Diese beeindruckende Geschichte bietet uns ein frühes Porträt der Göttin des Landes, der Landeshoheit. Zunächst erscheint sie als schreckliche Vettel, doch in den Armen eines Kandidaten, der sie bedingungslos akzeptiert, verwandelt sie sich in ihre wahre, andersweltliche Gestalt. Wenn man das Land mit all seinen Fehlern und inneren Schwierigkeiten nicht so nimmt, wie es ist, hat man keine Chance, zu einem wahren König zu werden.

Niall braucht die Unterstützung der beiden Seher, Torna und Sithcenn, da seine Mutter eine sächsische Gefangene ist, die als Konkubine am Hof von Eochu Muigmedon, dem König, keinen Status hat. Nialls Halbbrüder haben eine viel bessere Chance auf die Königswürde als er. Torna unterstützt Niall als Ziehvater und lenkt die Aufmerksamkeit seines Vaters auf ihn. Wir wissen aus einem anderen Text, daß Sithchenn, der Schmiede-Prophet, die beiden Prüfungen vorbereitet: die Rettung der Schmiedegeräte und die Prüfung der Männlichkeit der Jungen allein des Nachts im Wald.

Cairell, Nialls Mutter, kann als Stellvertreterin der Landeshoheit betrachtet werden, denn sie wird als Sklavin zum Brunnen geschickt. Nialls gerechtfertigte Wut darüber und sein Wunsch, sie königlich zu kleiden, wie es ihrem Status entspricht, ehrt die Göttin des Landes und enthüllt gleichzeitig die wahre Grausamkeit von Mongfind.

(Eine ausführliche Untersuchung der keltischen Göttin der Landeshoheit findet sich in »Arthur and the Sovereignty of Britain« von Caitlín Matthews.)

Die Geburt von Conaire[13]

Die folgende Geschichte stammt aus einem längeren Text »Die Vernichtung von Da Dergas Haus« (»The Destruction of Da Derga's Hostel«), in dem deutlich das *tarbh feis* geschildert wird, die schamanische Bestimmung des Königs und die ihm auferlegten *geasa*. Conaire ist der Enkel der Feenfrau Etain ni Etar. Seine andersweltliche Abstammung und sein tragisches Ende liegen in den Händen der *sidhe*, des Feenvölkchens, das seine Empfängnis bewirkt, ihn veranlaßt, seine *geasa* zu brechen und zu sterben.

Zu Beginn des hier abgedruckten Auszugs ist Etain ni Etar von den *sidhe* gekommen, hat König Eohaidfedlech (auch Airim genannt) geheiratet und ihm eine Tochter geschenkt, die ebenfalls Etain heißt. Die zweite Etain ist mit Cormac von Ulster verheiratet.

Nach einer Weile verließ Cormac, König von Ulster, »der Mann mit den drei Gaben«, Eochaids Tochter, weil sie ihm bloß eine einzige Tochter geschenkt hatte, nachdem sie die Suppe mit der Mutter, der Frau aus den Feenhügeln, bereitet hatte. Da hatte sie zu ihrer Mutter gesagt: »Du hast mir ein schlechtes Geschenk gemacht, denn ich werde nur eine Tochter tragen.«

»Das wird nicht gut ausgehen«, sagte ihre Mutter. »Sie wird von einem König verfolgt werden.«

Dann lag Cormac wieder bei seiner Frau Etain, aber es war sein Wunsch, daß seine eigene Tochter getötet würde. Cormac ließ daher das Kind nicht bei seiner Mutter, damit diese es nähre. Zwei seiner Leibeigenen brachten sie an eine Grube, aber sie lächelte sie so strahlend an, als sie sie hineinwerfen wollten, daß ihre Gutmütigkeit siegte. Sie brachten sie in einen Kälberstall der Viehherde von Eterscel, dem Urenkel des Iarenkönigs von Tara, und hier wuchs sie heran, bis sie zu einer ausgezeichneten Stickerin geworden war. Es gab in ganz Irland kein liebere Königstochter als sie.

Die Leibeigenen machten für sie ein eingezäuntes Haus aus Weidengeflecht, das keine Türen hatte und nur ein Fenster und eine Dachluke. König Eterscels Diener sahen das Haus, glaubten aber, die Hirten würden dort Futter aufbewahren. Doch einer ging eines Tages hin und blickte durch die Dachluke und sah das liebste, schönste Mädchen. Das wurde dem König berichtet, der sofort den Befehl gab, das Haus zu zerstören und sie herzubringen, ohne die Kuhhirten zu fragen. Der König war nämlich kinderlos, und seine Zauberer hatten ihm prophezeit, daß eine Frau von unbekannter Herkunft ihm einen Sohn gebären würde. Daher sagte der König: »Das ist die Frau, die mir prophezeit wurde.«

Am nächsten Morgen sah sie einen Vogel vor der Dachluke, und er kam herein, legte sein Gefieder ab, umarmte sie und sagte: »Sie kommen vom König, das Haus zu zerstören und dich zu ihm zu bringen. Du wirst von mir schwanger werden und einen Sohn bekommen, und dieser Sohn darf niemals einen Vogel töten. Conaire, Sohn von Mess Buachalla, soll sein Name lauten, denn ihrer lautete Mess Buachalla, das Pflegekind der Kuhhirten.

Darauf brachte man sie vor den König, begleitet von ihren Ziehvätern. Sie wurde dem König angetraut, und er gab ihr sieben Dienerinnen und den Pflegevätern das gleiche. Anschließend wurden sie zu Häuptlingen gemacht, so daß sie alle dem Gesetz unterstanden, und sie wurden die beiden Verwalter Fedlimids. Sie gebar dem König einen Sohn, den nannte man Conaire, Sohn der Mess Buachalla, und darauf stellte sie dem König drei Bitten: daß der Sohn in drei Haushalten erzogen würde, bei den Ziehvätern, die sie selbst großgezogen hatten, bei Mane Honeywords und bei ihr selber, und sie sagte, die Männer Erins, die etwas für den Jungen tun wollten, sollten jenen drei Haushalten zum Schutz des Jungen etwas beisteuern.

So wurde er großgezogen, und alle Männer Erins kannten den Jungen vom Tag seiner Geburt an. Mit ihm wuchsen andere Jungen heran, nämlich Fer Le, Fer Air und Fer Rogain, drei Söhne von Donn Desa dem Helden.

Conaire hatte drei Gaben – die Gabe des Hörens, die Gabe des Sehens und die Gabe des Urteils, und von diesen drei Gaben lehrte er seine Ziehbrüder jeweils eine. Gleich welche Speisen für ihn bereitet wurden, die vier setzten sich dazu nieder. Auch wenn drei Speisen für ihn allein zubereitet waren, setzten sich alle dazu nieder. Und die vier hatten die gleichen Kleider und Rüstungen, und ihre Pferde waren von gleicher Farbe.

Dann starb König Eterscel. Die Männer Erins bereiteten ein Stierfest vor, um den künftigen König zu bestimmen, und das ging so: Sie schlachteten einen Stier, und jeder aß zur Genüge davon und trank die Suppe daraus, und dann wurde im Schlaf ein Zauber über sie gelegt. Wen sie im Traum sehen würden, der würde der König sein, und wenn der Schläfer eine Lüge äußerte, würde er sterben.

Auf der Ebene der Liffey gingen vier Männer in Kutschen dem Spiel nach – Conaire selbst und seine drei Ziehbrüder. Da traten seine Pflegeväter zu ihm und riefen ihn zu dem Stierfest. Die Feiernden hatten im Schlaf gegen Ende der Nacht einen splitternackten Mann gesehen, der auf der Straße nach Tara lief und einen Stein in der Schleuder hielt. »Ich komme euch morgen früh nach«, sagte Conaire.

Da ließ er seine Ziehbrüder beim Spiel zurück, wendete seine Kutsche und fuhr nach Dublin. Dort sah er große, weißgefleckte Vögel von ungewöhnlicher Größe, Farbe und Schönheit. Er setzte ihnen nach, bis seine Pferde müde wurden. Die Vögel waren ihm immer einen Speerwurf voraus, aber nicht weiter. Da saß er ab, nahm seine Schleuder aus der Karosse und ging ihnen nach, bis er ans Meer kam. Die Vögel setzten sich auf die Wellen. Er verfolgte sie und holte sie ein. Da legten die Vögel ihr Gefieder ab und wandten sich mit Schwertern und Speeren gegen ihn. Doch einer schützte ihn und sagte: »Ich bin Nemglan, der König der Vögel deines Vaters, und dir ist es untersagt, auf einen Vogel zu zielen, denn hier steht niemand, der dir nicht wegen seines Vaters oder seiner Mutter lieb ist.«

»Bis auf den heutigen Tag«, erwiderte Conaire, »habe ich das nicht gewußt.«

»Geh heute abend nach Tara«, sagte Nemglan, »denn das ist recht so. Dort findet ein Stierfest statt, und du sollst dort König werden. Ein splitternackter Mann wird am Ende der Nacht allein über die Straße nach Tara gehen und einen Stein und eine Schleuder bei sich tragen – und der soll König werden.«

Da machte sich Conaire splitternackt auf den Weg, und auf allen vier Wegen, die nach Tara führen, warteten drei Könige auf ihn. Sie hatten Kleider für ihn, denn es war geweissagt worden, daß er splitternackt kommen würde. Dann wurde er von der Straße aus gesehen, wo seine Ziehväter standen, und sie legten ihm königliche Gewänder an und setzten ihn in eine Kutsche und gaben ihm Bürgschaft.

Das Volk von Tara meinte: »Es scheint, daß unser Stierfest und unsere Zauber nichts nützen, wenn wir nur einen bartlosen Jungen sehen.«

»Das ist nicht wahr«, sagte er. »Denn ein junger, großzügiger Mann wie ich ist nicht schlecht als König, die Bürgschaft Taras steht mir aufgrund meines Vaters und Großvaters rechtmäßig zu.«

»Ausgezeichnet«, sagten die Leute, und übertrugen ihm die Königswürde von Erin. Er aber sagte: »Ich möchte weise Männer als meine Berater haben, damit ich selber weise werde.«

Er sprach alles so, wie es ihm der Vogelmann am Meer geraten hatte, und er hatte auch gesagt: »Deine Regierung wird eingeschränkt sein, aber deine Vogelherrschaft wird edel sein. Das sind deine Tabus:

Du sollst nicht im Uhrzeigersinn um Tara gehen und nicht andersherum um den Mag Breg.

Du darfst nicht die bösen Bestien von Cerna jagen.

Jede neunte Nacht sollst du Tara nicht verlassen.

Du sollst niemals in einem Haus schlafen, in dem man nach Sonnenuntergang von außen das Feuer sieht und in dem sich Licht von außen zeigt.

Keine drei Roten sollen vor dir zum Haus der Roten gehen.

Während deiner Herrschaft soll kein Raub stattfinden.

Nach Sonnenuntergang soll keine Gesellschaft aus einer Frau oder einem Mann dein Haus betreten.

Du sollst nicht den Streit deiner beiden Vasallen schlichten.

Es gab in Conaires Reich aber große Reichtümer, nämlich sieben Schiffe, die jedes Jahr im Juni in Inver Colphta ankamen, und jeden Herbst kniehohe Eichelmast und viele Fische in den Flüssen Bush und Boyne im Juni eines jeden Jahres, und so viel guten Willen, daß in seiner Herrschaft kein Mensch einen anderen umbrachte. Und für alle Menschen in Erin waren die Stimmen der anderen so süß wie von den Saiten einer Laute. Vom Frühjahr bis zum Herbst störte kein Wind die Kuhschwänze. Seine Regierungszeit war weder von Donnern getrübt noch von Stürmen.

Conaires Mutter Mess Buachalla, das »Pflegekind der Kuhhirten«, wird von Cormac zwar grausam ausgesetzt, aber von freundlichen Hirten gerettet, die sie ins Land von Eterscel von Tara bringen. Dort wird sie von einem anderswеltlichen Wesen in Vogelgestalt besucht, der Conaire mit ihr zeugt. Doch Eterscel glaubt, Conaire sei sein eigener Sohn.

Bei Eterscels Tod wird ein *tarbh feis* abgehalten, um den wahren königlichen Nachfolger zu bestimmen. Zur gleichen Zeit, als die Feiernden sich auf die schamanische Reise begeben, wird Conaire von einem Vogelwesen aus der Anderswelt seines Vaters besucht, Nemhglan (»Klarer Himmel«), der ihm rät, splitternackt nach Tara zu gehen und nur einen Stein und eine Schleuder bei sich zu tragen. Auf diese Weise sehen die Feiernden Conaire in ihren Visionen und tragen allen auf, sich nach einem solchen Mann umzusehen.

Nemhglan erscheint erneut bei Conaires Inthronisation, um ihm eine Reihe harter Pflichten aufzuerlegen, die die Freiheit des Königs einschränken. Solche *geasa* wurden Königen und anderen schicksalhaften Gestalten oft auferlegt. Vermutlich stammen sie von alten Ahnentabus und Bedingungen her, die bei schamanischen Visionen festgelegt wurden. Trotz des harmonischen Beginns seiner Regierungszeit bricht Conaire alle *geasa* in einem schrecklichen Rachezug, den das Sidhe-Völkchen anzettelt, weil Conaires Großvater einen ihrer Hügel zerstört hat.

König und Land bilden in der keltischen Tradition eine vollständige Einheit. Ein glücklicher, gutmütiger König bringt Frieden und Wohlstand. Da Eochaid einen Feenhügel verletzt und seine irdische Hoheit über die Feenhoheit setzt, leidet sein Enkel Conaire an dessen Stelle. Die Beziehung zwischen Land und König wird weiterhin in der mittelalterlichen Gralslegende betont, wo das Land leidet, als der König verwundet wird.

Das Glasbuch der Könige[14]

Das Problem, wie man einen passenden König auswählte und einsetzte, war nicht bloß ein heidnisches. Die Rolle des druidischen Sehers entwickelte sich zu der von christlichen Geistlichen wie St. Columba, der sich im folgenden Auszug ebenso in Stammespolitik verstrickt wie die Laien. Columba hatte sich mit den irischen Dalriadischen Siedlern im westlichen Hochland verbündet. Als König Conaill von Lintyre 574 starb, war sein von den Stämmen bestimmter *tanaiste* oder Nachfolger Eoghan, sein Vetter. Columba unterstützte ihn, aber in einer Vision sah er einen anderen Nachfolger.

Ein anderes Mal, als der berühmte Mann sich auf Hinba aufhielt [die Insel Eilean-na-neoimh?], sah er eines Nachts in einer geistigen Ekstase den Engel des Herrn, der in seiner Hand ein Buch aus Glas über den Einsatz von Königen hielt, und als der Ehrwürdige es aus den Händen des Engels erhalten hatte, begann er es auf dessen Befehl hin zu lesen. Als er sich weigerte, Aedhan zum König zu weihen, wie es in dem Buch geraten war, weil er Iogenan, dessen Bruder, mehr liebte, streckte der Engel plötzlich die Hand aus und schlug den Heiligen mit einem Fluch, dessen Zeichen bis zum Ende seines Lebens an seiner Seite deutlich sichtbar blieb. Dabei sagte er die folgenden Worte: »Wisse, daß ich von deinem Gott mit dem Buch aus Glas geschickt wurde, damit du den Worten zufolge, die du gelesen hast, Aedhan als König weihst – und wenn du diesen Worten nicht gehorchest, werde ich dich ein weiteres Mal schlagen.« Als dieser Engel des Herrn in drei aufeinanderfolgenden Nächten erschienen war, dabei immer das Buch aus Glas in der Hand hielt und den gleichen Befehl des Herrn über die Weihung dieses Königs von sich gegeben hatte, gehorchte der Heilige dem Wort Gottes, fuhr zur Insel Iona und weihte dort, wie man ihm befohlen hatte, Aedhan als König, der zur gleichen Zeit dort ankam. Bei den Worten der Einsetzung prophezeite er die Zukunft für dessen Söhne und Enkel und Urenkel, legte ihm die Hand auf den Kopf, segnete ihn und weihte ihn.

Cuimine, der Schöne, sagte in dem Buch, das er über die Tugenden St. Columbas schrieb, daß er die Prophezeiung an Aedhan, dessen Nachfahren und Königtum mit den Worten begann: »Glaube, Aedhan, ohne Zweifel, daß dir kein Feind jemals widerstehen kann, es sei denn, du tust zunächst mir und jenen, die nach mir kommen, Unrecht. Das sage deinen Söhnen, damit sie es ihren Söhnen und Enkeln und der Nachwelt sagen und du nicht durch schlechten Rat ihrerseits das Szepter des Reiches verlierst. Denn gleich wann sie etwas gegen mich oder gegen meine Familie in Irland unternehmen, der Fluch, den ich für dich vom Engel erhielt, soll sich gegen sie wenden durch die Hand Gottes, zu ihrer großen Schande, und die Herzen aller Menschen werden sich von ihnen abwenden, und ihre Feinde werden dadurch gestärkt.

Diese Prophezeiung hat sich in unserer Zeit bei der Schlacht von Roth erfüllt, als Domhnall Brecc, der Enkel von Aedhan, grundlos die Provinz Domhnall, des Enkels von Ainmire verwüstete. Und von diesem Tag bis heute leiden sie unter Druck von außen – und es zerreißt einem die Brust und zwingt einem Seufzer aus der Brust.

Nur selten werden Schamanen aufgerufen, mit Geistern so zu ringen. Columba erweist sich im Verlauf seines Lebens als eine menschliche Gestalt voller Stolz und festen Überzeugungen. Sein Stammesbewußtsein und sein energischer Einsatz werden von einem Engel gedemütigt und bestraft. Wenn dieser Heiligenbericht übertrieben stark von christlichen Strafen spricht, brauchen wir uns nur zur Geschichte »Das Krankenbett von Cuchulainn« (»The Sick Bed of Cuchulainn«) zu wenden, wo wir sehen, daß den großen Krieger genau das gleiche Schicksal trifft. Cuchulainn wird gnadenlos von zwei Feenfrauen ausgepeitscht, bis er seine Seele verliert. Columba wird geschlagen, weil er dem Geist, der ihm etwas befiehlt, nicht gehorcht.

Das Glasbuch der Könige, das er in dieser Vision erblickt, scheint mehr dem *liber vitreus* der Offenbarungen zu verdanken als einer eigenen Vision, aber Kristall ist eine Substanz, die in der keltischen Tradition häufig als Medium einer Vision und andersweltlicher Hilfe erscheint. Nachfolgende Kulturen und Überzeugungen haben vielleicht den Inhalt der schamanischen Vision verändert, aber sie ändern nicht die Kraft der Vision selbst.

Die Anzeichen und Visionen im Umfeld einer Inauguration von Monarchen und Führern scheinen beständig. Sie werden von Nichtvisionären im Traum gesehen und deutlich von Sehern wahrgenommen. Wir brauchen uns nur die Zeichen anzusehen, die die Karrieren unserer Politiker umgeben, um die Wahrheit und Klarheit dessen auch heute zu erkennen.

Die Geschichte von den Prüfungen[15]

Prophetische Fähigkeiten und schamanische Visionen stellen sich nicht von selber ein, und oft wirkt der Weg dahin wie eine schwere Prüfung oder eine Feuerprobe, die andersweltliche Wesen dem Anwärter stellen. Im folgenden Text, dessen vollständiger Titel »Die Geschichte von den Prüfungen. Cormacs Abenteuer im Land der Verheißung und die Entscheidung über Cormacs Schwert« (»The Tale of the Ordeals. Cormac's Adventures in the Land of Promise, and the Decision to Cormac's Sword«) lautet, wird eine ganze Reihe solcher Feuerproben und Prüfungen geschildert.

Schauplatz ist der Hof von Cormac mac Art, einem der berühmtesten Könige des alten Irlands. Hier finden wir die Anspielung aus dem »Gespräch der beiden Weisen« (»The Colloquy of the Two Sages«) (Kapitel 6) auf die »dunkle Rede der Dichter«, die nur Eingeweihte verstehen können. Aus diesem Grund erklärt Cormac hier, daß die Dichter ihr Recht, Urteile zu fällen, verlieren sollten – vermutlich, weil deren inspirierte Äußerungen, die durch schamanische Trance und Reisen angeregt waren, so obskur wurden, daß sie ein rationales Urteil verhinderten.

Im weiteren Text werden die Prüfungen aufgeführt, die man eindeutig als wertvollere und angemessere Methoden betrachtet, um in Fragen um Wahrheit oder Lüge zu einer Antwort zu gelangen. Es fällt auf, daß in fünf der vorgestellten Beispiele ein Gefäß eine Rolle spielt, und daß die Prüfung entweder im Verbrennen von Hand oder Zunge oder im Trinken von Wasser besteht, das in einem solchen Gefäß erhitzt wurde. All dies steht in direktem Zusammenhang mit der Vorstellung vom Kessel als einem Gefäß der Initiation, der Wissen und Wahrheit enthält. In allen Fällen herrscht eine Atmosphäre von schamanischer und poetischer Aktivität. Wir erhalten genaue Hinweise auf die engen Verbindungen zwischen den beiden Disziplinen, und zwar in einem Ausmaß, daß wir der Wahrheit wohl sehr nahekommen, wenn wir sagen, der Schamanismus drücke sich in der spätkeltischen Welt vornehmlich im Bardentum aus.

Die Prüfung um Cormacs Becher der Wahrheit erweist sich als ein Anlaß, um die Geschichte zu erzählen, wie er an eben jenen Becher gelangte. So haben wir hier einen der interessantesten Berichte über eine andersweltliche Visitation und die Fähigkeit der *sidhe*, ihre eigenen Methoden der Urteilsfindung vorzustellen.

Insgesamt handelt es sich um einen wichtigen Text mit wertvollen Einsichten in die keltische Mentalität.

Es war einmal ein edler und berühmter König, der die Herrschaft und Hoheit über Irland erlangte: Cormac, der Enkel von Conn. Zu Zeiten dieses Königs war die Welt voll guter Dinge. Es gab Futter für die Tiere, fettes Vieh und Nahrung aus dem Meer. Es herrschten Frieden, Glück und Einigkeit. Es gab weder Mord noch Raub damals, und jeder kannte seinen Platz.

Einmal trafen sich die Edlen Irlands dieser Zeit zu einem Trinkgelage mit Cormac auf Tara. Die folgenden Könige nahmen an dem Fest teil, nämlich Fergus Schwarzzahn, Eochaid Gunnat, zwei Könige aus Ulster: Dunlang, Sohn von Enna dem Helden, König von Leinster: und Cormac Cas, Sohn von Ailill Nacktohr, Fiacha Breitkrone, Sohn von Eogan; zwei Könige aus Munster: Nia der Große, Sohn von Lugaid Firtri, der Sohn von Cormacs Mutter, und Aed, Sohn von Eochaid Sohn von Conall; zwei Könige aus Connaught: Oengus Blutspeer, König von Bregia, und Fera-Dach, Sohn von Asal, Sohn von Conn dem Helden, König von Meath.

Damals pflegten die Männer Irlands sich auf folgende Weise zu Versammlungen und Treffen zu begeben: Jeder König trug seine königliche Robe und seinen goldenen Helm auf dem Kopf, und sonst trugen sie ihre königlichen Abzeichen nur auf dem Schlachtfeld. Cormac betrat in aller Pracht die Halle, denn abgesehen von Conaire, Sohn von Etarscel, oder Conchobor, Sohn von Cathbad, oder Oengus, Sohn von Dagda, kam ihm keiner an Schönheit gleich. Bei dieser Versammlung stach Cormac in der Tat hervor: Leicht gewellte, goldene Zöpfe umrahmten sein Gesicht, er trug einen roten Schild mit Gravur und *mila* aus Gold, und sein Bogen war mit Silber beschlagen. Ihn umgab ein Mantel aus Purpur ... in vielen Falten. An seiner Brust prangte eine juwelenbesetzte Spange, seinen Hals zierte eine goldene Kette. Er trug ein weißes Hemd mit roter Stickerei und Kapuze und einen Gürtel aus Gold mit Edelsteinen. Seine Schuhe waren geflochten und hatten goldene Schnallen. In der Hand [trug er] zwei goldbeschlagene Speere mit vielen Bronzeschnallen (?). Darüber hinaus war er von schöner Gestalt und ohne einen Makel. Man konnte meinen, daß Perlen auf ihn geregnet seien. Man konnte meinen, sein Mund sei ein Busch Vogelbeeren. Weißer als Schnee prangte sein edler Körper. Seine Wangen waren wie eine Waldrebe oder ein wilder Fingerhut, die Augen wie Glockenblumen. Seine Brauen und Wimpern glänzten wie eine dunkelblaue scharfe Klinge.

So trat also Cormac in die große Halle, wo sich alle Männer Erins versammelt hatten, und sie erkannten, daß es die edelste Zusammenkunft in Erin vor dem Glauben war. Denn die Regeln und Gesetze, über die bei dieser Versammlung bestimmt wurden, sollten auf ewig in Erin gelten.

Die edelsten Männer Erins erklärten, daß alle so sitzen sollten, wie es ihnen gebührte, Könige und Barden, Narren und Landbesitzer und Soldaten und alle anderen Gruppen. Denn sie waren sicher, daß die Abkommen, die bei dieser Versammlung von den Männern von Fodla[16] getroffen wurden, auf ewig Geltung haben würden. Denn von der Zeit Amairgin Weißknies an, der das erste Urteil in Erin abgab, hatten allein die Dichter die Gesetze bestimmt – bis zu dem Gespräch der beiden Weisen in Emain Macha, Ferchertne, dem Dichter, und Nede, Sohn von Adna, die um den Mantel des obersten Barden stritten. Allen schienen die Worte, die die Dichter bei diesem Gespräch äußerten, dunkel. Und das Urteil, das sie abgaben, war nicht klar für die Könige und anderen Dichter. »Diese Männer«, sagten die Könige, »haben alleinige Urteilsgewalt und Wissen. Aber wir verstehen nicht, was sie sagen.« »Nun«, meinte Conor, »dann soll von heute an auf immerdar jeder seinen Anteil daran haben. Und das Urteil, das sie sprechen, soll nicht vergehen [?]. Jeder soll daran teilhaben.« So verloren die Dichter ihr Urteilsrecht, außer dem Teil, der ihnen zustand, und alle Männer Erins nahmen nun Anteil an der Gesetzgebung. Denn es gibt nun die Urteile von Eochauid, Sohn von Luchta, und von Fachtna, Sohn von Senchaid, und die falschen Urteile von Carat-Nia Tesctha, und die Urteile von Moirann Mac Main und die Urteile von

Eogan, Sohn von Durthhacht, und die Urteile von Doet Nemthenn, und die Urteile von Brig Ambae, und Diancechts Urteile über die Ärzte.

Obwohl dies auch vorher geregelt worden war, legten die Edlen von Erin damals das Maß an Beratung und Rede für jeden entsprechend seiner Würde fest, wie in den Bretha Nemed.

Doch vor diesem großen Treffen bei Cormac hatte jeder sich in die Angelegenheiten des anderen eingemischt. Daher wurden bei dieser Versammlung die Männer ihrem Stand nach von den anderen abgetrennt und alle auf die eigene Kunst eingeschworen.

Dann baten die edlen Männer Erins Cormac, jedem in Tech Midchuarta sein Recht zuzusprechen. Und Cormac wartete mit der folgenden Lösung auf, nämlich den Fünf-Fäuste-Kessel, der sich in Tara befand, aufs Feuer zu setzen – es war ein *coire aisicain* oder *ansirc* – und Schwein und Rind hineinzutun und darüber einen Spruch der Herren und Dichter und Zauberer anzustimmen. Ein solcher Kessel pflegte früher in allen königlichen Haushalten Erins zu stehen. Darum werden sie *coire aisic* genannt, »Kessel der Wiederherstellung«, denn er spendete allen immer das genau das Passende.

Und egal, wie lange die Speisen in dem Kessel lagen, sie waren nie verdorben, bis die richtige Gesellschaft nahte. Man fand auch nie [zu viel] gekochtes Fleisch darin, nur genau die richtige Menge für die Gesellschaft, und für jeden wurde das richtige Mahl herausgeholt. Es war ein solcher Kessel, den Cormac auf Tara besaß.

Nun wurden der Reihe nach alle zu diesem Kessel geführt, und jedem wurde eine Gabel gegeben, um hineinzustechen. So bekam jeder seine angemessene Portion, nämlich der König und ein Dichter einen Schenkel, weise Schreiber eine Beinscheibe, die jungen Herren ein Stück Wade, Köpfe für die Kutscher, Hinterschenkel für die Königinnen, und allen das angemessene. So bekam in dieser Gesellschaft jeder das, was ihm zustand.

Dann wurden die zwölf Prüfungen verkündet. Dabei geht es um Wahrheit und Lügen. Es waren die folgenden Prüfungen:

Morann [Mac máins] Drei Kragen:
Mochtas Breitbeil
Senchas Würfel
Der Kessel von Badurn
Die drei Dunklen Steine
Der Kessel der Wahrheit
Das Alte Los von Sen, Sohn des Aige
Luchtas Eisen
Warten am Altar
Cormacs Becher.

Morann Mac Mains Kragen

Morann, Sohn von Carpre Katzenkopf – vom Stamm der Bauern war er. Carpre Katzenkopf brachte, als er die Königswürde Irlands übernahm, alle Edlen Irlands um, außer drei Jungen, nämlich Corp Nacktohr, Tibraite Tirech und Feradach Findfechtnach, die im Schoß ihrer Mütter entkamen und in Schottland geboren wurden. Carpre, Moranns Vater, hatte ein Katzenmaul, und alle Söhne, die ihm geboren wurden, trugen den gleichen Makel, und daher brachte er sie um. Carpre hatte eine berühmte Frau aus einem edlen Geschlecht. Sie erteilte ihm den folgenden Rat: auf Tara ein Fest abzuhalten und alle Männer Erins dazu einzuladen, damit sie zu ihren Göttern beteten, daß ihm ein paar gesunde Kinder geboren würden. Er veranstaltete das Fest, und die Edlen Irlands kamen alle auf drei Monate, und einen Monat lang fasteten sie und beteten zu Gott, daß Carpre und seine Frau gesunden Nachwuchs bekämen. Das geschah aber gegen ihren Willen, denn er war ein böser Mann. Seine Frau empfing und gebar einen Knaben, und es schien, als sei alles in einem Guß von den Schultern aufwärts, denn man sah kein Maul an ihm, noch andere Öffnungen. Da sagte die Königin: »Ich habe einen *maen* [Stummen] geboren. Er ist deinem anderen Sohn ebenbürtig. Das ist der Segen der Männer Irlands für dich, ihren Feind!« – »Ergreift ihn«, sagte Carpre zu seinem Kämmerer, »und ertränkt ihn morgen früh.« Doch in der Nacht erschien der Mutter ein Mann aus den Feenhügeln und sagte: »Das Kind muß zum Meer gebracht werden, und sein Kopf soll auf dem Wasser gehalten werden, bis neun Wellen ihn überspült haben. Der Junge wird groß, er wird ein König. Morann soll sein Name sein« (er war *mor*, »groß«, und *find* »hellhaarig«).

Sie rief den Kämmerer herbei und berichtete ihm dies. Dann wurde der Junge zum Meer gebracht und auf der Wasseroberfläche gehalten. Als die neunte Welle ihn überspülte, riß die Haut um seinen Kopf und bildete einen Kragen auf seinen Schultern. Dabei sang er:

> Betet, ihr Sterblichen,
> zum Gott der schönen Welt!
> ....
> ....
> .... darin ist ein Fest der Freude
> mit meinem vergebenden Gott,
> der ein himmlisches Haus über den Wolken erschuf.

Der Kämmerer brachte den Jungen also nicht um, aber er wagte auch nicht, aus Angst vor dem König, ihn wieder mitzubringen. Daher brachte er ihn zum Viehhirten des Königs. Dann ging er heim und erklärte alles dem König und der Königin, und der König befahl, den Jungen zu töten. Er sagte, der Junge würde *maen* [Verrat] bedeuten. Daher wird der Sohn von Carpre Cennchait »Morann mac Main« genannt. Man fertigte eine Bedeckung für die Haut an, den man den »Kragen von [Morann] Mac Main« nennt. Wenn man ihn jemandem umlegte, der schuldig war, wurde er von dem Kragen erdrosselt, wenn er jedoch unschuldig war, wurde er so weit, daß er zu Boden fiel.

Morann Mac Mains zweiter Kragen

Morann hatte noch einen anderen Kragen, einen Ring, der wie ein hölzerner Reif geformt war. Diesen Ring hatte er von Ochamon, dem Narren auf Síd Arfemin[17] bekommen. Denn er sandte ihn in jenen [Feenhügel], und Ochamon brachte den kleinen Kragen mit. Er sah in dem Feenhügel, daß man so ein Ding benutzte, um zwischen Lüge und Wahrheit zu unterscheiden. Dort legte man den Kragen um den Fuß oder die Hand eines Menschen [dessen Schuld fraglich war], und wenn er gelogen hatte, schloß er sich so eng, daß er den Fuß oder die Hand verlor. Wenn er jedoch unschuldig war, schloß er sich nicht.

Morann Mac Mains dritter Kragen

Es gab aber noch einen dritten *Sin Morainn* – »Morannkragen«. Morann der Gerechten Urteile ging einmal zum Apostel Paulus und brachte von ihm eine Epistel mit, die er um den Hals trug. Als Morann von Paulus zurückkehrte und seine Festung betrat, begegnete er zufällig einer Leibeigenen am Tor. Als sie die Epistel um seinen Hals sah, fragte sie: »Was für ein Kragen ist das, oh, Morann?« – »Wahrlich«, erwiderte Caiminn der Narr, »von heute an bis zum Jüngsten Tag soll er Moranns Kragen genannt werden.« Wenn Morann Urteile sprach, hing er sich stets die Epistel um den Hals und gab dann niemals etwas Falsches von sich.

Mochtas Breitbeil

Das war ein Breitbeil aus Bronze in Besitz von Mochta dem Gerechten. Man legte es oft in ein Feuer aus Schlehenholz [bis es glühend heiß war] und ließ [den Angeklagten] mit der Zunge darüber lecken. Wenn er gelogen hatte, wurde er verbrannt, aber die Unschuldigen wurden nicht versengt.

Senchas Los

Das war ein Los, das Sencha, Sohn des Ailill, warf. Er nahm zwei Lose aus dem Feuer, eines für den König und eines für den Angeklagten. Wenn der Beklagte schuldig war, spaltete das Los seine Hand. Wenn er aber unschuldig war, gab es ihn sofort frei. Dabei wurde der Spruch eines Dichters gesungen.

Der Kessel von Badurn

Badurn war der Name eines Königs. Als seine Frau einmal zum Brunnen ging, sah sie dort zwei Frauen aus den Feenhügeln, die zwischen sich eine bronzene Kette hielten. Als diese die Frau auf sich zukommen sahen, sprangen sie unter den Brunnen. Sie folgte ihnen nach und sah in dem Feenhügel eine wundersame Prüfung mit einem Gefäß aus Kristall. Wenn ein Mensch darunter drei falsche Worte sprach, zerfiel es in drei Teile auf seine Hände. Wenn jemand aber drei wahre Worte darunter sprach, fügte es sich wieder zusammen. Da bat Badurns Frau das Völkchen im Feenhügel um diesen Kessel. Sie bekam ihn auch. Das genau war der Kessel, den Badurn benutzte, um zwischen wahr und falsch zu unterscheiden.

Die Drei Dunklen Steine

Dazu füllte man einen Eimer mit Morast und Kohle und allen möglichen schwarzen Dingen und legte drei Steine hinein, einen weißen, einen schwarzen und einen gefleckten. Wenn dann jemand seine Hand hineinsteckte und er die Wahrheit gesprochen hatte, brachte er den weißen Stein hervor. Wenn er gelogen hatte, brachte er den schwarzen Stein heraus. Wenn er nur halb schuldig war, holte er den gefleckten Stein nach oben.

Der Kessel der Wahrheit

Das war ein Kessel aus Silber und Gold, mit dem man zwischen wahr und falsch unterscheiden konnte. Man erhitzte Wasser darin, bis es kochte, und tauchte dann die Hand des Beschuldigten hinein. Wenn er schuldig war, verbrannte die Hand. Wenn er aber unschuldig war, geschah ihm kein Leid. Diese drei Gegenstände werden von den Heiden am meisten benutzt: der Kessel der Wahrheit, das Loswerfen und das Warten am Altar. Von daher ist die [Praktik] entstanden, daß man das Los mit Reliquien wirft.

Das Alte Los Sens

Dies ist eine Prüfung von Sen, Sohn von Aige. Dazu wirft man drei Würfel ins Wasser, den des Herrn, das Los des Barden und das Los des Beschuldigten. Wenn der Angeklagte schuldig war, sank sein Würfel auf den Grund. Wenn er jedoch unschuldig war, schwamm er an die Oberfläche.

Luchtas Eisen

Luchta der Zauberer fuhr in die Bretagne, um dort zu lernen. Und dort sah er etwas Seltsames, das man benutzte, um zwischen Wahrheit und Lüge zu unterscheiden, nämlich ein Eisen, das von den Zauberern besprochen und ins Feuer geworfen wurde, bis es weißglühend war. Dann legte man es dem Beschuldigten auf die Hand. Wenn er schuldig war, verbrannte ihn das Eisen. Aber es tat ihm keinen Schaden an, wenn er unschuldig war. Luchta sagte ihnen, er brächte das für »uns, die Männer Erins«, »um zwischen wahr und falsch zu unterscheiden«. Luchta brachte dieses heilige Eisen mit heim, und man benutzte es, um zwischen Wahrheit und Lügen zu unterscheiden. Seitdem wird das heilige Eisen von den *gael* benutzt.

Warten am Altar

Dies ist ein Beweis, den sie damals benutzten, um zwischen wahr und falsch zu unterscheiden. Warten am Altar bedeutet neunmal um den Altar zu gehen und anschließend Wasser darüber zu trinken, während man den Spruch eines Zauberers aufsagt. Wenn [der Angeklagte] schuldig war, zeigte sich ein Zeichen für seine Schuld. Wenn er aber unschuldig war, tat ihm [das Wasser] keinen Schaden. Cai Cainbrethach, der Schüler von Fenius Farsaid dem zwölften oder zweiundsiebzigsten Schüler der Schule, die Fenius von den Griechen übernahm, um die vielen Sprachen der vielen Länder der Welt zu lernen – dieser Cai brachte diese Prüfung mit aus dem Lande Israel, als er zu den Tuath Déa kam, und er kannte auch das Gesetz Moses. Er war es, der die Urteile in der Schule fällte, nachdem man alle Seiten angehört hatte, und es wurde Urteil Cais genannt. Es war der gleiche Cai, der in Erin das Gesetz der Vier Wege weihte, denn nur zwei aus der Schule kamen nach Erin, nämlich Amairgin Weißknie, der Dichter, und Cai, der Richter. Cai blieb in Erin, bis er neun Generationen überlebt hatte, weil seine Urteile so gerecht waren, denn es waren Urteile nach dem Gesetz Moses. Urteile nach diesem Gesetz sind in Fénechas sehr verbreitet. Es waren auch Moses Gesetze, die Cormac dienten.

Cormacs Becher

Cormacs eigener Becher war aus Gold. Gefunden hatte er ihn auf folgende Weise:

Eines Tages, bei Morgengrauen im Mai, war Cormac, Enkel von Conn, allein auf Múr Tea in Tara. Da sah er einen Krieger auf sich zukommen, ruhig [?] und von grauem Haar. Ihn umgab ein purpurner, fransenbesetzter Mantel. Sein Hemd war gefältelt und mit Gold durchwirkt. Zwei runde Schuhe aus weißer Bronze zwischen seinen Füßen und der Erde. Auf der Schulter trug er einen Silberzweig mit drei goldenen Äpfeln. Es war eine Freude und Lust, dem Klang dieses Zweiges zuzuhören, denn selbst schwer verwundete Männer und Frauen im Kindbett oder krankes Volk schlummerten bei der Melodie ein, wenn der Zweig geschüttelt wurde.

Der Krieger begrüßte Cormac. Cormac grüßte ihn.

»Von woher kommst du, oh, Krieger?« fragte Cormac. »Aus einem Land«, erwiderte dieser, »in dem es nichts außer der Wahrheit gibt, und es gibt dort weder Alter noch Verfall, noch Düsternis, noch Traurigkeit, noch Neid und Eifersucht, noch Haß oder Hochmut.«

»Dem ist hier nicht so«, sagte Cormac. »Eine Frage, oh Krieger, sollen wir einen Bund schließen?«

»Das würde mir sehr gefallen«, antwortete der Krieger.

Und so schlossen sie einen Bund.

»Der Zweig ist nun mein«, sagte Cormac.

»Ich werde ihn dir geben«, erwiderte der Krieger, »wenn mir dafür drei Dinge gewährt werden, um die ich in Tara bitten werde.«

»Sie sind dir gewährt«, sagte Cormac.

Dann verpflichtete der Krieger Cormac zu diesem Versprechen, gab ihm den Zweig und verschwand, und Cormac hatte keine Ahnung, wohin er entschwunden war.

Darauf ging Cormac zurück in den Palast. Jedermann staunte über den Zweig. Cormac schüttelte ihn, und sie fielen alle in Schlaf bis zur gleichen Zeit am folgenden Tag.

Am Ende des Jahres kam der Krieger zu ihrem Treffen und fragte Cormac um Gegenleistung für seinen Zweig. »Es soll dir gewährt sein«, sagte Cormac.

»Ich will [deine Tochter] Aílbe noch heute«, sagte der Krieger.

Er nahm das Mädchen mit. Die Frauen auf Tara stießen drei laute Schreie hinter der Tochter des Königs von Erin her aus. Aber Cormac schüttelte den Zweig und verbannte allen Kummer und versetzte sie in tiefen Schlaf.

Am gleichen Tag einen Monat später kam der Krieger wieder und nahm Carpre Luifechair [Cormacs Sohn] mit sich. Trauer und Tränen um den Jungen wollten nicht enden, und in dieser Nacht schlief oder aß niemand, und alle waren voll Kummer und großer Trauer. Aber Cormac schüttelte den Zweig, und aller Kummer verließ sie.

Dann kam der Krieger wieder.

»Was erbittest du heute?« fragte Cormac.

»Deine Frau«, sagte er. »Ethne die Schmale, Tochter von Dunlang, König von Leinster.«

Und er nahm die Frau mit sich.

Doch das konnte Cormac nicht aushalten. Er folgte ihnen, und alle anderen folgten Cormac. Mitten auf der Ebene vor den Mauern umhüllte sie ein dichter Nebel, und Cormac fand sich ganz allein. Auf dieser Ebene ragte eine große Festung auf, die von einer bronzenen Mauer umgeben war. In dieser Festung stand ein Haus aus hellstem Silber, das war zur Hälfte mit den Flügeln weißer Vögel gedeckt. Eine Armee von Feenreitern umschwirrte das Haus, mit Flügeln weißer Vögel auf dem Schoß, um das Dach weiter zu decken. Da erfaßte es eine Windböe und trug alles hinweg, was sie bisher auf das Dach gedeckt hatten.

Dann sah er einen Mann, der ein Feuer anzündete und einen dicken Eichenstamm darauflegte. Als der Mann mit einem neuen Eichenstamm herankam, war der erste schon verbrannt.

Danach sah er eine weitere Festung, die mächtig und königlich wirkte, und die auch von einer Mauer aus Bronze umgeben war. Darin befanden sich vier Häuser. Er betrat die Festung. Er sah den riesigen Palast mit Balken aus Bronze, mit Wänden aus Silber und einem Dach aus den Flügeln weißer Vögel.

Dann sah er in der Umfriedung einen glänzenden Brunnen, aus dem fünf Bäche herausflossen, und seine Männer tranken nacheinander von dem Wasser. Über diesem Brunnen wuchsen neun Haselsträuche von Buan. Die rötlichen Haselbüsche ließen ihre Nüsse in den Brunnen fallen, und fünf Lachse, die dort schwammen, zerbissen sie und ließen die Schalen bachabwärts treiben. Das Geräusch dieser rauschenden Bäche war viel melodischer als der Gesang der meisten Menschen.

Darauf betrat er den Palast. Drinnen wartete ein Paar auf ihn. Man konnte die Gestalt des Kriegers leicht erkennen, denn er war von schönem Antlitz, schöner Gestalt und Ausstrahlung. Neben ihm stand eine Frau mit goldenem Haar und einem goldenen Helm, und sie war die schönste Frau der Welt. Ihr wurden die Füße gewaschen, ohne daß sie es merkte. Hinter einer Wand wurde etwas gewaschen, aber niemand achtete darauf, und die [erhitzten] Steine traten in und aus dem Wasser [von allein].

Anschließend badete Cormac.

Nachdem sie etwa eine Stunde dort geblieben waren, sahen sie einen Mann das Haus betreten, der hatte in der rechten Hand ein Holzbeil und in der Linken einen Holzscheit. Ihm folgte ein Schwein.

»Es ist Zeit, alles vorzubereiten«, sagte der Krieger. »Denn ein edler Gast ist eingetroffen.«

Der Mann erschlug das Schwein. Den Scheit spaltete er so, daß er drei Einkerbungen aufwies. Das Schwein wurde in den Kessel geworfen.

»Du bist an der Reihe, es zu wenden«, sagte der Krieger.

»Das nützt nichts«, sagte der Küchenmeister, »denn dieses Schwein wird niemals gar werden, wenn nicht für jedes Viertel eine Wahrheit ausgesprochen wird.«

»Dann«, meinte der Krieger, »sprich du zuerst.«

»Eines Tages«, begann er, »als ich durch das Land ging, fand ich auf meinem Feld die Kühe eines anderen und brachte sie in meine Umfriedung. Der Besitzer der Kühe folgte mir und sagte, er würde mir eine Belohnung geben, wenn ich seine Kühe freiließ. Ich gab ihm seine Kühe zurück. Er gab mir ein Schwein und ein Beil und einen Holzscheit – das Schwein, das ich jeden Abend mit dem Beil schlachten konnte, und den Scheit, den ich damit spalten konnte. Dann würde es stets genug Feuerholz geben, um das Schwein zu kochen, und genug für den Palast. Das Schwein ist am nächsten Morgen wieder lebendig und der Scheit wieder ganz. Von damals bis auf den heutigen Tag ist es so gewesen.«

»Diese Geschichte ist in der Tat wahr«, sagte der Krieger.

Das Schwein wurde im Kessel gewendet, aber nur ein Viertel war gargekocht.

»Erzählen wir eine andere wahre Geschichte«, sagten sie.

»Ich möchte eine zum besten geben«, begann der Krieger. »Es war zur Zeit des Pflügens. Als wir das Feld draußen umbrechen wollten, war es schon gepflügt, geeggt und mit Weizen eingesät. Als wir es schneiden wollten, stand die Ernte schon gebunden auf dem Feld. Als wir es einfahren wollten, fanden wir schon alles in einer großen Garbe im Hof. Seitdem haben wir davon genommen und gegessen, aber es ist keinen Deut geringer oder größer geworden.«

Dann wurde das Schwein im Kessel gewendet, und ein weiteres Viertel war gargekocht.

»Nun bin ich an der Reihe«, sagte die Frau. »Ich habe sieben Kühe und sieben Schafe. Die Milch der sieben Kühe reicht aus für das gesamte Volk im Land der Verheißung. Von der Wolle der sieben Schafe stammt alle Kleidung, die wir brauchen.«

Nach dieser Geschichte war ein drittes Viertel des Schweins gargekocht.

»Nun bist du an der Reihe«, sagten sie zu Cormac.

Cormac erzählte, wie ihm seine Frau, sein Sohn und seine Tochter fortgenommen worden waren und wie er sie verfolgt habe, bis er zu diesem Haus gekommen sei.

Damit war das Schwein gargekocht.

Dann zerteilten sie das Schwein und legten Cormac seine Portion vor. »Ich esse niemals«, sagte Cormac, »ohne fünfzig Gefährten.« Da sang ihm der Krieger einen Kehrreim vor und versetzte ihn in Schlaf. Als er wieder aufwachte, sah er fünfzig Krieger, seinen Sohn, seine Frau und seine Tochter. Daraufhin war er wieder fröhlich. Dann wurden Bier und Speisen ausgeteilt, und alle waren lustig und froh. Dann reichte man dem Krieger einen goldenen Becher. Cormac bestaunte diesen Becher, weil so viele Gestalten darauf eingraviert waren und er so zierlich geformt war. »Der Becher hat noch eine seltsame Eigenschaft«, meinte der Krieger. »Wenn drei falsche Worte unter ihm gesprochen werden, zerfällt er in drei Teile. Wenn man drei wahre Dinge unter ihm erklärt, fügt er sich wieder zusammen.« Der Krieger sprach drei falsche Worte unter dem Becher, und er zerbrach in drei Teile. »Es ist besser, die Wahrheit zu sprechen«, sagt der Krieger, »um den Becher wieder heil zu machen. Ich erkläre daher, oh Cormac, daß weder deine Frau noch deine Tochter, seit sie aus Tara gebracht wurden bis zu dieser Stunde das Gesicht eines Mannes gesehen haben, und daß dein Sohn keine Frau angesehen hat.« Da wurde der Becher wieder ganz.

»Nimm deine Familie«, sagte der Krieger nun, »und jenen Becher, damit du mit ihm immer zwischen wahr und falsch unterscheiden kannst. Und den Zweig sollst du behalten, um dich von der Musik erfreuen zu lassen. Am Tag deines Todes wird dir alles wieder genommen werden. Ich bin Manannan, Sohn des Ler«, fuhr er fort. »König des Landes der Verheißung, und habe dich hergebracht, damit du dieses Land der Verheißung siehst. Die Reiterarmee, die das Haus deckte, waren die Männer der Künste in Irland, die Vieh und Reichtümer einsammeln, das sonst zu keinem Nutzen kommt. Der Mann, der das Feuer anzündete, ist ein junger Herr, der aus seinem Haushaltungsgeld alles zahlt, was er verzehrt. Der Brunnen, den du sahst, mit den fünf Bächen, ist der Brunnen des Wissens, und die Bäche sind die fünf Sinne, durch die wir unser Wissen empfangen. Niemand erlangt Wissen, der nicht aus dem Brunnen selbst und den Bächen einen Schluck nimmt. Die Menschen mit zahlreichen Gaben haben aus beiden getrunken.«

Als Cormac sich am folgenden Morgen erhob, fand er sich auf der Wiese vor Tara neben seiner Frau, seiner Tochter und seinem Sohn. Neben ihm lagen sein Becher und sein Zweig. Und der Becher wurde anschließend Cormacs Becher genannt, und man benutzte ihn, um zwischen Falsch und Wahr zu unterscheiden. Aber wie prophezeit, blieben sie nicht über Cormacs Tod hinaus.

Bei dieser Versammlung wurden viele Regeln und Gesetze geweiht, und die Männer Erins waren sehr entschieden. Damals wurden regelmäßig drei Versammlungen abgehalten, nämlich das Fest zu Tara an Allerheiligen, das Ostern der Heiden: Alle Männer Erins kamen zu diesem Fest und halfen dem König von Erin. Dann gab es das Fest *tailiu* zu Lammas und die große Versammlung von Uisnech am Maitag. Die Vorbereitungen für das Fest auf Tara dauerten sieben Jahre, und am Ende der sieben Jahre fand eine Versammlung aller Männer Erins statt, und dort bestimmten sie einen Feiertag, nämlich die Regel der Sieben Jahre von einem Fest auf Tara bis zum nächsten. Wer diese Regel brach, galt als sterblicher Feind und wurde aus Irland verbannt, mit der Ausnahme, daß Tötungen nur an sieben Orten zulässig waren, nämlich in Sligo Midluachra, an der Furt von Fer-Diad, in Áth Cliath, Belach Gabráin, Áth n-ó, Cnám-choill, Conachlaid und bei den beiden Spitzhügeln von Anu. Wenn jemand an diesen Orten sich an etwas rächte, wurde es ihm nicht vergolten.

Dann ernannte der König von Erin seine Soldaten über das Volk Erins. Er ernannte dreimal fünfzig königliche Helden, die seine Herrschaft und seine Gesetze aufrechterhielten und seine Jagd ausübten. Die Leitung von allem übergab er dem Oberkämmerer Find, Enkel von Baiscne.

Dann beging Cormac eine berühmte Tat, nämlich die Anlage des Saltair Cormaic. Dazu versammelte man die alten Männer und Geschichtsschreiber Irlands, darunter auch Fintan, Sohn von Bóchra, und Fothe, den Dichter, und dann wurden alle Stammbäume und Geschichten schriftlich aufgezeichnet, das Leben der Könige und Prinzen, ihre Kämpfe und Schlachten, ihre Eigenheiten vom Anbeginn der Welt bis zu jener Zeit. Daher ist dieser Psalter von Tara die Grundlage und eine Quelle für Erins Historiker von damals bis auf den heutigen Tag.

Groß war die Herrschaft Cormacs über Erin zu jener Zeit. Er hatte alle Geiseln Erins in der Hand. Einer war Socht, Sohn von Fithel, Sohn von Oengus, Sohn von Glangen, Sohn von Sech, Sohn von Socht, Sohn von Fachtna, Sohn von Senchaid, Sohn von Ailill Cestach, Sohn von Rudraige.

Aus dem Buch Navans.

Socht hatte ein wunderbares Schwert mit einem Griff aus Gold an einem Gürtel aus Silber: Sein Knauf war vergoldet, die Spitze vielschneidig (*éo*). Des Nachts leuchtete es wie eine Kerze. Wenn die Spitze (*rind*) zurück in die Scheide gesteckt wurde, streckte es sich wie ein Degen. Es konnte ein auf dem Wasser schwimmendes Haar durchtrennen. Es konnte ein Haar vom Kopf eines Mannes schneiden, ohne dessen Haut zu berühren. Es spaltete einen Menschen in zwei Hälften, aber die eine Hälfte merkte es lange nicht, was mit der anderen geschah. Socht sagte, es sei der gehärtete *Steeling*, Cuchulainns Schwert. Man glaubte, dieses Schwert sei das Stammeserbe seiner Väter und Großväter.

Damals gab es auf Tara einen berühmten Kämmerer, Dubdrenn, Sohn von Urgriu. Dieser Kämmerer bat Socht, ihm das Schwert zu verkaufen, und meinte, er solle Abend für Abend die gleiche Portion haben wie er, Dubdrenn, und seine Familie solle Tag für Tag die Speisen von vier Männern als Anzahlung für das Schwert haben, und danach den vollen Preis, den er nennen würde. »Nein«, sagte Socht, »ich kann nicht die Schätze meines Vaters verkaufen, solange er noch am Leben ist.«

Das ging lange Zeit so weiter. Dubdrenn dachte ständig über das Schwert nach und verlangte danach. Einmal brachte er Socht zu einem besonderen Trinkgelage. Da bat Dubdrenn den Mundschenk, Socht soviel Wein und Met einzuschenken, bis er betrunken wurde. Das geschah auch, so daß Socht nicht mehr wußte, wo er war, und einschlief.

Da nahm der Kämmerer das Schwert und ging zum Gelbgießer des Königs, Connu.

»Kannst du«, fragte Dubdrenn, »den Griff dieses Schwertes öffnen?«

»Ja, das kann ich wohl«, meinte der Gelbgießer.

Er zog das Schwert heraus und schrieb den Namen des Kämmerers in den Griff: Dubdrenn. Dann steckte es wieder hinein, wie es vorher war.

So blieben die Dinge drei Monate lang. Und der Kämmerer fragte immer wieder nach dem Schwert, konnte es aber nicht von Socht bekommen. Schließlich klagte der Kämmerer das Schwert ein und erfüllte alle Bedingungen und erklärte, es sei sein Schwert und daß es ihm abgenommen worden sei. Socht erklärte, er habe ein altes Anrecht auf das Schwert und seine Verzierungen und Schmuck, und außerdem sei es sein Erbe.

Socht beriet sich mit Fithel und bat ihn, sich für ihn einzusetzen und seinen Vater herbeizuholen, um seinen Anspruch auf das Schwert zu bekräftigen. »Nein«, sagte Fithel, »du mußt in solchen Dingen für dich selbst einstehen. Ich werde mich nicht für dich einsetzen, denn man ficht solche Dinge selber aus und spricht Wahrheit ohne Falschheit. Falschheit wird nur Falschheit begegnen ...«

Der Fall wird vorgetragen, und Socht darf beweisen, daß das Schwert seines ist. Er schwört einen Eid, daß das Schwert in Besitz seiner Familie sei und ihm gehöre

Da sagt der Kämmerer: »Um die Wahrheit zu sagen, oh, Cormac, ist der Eid, den Socht geschworen hat, falsch.«

»Welche Beweise hast du«, sagte Cormac, »daß er meineidig ist?«

»Das ist nicht schwer«, meinte der Kämmerer. »Wenn das Schwert mir gehört, dann steht mein Name darauf, drinnen und im Griff verborgen.«

Cormac befiehlt Socht vor sich und berichtet ihm, was gesagt wurde. »Das ist eine einfache Geschichte«, meinte Cormac. »Laß den Gelbgießer kommen.« Der Mann erscheint und bricht den Griff auf, wo man den Namen des Kämmerers findet. Da etwas Totes gegen etwas Lebendes steht, wird dem Geschriebenen mehr Bedeutung gegeben.

Da sagte Socht: »Hört, Männer Erins und Cormac! Ich erkenne diesen Mann als den Besitzer dieses Schwertes an. Seine Eigenschaften und Fähigkeiten gehen nun von mir zu dir über.«

»Ich erkenne«, sagte der Kämmerer, »den Besitz an, zusammen mit seinen Fähigkeiten, die von dir auf mich übergehen.«

Da sagte Socht: »Es ist das Schwert, das man im Hals meines Großvaters fand, und bis auf den heutigen Tag kenne ich den Täter nicht. Du, Cormac, sprich das Urteil.«

»Deine Pflichten«, sagte Cormac zu dem Kämmerer, »sind größer als der Wert dieses Schwertes.«

Dann werden sieben *sumals* von Cormac verfügt [als Entschädigung für den Mord an Sochts Großvater] sowie die Rückgabe des Schwertes.

»Ich gestehe«, sagte der Kämmerer, »die Geschichte des Schwertes.« Dann erzählte er die ganze Geschichte der Reihe nach, und der Gelbgießer bestätigte alles. Dann trug Cormac dem Kämmerer sieben *cumals* auf, und weitere sieben dem Gelbgießer. Dann sagte er: »*Mainech* ... das ist wahr. Das ist Cuchulainns Schwert. Und von ihm wurde mein Großvater umgebracht, Conn der Hundert Schlachten, von der Hand Tibraite Tirchams, König von Ulaid, von dem es heißt:

Mit einem Trupp tapferer Gesellen
Zog er gen Connaught,
Sah Conns Blut fließen
An der Klinge von Cuchulainns Schwert.

Damit hatten Cormac und Fithel die Sache entschieden, und Cormac hatte Socht überredet, daß durch diese Entscheidung das Schwert eine Buße für Conn sein sollte. Gegen dieses Schwert und den, der es führte, wurden weder eine Schlacht noch jemals ein Zweikampf gewonnen. Es ist der drittbeste Schatz in Erin, außer Cormacs Becher und seinem Zweig. Der dritte war das Schwert.

Das ist also die Geschichte von den Prüfungen und von Cormacs Abenteuern im Land der Verheißung und von Cormacs Schwert.

Weise Männer meinen, daß immer, wenn sich den königlichen Herren eine seltsame Erscheinung zeigt, wie der Geist vor Conn und das Land der Verheißung bei Cormac, es einen göttlichen Eingriff, also etwas Gutes und nichts Teuflisches bedeutet. Es sind Engel, die ihnen helfen, denn sie folgen der natürlichen Wahrheit und dienen der Durchsetzung der Gesetze. Es war auch ein göttlicher Eingriff, der die Männer Erins bei Uisnech von der Großen Bardischen Gesellschaft befreite, ohne sie ihrem Schicksal zu überlassen.

Kapitel 8

Heilung von Körper und Seele

Heilen spielt bei der schamanischen Arbeit eine große Rolle. Wir betrachten in diesem Kapitel die Heilung von Körper und Seele und eine große Bandbreite von Quellen, um einen soliden Hintergrund an Kenntnissen für weitere Untersuchungen aufzubauen.

Die Heilmethoden lassen sich in fünf Kategorien einteilen, die teilweise sowohl körperliche wie schamanische Möglichkeiten bieten:

1. Der Patient bekommt etwas zu essen oder zu trinken (Kräuter, Medizin, bestimmte Speisen und Getränke usw.).
2. Etwas wird in den Körper gegeben oder herausgenommen (Chirurgie, schamanischer Auszug oder Wiedererlangung).
3. Der Körper als solcher wird manipuliert oder bekommt äußerliche Stützen (Knochen geraderichten, Übungen, Prothesen usw.).
4. Man bringt Kräfte von außen an den Körper (Wasser, Dampf, Musik, Röntgenstrahlen, spirituelle Heilung).

5. Der Körper wird vom Geist oder der Seele beeinflußt und dadurch geheilt (Psychotherapie, Gebete, spirituelle Heilung).

Mit der letzten Kategorie befassen wir uns im zweiten Essay in diesem Kapitel; die anderen werden im ersten abgehandelt. Keiner der beiden Ansätze strebt an, alle Heilmethoden vollständig und erschöpfend zu behandeln, sondern sie konzentrieren sich auf bestimmte Nachweise und Belege, die uns schamanische Kenntnisse vermitteln.

Heilung bei den Kelten: Die Kinder von Airmed

Caitlín Matthews

Hinter allen Heilmethoden steht das menschliche Streben nach Ganzheit und Harmonie. Aber manchmal ist selbst diese Ganzheit gespalten, wie in den Gesundheitskonzepten der westlichen Welt, die sich vornehmlich auf die Heilung des Körpers konzentriert haben und die emotionalen und spirituellen Aspekte einer Krankheit vernachlässigen. Bei Stammesvölkern in Vergangenheit und Gegenwart wird allgemein die völlige Verzahnung von Körper und Seele begriffen und in den offiziell vertretenen Heilmethoden ausgedrückt: Die körperliche Behandlung wird von Gebeten und Anrufungen begleitet, zur Diagnose gelangt man – bei schamanischen Praktiken – durch Visionsreisen, in denen man spirituelle Hilfe erbittet und eine passende Kur findet.

Bei den Kelten wurden natürlich nicht alle Krankheiten schamanisch behandelt, obwohl die Hauptkennzeichen eines keltischen Heilers das Bewußtsein von der spirituellen Ursache von Krankheiten und die Bereitschaft war, mit andersweltlicher Hilfe zu kommunizieren. Es heißt über den Arzt Fingen aus Ulster zum Beispiel: »Er war so geschickt, daß er aufgrund der Dünste, die aus einem Haus aufstiegen, erkennen konnte, wie viele Leute darinnen krank waren und an was sie litten.«[1]

Wer war für den Heilprozeß verantwortlich? Von Anfang der modernen Zeitrechnung an bis zum Mittelalter wurde das Handwerk von Ärzten und Chirurgen vererbt und galt als spezifischer Berufsstand. Männer herrschten zwar vor, aber wir haben auch historische Nachweise für Frauen in diesem Metier, professioneller und nichtprofessioneller Ausrichtung. Die praktische und theoretische Ausbildung wurden durch Qualifikation und rechtliche Privilegien anerkannt. Abgesehen von den etablierten Ärzten gab es auch unqualifizierte, aber keineswegs unfähige Heiler oder Ärzte, die geringere Leiden behandelten.

Der Arzt hatte einen *lés*, einen Medizinbeutel, in dem er seine örtlichen Anwendungsmittel, Salben und Tränke aufbewahrte. Im *Táin bo Cuailgne* wird berichtet, wie die Ärzte am Ende eines jeden Kampftages mit ihren *lésa* kamen, um die Verletzten zu behandeln. Wir wissen, daß die Ärzte Kräuter, Ätzmittel, Schädelsägen, Aderlaß und Wundscheren benutzten. Sie kannten den Kaiserschnitt und verschiedene andere Methoden, vertraute wie vergessene. Unqualifizierte Heiler stützten sich vornehmlich auf die Kräuterkunde, Aderlaß und Zauberei und überließen die Operationen den zugelassenen Ärzten; ansonsten drohten ihnen schwere Strafen.

Das Gesetz von Brehon drückte sich deutlich über den Heilprozeß aus. Die Familie des Patienten war verantwortlich, den Arzt zu versorgen, aber wenn die Kur nicht erfolgreich verlief, zahlte der Arzt der Familie die Auslagen zurück. Wenn nach einer vorgeschriebenen Probezeit eine Wunde oder Verletzung nicht zufriedenstellend heilte, (eine Kopfverletzung beispielsweise sollte innerhalb von drei Jahren heilen) war der Arzt verpflichtet, für die Verletzung zu bezahlen, als habe er selbst sie verursacht. Dieses Prinzip »ohne Heilung kein Lohn« scheint zumindest in Irland die Regel gewesen zu sein. Über andere keltische Länder haben wir weitaus weniger Informationen.

Im Brehon-Gesetz gibt es Gesetze über Krankenhäuser, die von den örtlichen Stämmen unterhalten wurden. Patienten mit genügend Mitteln zahlten selbst für ihre Versorgung und die Behandlung; wenn man das nicht konnte, genoß man Wohltätigkeitsstatus, und für Verletzte zahlte der Verursacher. Das Krankenhaus, oder *forus tuaithe* (»Territorialhaus«) wurde auf aufgeklärte Weise geleitet. Sauberkeit und Belüftung wurden durch vier offene Türen erzielt, und mitten durch das Gebäude floß ein Bach mit sauberem Wasser.[2]

Für die Gesundheit der abgelegen wohnenden Bevölkerung sorgten nichtprofessionelle Heiler mit Hilfe von Kräutern und Kuren, mit Segen und Heilzaubern. Ihr Wissen gaben sie an ihre Kinder weiter. Diese Methoden haben am deutlichsten bis in unsere Zeiten überdauert.

Die Ärzte kümmerten sich um die körperlichen Leiden, aber sie zögerten auch nicht, die Kollegenhilfe der Druiden in Anspruch zu nehmen. Später riefen sie Geistliche hinzu. Die zahllosen Formen von seelischen Krankheiten betrachtete man als die natürliche Domäne der schamanisch Begabten, deren Fähigkeiten in Wahrsagung, Prophezeiung und Geisterkunde oft bei einem Problem hinzugezogen wurden. Das werden wir im nächsten Kapitel ausführlicher beschreiben.

Heilgottheiten

Man verbindet verschiedene keltische Gottheiten mit der Heilkunst. Brigid ist die Schutzpatronin der Heilkunst, der Schmiedekunst und der Dichtkunst. Goibniu, der Schmied, soll magische Heilkräfte besessen haben. Diancecht und seine Familie haben den Status von Ärzten und Chirurgen, als Heiler von Vergiftungen, Krankheiten und Verletzungen, während Aengus mac Og die Rolle als oberster Heiler der Seelen innehält. Bestimmte örtliche Gottheiten erscheinen in der gesamten keltischen Welt in einer Reihe von Heilrollen, wo immer die Naturgeister aufgrund ihrer heilenden Eigenschaften angebetet werden.

In West Munster glaubte man, daß der Lebensfunke von der Göttin Aine geregelt würde. Sie hat man auch mit Anu identifiziert, der großen Ahnfrau der Danann-Götter. Ihr Kult beschränkt sich auf die Provinz Limerick, wo sie beim Cnoc Aine (Aines Berg) noch im letzten Jahrhundert in der Mittsommernacht verehrt wurde, wenn die Einheimischen mit Fackeln aus Heu und Stroh zu ihr zogen. Wenn sie Aine na gClair (Aine, die Dünne) angerufen hatten, kehrten sie zu ihren Feldern zurück und schwenkten die Fackeln über Korn und Vieh. Unter den Kräuter- und Naturheilern galt Aine als für den Lebensfunken verantwortlich. Dieser durchwanderte angeblich im Vierundzwanzig-Stunden-Rhythmus den gesamten Körper. An mit Aine verbundenen Tagen (Freitag, Samstag und Sonntag vor Lughnasadh, ihre heiligen Tage) wurde kein Aderlaß vorgenommen, denn man glaubte, dabei würde der Lebensfunke fortfliegen und der Patient sterben.[3]

Anu ist die Urmutter aller Götter, eine so alte Gestalt, daß sie den Schoß des Lebens selbst darstellt. Sie ist die höchste. In der zugänglicheren Gestalt Aines bietet sie uns neue Einsichten in das Wesen des Lebens. (Ihr Name bedeutet »Entzücken, Freude, Lebhaftigkeit, Melodie«.) Sie ist der Lebensfunke und die Lebenskraft selbst. Ihre Schwester Grian ist die Göttin der Sonne, die Lebendigkeit des Tages. Aine selbst ist die Quelle der Sonne, die unsere Adern durchströmt und die so unser Blut durchkreist, wie die Sonne ihre eigene Kreisbahn über den Himmel zieht. In Nordwesteuropa sind Vorstellungen von einer weiblichen Sonne und einem männlichen Mond verbreitet, was vielleicht auf ursprünglichere Vorstellungen von Sonnen- und Mondeinflüssen hinweist.

Die Heilabteilung der *Tuatha de Dannan* besteht aus Diancecht und seiner Familie. Wir hören in der »Zweiten Schlacht von Mag Tuiread« (»Second Battle of Mag Tuiread«) von ihnen, wo König Nuadu seine Hand verliert – ein schrecklicher Makel, der ihn womöglich für die Königswürde ungeeignet macht. Diancecht und sein Sohn Miach übernehmen diesen ersten keltischen Fall, in dem es um eine Prothese geht und der auch das erste ärztliche Moralproblem aufwirft:

Nuada war sehr krank, und Diancecht machte ihm eine Hand aus Silber, mit der er alle Bewegungen ausführen konnte. Das erschien aber seinem Sohn Miach nicht recht. Miach trat zu der Hand, die Diancecht ersetzt hatte, und sagte: »Gelenk an Gelenk und Sehne an Sehne« und heilte Nuadu in dreimal drei Nächten und Tagen. In den ersten zweiundsiebzig Stunden drückte er sie [die Hand] an seine Seite, und sie wurde von Haut überzogen. In den zweiten zweiundsiebzig Stunden legte er sie an seine Brust... diese Kur erschien aber Diancecht nicht recht. Er schwang ein Schwert über den Kopf seines Sohnes und hieb die Haut bis aufs nackte Fleisch ab. Der Junge heilte die Wunde mit seiner Geschicklichkeit. Diancecht schlug erneut zu und schnitt ins Fleisch bis auf den Knochen. Der Junge heilte auf die gleiche Weise. Er versetzte ihm einen dritten Hieb und schnitt bis auf die Gehirnhaut. Der Junge heilte wieder auf die gleiche Weise. Dann schlug er zum vierten Mal zu und drang bis zum Gehirn, und Miach starb. Da sagte Diancecht, daß der Arzt selbst ihn nicht von dieser Wunde heilen konnte.

Darauf wurde Miach von Diancecht begraben, und auf dem Grab wuchsen dreihundertfünfundsechzig Kräuter, nach der Anzahl von Gelenken und Sehnen. Darauf öffnete Airmed ihren Umhang und sortierte die Kräuter nach ihren Eigenschaften. Aber Diancecht trat auf sie zu und zerstreute die Kräuter, so daß niemand mehr ihren eigentlichen Nutzen wußte, außer der heilige Geist verriet es ihm später. Und Diancecht sagte: »Auch wenn Miach fortmußte, Airmed kann bleiben.«[4]

Man glaubte allgemein, daß der Körper 365 Gelenke und Sehnen habe – eine Information, die auf einen religiösen Trakt aus dem 8. Jahrhundert, *Na Arrada,* zurückgeht. Wir sehen, daß Miach den traditionellen Gesang für die Heilung von Verstauchungen kannte, von dem wir im weiteren ein Beispiel geben.

Eine andere Version dieser Geschichte finden wir in dem Bericht vom Schicksal der Kinder von Tuirenn, in dem wir den Wächter von Tara kennenlernen, einen Jungen mit nur einem Auge. Zwei Ärzte kamen nach Tara und boten an, an die Stelle des verlorenen Auges das Auge einer Katze zu setzen. »Das stellte sich gleichzeitig als angenehm und unangenehm heraus, denn wenn er schlafen oder ruhen wollte, begann das Auge, beim kleinsten Geräusch von Mäusen und dem Flattern von Vögeln und beim leisesten Rascheln der Binsen zu zucken, und wenn er einen Feind oder eine Versammlung betrachten wollte, dann lag es sicherlich in tiefstem Schlaf.«

Ihr Ruf verbreitete sich bis zu Nuada, dem König, der sie einlädt. Die Ärzte, Miach und Ormiach, behandeln den Arm des Königs und ziehen einen Maikäfer heraus. Miach macht ihm einen neuen Arm, aber die *Tuatha de Dannan* ziehen einen Arm aus Fleisch und Knochen vor, und der einzige, dessen Arm die richtige Länge hat, ist Modan der Schweinehirt (dessen Beruf ihn unrein macht und daher zum ungeeigneten Kandidaten). Man schlägt vor, daß die Knochen von Nuadas eigenem Arm besser zur Heilung geeignet seien. Miach fragt Ormiach: »Möchtest du den Arm richten oder Kräuter suchen, die bewirken, daß er Fleisch ansetzt?« Ormiach zieht es vor, den Arm zu richten, und Miach macht sich auf die Kräutersuche.

Ormiach bevorzugt eine praktische, medizinische Lösung, Miach hingegen die magische und gewissermaßen frankensteinsche Methode, neues Fleisch mit Hilfe von Kräutern wachsen zu lassen. In beiden Geschichten »inkubiert« Miach die abgestorbene Hand, einmal an seiner eigenen Haut, das andere Mal durch die Anwendung von Kräutern.

Manchmal werden selbst Gottheiten von bloßen Sterblichen geheilt. Ein Kennzeichen für die Macht des Helden Cuchulainn ist es, daß nur er diejenigen heilen kann, die er verwundet hat. Als Cuchulainn die Schutzherrschaft und Liebe der Göttin Morrighan ablehnt, sieht er sich gezwungen, mit ihr zu kämpfen. Er verletzt sie dreimal, und sie zieht sich zurück, aber das ist nicht das Ende der Geschichte.

Die Morrigu erschien in Begleitung der falschen Gestalt einer alten Frau, Ernmas Tochter, die eine Milchkuh mit drei Eutern molk. Ihre Absicht war es, von Cuchulainn geheilt zu werden, denn bei allen, die er jemals verletzt hatte, mußte er bei der Heilung ebenfalls seine Hand im Spiel haben, sonst wurden sie nicht mehr gesund und mußten sterben. Er litt gerade an furchtbarem Durst und sehnte sich nach einem Schluck, und sie gab ihm, was ein Euter hergab. »Möge dies der Spenderin zum Wohl gereichen«, sprach er, und das verletzte Auge der Morrigu war wieder heil. Dann erbat er sich einen weiteren Schluck, und sie gab ihn ihm, und er segnete sie dafür. Dann wollte er noch einen Schluck, und sie reichte ihm den dritten Euter. »Der volle Segen von *dé* und *an-dée* seien dir gegeben!« sagte er. Damals betrachtete man Menschen mit Macht als *dé* und Menschen, die pflügten, als *an-dée*. Das Ende der Geschichte war, daß die Morrigu hierdurch vollständig geheilt wurde [5]

Wir erkennen hier, daß Cuchulainn die Morrighan mit drei Segnungen als Gegenleistung für drei Schluck Milch heilt. Der letzte Segen ist der der *dé* und der *an-dée*, der »Götter und Nichtgötter«. Dieser seltsame Ausdruck wird in *Coir Anmann* wie folgt erläutert: »Die dé waren die Dichter und die an-dée die Bauern ... es waren die Götter und Zauberer.«[6] Das gibt uns eine Vorstellung von der Achtung, die der druidischen Kaste entgegengebracht wurde.

Cuchulainn spricht hier lediglich einen Segen aus und verdeutlicht damit die Macht des Wortes in der keltischen Tradition. In einer mündlich orientierten Gesellschaft galt die Macht des Wortes am meisten. Die *filidh* gewannen hohes Ansehen durch das Studium der poetischen Form, indem sie zahlreiche Abhandlungen, Geschichten, Gedichte und überlieferte Kenntnisse und Gesetze auswendig lernten. Was als erstes Wort über ein Thema geäußert wurde, sei es über einen rechtlichen Präzedenzfall oder ein neugeborenes Kind, galt als bedeutsam und verbindlich. Als Rhiannons verloren geglaubter Sohn wieder auftaucht, der bei Zieheltern unter dem Namen Gwri Gwallt Euryon (»Gwri mit dem goldenen Haar«) aufgewachsen war, ruft sie: »Endlich ist meine Angst (pryder) vorbei!« Pendaran Dyfed, ein älterer Angehöriger, rät ihr, den Jungen Pryderin zu nennen. Als Rhiannon diesen Vorschlag ablehnt, erwidert Pryderis Vater: »Es ist passend, daß der Junge seinen Namen von den ersten Worten seiner Mutter nimmt, die sie sprach, als sie die gute Nachricht über ihn erhielt.«[7]

»Die Wahrheit des Königs« war das oberste Gesetz, dem jeder Herrscher verpflichtet war, weil er sonst seinen Throneid brach. Das Wort der druidischen Klassen wurde als noch verbindlicher betrachtet; daher war es ratsam, daß nur Menschen von großer Redlichkeit Richter, Propheten oder *filidh* wurden, weil sie sonst leicht Unheil stifteten. Dichterische Satiren konnten nicht bloß öffentlich beschämen, wie heutzutage die Medien es vermögen, sondern bei der verhöhnten Person geradezu Wunden hervorrufen. Im 6. Jahrhundert herrschte großes Unbehagen über die Macht der Dichter, die von ihren Schutzpatronen hohe Gehälter verlangten und sich so verhielten, als regierten sie die Welt. Dies war mit einer guten Portion ängstlichen Respekts vermischt. Der Rat von Druim Ceat (575 n. Chr.) trat teilweise aus dem Grund zusammen, um den Einfluß der Dichter zu beschneiden und ihre gottähnliche Macht zu beschränken.

Die Macht des Wortes zu segnen oder zu verfluchen beruhte nicht auf den gewählten Worten, sondern auf der dahinterstehenden Absicht. Auf diese Weise setzt sich die Mündlichkeit in keltischen Gesellschaften bis auf den heutigen Tag fort. In Irland ist es beim Betreten eines Hauses bis heute gebräuchlich, alle darin zu segnen; man reicht einem Kollegen Arbeitsgeräte mit einem Segen auf die getane Arbeit. Die Kette aus Gesundheit und Harmonie wird so zum Wohl aller geschmiedet und schafft einen Kreislauf aus Segen, der ebenso lebenskräftig ist wie der Lebensfunken von Aine, der durch unsere Adern fließt.

Zauber und Heilmittel in der keltisch-christlichen Welt

Das meiste vorliegende Material wurde in der keltisch-christlichen Ära von Geistlichen transkribiert. Egal, welche Unterschiede zwischen christlich Konvertierten und ihren heidnischen Gefährten bestanden, die Stammestradition war konservativ und wich kaum von den uralten Vorbildern ab: Im allgemeinen wurden historische Ereignisse und Geschichten getreu so aufgezeichnet, wie sie mündlich weitergegeben worden waren. Die Überschneidung zwischen einer Tradition und der anderen zeigt sich vielleicht am deutlichsten im Gesundheitsbereich. Immer wenn eine religiöse Tradition eine andere überlagert, werden die helfenden Geister miteinander verschmolzen: Man ruft gleichzeitig die alten und die neuen Götter an.

Die Geistlichen, bei ihrem ewigen Versuch, die Stammestraditionen mit dem Christentum zu verknüpfen, nutzten die uralten populären Geschichten auf der Suche nach christlichen Lokalhelden weidlich aus. Ein Beispiel dafür ist die Geschichte »Der Viehraub von Cooley« (»The Cattle Raid of Cooley«), in der Conchobor mac Nessa von einer geschleuderten Kugel gefällt wird, die aus Mesgegras Gehirn geformt wurde. Man schickt nach Fingen, dem Arzt:

»Also«, meinte Fingen, »wenn die Kugel aus deinem Kopf genommen wird, stirbst du sofort. Aber wenn sie dort bleiben kann, kann ich dir die Gesundheit wiederbringen, doch du wirst einen Makel zurückbehalten ...« Dann wurde [Conchobors] Kopf geheilt und mit einem goldenen Faden zusammengenäht, denn Conchobor hatte goldenes Haar. Der Arzt warnte den König, vorsichtig zu sein und sich nicht zu Wut oder Leidenschaft hinreißen zu lassen noch von nun an zu reiten oder zu rennen.[8]

Kopfverletzungen stellten damals wie heute eine ernste Bedrohung dar – dem keltischen Verständnis nach nicht nur für das Leben, sondern auch für die Seele. Der ungeheuer vernünftige Rat Fingens wird durch einen bedeutsamen Anlaß überlagert. Conchobor lebt vernünftig und enthaltsam, bis die Natur selbst eines Tages eine Reihe von Erschütterungen auslöst: Seine Druiden sagen ihm, diese Zeichen bedeuteten die Kreuzigung eines Mannes in weiter Ferne, der in der gleichen Nacht auf die Welt gekommen sei wie der König. In einem donquichotischen Versuch, den König der Himmel zu retten, rennt König Conchobor in einen Hain und hackt auf die Bäume ein, bis durch sein Rasen die Kugel aus seinem Kopf herausfällt und sein Gehirn bloßlegt. Hier wird an das keltische Gefühl für Gerechtigkeit appelliert: Conchobor sucht jemanden zu verteidigen, den er nur als anderen Edelmann begreifen kann der von Feinden umlagert und schändlich gekreuzigt wird, um ohne sein Gefolge zu sterben. Ihm stürzt buchstäblich »die Seele in den Kopf« und bewirkt ein fatales Aufplatzen der alten Wunde.

Der Schutz des Kopfes war auch für irische Geistliche immer noch wichtig, die im 8. Jahrhundert im Kloster von St. Gallen den folgenden Zauber gegen Kopfschmerzen aufschrieben:

Caput Christi	Haupt Christi
Oculus Isaiae	die Augen von Jesajah
Frons nassium Noe	Stirn und Nase von Noah

Labia lingua Salomonis	Lippen und Zunge Salomons
Collum Temathei	Hals von Timotheus
Mens Beniamin	der Verstand von Benjamin
Pectus Pauli	das Herz von Paulus
Iunctus Iohannis	das Verständnis von Johannes
Fides Abrache Sanctus	der Glaube des heiligen Abraham
Sanctus, sanctus	heilig, heilig
Dominus Deus Sabaoth	Herr Gott der Heerscharen.

(Wenn du das gesungen hast, spuckst du dir in die Hand und streichst den Speichel an Schläfen und Hinterkopf, singst drei Paternoster und schlägst das Kreuz auf dem Schädel und machst das Zeichen »U« über der Stirn.)

(Nach der engl. Übers.)

Dieser Zauber verbindet eine pseudoliturgische Litanei für spirituelle Hilfe mit den prophylaktischen Eigenschaften von Speichel. Das Doppelzeichen auf dem Kopf, ein Kreuz und ein hornartiges Symbol auf der Stirn, zeigt, wie man alte und neue Traditionen auf erhaltende Weise miteinander verbinden konnte. Die Schutzlitanei geht womöglich auf eine frühere Form zurück, als damit andere Geister angerufen wurden: In keltischen Sprüchen wimmelt es von wiederholenden und kumulativen Zaubern.

In der modernen irischen Volksheilkunde hat sich das »Messen des Kopfes« gegen Kopfschmerzen gehalten. Der Heiler bindet eine Schnur um die Stirn und überkreuzt die Enden auf dem Hinterkopf. Dann werden die Enden nach vorn geholt, unter dem Kinn gekreuzt und über die Wangen zum Oberkopf geführt. Während dessen diagnostiziert der Heiler die Schädelplatten und drückt auf diejenigen, die dies benötigen, fast wie bei der kranialen Osteopathie.[9] Begleitet wird dieser Vorgang vom Singen eines Zaubers, ähnlich dem oben abgedruckten, der in der Familie weitervererbt wird.

Ein Zauber für die Entfernung von Splittern und Dornen findet sich in einem anderen Auszug aus einem St. Galler Manuskript. Interessanterweise werden sowohl Christus wie auch Goibniu darin erwähnt:

Nichts ist höher als der Himmel,
Nichts ist tiefer als das Meer.
Nach den Worten Christi am Kreuz,
Nimm diesen Dorn von mir.

Stärker ist Goibnius Weisheit,
Soll Goibnius Speer hinweggehen!

(Leg diesen Zauber in Butter und halte ihn von Wasser fern. Streiche etwas davon um den Dorn, aber nicht direkt auf die Wunde. Wenn eigentlich gar kein Dorn dort ist, verliert man einen der beiden vorderen Schneidezähne.«

(Nach der engl. Übers.)

Dieser Zauber scheint zwei mystische Symbole miteinander zu verknüpfen: den Speer, den Longinus in Jesu Seite bohrt, woraufhin Wasser und Blut herausfließen, der »Fluß des Lebens«, durch den die Erlösung bewirkt wird. Goibniu wiederum wird verletzt, als er Speere macht, die niemals ihr Ziel verfehlen. Ruadan, ein formorianischer Spion, richtet einen davon auf Goibniu, der seinen Angreifer tötet und sich zum wundersamen Brunnen von Slane begibt, in dem alle Wunden geheilt werden.

Ein weiterer Zauber aus dem gleichen Manuskript preist sich als ein besonderes Mittel gegen die verschiedensten Krankheiten an und bezieht sich auf Diancecht; obwohl hier auch eine Salbe erwähnt wird, erfolgen keine Hinweise auf deren Zusammensetzung. Das bedeutet vielleicht, sie war so bekannt, daß es keiner weiteren Erklärung bedurfte:

Ich rette auch die, die kurz vor dem Tod stehen. Gegen Aufstoßen, Schluckauf, plötzlich auftretende Geschwulste, Blutungen durch Eisen, gegen Verbrennungen, Verletzungen, gegen Schlingen wie ein Hund, gegen Welken: drei Nüsse verbinden, drei Sehnen verknüpfen.

Ich schlage alle Krankheiten. Ich stoppe Blutfluß. Laß es kein chronischer Tumor sein!

Ganzheit tritt ein, wo Diancechts Salbe aufgetragen wird! Ich vertraue der Salbe, die Diancecht seiner Familie vererbte. Sie bringt Gesundheit, wo immer man sie aufträgt.

(Sprich dies mit Wasser in den Händen beim Waschen, und dann bringe es [das Wasser oder den Zauber?] in den Mund, mit den beiden Fingern neben dem kleinen Finger, die man spreizt.)

(Nach der engl. Übers.)

Diese Anweisungen sind wirr, aber sie erinnern uns daran, wie Fionn seinen Daumen hinter den Zahn legte, um Weisheit zu erlangen. Wenn man die Finger auf die vorgeschriebene Weise in den Mund steckt, erzeugt man damit einen Kanal für den Eintritt oder Austritt des Geistes. Beide Zauber sind Beispiele für alte Volksheilkunde, die christianisiert wurde.

Wir können die magische Anwendung von Speichel mit diesem heidnischen irischen Zauber für Wundheilung, Tierbisse oder Vergiftungen vergleichen:

> Das Gift einer Schlange, das Gift eines Hundes,
> die Schärfe eines Speers,
> sind nicht gut für den Menschen.
> Das Blut des einen Hundes,
> das Blut vieler Hunde,
> das Blut des Hundes von Fliethas –
> rufe ich an.
> Nicht auf eine Warze streiche ich meinen Speichel.
> Ich bekämpfe die Krankheit,
> ich schlage die Wunden,
> ich schlage die Krankheit des bissigen Hundes,
> des verletzenden Dorns,
> des schlagenden Eisens.
> Ich rufe die drei Töchter Fliethas gegen die Schlange,
> segne diesen Körper und heile ihn;
> segne den Speichel,
> segne ihn, der die Krankheit vertreibt.[10]

Hier werden die Töchter der Göttin Flidias, der Beschützerin aller Tiere, offen angerufen, um die Gefahren der Jagd zu beschwören. Diese Protagonistin des *tain bo Flidias* lenkt eine von Hirschen gezogene Kutsche und melkt wilde Rehe für ihren Nachwuchs. Die alten keltischen Göttinnen bleiben mit der prähistorischen und eiszeitlichen Erinnerung an Rentiere verhaftet, denn Flidias und Cailleach Beare werden Fähigkeiten zugeschrieben, die von den Saami in Lappland immer noch ausagiert werden. Keine Gottheit hatte einen so gesunden Ruf unter den keltischen Christen wie Cailleach und Flidias, die auch ungewöhnliche sexuelle Fähigkeiten hatten. Wir erkennen in diesem Zauber, wie in der christlichen Anrufung gegen Dornen, daß man die alten Göttinnen gegen Gift und Entzündungen anruft.

Gegen manche Krankheiten gibt es kein Heilmittel. In solchen Fällen ist die Pilgerfahrt an eine heilige Stätte – das Grab eines Heiligen oder eine natürliche Stelle mit Heilkräften – die übliche Methode. Die körperlichen Anstrengungen einer Pilgerfahrt entsprechen der spirituellen Motivation: Bei Schwerkranken hat die Pilgerfahrt allein schon heilende Wirkung. Wir sehen an heutigen keltischen Praktiken an Pilgerstätten, daß man bei der Ankunft gewöhnlich eine *turas* macht, d. h., immer mit der Sonne um den Brunnen, Stein oder das Grab geht, wobei man betet oder Anrufungen vornimmt. In katholischen Gebieten werden heutzutage an den vorgeschriebenen Stellen der Stätte zahlreiche Rosenkränze aufgesagt.

Es ist immer noch verbreitet, ein Tuch oder einen Teufelshuf (?) an einen Busch oder Baum nahe der Stätte zu binden, als Zeichen für die Bitte um Heilung. Man glaubt, daß die Krankheit weicht, wenn das Tuch langsam zerfällt. In Irland nimmt man das Anbinden des Tuches mit den Worten vor: »Air impidhe an Tigherna mo chuid tinneas do fhagaim am an air so. – Mit der Hilfe Gottes lasse ich meine Krankheit an diesem Ort zurück.«[11]

Man hinterläßt häufig auch andere Objekte, gewöhnlich, was der Bittsteller in der Tasche trägt. Diese Opfer werden niemals gestohlen oder bewegt, weil der Dieb damit die Krankheit übernehmen könnte.

Die Heiligkeit und Wirksamkeit dieser Stätten werden immer noch respektiert. Ich erlebte dies, als ich 1993 den Sancreed-Brunnen in Cornwall besuchte. Der Dornbusch über dem Brunnen war von Papierfetzen und Tüchern bedeckt, die Absätze innerhalb der Brunnenmauer waren mit Blumen und Kerzen geschmückt. Pilger aus allen Ländern besuchten ihn, obwohl er nur schwer zugänglich ist. Es ist eine der zahlreichen Heilstätten, die bis auf den heutigen Tag voll genutzt werden.

Heilende Wasser

Die Bedeutung von Wasser in der keltischen Tradition wird durch die zahlreichen heilsamen Quellen und Brunnen bestätigt. Wo immer eine Quelle aufspringt, wird Anu, die große Mutter der Götter, verehrt und mit einer Vielzahl von Titeln angesprochen. Die verbreitetsten Namen für Brunnen in Großbritannien und Irland sind Bridewell (»Brautbrunnen«) und St. Anne's Well (St. Annes Brunnen), die an Anu und Brigid gemahnen. Die uralte Verehrung von Wasser ist in die Schutzherrschaft von Heiligen übergegangen, von denen viele christianisierte Gottheiten und Geister sind.

Manche Brunnen und Quellen hatten die Kraft, Unfruchtbarkeit zu heilen, andere bestimmte Krankheiten von Körper und Seele. Einer der raren Berichte über Fruchtbarkeitsriten an einem Brunnen in Schottland aus dem letzten Jahrhundert stammt von einem Jungen, der sich frech im Unterholz versteckte, um das Ritual von Frauen zu beobachten:

Drei unfruchtbare Frauen und die Alte kamen in die Senke ... die Alte kniete sich auf einen flachen Stein neben der Quelle und wies die Frauen an ... Sie zogen ihre Stiefel und ihre Schlüpfer aus und rollten die Röcke und Unterröcke hoch, bis sich ihr Bauch nackt zeigte. Die Alte gab ihnen ein Zeichen, eine nach der anderen um sie herum und mit der Sonne um die Quelle herumzugehen. Sie hielten dabei die Röcke hoch, als würden sie sich der Sonne selbst darbieten. Als sie an der Alten vorbeikamen, nahm diese Wasser in die Hand und spritzte es gegen ihre Bäuche ... dreimal gingen sie herum ... dann ließen sie die Röcke wieder fallen, öffneten die Kleider am Hals und ließen es von den Schultern gleiten, so daß ihre Brüste heraussprangen. Die Alte machte ihnen ein anderes Zeichen. Sie fielen neben der Quelle auf die Knie, und sie nahm Wasser in die Hand und spritzte es auf ihre Brüste – bei den dreien dreimal.[12]

Die mystische neunfache Salbung ist die *toradh*, die Fruchtbarkeit der Anu, die überall zu ihren Töchtern herabsteigt, wo heilige, heilende Wasser aufsteigen.

Die Heiler in »Die zweite Schlacht von Mag Tuiread« machen sich an die Arbeit, »Feuer in die Krieger, die getötet wurden« zu bringen, während die irdischen Krieger ihre Waffen zum Einsatz vorbereiten und die druidischen Krieger ihre magischen Künste. Diancecht singt mit seinen Söhnen Octriuil und Miach und seiner Tochter Airmed Zaubersprüche über dem Brunnen von Slane. »Dann wurden ihre tödlich verwundeten Krieger hineingelegt, sobald sie verstorben waren. Wenn sie wieder herauskamen, waren sie lebendig. Ihre todbringenden Wunden wurden durch die Kraft der Anrufungen der vier Ärzte am Brunnen geheilt.« Kurz nachdem Goibniu in dem Brunnen geheilt wurde, verschworen sich die Fomorier und warfen Steine in den Brunnen, so daß daraus ein Steinhaufen wurde. Dieser Brunnen wird Loch Kluibe genannt, weil Diancecht jedes Kraut, das in Irland wächst, hineinwarf.[13]

Dies erinnert an den Kessel der Wiedergeburt, der von Lassar Llaes Gyfnewidd und Cymeidu Cymeinfoll aus einem See in Irland geholt und von Bran von Britannien Matholwch von Irland als Entschädigung für eine Beleidigung zurückgegeben wurde. Die Tradition des lebenspendenden Gefäßes setzt sich im Heiligen Gral der mittelalterlichen Literatur fort. Aber ob es sich um einen Becher oder einen Kessel handelt, das grundsätzliche Heilelement ist die Flüssigkeit in dem Gefäß.

Ein häufiges Element in keltischen Geschichten ist ein Eisernes Haus, das erhitzt wird, um die Feinde darin zu vernichten. Wie ein umgekehrter Kessel soll eine solche Konstruktion andersweltliche Eindringlinge und sterbliche Feinde gleichermaßen vernichten – etwa in der Geschichte von »Branwen, Ferch Llyr« und »Der Rausch der Ulstermänner« (»The Intoxication of the Ulstermen«). Aber die Erhitzung des Hauses, das Heilung bringt statt Vernichtung, war auch Bestandteil der keltischen Heilkunde.

Das *teach an alais*, eine Art Schwitzhütte, hat das 19. Jahrhundert nicht überlebt, aber Schwitzhütten waren einst in Irland und vermutlich auch in anderen Teilen der keltischen Welt weitverbreitet. Überreste der bienenkorbartigen, mit Lehm und Gras verkleideten Hütten aus Steinen waren 1902 noch sichtbar, und man konnte sich an deren Nutzung erinnern, als Wood-Martin darüber schrieb. Die Schwitzhütte sollte vornehmlich die Auswirkungen von Rheuma und anderen Krankheiten lindern und nach Infektionen der Entschlackung dienen. Viele hatten Steinbänke im Innenraum, die mit Stroh oder Grassoden bedeckt waren, auf die man sich setzte oder legte. Geheizt wurde mit verschiedensten Methoden, indem man etwa in der Raummitte ein Torffeuer entzündete, was hieß, daß man jedesmal vor Betreten zuerst die Asche entfernte. In der Provinz Monaghan erinnerte man sich, wie man Ziegelsteine in einem Feuer erhitzte und dann in einem Weidenkorb in die Hütte trug, in dem auch Kräuter lagen, besonders, wenn bei der Kur auch inhaliert werden sollte. Allgemein erinnert man sich daran, wie man Kinder in ein Bad aus Fingerhutextrakt (*digitalis purpurea*) badete, wenn sie an Schwindsucht zu leiden schienen, weil die Feen sie verhext hatten.

Eine Schwitzhütte in der Grafschaft Tyrone hatte eine kleine Öffnung im Dach und einen niedrigen Eingang. Beides wurde bei Benutzung mit Steinplatten verschlossen. In einem zeitgenössischen Bericht heißt es:

Wenn die Männer sie benutzten, zogen sich bis zu sechs oder acht von ihnen nackt aus und gingen hinein, und dann wurden alle Öffnungen verschlossen, außer zur Belüftung. Einer blieb draußen, um darauf zu achten. Wenn sie die Hitze nicht mehr aushalten konnten, wurde die Steinplatte weggeschoben, und sie kamen heraus und stürzten sich in einen Teich, der nur wenige Schritte von der Schwitzhütte entfernt war, wo sie sich wuschen und abrieben und sich wieder ankleideten. Frauen trugen im Bad ein Badekleid und ließen das anschließende Bad auch oft aus. ... Der Erbauer war ein Böttcher. Er kam einmal auf Krücken zu mir, weil er sich Rheuma von seinem feuchten Bett geholt hatte. Nach vier Schwitzgängen war er wieder gesund und blieb es bis zu seinem Tode.[14]

Ich bin oft von Menschen nach »keltischen Schwitzhütten« gefragt worden, die gern Parallelen zu den amerikanischen Traditionen der Ureinwohner sähen, aber das ist die einzige Information, die ich zu geben habe. Meines Wissens haben keine Einzelheiten eventuell damit verbundener spiritueller Praktiken überdauert. Das Vorkommen von Schwitzhütten und ihre Verbindungen zu den Kelten wird von Professor H. Hennessys Erlebnissen 1879 in Prag und Nürnberg bestätigt, wo er »türkische Bäder« unter dem Namen »römisch-irisches Bad« gefunden hatte.

Schwitzhütten lagen häufig bei Quellen und Flüssen. Die einzigen natürlichen heißen Quellen in Großbritannien, in Bath, wurden von den Kelten hochgeschätzt. Die Stätte war Sul geweiht, der Göttin des Sonnenauges. Als die Römer Britannien eroberten, schlossen sie sich dem an und erbauten über dem ursprünglichen Schrein einen Tempelkomplex, der Sulis-Minerva geweiht war. So verbanden sie die einheimische Göttin mit der eigenen.

Bäder und Mineralquellen haben ihre Phasen der Popularität und werden manchmal zu Modebädern, wie Bath im 18. Jahrhundert, aber Wasserheilkunde ist nicht bloß eine gelegentliche Modeerscheinung. Der Mensch fühlt sich seit jeher von den heilenden Eigenschaften des Wassers angezogen. Ob man Salzwasser gegen entzündliche Prozesse und Verdauungsbeschwerden einsetzt oder Schwefelwasser bei Hautproblemen, Rheuma und Arthritis – Wasser hat Heilkraft, und unsere keltischen Ahnen haben das gewußt. Die vielen Heilquellen in Großbritannien und Irland sind Zeugnisse für deren Heilkraft. Sie sind zum Ziel von Pilgern und Bittstellern geworden, wahre Quellen der Heilung. Sie sind weiterhin Orte, zu denen man auf der Suche nach dem

Brunnen am Ende der Welt, dem Gralsgefäß wie auch nach körperlicher Gesundheit pilgert.

Tierheilung

Für die Kelten stellten die Tiere ihren Reichtum dar, und Krankheiten unter ihnen wurden sofort behandelt. Es gibt einen großen Fundus an Heilmethoden für Tiere. Doch deren Darstellung würde den Rahmen dieses Buches sprengen. Daher gebe ich nur zwei Beispiele, um zu zeigen, daß auch hier schamanische Heilmethoden benutzt wurden.

Bei Verstauchungen, ob bei Mensch oder Tier, legte der Praktiker einen wollenen Faden mit neun Knoten (den *snaithnean*) in den Mund des/der Befallenen und rezitierte einen Vers, wie etwa den folgenden schottisch-gälischen Spruch:

Braut ging fort
Eines Morgens früh
Mit zwei Pferden:
Eines brach ein Bein,
Mit großem Schmerz
Wurde es gespalten.
Sie brachte Knochen an Knochen,
Fleisch zu Fleisch,
Sehne an Sehne,
Ader an Ader;
So wie sie heilte,
Möge ich hier heilen.

(Nach der engl. Übers.)

Dann wird der Faden um den Schwanz des Tieres gelegt. Wenn es sich wieder erholt, wird der Ausübende selbst krank.[15] Das *snaithnean* wird mit einem anderen Spruch auch gegen den Bösen Blick benutzt. Verschiedene Verstauchungs-Zauber rufen in Schottland auch Christus und Odin an, je nach christlichem oder skandinavischem Einfluß der Gegend.

Es wurden auch heilende Talismane benutzt, um Krankheiten bei Tieren abzuwenden. Der berühmte *Connoch* oder Murrain-[Viehseuche]-Raupenzauber, der im Timoleague-Kloster bei Cork gefunden wurde, hat die Form einer Raupe, die in Silber gegossen ist, dem man

Bernstein und blaue Kristalle beifügte. Sie ähnelt der Larve eines Schwärmers (*genus Sphingidae*), der in Irland weitverbreitet ist. Man betrachtete alle Raupen als große Schädlinge und Träger der Viehseuche und merzte sie unterschiedslos aus. Der Heiler legte seinen silbernen Talisman in einen Trog und brachte das befallene Tier dazu, daraus zu trinken. Der Einsatz von helfenden Tiergeistern ist bei der schamanischen Heilarbeit ebenfalls verbreitet. Angesichts der Vielzahl von erhalten gebliebenen keltischen Zaubersprüchen scheint eine echte Abneigung gegen Schlangen, Käfer und Insekten im allgemeinen bestanden zu haben. Daher ist es um so erstaunlicher, daß der Connoch-Talisman als Helfer eingesetzt wurde.

Diese keltischen landwirtschaftlichen Kenntnisse haben vielleicht in Ecken überlebt, wo man noch auf traditionelle Weise das Land bestellt. Die bestimmten Wasserstellen, die Heilkraft besitzen sollen, werden immer noch von besorgten Hirten aufgesucht – von der Quelle von Barenton im Wald Broceliande in der Bretagne bis zu den einsamen Quellen und Brunnen von Irland und Schottland.

Das Erbe der Heiler

Nach dem Zusammenbruch der gewissermaßen klassischen keltischen Gesellschaft vom 12. Jahrhundert an verschwanden auch langsam die hier beschriebenen Praktiken. Die professionellen Ärzte übernahmen während des Mittelalters zusätzlich das breitere Kenntnisspektrum europäischer Mediziner. Das Brehon-Gesetz, das für die Unterstützung von Kranken durch den Stamm sorgte und mit einer Reihe von sozialen Regeln die Rechte des Patienten regelte, zerfiel allmählich, als die irische Gesellschaft gezwungen wurde, die normannische Gesetzgebung zu übernehmen, die vornehmlich die Starken und Privilegierten schützte und den entrechteten Einheimischen strafte. Mittelalterliche Krankenhäuser und Heime blieben nur bis zur Reformation erhalten; anschließend verschlechterte sich die Krankenversorgung rapide. In diesen dunklen Jahren übten nur erfahrene Heiler und deren Nachfahren ihre Kunst aus.

Mit seiner Batterie von Kräuterheilkunde, Feenweisheiten und apokryphen christlichen Segnungen war der Heiler oft die letzte Bastion beim Schutz vor Krankheiten. Wood-Martin schildert uns einen Kräuterarzt, eine weise Frau aus dem 19. Jahrhundert:

Über ihrer Tür ist ein Hufeisen angenagelt, das Glück bringen soll. Unter der Salzbüchse ist ein Fläschchen mit Weihwasser, um den Ort rein zu halten und Grillen abzuwehren (die angeblich Unglück bringen). Auf der Salzbüchse liegt ein Bündel Feenflachs. In die Falten der Schulterbinde der weisen Frau ist ein vierblättriges Kleeblatt eingenäht, ein unabdingliches Mittel, um Feen für das menschliche Auge sichtbar zu machen. Über der Tür, den Betten und dem Vieh im Stall hängen Zweige von trockener Eibe, und wenn die Kühe kalben, bindet die alte Frau einen roten Wollfaden um ihren Schwanz, damit sie von den Feen weder übersehen noch verhext werden.

An solche Personen wandten sich verzweifelte Familien mit der Bitte um Heilung. Ihre normalen Mittelchen waren die schlichten, dem modernen Kräuterheiler wie unseren Großmüttern vertrauten Tränke, und man kannte kaum eine andere Medizin.

Mehrere irische Familien behielten den erblichen Beruf als Heiler bei, darunter die Icidhe und die O'Hickeys, die Ärzte für die O'Brians von Thomond waren, und die O'Shiels, Ärzte der Macmahons von Oriel. In der Familie Lees ergriff man traditionellerweise das Ärztehandwerk. Muirchetach O Laoi wurde im 17. Jahrhundert von den Feen auf eine andersweltliche Insel vor Galway gebracht, wo er ein Buch mit Heilkunde erhielt, das bis heute in der Royal Irish Academy in Dublin liegt. Es ist reich bebildert und enthält eine Reihe von Heilmethoden in Irisch, die aus lateinischen Lehrbüchern übersetzt wurden.[16] Ein weiteres Buch dieser Art wurde von den Ärzten von Myddfai in Wales übersetzt; sie waren Nachfahren der andersweltlichen Lady von Llyn y Fan Fach. Das Buch enthält Beschreibungen von Kräuterheilmitteln, die vom allgemeinen Volk angewendet wurden.

Oft vererben sich die Heilfähigkeiten auch von der Mutter auf den Sohn oder vom Vater auf die Tochter; sie werden auch vom siebten Kind auf ein siebtes Kind übertragen. Diarmuid MacManus berichtet von einer solchen Heilerin, Biddy Cosgary, die um 1902 im Dörfchen Killeaden in der Grafschaft Mayo lebte. Sie vollzog Wunderheilungen bei Augenkrankheiten. Wenn man sie um Heilung bat, nahm sie eine Tasse und eine Untertasse, ging zum nahen Brunnen und füllte sie mit Wasser. Anschließend mußte sich der Patient ihr gegenüber niedersetzen und sie so direkt wie möglich anblicken. Sie nahm einen Schluck Wasser, rollte ihn im Mund herum und murmelte dabei

Sprüche. Dann beugte sie sich vor, spuckte das Wasser auf die Untertasse, und was im Auge störte, schwamm in der Flüssigkeit. Berührt hat sie ihre Patienten nie. Sie hatte einen hervorragenden Ruf, und zwei Empfänger ihrer Behandlung waren MacManus persönlich bekannt: Beide behaupteten, daß der Gegenstand im Auge verschwand, als Biddy das Wasser in die Untertasse spuckte. Dieser Prozeß ähnelt zahlreichen weltweit verbreiteten schamanischen Extraktionsmethoden.

Biddy wurde von MacManus' Großmutter interviewt. Sie berichtete, daß die Kur nur montags und donnerstags möglich sei und insgesamt nur neunmal versucht werden dürfe. Biddy zögerte, über die Gottheit oder den Geist zu sprechen, der ihr dabei half, sondern erwähnte nur einen »Heiligen der Augen«.

Meine Zauber werden von einem Mann auf eine Frau und von einer Frau auf einen Mann übertragen. Es liegt am Beten zur gesegneten Jungfrau und der Heiligen der Augen. Wenn jemand zu mir kommt, ein guter Nachbar oder jemand, der mir wohl – will..., und mich bittet, ob ich sein Auge kuriere, bringe ich einen Tropfen Wasser vom Brunnen, nehme es in den Mund, schließe ihn und sage die Gebete und Worte an die gesegnete Jungfrau und die Heilige der Augen. Dann laß ich, aber nicht hier, das Wasser aus dem Mund auf einen weißen Teller fließen, und darin sieht man alle Verletzungen, die im Auge sind. Das tue ich dreimal. Beim ersten Mal klappt es vielleicht nicht... Es kam einmal ein Brief aus England, in dem stand, daß ein Junge, den ich kannte... etwas im Auge hatte, das ihn schmerzte, und daß das Auge immer schlimmer wurde. Ich ging los und machte den Zauber für ihn. Und im ersten Tropfen Wasser, den ich aus dem Mund herausfließen ließ, befand sich ein dickes Stück Gras.«[17]

Der Junge bestätigte schriftlich die Stunde und den Tag, als er geheilt wurde, was genau mit Biddys Fernheilung zusammenfiel.

Manche alten Fähigkeiten haben sich in keltischen Ländern bis auf den heutigen Tag erhalten. Einige Familien praktizieren noch die alten Heilkünste des Knochenrichtens, der Tierbehandlung, der Kräuterkunde sowie schamanische Zauberei und Heilung. Bestimmte Menschen sind von Natur aus zum Heilen befähigt, und ihre bloße Berührung und ihr Segen können heilen. Der »Streichler« des 17. Jahrhunderts, Valentine Greatrakes, heilte Wunden, Krebs, Taubheit, trübe Augen und Behinderungen allein durch seine Berührung. Ich persönlich kenne einen solchen Heiler, eine irische Frau, deren Tante ebenfalls diese Fähigkeit besaß. Die Heilkraft ihrer Berührungen wird durch die Gegenwart von Krankheiten und Unpäßlichkeiten aktiviert: Ihre Hände kitzeln und werden heiß und können dann Schmerzen entfernen und Heilung bringen. Ich kann ihre Fähigkeiten bestätigen, denn als sie neulich meinen verstauchten Knöchel berührte, konnte ich sofort wieder voll auftreten.

Derartige Fähigkeiten werden gewöhnlich nicht oft bemerkt, denn sie liegen außerhalb der Regeln unserer Gesellschaft, doch diese Heiler genießen beträchtlichen Respekt. Menschen kommen von überall her zu den traditionellen Knochendoktoren oder jenen mit heilenden Händen, um die Erleichterung zu finden, die ihnen ihre Ärzte nicht verschaffen konnten. Seher und andere derart Begabte haben immer einen großen Patientenkreis.

Man kann die erhalten gebliebenen keltischen Heilmethoden kaum vollständig begreifen, ohne gründlich die Praktiker und deren Resultate zu betrachten. Das Erbe der schamanischen Methoden hat sich sicherlich in der verbreiteten Benutzung von spirituellen Beschwörungen, Zaubersprüchen und anderen Praktiken erhalten. Einheimische und überlieferte Praktiken haben wie überall in der Welt das Mäntelchen christlicher Heiliger umgehängt bekommen, aber die Absicht zu heilen, gleich in welchem Namen, bleibt echt. Diancecht selbst prophezeite das Schicksal der keltischen Heilkunst: »Wenn Miach nicht mehr ist, bleibt noch Airmed.« Die großen Praktiker sind ausgestorben, aber Airmed hat viele Nachfolger/innen, die ihre verborgenen Fähigkeiten auch heute noch mit Glaube und Vision ausüben.

Der Kreislauf der Seele in der keltischen Tradition

Caitlín Matthews

Das Wesen der Seele in der keltischen Tradition

Spirituelle Gesundheit wird bei den Kelten durch drei Bedingungen definiert: *crábhadh* – das Vertrauen der Seele oder fromme Einhaltung; *creidheam* – die Zustimmung des Herzens oder Treue, und *iris* – die Verpflichtung des Verstandes oder der Glaube.

Wenn diese drei eng miteinander verbunden sind, herrschen wahre Kraft und Macht innerhalb des *coich anama*, im Seelenschrein, wie der Körper auch genannt wird. Der Körper ist wie das Deckblatt eines Triptychons, das seine Tafeln entfaltet, um eine wundersame Landschaft freizugeben. Die komplizierte Triade aus Seele, Herz und Verstand wird in der gesamten irischen Tradition durch das Kleeblatt symbolisiert, in der Dreifachspirale von Newgrange, in triadischen Sprichwörtern und Regeln sowie im Dreifachmuster aus Punkten in den bebilderten Gebetsbüchern und Bibeln. Man glaubte, daß diese Besessenheit der keltischen Menschen mit der Zahl drei schließlich auch einen bestimmenden Einfluß auf die Doktrin der Dreieinigkeit hatte, die im 4. Jahrhundert von dem gallischen Bischof Hilary von Poitiers in seinem *De Trinitate* formuliert wurde.

Die Dreiheit von Seele, Herz und Verstand ist insgesamt gesehen harmonisch, aber sie kann zersprengt werden, wenn die Einzelteile nicht im Einklang zueinander stehen. Zweifel, Mißtrauen und mangelnde Beachtung sind Wege zu Wahnsinn, Herzkrankheiten und Seelenzerfall. Kein Wunder, daß ein Großteil keltischer Rituale sich um das Errichten starker Verteidigungsbarrieren, *loricas*, gegen solche Vorkommnisse dreht.

Es ist sehr schwierig, die Seele der keltischen Tradition zufolge zu definieren. *Anam*, das gälische Wort für Seele, bedeutet Lebenskraft und ist mit *anal* verbunden, dem Atem. Die Seele wandert ins Leben und wieder heraus, ins Bewußtsein und wieder heraus. Wenn man will, daß jemand sich aufrafft, etwas zu tun, sagt man: »Nimm deine Seele an dich.« Die Seele ist im Blut und im Atem, ihre sterbliche Hülle ist der Schädel; außerhalb des Körpers kann sie in verschiedenen Tiergestalten in die Reiche von Feen und Ahnen wandern. Aber die Seele ist auch eng mit dem Verstand und dem Herzen verbunden und kann oft kaum von diesen getrennt betrachtet werden. Die Integrität des Verstandes, die Wünsche des Herzens, die Liebe der Seele sind alle anfällig für Angriffe. Sie sind aufs engste mit den drei Gefäßen verbunden, die die Lebenskraft des Körpers, seine Emotionen und seine Intelligenz enthalten (Siehe Kapitel 6).

Letztendlich kann die keltische Seele nicht genauso begriffen werden wie die klassische oder christliche Seele – eine umfassende, verbindende Einheit, die dem göttlichen Funken des Geistes untergeordnet, aber dem Körper und seinen Fähigkeiten überlegen ist. Die vorherrschende westliche Vorstellung von der Seele scheint die Persönlichkeit und die göttliche Identität einzuschließen, die einen Körper beleben, aber diese Definitionen sind oftmals vage.

Man hat oft klassische Schriftsteller zitiert, um die druidische Philosophie der keltischen Seele zu bestätigen. Ammianus Marcellinus sagte über die Druiden:

[Sie] waren von höherem Verstand und durch die Regeln der Bruderschaft gebunden, wie sie Pythagoras verfügte, angehalten zu gründlichem, ernsthaftem Studium und Forschung und alle menschlichen Dinge verachtend. Sie erklärten die Seele als unsterblich.

Alexander Cornelius Polyhistor schrieb:

Unter den Lehren der Gallier herrscht die pythagoreische Doktrin vor, daß die Seele des Menschen unsterblich sei und nach einer festen Anzahl von Jahren in einen anderen Körper übergeht.

Lucan zeigt in dem herausfordernd propagandistischen *Pharsalia* weniger Respekt vor den Druiden, aber selbst er schreibt:

Wahrlich, die Menschen, auf die der Polarstern herabblickt, sind glücklich in ihren Irrlehren, denn sie werden nicht vom größten Schrecken verfolgt, der Angst vor dem Tod. Das gibt dem Krieger seinen Eifer, sich in den Stahl zu stürzen, einen Geist, bereit, sich dem Tod zu stellen, und Gleichgültigkeit dagegen, ein Leben zu retten, weil es ja wiederkehrt.

Valerius Maximus schrieb über die Gallier:

Sie leihen einander Geldsummen, die erst in der nächsten Welt rückzahlbar sind, so sehr sind sie davon überzeugt, daß die Seele des Menschen unsterblich ist.[18]

In der klassischen Vorstellung erwartete die Seele in Düsternis zuckende Geister im Hades, Dis, Erebus oder im gesegneten Licht der elysischen Felder. Die christliche Erwartung ist nicht unähnlich: Eine Ewigkeit der Verdammnis in der Hölle oder eine Läuterungsphase im Purgatorium, gefolgt von der glückseligen Ewigkeit im Himmel. Die keltische Seelenerwartung war eindeutig anders, mobiler und flexibler und ohne ein bestimmtes Ziel. Die druidische Überzeugung von der Wanderschaft der Seele von einem Körper zum anderen wurde oft mit der Reinkarnation verglichen, aber handelt es sich wirklich um das gleiche? Zur Reinkarnation gehört, daß die Seele einen neuen menschlichen Körper bezieht; bei der Seelenwanderschaft oder Metempsychose kann die Seele aber jeden lebendigen Körper bewohnen, ob Tier oder Mensch.

Einigen wir uns auf das mysteriöse, aber nützliche irische Wort *tuirgen* (Plural: *tuirgente*) als den Geburtenkreislauf: »Die Geburt von einem Wesen in ein anderes ... eine vorübergehende Geburt, die alle Wesen von Adam an erfahren haben und die sich durch alle wunderbaren Zeiten zieht, bis zum Jüngsten Tag«, heißt es in Cormacs *Glossar.* Jeder *tuirgen* hat »die Natur eines einzigen Lebens«, jeder Bestandteil eines Wesens ist gleich, nur der Körper ist anders. Ich vertrete daher die Meinung, daß der keltischen Definition nach die Seele die Dreiheit von Psyche, Herz und Verstand im Seelenschrein des Körpers ist.

Wenn der Seelenschrein oder einer der drei Bestandteile angegriffen werden und ein Seelenteil sich löst, wird das Ganze geschwächt. Dieser Zustand, als »Seelenverlust« bekannt, ist ein allgemein dokumentiertes Problem bei Stammesvölkern. Seelenverlust wird durch Krankheit, Angriff, Schock oder Angst hervorgerufen und manifestiert sich als mangelnde Lebenskraft, geistige Desorientierung und Niedergeschlagenheit. Es ist Aufgabe eines Schamanen, das fehlende Seelenfragment zu suchen und zurückzugeben. Aber es ist ständig nötig, die Seele vor solcher Gefahr zu schützen und zu bewahren.

Dieses Konzept einer vielfältigen Seele scheint dem westlichen Verstand fremd, aber es ist in der ganzen Welt verbreitet, besonders unter animistischen Völkern. Wir werden im weiteren sehen, welche Rolle die multiple Seele in der keltischen Tradition spielt.

Das *tuirgen* der Seele

Es gibt ein gälisches Märchenrätsel, das für die *tuirgente* der Seele von Bedeutung ist: »Wer ist der Geborene, der nie geboren wurde und niemals sein wird?«[19] Es ist in einem endlosen Kreislauf aus Geburten schwer zu entdecken, wo die Seele selbst geboren wird. Magische Gelegenheiten für die Empfängnis der Seele außerhalb einer Eheverbindung und normalen sexuellen Beziehungen sind im keltischen Volksgut verbreitet. Eine Empfängnis findet häufig statt, indem man ein Tier verspeist, das eine menschliche Seele hat: Etains Mutter empfängt ihre Tochter, indem sie die Fliege verschluckt, in die Etain verzaubert worden war; Tuan mac Carill ist ein Lachs, als ihn die Frau Carills verschluckt; Gwydion verwandelt sich in ein Weizenkorn und wird von Ceridwen verschluckt und geboren.

Die Empfängnis wird oft von dem Besuch eines andersweltlichen Geistes oder Ehemanns begleitet. Manannan ist in der keltischen Tradition häufig der nächtlich erscheinende Liebhaber, der unter anderem mit Kentigerna den druidischen Helden Mongan zeugt.[20] Andersweltliche Väter besuchten die Mütter von Merlin und Conaire. Andersweltliche Frauen wie Rhiannon und Modron suchen sich sterbliche Geliebte, um ein Kind zu empfangen. Diese Sitte, sich aktiv einen Partner jenseits der Grenzen zur Anderswelt zu suchen, wird sogar von Sankt Augustin bemerkt, der über die Frauen Galliens sagte, daß sie von Waldgeistern und Göttern besucht würden, von »*sylvani* und Pan«[21]. Unter den Erzeugern von Kindern in der keltischen Welt befinden sich Feen, Ahnen und Gottheiten.

Die Empfängnis kann durch einen bedeutsamen Akt geschehen, etwa wenn Arianrhod über Maths Stab tritt, um ihre Jungfräulichkeit zu beweisen. Zu ihrem Pech ist dieser Stab druidisch und bewirkt, daß sich die Wahrheit zeigt, nämlich daß sie keine Jungfrau ist; sie hat nicht erst gerade empfangen, sondern trägt, für alle Augen sichtbar, bereits Zwillingssöhne. Auch wenn die Sexualität verleugnet wird, bietet die Natur ein Fenster für die Empfängnis der Seele. Bei einer verblüffend hohen Anzahl von Müttern von künftigen Heiligen wurden die Keuschheitsgelübde durch Vergewaltigung verletzt, wie bei Non, der Mutter von St. David, oder Taneu, St. Kentigerns Mutter, die wie bei Danae und Perseus aufgrund ihrer skandalösen Schwangerschaft mit ihrem Kind in einer verschlossenen Kiste ins Meer geworfen wurde. Maelduin, Held eines *immram* (Wunderreisenzyklus) ist der Sohn einer vergewaltigten Nonne.

Empfängnisverhütung bei den Kelten bedeutete daher strenge Maßnahmen für Jungfrauen, bis hin zu deren Ernährung, oder dem Bad, bei dem sie sich Mond- und Sonnenlicht aussetzten, oder ihren Gedanken, bei denen sie darauf achten mußten, keinen Feengeliebten durch sie anzulocken. Aber selbst wenn man Jungfrauen einschloß, nutzte das nicht viel, wie wir bei der Empfängnis von Conaire durch Mess Buachalla sehen, deren andersweltlicher Geliebter als Vogel in der Dachluke erscheint.

Die Hauptsorge der Mütter von Neugeborenen war deren Bewahrung vor Seelenverlust. Martin Martin beschreibt, wie um eine Frau nach der Geburt und um ungetaufte Kinder herum ein Feuerzauber ausgetragen wurden. Er hörte von einer Hebamme, daß ...

> ... es ein wirksames Mittel sei, um Mutter und Kind vor der Macht böser Geister zu beschützen, die zu solchen Zeiten nur darauf warten, Unheil anzurichten und manchmal das Kind hinwegtragen, und wenn sie es einmal in Besitz haben, dann geben sie nur magere kleine Skelette zurück; diese Kinder sollen einen riesigen Hunger haben und ständig nach Fleisch schreien. Wenn man glaubte, die Kinder seien so entführt worden, war es üblich, daß man ihnen am Lichtmeßtag ein Grab auf dem Feld aushob und das Feenskelett hineinlegte; am nächsten Morgen gingen die Eltern in der Hoffnung hin, ihr eigenes Kind an Stelle des Skeletts wiederzufinden.[22]

In seinem Bericht über die Synode von Cashel 1172 erwähnt Benedikt von Peterborough, daß in Irland der Vater eines Kindes dieses nach der Geburt dreimal in Wasser tauchen durfte, und wenn er ein reicher Mann war, auch in Milch.[23] Dieses Eintauchen des Neugeborenen war ein druidischer Brauch, der in anderen Gebieten auch von den Hebammen vollzogen wurde. Die neunfache Eintauchung in Wasser, um das Kind mit guten Gaben zu segnen, wurde im schottischen Hochland noch im 20. Jahrhundert praktiziert.[24] Wasser und Feuer bestimmten das Kind zu einem Leben der Sterblichkeit. Diese Elemente waren auch in der christlichen Taufe enthalten und wurden durch das Versprechen der Erlösung verstärkt. Die zeremonielle Übertragung alter, vorchristlicher Fähigkeiten wie das Heilen wurde gewöhnlich vor der Taufe vollzogen, da man sie anschließend vielleicht nicht mehr annehmen konnte.[25]

Unter den Gälen des schottischen Hochlandes wurden ungetaufte Kinder nicht auf dem Friedhof begraben, sondern an abgelegene Bestattungsorte verbannt, wo sie gewöhnlich vor Sonnenaufgang oder nach Sonnenuntergang beerdigt wurden. Man glaubte, solche Kinder hätten keine Seele, nur einen Geist, den *taran*, der in den Stein eindrang, um *mac talla* zu werden, Sohn des Steins, der gälische Name für das Echo.

Es ist nicht unbedeutend, daß die gälischen Worte für Seele (*anam*) und den Namen (*ainm*) so ähnlich klingen. Kinder wurden vor Entführung durch die Feen geschützt, indem man ihnen einen Kindernamen gab. Den Erwachsenennamen erhielten sie erst, wenn sie alt genug waren, um etwas zu vollbringen, das sie auszeichnete. Cuchulainns Kindername lautete beispielsweise Setanta; erst als er den Hund des Schmiedes Culainn getötet hatte und sich selbst als menschlicher Wachhund hergeben mußte, erhielt er seinen Erwachsenennamen – *cu chulainn* »der Hund von Culainn«. St. Columbas Geburtsname lautete Crimthann (gälisch für Wolf); seine Namensumkehr spiegelt den Kampf seiner Seele, denn er nahm als christlichen Namen das lateinische Wort für Taube.

Das Blut galt als zur Seele gehörig. Wenn man das Blut eines anderen saugte, galt das als ein Band der Verwandtschaft. Als Cuchulainn versehentlich Dervorgil verletzte, eine andersweltliche Frau, in die er verliebt war, saugte er eine Kugel aus ihrer Wunde und erklärte dabei: »Nun kann ich dich nicht heiraten, denn ich habe dein Blut getrunken. Aber ich gebe dir meinen Gefährten, Lugauid mit den Roten Streifen.«[26] Diese Blutsfreundschaft, *crocodaig*, wurde von den frühesten Zeiten an absichtlich praktiziert; ein Blutsbund wurde 598 zwischen Branduff, König von Leinster, und dem König von Ulster geschlossen und gebrochen, um den Hochkönig von Irland zu stürzen.

Der elisabethanische Dichter Edmund Spenser bezeugte das Trinken von Blut bei einem Kampf in Limerick. Er sah, wie die Ziehmutter eines Hingerichteten »seinen Kopf nahm, während er gevierteilt wurde, und das Blut aufsaugte, das daraus rann, mit den Worten, die Erde sei es nicht wert, es zu trinken. Und sie bestrich sich das Gesicht und die Brust damit, während sie sich das Haar ausriß und auf höchst erschreckende Weise schrie.«[27]

Das Trinken von Blut scheint einen Versuch dargestellt zu haben, die fliehende Seele einzufangen und ihr eine neue Gelegenheit zur Reinkarnation zu geben: Interessant ist, daß in den meisten geschilderten Fällen der keltischen Überlieferung Frauen Blut tranken.

Wir schützen uns selbst heute noch auf unterschiedliche Weise unfreiwillig vor Seelenverlust, wenn wir etwa den Mund beim Gähnen bedecken, um zu verhindern, daß die Seele entflieht, oder indem wir einen Segen aussprechen, wenn jemand niest. Der Atem ist ebenfalls ein Teil der Seele, wie das Blut und das Haar.

Das Leben der Seele wird oft von ungewöhnlichen Schutzvorrichtungen und Einschränkungen umschrieben. Der Waliser Llew wird zu früh von seiner Mutter Arianrhod entbunden. Sein Onkel Gwydion, ein listiger Druide, nimmt das Kind und brütet es in einer Truhe in seiner Kammer aus. Llews späteres Leben ist ebenso vom Unglück verfolgt wie seine Geburt. Aufgrund der Scham bei seiner Geburt weigert sich Arianrhod, seine Mutter, ihn anzuerkennen, und erlegt ihm eine Reihe schrecklicher *geasa* auf, die ihn praktisch zur Nichtexistenz verdammen: Sie will, daß er weder einen Namen noch Waffen hat, es sei den, sie selbst gibt sie ihm, aber Gwydion überlistet sie zu beidem. Schließlich verfügt sie, daß er keine menschliche Frau haben soll. Gwydion und Math machen ihm eine Frau aus Blumen, aber die Zauberfrau, Blodeuwedd, liebt einen anderen. Sie veranlaßt Llew, ihr preiszugeben, auf welche schicksalshafte Weise er sterben wird, und er ist dumm genug, es ihr zu sagen. Sie stellt die ungeheuer komplizierten Bedingungen seines Todes her, was ein Jahr dauert, und bittet ihn dann, ihre Angst um ihn zu beschwichtigen, indem er ihr zeigt, wie schwierig sein Tod zu bewerkstelligen wäre. Llew geht in diese Falle und wird, wie vorhergesagt, durch einen Speer von Blodeuwedds Geliebten getötet.

Llew stirbt aber nicht; er verwandelt sich lediglich in einen sich mausernden Adler und bleibt auf einer Baumspitze hocken, bis Gwydion ihn findet und mit bardischen Worten herabsingt. Er gibt Llew seine Menschengestalt wieder und steht wiederum vor der Aufgabe, ihm seine volle Kraft wiederzugeben. Diese komplexe Geschichte liest sich fast wie ein Verzeichnis von keltischen Glaubenssätzen über das Seelenleben. In vieler Hinsicht ist Llew der ursprüngliche »Junge ohne

Vater«. Auf ihn paßt auch das gälische Volksrätsel: »Wer ist der Geborene, der nie geboren und niemals sein wird?« Seine Ursprünge sind unbekannt, und er scheint unfähig zu sterben.

Rituale und Anrufungen, die die Seele im Seelenschrein erhalten sollen, sind verbreitet. Das gälische *sian* ist ein Zauber, der einem in der Schlacht Unverletzlichkeit verleiht. Der berühmte, vom Tod errettende *sian* von St. Patrick wurde häufig von irischen Soldaten im 19. Jahrhundert in der Überzeugung benutzt, daß man dadurch vor dem Erschießen geschützt sei:

Der Sieg des grünen Baums.
Der Saft der spitzen Zweige in dir!
Gesegnet seien Seele und Körper
Von allen, die den Martainn aufsagen!
Möge der heilige Engel bei dir sein,
Mögest du nicht den König der Gefallenen fürchten![28]

Die Unverletzlichkeit der Seele, an die die alten Kelten so stark glaubten, scheinen spätere Krieger einer Familie erlangt zu haben: Der Mantel von Macleod von Bearnaray auf Harris, über den vor der Schlacht von Culloden ein *sian* gesprochen worden war, wurde voller Einschußlöcher gefunden, aber keine einzige Kugel war in sein Fleisch gedrungen. Der Glaube an den *sian*, der die Gefahren abwehrte, war implizit:

Kein Speer soll dich stechen,
Kein Wasser ersäufen.
Keine Frau soll dich verlocken,
Kein Mann dich verwunden.
Der Mantel Christi sei um dich ...
Vom Schädel bis zum Fuß ...
Geh hin im Namen deines Königs,
Und komm zurück im Namen deines Häuptlings.
Du gehörst dem Gott des Lebens
Und allen anderen Mächten.[29]

Der *sian* ist dem Brustzauber ähnlich, auch *loricas* oder *sciathlúireacha* genannt, von denen St. Patricks Brustpanzer vermutlich der bekannteste ist (siehe Kapitel 5). Solche Dinge haben vielleicht in kritischen Situationen Mut gemacht, aber der Tod rief schließlich doch die Seele auf den verborgenen Pfad des *tuirgen*.

Die gälische Sitte des *treoraich anama*, der Seelenleitung, scheint der einzige überlebende Aspekt einer keltisch-christlichen Pflicht zu sein, die man heute als ausschließlich priesterliche Aufgabe betrachtet: Die Leitung der Seele vom Leben in den Tod. Carmichael meint, daß das seelenleitende Gebet über einem Sterbenden unbedingt von einem *anam-chara*, einem Seelenfreund gesprochen werden mußte und nicht von einem Geistlichen. Das Konzept der Seelenfreundschaft war fester Bestandteil des keltischen Christentums; ein Seelenfreund war ein spiritueller Leiter und manchmal, aber nicht immer, ein Beichtvater. Die keltische Kirche glaubte wie noch heute die orthodoxen Kirchen des Ostens, daß Seelenfreundschaft durch den heiligen Geist geschaffen wurde und nicht durch den Tod ausgelöscht werden konnte. Laien konnten in diesem System eine wichtige Rolle dabei spielen, Seelen zu helfen und zu stärken.

Bei der gälischen Seelenleitung halfen Seelenfreunde durch ihre Gebete und Gegenwart, die Seele aus dem Körper zu leiten. Sie beteten zu Christus und dem heiligen Michael, die Seele in Empfang zu nehmen und deren Weg vorzubereiten. An dem Punkt, an dem die Seele den Körper verließ, sah man sie als eine helle Lichtkugel hochsteigen, und der Seelenfreund rief aus:

> Nun ist die arme Seele frei
> Außerhalb des Seelenschreins.
> Christ der Allmächtige, dein Segen
> Umgib mich mit deiner Liebe.
>
> (Nach der engl. Übers.)

Die Seele wird in keltischen Ländern oft als Schmetterling oder Motte dargestellt, was den volkstümlichen Überzeugungen vieler Gebiete entspricht. Aber wie wurde die Seele gebunden, und was erwartete sie?

Keltische Leichname wurden in vorchristlichen Zeiten oft mit Grabbeigaben bestattet, die in der Anderswelt benutzt werden sollten, was den Schluß nahelegt, daß das Nachleben des Verstorbenen einem ähnlichen Kurs folgen würde. Die großartige Begräbnisstätte eines keltischen Häuptlings in Hochdorf wird auf 550 v. Chr. datiert. Das Grab enthielt eine eiserne Kutsche, einen Wagen, Eß- und Jagdgeräte und

Toilettenartikel.[30] Trotz der prachtvollen Ausrüstung trug er einen wenig passenden Birkenrindenhut, was an die traditionelle schottische Ballade »Die Frau am Ushers Brunnen« (»The Wife of Usher's Well«) erinnert, in der die drei Söhne einer Frau nach deren Tod nach Hause kommen:

> Und ihre Hüte waren aus Birke,
> die weder im Sumpf noch Graben wuchs,
> noch in einem Shough [?],
> sondern am Tor zum Paradies,
> da wuchs die schöne Birke.

Die Birke, die nach der Eiszeit als erste das Land überzog, der erste Baum im Ogham-Alphabet, der Baum der Anfänge, erscheint hier in Form eines Hutes, den nur Tote als Seelenschutz für die bevorstehende Reise tragen.

An einigen irischen Grabstätten wurden Schuhe gefunden, die nie getragen worden waren, da sie entweder zusammengebunden waren oder aus Metall bestanden. War es eine besondere Fußbekleidung für die Seelenreise?[31] Andersweltliche Wesen wie Manannan werden beschrieben mit »zwei runden Schuhen aus weißer Bronze zwischen den Füßen und der Welt«, was seine Fähigkeit andeutet, zwischen den Welten zu wandern.[32] Sehr reiche Leute haben vielleicht keine solche Fußbekleidung gebraucht, da Kutschenbegräbnisse an der Marne wie in Ost-Yorkshire vom Glauben zeugen, daß die Verstorbenen fähig waren, an ihr Ziel zu fahren.

Aber wie sahen die Pfade durch das Nachleben aus? Der Weg der Seele nach dem Leben beschäftigte Kelten in heidnischen wie christlichen Zeiten, und die traditionellen Pfade der Seele sind fest in Gebräuche und Volksgut eingebettet. Nach dem Vorschlag der Gebrüder Rees[33] habe ich in meinem keltischen »Buch der Toten« (»Celtic Book of the Dead«) die Anwendung der *immrama*, der Geschichten um Wunderreisen, als eine mögliche Seelenroute angenommen.[34] In traditionellen irischen Geschichten war es Sitte, daß von berühmten Geburten während des Kindbetts erzählt wurde, über Entführungen und Brautwerbungen bei einer Hochzeit und von großen kriegerischen Taten in Zeiten, wenn Mut erforderlich war. Die *immrama*-Geschichten, die von Begegnungen auf mehreren Inseln erzählen, scheinen zur Vorbereitung der Seele für ihre Wanderungen nach dem Tod gedient zu haben.

In »Die Reise von Maelduin« (»The Voyage of Malduin«) zum Beispiel werden 33 Inseln besucht, die eine zusammenhängende Karte der Unterwelt bilden. 32 von ihnen fallen in vier Kategorien von Begegnungen – köperliche Herausforderungen der Existenz, die Läuterung der Gefühle, die Klärung der Seele und die Erkenntnisse anderswelticher Weisheiten – die 33. Insel bezeichnet den Pfad der Anpassung und Rückkehr. (Siehe auch »The Celtic Book of the Dead«)

Diese *immrama*-Tradition wurde von der keltischen Kirche übernommen, um die Suche der Seele zu verdeutlichen. »Die Reise von St. Brendan« (»The Voyage of Brendan«) führt ins versprochene Land der Heiligen, ein Blick auf eine paradiesische Existenz vor dem Tod. St. Brendan und Maelduin kehrten zurück, aber der frühe Held Bran mac Febal zieht immer noch über die vielen Inseln der Anderswelt.

Die Läuterung der Seele war nicht nur ein christlicher Vorgang. Die keltische Seele hat eine lange asketische Tradition, die altes und auch neueres Volksgut durchzieht. Es gibt zahlreiche Beweise dafür, daß das alte Fest Imbolc, das man mit Brigid verbindet, der Läuterung und Vorbereitung auf das kommende Jahr diente.[35] Die *immrama*-Geschichten boten Herausforderungen für Körper und Seele, die Emotionen und Verstand reinigten. Die Körperlichkeit dieser Herausforderungen zeigte sich in den exzessiven Bußen der keltischen Kirche und spiegelt sich heute in der Ausdauer, die den Barfußpilgern abverlangt wird, wenn sie den Gipfel von Croagh Patrick besteigen, oder in dem drei Tage langen Fasten bei St. Patricks Purgatorium am Lough Derg.

Viele traditionelle Totenpfade der Kelten wurden mit christlich-eschatologischen Ideologien verbunden, besonders mit dem Purgatorium, dem Ort, an dem die Seelen geläutert werden, ehe sie ins ruhmreiche Paradies eingehen können. Nach der Reformation, als katholische Gebete und Totenmessen aus protestantischen Praktiken verbannt wurden, blieb die menschliche Sehnsucht nach Läuterung der toten Seelen ungestillt. In Wales erinnerte man sich an das uralte keltische Konzept eines spirituellen Sündenbocks, der als Sündenesser wieder eingeführt wurde. Dieser Sündenesser, den man nur aus Überlieferungen in den walisischen Grenzgebieten kennt, geht vermutlich auf eine unglückliche, vom Pech verfolgte Familie zurück, die am Rand der Gemeinschaft lebte. Die Rolle wurde in der einmal so bezeichneten Familie weitervererbt. Pflicht des Sündenessers war es, rituell die

Sünden eines Verstorbenen auf sich zu nehmen, indem er etwas verspeiste, das auf den Brustkorb des Leichnams gelegt worden war. Dann war die Seele des Verblichenen rein und frei weiterzuziehen, während die Last für den Sündenesser, den Wasserträger des Stammes, bis in alle Ewigkeit bestehen blieb. John Aubrey erwähnt in seinem »Remains of Gentilism and Judaism« ebenfalls diesen Brauch. Matthew Moggridge aus Swansea beschreibt das Sündenessen um Lladebie Anfang des 19. Jahrhunderts:

Wenn jemand starb, schickten seine Freunde nach dem Sündenesser der Gegend, der nach seiner Ankunft einen Teller mit Salz auf die Brust des Verschiedenen stellte und darauf ein Stück Brot legte. Dann murmelte er einen Spruch über dem Brot, das er schließlich verzehrte und damit alle Sünden des Verstorbenen aufnahm. Anschließend erhielt er die Summe von zwei Schilling Sixpence und verschwand so rasch wie möglich aus den Augen aller, denn man glaubte, daß er wirklich und wahrhaftig die Sünden aller in sich aufnahm, über denen er diese Zeremonie vollzogen hatte. Er wurde in der gesamten Gegend verachtet und wie ein Pariah behandelt, wie jemand, der unweigerlich verloren ist.[36]

In der Beschreibung eines Begräbnisses in den walisischen Grenzgebieten um 1671 heißt es: »Auf dem Sarg stand ein großer Krug Wein, aus dem jeder auf das Wohl des Verstorbenen trank, in der Hoffnung, daß damit dessen Schwierigkeiten auf dem Weg ins Paradies überwunden würden.«[37] Das erinnert an ein keltisch-christliches Bild, das sich in vielen illuminierten Büchern findet: Ein Pfauenpaar trinkt aus einer Vase, was das ewige Leben bedeutet. Von der prachtvollen Begräbnisstätte eines keltischen Edlen in Hochdorf, die 1968 in Deutschland ausgegraben wurde und in der man einen Krug mit Honigwein fand, über die ernste, schweigsame walisische Zeremonie, die sich bis in die neuere Zeit gehalten hat, zum ausgedehnten und lebhaften Leichenschmaus der Iren scheint sich das Trinken über einem Leichnam als alter keltischer Brauch gehalten zu haben, der Seele auf den Weg zu helfen.

Bei der zweiten Vision von Adamnan hören wir, daß die Seele vier Stellen besucht, ehe sie weiterzieht: den Geburtsort, den Todesort, den Ort der Taufe und den Ort des Begräbnisses – die vier Stationen des weltlichen und christlichen Lebens. P. W. Joyce berichtet eine Geschichte, in der Ende des 19. Jahrhunderts eine irische Frau, die in

Liverpool im Sterben lag, von dem Priester wissen wollte, ob Gott ihr erlauben würde, auf dem Weg in den Himmel Irland zu besuchen, was zeigt, daß diese Überzeugung sich gehalten hatte. Konnte diese vierfache Visitation der scheidenden Seele nicht Bestandteil eines viel älteren Brauches sein, nach dem man zusätzlich zum Geburts- und Sterbeort auch das Reich der Ahnen besuchte?

Das traditionelle Volkslied »The Lyke Wake Dirge« schildert den Weg der Seele über ein Moor mit stacheligen Ginsterbüschen zur Brücke der Furcht und einem Ort mit Feuer: Jene, die einem Barfüßer Schuhe gegeben haben, dürfen bei diesem Weg gutes Schuhwerk tragen, und diejenigen, die den Hungrigen zu essen gaben, werden nicht verbrannt. In der schottischen Geschichte aus dem 15. Jahrhundert, »Tomas von Ersseldoune«, beschreibt die Feenkönigin selbst fünf mögliche Wege für die Seele und verbindet dabei traditionelle und christliche Orte: Über einen Berg zum Himmel der geläuterten Seelen, unter einen Hügel zu den Freuden des irdischen Paradieses, unter eine grüne Ebene, wo die ungeläuterten Seelen geläutert werden, in ein tiefes Tal, wo die Feuer der Hölle brennen und zu einem schönen Schloß auf einem hohen Berg im Land der Feen.[38]

Die keltische Feentradition enthält unzählige Informationen über das Wesen der Seele, was uns ihren kompletten Kreislauf durch zahllose Leben verstehen hilft. Sie enthält Hinweise auf Seelendiebstahl und -wiedergewinnung, auf den magischen Schutz der Seele und deren Doppelgänger, die verborgene Seele.

Die verborgene Seele und ihr Doppelgänger

In einem irischen Gebet für langes Leben aus dem 5. Jahrhundert begegnen wir einem seltsamen Vers:

> Ich rufe die Silberne an, die nicht stirbt und todlos ist,
> Möge mein Leben dauern wie helle Bronze,
> Möge mein Doppelgänger getötet werden.[39]

Die »Silberne« hier ist bislang noch nicht schlüssig identifiziert worden, obwohl vielleicht Nuada, der Silberhändige, gemeint ist, den man als unsterblichen Geist betrachtet. Was uns hier interessiert, ist die Vorstellung vom »Doppelgänger« oder *riocht* (gälisch-schottisch *tamhasg*) der Seele eines lebenden Menschen. Die keltische Vorstellung, daß die Seele ein Doppel hat, ist in der gesamten Überlieferung weitverbreitet.

Robert Kirk spricht im 17. Jahrhundert vom Doppelgänger als dem *coimimeadh*, dem Mitgänger:

[Seher] schwören, daß jedes Element und jeder andere Seinszustand Wesen in sich hat, die einem anderen Element ähneln ... man hat mir gesagt, man habe ... einen Doppelmann gesehen, die Gestalt des gleichen Mannes an verschiedenen Orten ... man nennt dies den Spiegelmann, ein coimimeadh, einen Mitgänger, der in jeder Hinsicht wie ein Mensch oder ein Zwillingsbruder ist; er wird oft vor und nach dessen Tod unter Menschen gesehen und ähnelt dem Original sehr ... wenn er eingeladen und dringlich gebeten wird, gibt er sich zu erkennen und macht sich dem Menschen vertraut, aber sonst befinden sich diese Mitgänger in einem anderen Stadium und Element und können weder leicht mit einem Umgang haben, noch wollen sie dies.«[40]

Menschen mit dem Zweiten Gesicht sind es gewöhnt, den *riocht* der Seele zu erkennen, der wie ein Astralkörper erscheint oder sich so manifestiert, daß der Sehende kaum zwischen den beiden unterscheiden kann. Der *riocht* oder Mitgänger wird häufig als Todesbote gesehen, daher ruft ein solches Doppelauftauchen große Furcht hervor. Die schottische Seherin Eilidh Watt erzählte, wie sie ihren Bruder im Schlaf besuchte, indem sie ihre *coimimeadh* aussandte. Am nächsten Morgen rief ihre Schwägerin auf Bitte des Bruders an, weil er glaubte, da er mit der *riocht* seiner Schwester gesprochen habe, müsse diese gestorben sein, und er war höchst bestürzt.[41]

Nur wenige Menschen sind so versiert wie diese Seherin, die ihre Doppelgängerin bewußt ausschicken kann; nur bei großem Schock oder beim Herannahen des Todes kann sich der *riocht* sonst vor anderen manifestieren. Dies wird durch das allmähliche Auflösen der Lebensbande an die Seele bewirkt, so daß sich ein Teil davon abspaltet. In Gegenwart von Menschen, die erregt oder betroffen sind, habe ich den *riocht* als eine identische Gestalt wahrgenommen, die bruchstückhaft über den Körper selbst projiziert ist. Wir berühren hier das Gebiet, wie die Seele angesichts von Gefahr »den Körper flieht«, ein Faktor, den wir im folgenden untersuchen wollen.

Parallel zur Vorstellung eines Doppelgängers, aber oft mit ihr verknüpft, ist die animistische Vorstellung einer verborgenen oder äußeren Seele. Die verborgene Seele hält sich außerhalb des Seelenschreins und seines Inhalts auf; ihre Existenz ist gewöhnlich mit einer anderen Lebensform verbunden oder wird mit ihr geteilt. Dies führt uns in den Bereich von schamanischen Geistern als Helfern oder Lebensgefährten. Das Seelenleben eines Kindes verläuft oft parallel zu dem eines anderen Wesens - oft ein Baum oder Tier. Solange dieser Baum oder das Tier lebendig sind, lebt auch das Kind; aber ihr Schicksal ist miteinander verknüpft, und wenn der eine Schaden leidet oder stirbt, wird der andere ebenfalls verletzt oder getötet. Daher ist das Leben von Diarmuid O'Duibhne auf fatale Weise mit dem seines Halbbruders verknüpft, der vom Tod errettet wurde, indem er in ein Wildschwein verwandelt wurde. Als Diarmuid diesen Eber tötet, schwindet sein eigenes Leben. Individuen mit einer geteilten oder verborgenen Seele sind gewöhnlich durch *geas* verpflichtet, niemals das parallele Tier oder den Baum zu verletzen, wie bei Conaire und seinen Vogelverwandten. (Siehe Kapitel 7)

Es gibt zahlreiche Fälle von Doppelgängern oder Geisterhelfern der Seele, die kurz vor dem Tod des Menschen gesehen werden. Ein verbreiteter Todesbote ist der Vogel. Viele Iren geraten bei ungewöhnlicher Vogelaktivität nahe ihrem Haus in große Furcht, denn sie erkennen dies als ein Todesomen für einen Angehörigen. Der Todesbote oder Wegweiser kann als *beansidhe* erscheinen, als Fee, die in bestimmten Familien, die Verwandte oder Seelenfreunde unter den örtlichen Feen haben, den Tod eines Angehörigen beklagt. Feenverbündete sind im keltischen Volksgut verbreitet - ein Bündnis zwischen Sterblichen und Feen zum gegenseitigen Nutzen. Die Arbeit von R. J. Stewart über solche Verträge zwischen Feen und modernen Praktikern beruht auf der Identifikation von Doppelgängern als Feenverbündeten und Tiergeistern. (Siehe R. J. Stewart: »Erd Licht«)

Die vielen Geschichten der keltischen Überlieferung über Transmigration und Gestaltwechsel haben mit der schamanischen Fähigkeit zu tun, die Seele in alle möglichen anderen Gestalten zu verwandeln - aber nur jemand mit ausgeprägten Fähigkeiten kann die verborgene oder gestaltwechselnde Seele erkennen und einfangen. Die schamanische Fähigkeit, den *feth fiada*, den »Seheraspekt« anzunehmen, versetzt einen in die Anderswelt und macht einen unsichtbar für andere.

In der keltisch-schamanischen Praktik ist der Seelenschrein verborgen oder von vielen Schichten schützenden Zaubers umgeben. Das Haus der Seele wird streng bewacht und niemals preisgegeben. Das keltische Volksgut bewahrt die Erinnerung an druidische Praktiken in zahlreichen Märchen von titanischen Wesen oder Riesen. Der Riese mit seinen urtümlichen druidischen Fähigkeiten kann nur überwunden werden, wenn man seine Seele entdeckt. Man braucht kaum zu erwähnen, daß er als guter Schamane seine Seele in viele verschiedene Elemente, Tiere und Orte aufspalten kann, so daß er in keinem Versteck Seelenverlust erleidet. Seine Seele springt von einer Gestalt zur anderen und wechselt nächtlich wie eine Parole in einer Festung, so daß niemand sie erwischen kann.

In der irischen Geschichte »Blamainn, Sohn von Apple« geht es um einen furchterregenden Riesen, dessen Seele listigerweise so verborgen ist: Unter einer Steinplatte vor dem Herdfeuer liegt ein Schaf, in dessen Bauch befindet sich eine Ente, und in dem Entenei liegt die Seele. Sie wird gefunden und vom Helden mit Hilfe eines Hundes, eines Falken und eines Otters erobert. Der Hund zieht das Schaf heraus, der Falke fängt die Ente, während der Otter das Ei aus dem Meer rettet, in das es gefallen ist, und aufbricht.[42]

In anderen Geschichten wird der Riese als *gruagach* oder »Haariger« geschildert, was man entweder als »Zauberer« oder Heinzelmännchen begreifen muß. Es gibt eine so ausgeprägte Überlieferung von *gruagachs* als Lehrer magischer Künste, daß man in diesen Geschichten gut eine Volkserinnerung an das Druidentum sehen kann. In der Geschichte »Der Fischersohn und der listige Riese« (»The Fisherman's Son and the Gruagach of the Tricks«) nimmt der *gruagach* den Jungen auf ein Jahr und einen Tag in die Lehre, um ihm seine Künste beizubringen. Nachdem der Fischer seinen Sohn aus den Diensten des *gruagach* befreit hat, nutzt er dessen neues arkanes Wissen, um viel Geld damit zu verdienen. Der *gruagach* versucht jedoch, seinen Lehrling zurückzubekommen. In einer verwirrenden Abfolge von Gestaltwechseln wird der Junge zu einem Feuerkreis, einem Funken in einem Faß Weizen und einem Weizenkorn. Der *gruagach* und seine elf Söhne werden zu zwölf Zangen, zwölf Männern und zwölf Hähnen. Schließlich wird der Junge zum Fuchs und beißt ihnen die Köpfe ab. Solche raschen Verwandlungen sind Zeichen für die Seelensuche, wo eine versucht, die andere zu besiegen.[43]

In der schottisch-gälischen Geschichte von Manus wendet sich dieser an den weißen *gruagach* und bittet um Erlaubnis für seine zwölf Männer, dessen zwölf Schwestern zu heiraten. Auf dem Heimweg, um dieses Ereignis festzulegen, ruft der *gruagach* hinter ihnen her, daß er getötet worden sei.

»Was bekümmert dich?« fragte Manus.

»Es liegt ein Stein im Bach und drei Forellen unter dem Stein, und sie sind in der Schürze deiner Frau. Solange diese Forellen am Leben sind, bin auch ich am Leben, aber deine Frau hat eine von ihnen schon aufs Feuer gebracht.«[44]

Indem er ein gehörntes, giftiges Tier tötet und dem *gruagach* dessen Blut bringt, kann Manus seinen Freund wiederbeleben, der aber anschließend trotzdem stirbt, da seine Seele in diesen drei Forellen lebte, die gebraten und verzehrt wurden.

Aus diesen Geschichten und anderen Überlieferungen geht hervor, daß die Seele der *gruagach*, der Nachfahren der Druiden und *filidh*, vor unerwarteten Angriffen wohlverborgen war. Sie kann äußere Objekte und andere Lebewesen bewohnen oder besitzen, während der Körper des *gruagach* gleichzeitig von ihr belebt ist. Solche Wesen erscheinen nur selten unter ihrem eigenen Namen; sie werden »Ritter der Rätsel« genannt oder »Listiger Riese«. Oft bewirkt die Preisgabe des Namens, daß ihre Seele und magischen Dienste dem Willen des Entdeckers unterstellt werden, wie bei der Geschichte von »Tom, Tit, Tot«, einer Parallele zu Rumpelstilzchen.

In »Culhwch und Olwen« möchte Culhwch die Tochter des Riesen heiraten. Er verletzt den Riesen zwar, kann ihn aber nicht besiegen, bis er 39 unmöglich erscheinende Aufgaben bewältigt hat. An erster Stelle geht es um ein Schurgerät und einen Kamm, die zwischen den Ohren eines riesigen, tobenden Ebers liegen, Twrch Trwyth. Erst wenn er diese erlangt hat und Yspaddaden geschoren und rasiert ist, kann er endgültig besiegt werden, denn die Macht seiner Seele liegt in seinem Haar. Blathnait bindet ihren Mann Cairpre ebenfalls mit seinem Haar ans Bett, damit Cuchulainn, ihr Geliebter, ihn umbringen kann.

Haare und Fäden und die sie begleitenden Utensilien haben oft bestimmte Eigenschaften, die die Seele gefährden. Es galt unter den gälischen Schotten als gefährlich, wenn ein Mann sein Haar schnitt – »eine Schere über den eigenen Atem zu heben«, weil er dadurch seinen Lebensfaden gefährdete. Frauen durften sich nachts nicht kämmen, denn jedes herabfallende Haar galt als gefährlich für einen Verwandten auf dem Meer. Das Haar als das Haus der Seele ist eine weltweit verbreitete Vorstellung. Haare und Fingernägel werden bei der Radiologie als »Zeugen« bemüht und Strahlungen ausgesetzt, von denen es heißt, sie könnten über große Entfernungen hinweg heilen.

Das Seelenleben war oft unerkennbar in anderen Körperteilen oder Objekten verborgen. Das Ritual keltischer Hebammen mit der Nabelschnur und der Plazenta bestätigt den Glauben an eine externe Seele. Wenn die Nachgeburt nicht ordentlich unter einem Baum vergraben oder verbrannt wurde, bekam die Mutter vielleicht keine weiteren Kinder: Man betrachtete die ausgestoßene Plazenta immer noch als ein Gefäß des Lebens. Wie das rituell verbogene Schwert und bewußt zerbrochene Gaben, die man in frühkeltischen Zeiten in Seen warf, wurde die Plazenta den Elementen zurückgegeben, damit sie nicht wieder benutzt werden konnte. Im schottischen Hochland wurde die Nabelschnur zu Pulver zerrieben und dem Kind, mit Wasser vermischt, zu trinken gegeben, so daß nur das Kind selbst die Lebenskraft seiner eigenen Lebensschnur erhielt. Nabelschnur und Nachgeburt waren anerkannte Volksrezepte gegen Unfruchtbarkeit, was bedeutet, daß diese Objekte lebendige Gefäße für die Seele waren.

Ein Talismanobjekt diente oft als verborgene Seele, wie etwa bei König Artus' Schwert Excalibur, dessen Scheide Blutverlust verhinderte. Es war so eindeutig mit seinem Leben verbunden, daß erst, als Excalibur in den See zurückgegeben wurde, aus dem es stammte, Artus' Seele ins Reich Avalon übergehen konnte, die Heimat der Herrin vom See.

Alles Geknotete, Gebundene oder Gewebte enthielt Seelenkraft. Selbst das Band, das das Spinnrad hielt, sollte nicht über Nacht dort belassen werden, und der kurze Strick, mit dem man Tieren die Beine fesselte, wurde mit großer Vorsicht behandelt. Frauen, die in der Schwangerschaft ein *sianchrios*, einen heiligen Gürtel trugen, wollten dem Ungeborenen damit spirituelle Vorteile verschaffen.[45] Noch heute weben die Frauen auf Aran einen *crios* oder Gürtel für ihre Männer. Sie stricken auch deutlich erkennbare Muster in die Aran-Pullover, die bedeutsame Namen haben: »Lebensleiter«, die den spirituellen Weg bezeichnet, und »gewundener Weg«, ein Zickzackstich, der die Höhen und Tiefen des Ehelebens symbolisiert.

Der Faden des Lebens durchzieht buchstäblich die gesamte keltische Kunst, zuerst in Metall- und Steinarbeiten, später auf den bebilderten Seiten der Gebetsbücher und Bibeln. Der Webfaden der keltischen Flechtarbeiten symbolisiert den Weg der Seele durch das Leben und bezeichnet bestimmte Eigenschaften und Kräfte des so verzierten Objekts. Diese Muster sind kein bloßer Schmuck, sondern sinnvolle Wege, die die Seele enthalten und ihr zurückhelfen können, wenn sie sich verirrt.

Seelenverlust und Seelenwanderung

Wir haben bereits gesehen, daß die keltische Seele gern auf Wanderschaft geht; sie streunt besonders herum, wenn sie Schock, Krankheiten und Verzweiflung ausgesetzt ist. Der Begriff »Seelenverlust« wird besser mit »Seelenfragmentierung« beschrieben, denn ein Verlust aller Seelenteile bedeutet den Tod. Seelenverlust kann sich als seelische Desorientierung zeigen, als emotionale Starre oder psychische Depression. In schweren Fällen ist damit Bewußtlosigkeit verbunden, wie beim »Krankenbett von Cuchulainn« (»The Sick-Bed of Cuchulainn«).

Diese Geschichte schildert auf höchst interessante Weise ein verbreitetes keltisches Problem – die Überlagerung einer Realität von einer anderen, was Seelenfragmentierung bewirkt. Dies geschieht gewöhnlich, wenn ein Individuum sich bestimmten Geistern, meistens Feen, gegenüber achtlos oder respektlos verhält. In dieser Geschichte feiert man in Ulster das Fest Samhain, als eine Schar unbekannter Vögel auf einem nahen See landet. Die Frauen stacheln ihre Männer an, ihnen je ein Paar zu fangen. Cuchulainn zieht aus, um das schönste Paar zu fangen, das mit einer Kette aus rötlichem Gold aneinandergebunden ist. Er wirft einen Stein auf den einen Vogel und trifft ihn am Flügel, aber er verschwindet, und der andere fliegt fort. Cuchulainn ist verärgert, daß seine legendären Kräfte hier versagen:

> Cuchulainn ging fort und lehnte sich an eine Steinsäule, und seine Seele in ihm war wütend. Dann schlief er ein. Er sah, wie zwei Frauen auf ihn zukamen. Die eine hatte einen grünen Umhang um, die andere einen purpurfarbenen ... Die Frau in dem grünen Mantel trat auf ihn zu und lachte ihn an, dann schlug sie ihn mit ihrer Reitpeitsche ... Darauf trat die andere zu ihm ... und schlug ihn ebenso. Und das ging lange Zeit so weiter, daß sie abwechselnd vortraten und ihn schlugen, bis er fast tot war.[46]

Seine Gefährten entdecken, daß er eine Vision hat, und erkennen, daß man ihn nicht wecken darf. Er kehrt zu Bewußtsein zurück und bittet, zu Bett gebracht zu werden, wo er ein Jahr lang bleibt, ohne zu sprechen. Als Samhain sich wieder naht, tritt der Feenmann Angus mac Aed zu Cuchulainn und sagt ihm, seine beiden Feentöchter Liban und Fand könnten ihn heilen, und daß Fand ihn sehr liebe. Da richtet sich Cuchulainn auf, erzählt ihm von seiner Vision und geht zu der Steinsäule, wo er damals geruht hatte. Dort befiehlt die grüngewandete Frau Liban seiner Feengestalt, den Gegner ihres Mannes zu töten, und verspricht ihm Fand als Belohnung. Cuchulainn ist zu schwach, um zu gehorchen, schickt seinen Kutscher Laeg, die Bedingungen der Anderswelt zu erfüllen, und kehrt ins Bett zurück.

Cuchulainns Frau Emer faßt die Lage präzise zusammen:

> Seine Krankheit ist das Werk der Feen,
> Von den Frauen von Mag Trogach,
> Sie haben dich geschlagen,
> Sie haben dich gefangen,
> Sie haben dich vom Weg abgeführt.
> Die Macht dieser Frauen hat dich machtlos gemacht.

Nach Laegs Rückkehr und den Ausführungen Emers geht Cuchulainn selbst in die Anderswelt und bringt den Gegner der Feen um. Er schläft einen Monat lang mit Fand und verabredet danach ein Wiedersehen mit ihr. Emer bringt die Frauen von Ulster zu diesem Stelldichein, um ihren älteren Anspruch auf seine Liebe zu bekräftigen. Fand wird von ihren Bitten überzeugt und kehrt mit ihrem ehemaligen Mann Manannan ins Feenreich zurück. Cuchulainn wird wahnsinnig vor Liebe und kann nicht mehr schlafen, noch essen und trinken. Schließlich schickt Conchobor

... seine Gelehrten und Weisen und Druiden von Ulster aus, um Cuchulainn zu finden, ihn zu fesseln und zurück nach Emain zu bringen. Cuchulainn versuchte, die Weisen zu töten, aber sie sangen Zaubersprüche und einen Bann gegen ihn und banden ihn an Händen und Füßen, bis er ein wenig wieder zu Sinnen kam. Dann bat er um einen Schluck zu trinken, und die Druiden gaben ihm den Trank des Vergessens, so daß er anschließend keine Erinnerung mehr an Fand hatte noch an alles andere, was er getan hatte. Sie gaben Emer ebenfalls diesen Trank, damit sie ihre Eifersucht vergaß, denn ihr Zustand war in keiner Weise besser als der Cuchulainns. Manannan schüttelte seinen Mantel zwischen Fand und Cuchulainn aus, so daß sie einander bis in alle Ewigkeit niemals wieder begegneten.

In dieser Geschichte wird Cuchulainn zweimal von Seelenverlust bedroht, einmal, als er die Vögel jagt, die in Wirklichkeit Feenfrauen sind, und das andere Mal, als Fand ihn verläßt. Als Liban und Fand zu ihm treten und ihn peitschen, erscheint er seinen Gefährten als in einer tiefen Vision versunken. Dieses Auspeitschen ist weltweit im Zusammenhang mit schamanischen Praktiken sehr bedeutsam. Die Yanomani-Indianer des Amazonasbeckens schließen einen Exorzismus von geisterbessenenen Personen ab, indem sie sie sanft mit Pfefferstengeln schlagen.[47] In der ägyptischen Volksheilkunde werden Exorzismen oft von schweren Schlägen begleitet; im mittelalterlichen Europa galt das Prügeln von Besessenen als normale »Behandlung«. Cuchulainns Prügel von andersweltlichen Händen raubt ihm seine Kräfte ebenso endgültig, wie seine Sehnsucht nach Fand ihm den Verstand raubt.

Eifersucht war eine starke, überwältigende Ursache für Seelenverlust. Das Gesetz von Brehon bestimmt, daß alle Verletzungen, die durch eine zweite Frau am Tag ihrer Ankunft im Haushalt erfolgen, der der ersten Frau gehört hatte, nicht strafbar sind. Emers Zustand soll ebenso schlecht sein wie der ihres Mannes, bewirkt durch ihre Eifersucht auf Fand.

Wir haben bereits die Macht des Wortes erwähnt, zu verletzen, wie etwa die Satiren eines Dichters Blasen auf dem Gesicht des Opfers hervorrufen. In der Geschichte von den beiden Melkeimern (siehe Kapitel 11) wird das Mädchen Curcog so grob von Finbarr beleidigt, daß sie die Feenspeisen ihres Ziehvaters nicht mehr zu sich nehmen kann. Ihr Seelenverlust wirkt sich umgekehrt zu Cuchulainns aus, denn sie verschwindet allmählich aus dem Feenreich, ihrer Heimat, ins Land der Sterblichen.

Manchmal löst auch Kummer Seelenverlust aus. Als Diarmuid O'Duibhne im Fionn-Zyklus von dem Eber seiner *geas* getötet wird, gibt sich sein Ziehvater Aengus Og dafür die Schuld:

»Ach, warum habe ich dich aufgegeben und deinem Schicksal überlassen, durch die Listen Finns geraubt zu werden! Du leidest nun, weil ich dich vernachlässigt habe, O Dermat, und ich werde nun auf immerdar die bitteren Schmerzen der Trauer spüren!«

Dann fragte Aengus Granias Volk, warum sie gekommen seien. Und als sie ihm sagten, Grania habe sie geschickt, um den Leichnam Dermats nach Rath-Grania heimzubringen, sagte er:

»Ich werde den Leichnam Dermats nach Bruga am Boyn tragen und ihn auf seinem Katafalk belassen, wo er durch meine Kraft so bleiben wird, als sei er noch am Leben. Ich kann ihn zwar nicht wieder zum Leben erwecken, aber ich werde ihm einen Geist einhauchen, daß er jeden Tag ein wenig mit mir reden kann.«[48]

Die trauernde Grania, Diarmuids Geliebte, kann den Leichnam nicht bestatten: Das ist ein Seelenverlust, wie ihn die Witwen von Kämpfern und die Familien von Katastrophenopfern kennen, denn eine bekannte Grabstätte wird mit einer friedlichen Seele und Erleichterung für die Trauernden gleichgesetzt. Ein unbestatteter Leichnam verzögert das Entfliehen der Seele.

Zu kollektivem Seelenverlust kommt es, wenn ein Volk insgesamt aus Scham wegen einer Eroberung oder an Hungersnot und Krankheiten im Kriege leidet. Der Krieg ist in jeder Generation eine der Hauptursachen für kollektiven Seelenverlust. Die gesellschaftliche Entwurzelung von zurückgekehrten Veteranen spricht auch heute von deren Schock über die miterlebten oder erlittenen Grausamkeiten, und wir finden ähnliche Beispiele für Kriegstraumata bei den Kelten. Wir sahen, wie Suibhne *geilt* oder verrückt wird (Kapitel 5). Die Wirkung von Kampfmüdigkeit auf die Seele wurde sogar in einem altnordischen Buch »Kongs Skuggsjo« (»Spiegel der Könige«) um 1250 als eines der »Wunder Irlands« verzeichnet: »Es gibt auch etwas sehr Wundersames an Menschen, die *geilt* genannt werden.« Der Autor beschreibt, wie Männer wahnsinnig das Schlachtfeld verlassen und in den Wäldern leben, wo ihnen Federn wachsen und sie die Schnelligkeit von Tieren erlangen, obwohl sie nicht fliegen können: »Sie rennen fast ebenso schnell wie Affen und Eichhörnchen über die Wipfel.«[49] Die Ursache für Merlins Wahnsinn ist sein Entsetzen nach der Schlacht von Arfderydd.

Manchmal wird kollektiver Seelenverlust durch einen Fluch der Ahnen ausgelöst. Der *noinend* in Ulster, ein neunfacher Fluch, wird nach der Demütigung der Göttin Macha dem Ulster-König gegenüber ausgesprochen. Macha war gezwungen worden, in einem Rennen gegen die Pferde des Königs anzutreten, obwohl sie hochschwanger war; am Zielpfosten schenkt sie Zwillingen das Leben und belegt Ulster mit ihrem Fluch: daß jeder Mann, der ihre Schreie gehört hatte, zur Zeit seiner größten Not fünf Tage und fünf Nächte lang die Schmerzen des Kindbetts erleidet – ein Fluch, der sich bis in die neunte Generation fortsetzen sollte.

Ein derart seelenbindender Fluch war sehr gefürchtet. Es war fast so, als würde einem die Seele gestohlen.

Seelendiebstahl, Seelenbindung

Seelendiebstahl geschieht, wenn ein Individuum bewußt versucht, die Lebenskraft, Güte oder Tugend eines anderen zu stehlen oder dessen Seele in seinen Dienst zu zwingen. Seelendiebstahl wird oft dem Bösen Blick zugeschrieben, wenn die Lebenskraft und Energie eines Wesens von einem »Herrn« ausgesaugt wird, der auf dessen Kräfte eifersüchtig ist. Eifersucht ist eines der stärksten Motive für Seelendiebstahl – eine manipulative Umleitung der Lebenskraft, die sehr gefürchtet ist und einen Hauptaspekt von keltischen Schutzzaubern bildet.

In der keltischen Überlieferung erfolgen die meisten Seelendiebstähle durch die Feen. Es herrscht eine zwiespältige Beziehung zwischen den Sterblichen und den Feen: Gegenseitiger Respekt und Hilfe können sich leicht zu eifersüchtiger Überwachung entwickeln, zu Diebstahl und Gier. Die Feen erwarten Respekt und exakte Vergeltung, wenn ihre Regeln für gegenseitige Höflichkeit überschritten werden. Das Fällen eines Feenbaums oder die Anlage eines Gebäudes können fatale Folgen haben. Diarmuid MacManus erzählt die Geschichte von Michael O'Hagan in einem Dorf in der Grafschaft Mayo, der sein Haus, um die wachsende Familie aufzunehmen, so erweitert hatte, daß der Weg zwischen zwei benachbarten Feenfestungen blockiert wurde. In den nächsten Wochen starben seine Kinder eins nach dem anderen: zuerst das älteste, dann das zweite, dritte und vierte Kind. Der Arzt konnte die mysteriösen Beschwerden nicht identifizieren, an denen sie alle litten. Als ihm nur noch ein Kind geblieben war und der Junge auch schon im Sterben lag, beriet sich O'Hagan mit der alten Weisen Frau am Ort. Mairead ni Heine sah sofort, was es mit seinem Haus auf sich hatte, und forderte ihn auf, den Anbau niederzureißen. Er arbeitete die ganze Nacht hindurch mit der Spitzhacke und beendete den Abriß im Morgengrauen. Seinem Sohn ging es bereits besser. Dies geschah 1835, und die Umstände sind von O'Hagans Nachbarn und dem Arzt bestätigt worden.[50]

Keltische Mütter achten darauf, ihre Kinder nicht zu sehr zu loben, damit die Feen nicht eifersüchtig werden und das Kind verhexen.

Wechselbälger sind kränkliche Kleine, die gegen gesunde Kinder ausgetauscht werden. Einer Reihe von Geschichten zufolge scheinen sich die Feen nur selten fortzupflanzen und deshalb menschliche Kinder zu rauben, um ihr Volk zu vergrößern. Wechselbälger verraten sich durch ihr unnatürlich frühreifes Verhalten oder ein auffallend weit zurückreichendes Gedächtnis: Sie können sich etwa an Jahrhunderte zurückliegende örtliche Rodungen oder Flußläufe erinnern. Traditionell entzaubert man einen Wechselbalg, indem man Wasser in einer Eierschale kocht und der Wechselbalg ausruft: »Meiner Treu, so habe ich noch nie Wasser kochen gesehen!« Eine weitere Methode ist es, das Kind auf eine Schaufel zu setzen und ins Feuer zu halten, damit die Feen gezwungen werden, das ursprüngliche Kind wieder einzutauschen. Es ist interessant, daß bei beiden Methoden Feuer und Wasser benutzt werden – die traditionellen Reinigungselemente, die von Hebammen über Neugeborenen benutzt werden, denn die Elemente können nicht lügen.

Manchmal rauben die Feen auch einen Erwachsenen, der ihnen in ihrem Reich dienen muß. So wird Tam Lin von der Feenkönigin geraubt. Er soll zu einem Feenopfer werden, aber seine schwangere Freundin Janet geht an Samhain zu einer Kreuzung, um der Feenprozession zu begegnen und die Seele ihres Geliebten zu retten. Sie zieht Tam Lin von seinem Pferd und hält ihn fest, während er eine Reihe von schrecklichen Verwandlungen durchmacht, bis er als nackter Mann wieder in ihren Armen liegt [51]

Bei der keltischen Seelen-Wiedergewinnung muß oft hart verhandelt werden. Manawyddan in »The Mabinogion« unterzieht sich geduldig einer Reihe von Prüfungen, um Pryderi und seine Mutter Rhiannon aus der Anderswelt zu befreien, wo sie von Llwyd Cilcoed gefangengehalten werden, einem Feenwesen. Manawyddan fängt geschickt eine der Mäuse, die seine Ernte gefressen haben, und erhängt sie an einem Miniaturgalgen, in voller Erkenntnis, daß Llwyd kommen wird, um sie zu retten. Manawyddan weigert sich, die Maus freizulassen, die eigentlich Llwyds Frau ist, bis Pryderi und Rhiannon aus dem Dienst in der Anderswelt befreit sind. Aus dem Kontext der Geschichte wird deutlich, daß das gefangene Paar die Arbeit von Zugpferden verrichtete.

Manchmal wird ein Opfer von Feen geschlagen, wie Cuchulainn, der anschließend im Bett liegen muß und nur selten bei Bewußtsein ist. Ein Koma deutet auf massiven Seelenverlust hin, denn die Seele kann nicht vollständig wieder in den Körper zurückkehren, bleibt im Schockzustand gefangen oder von den Geistern gefesselt. Der Schlaf, die Schwester des Todes, hatte seine eigenen Regeln. Es galt als gefährlich, jemanden aus einem Alptraum zu wecken, ohne ihn beim Namen zu rufen, denn das konnte bewirken, daß ein wandernder Geist in dessen Körper schlüpfte und nicht der eigentliche Bewohner.

Es herrschte große Angst vor Geistern, den Seelen, die nach Hause zurückkehrten und sich weigerten, sich auf den *tuirgen*-Kreislauf zu begeben. Das Fest Samhain, das zu Ehren der toten Vorfahren gefeiert wird, war von vielen Vorkehrungen begleitet, damit streunende Seelen von frisch Verstorbenen nicht angezogen würden, sondern sich rasch auf den Weg machten. In christlichen Zeiten sprach man Gebete für die Ruhe solcher Seelen. Man stellt immer noch Laternen und Kerzen ins Fenster, um den Seelen den Weg zu zeigen. Ein Leichnam und seine Besitztümer durften nicht lange an den Orten der Sterblichen bleiben. In Irland fand die zeremonielle Verbrennung des Bettzeugs des Toten oft auf einem Feenhügel statt, was einen an römische Begräbnisse erinnert, wo der Besitz des Toten und sein Wagen verbrannt wurden, damit das Opfer nichts in dieser Welt zurückließ, das zum Geisterhaus für eine streunende Seele oder einen Geist werden konnte.

Der Böse Blick war grundsätzlich der Blick des Neides, der einem Tier oder Menschen das Seelenleben oder die Güte nehmen konnte. Man achtete besonders im schottischen Hochland am ersten Montag eines jeden Quartals darauf – dem Tag, an dem die Männer und Frauen des *frith* ihre Weissagungen machten (siehe Kapitel 7). Man behielt die Kühe im Stall, damit der Wahrsager der *dubh-chelg*, der »Schwarzen List«, nicht die Milch mit Hilfe der *droch shuoil*, dem Bösen Blick hinwegzauberte. Man fertigte Zauber an ...

> Gegen spähende Frauen,
> Gegen scharfblickende Männer
> Gegen müdäugige schlanke Maiden,
> Und sieben Geisterfeen.[52]

Man konnte den Bösen Blick abwehren, indem man geweihtes Wasser unter einer Brücke schöpfte, die Lebende und Tote überqueren, und damit die Ohren des befallenen Tiers oder Menschen bestrich. Dabei durfte man nicht deren Namen sagen. Das Böse wurde so zurück zu seinem Ursprung geschickt:

> Möge es auf ihren starken Söhnen ruhen,
> Auf ihren schönen Töchtern,
> Möge es all ihre weltlichen Freuden befallen,
> Die sie am meisten lieben.

Der Böse Blick wird auch durch Knotenzauber abgewehrt.

Die Macht des Knotens, jemanden zu verzaubern, ist als schamanische Zaubermethode weitverbreitet. Bei langen und schweren Wehen muß man alle Knoten im Raum lösen. Die Seele, die geboren werden soll, kann sonst nicht ins Leben treten. Man glaubte in Schottland, daß ein Paar bei der Hochzeit keine Knoten um sich haben sollte, auch nicht in den Schnürsenkeln und Bändern. Wenn sie bei der Hochzeit irgendwelche Knoten an sich hatten, würden sie kein Kind bekommen. Zu Beginn der Zeremonie wurden daher alle Knoten sorgfältig gelöst und anschließend wieder zusammengebunden.[53]

Der Kamm ist häufig ein Vermittler von Seelenverzauberung, da er das Haar einfängt oder zurückhält, in dem die Seele leben soll. Viele Balladen Nordwesteuropas erwähnen dies, besonders »Willies Lady«. In diesem Lied liegt Willies Lady in den Wehen; er verspricht seiner Mutter viele wundersame Belohnungen als Gegenleistung für ein gesundes Kind, aber die Mutter, eine Hexe, will der schwangeren Frau ans Leben. Der Hausgeist, Billie Blin, ein Heinzelmännchen oder *gruagach*, rät ihm, ein Baby aus Wachs herzustellen und seine Mutter zu bitten, zur Taufe zu kommen, dann aber bei der Kirchentür stehenzubleiben und abzuwarten, was sie sagt. Und sie flucht auch:

> Oh, wer hat die neun Hexenknoten gelöst,
> Die in die Locken deiner Dame geknüpft waren?
> Und wer hat alle Kämme herausgezogen,
> Die im Haar deiner Dame steckten?
> Und wer hat den Büschel Geißblatt herabgenommen,
> Der zwischen ihrem Garten und meinem hing?
> Und wer hat den Ziegenbock getötet,
> Der unter dem Bett der Herrin schlief?
> Und wer hat ihr den linken Schuh genommen,
> Damit sie leichter gehen konnte?

Willie eilt sofort nach Hause und vollzieht rasch genau diese Handlungen, worauf seine Frau von einem gesunden Kind entbunden wird.[54] Das Zeichen des Kammes auf piktischen Symbolsteinen spricht von einer starken matrilinearen Tendenz, die Zauber zurückspiegelt und höchste Macht hatte.

Die Aufgaben der Toten

Wir haben gesehen, wie die Seele in andere Reiche wandern oder freiwillig in andere Gestalten überwechseln, aber auch gefangen werden kann. Wenn eine Seele in der Anderswelt gefangen wird oder sich freiwillig dort in den Dienst begibt, betreten wir das düstere Gebiet der Totenbeschwörung.

Viele Zauber bewirken eine Seelenbindung, die die Seele an einen bestimmten Ort fesselt, wie bei den Schatzwächtern oder bei Grabstellen von Ahnen, wo ein Fundamentsopfer stattgefunden hat, um einen Grabwächter zu bekommen. Wir haben bereits den atavistischen Brauch beschrieben, tote Geister als Wächter zu bestimmen. Im schottischen Hochland glaubte man, daß der letzte, der auf einem Friedhof bestattet worden war, die Wache hielt (*an fhaire chlaidh*), bis der nächste ankam.

R. J. Stewart berichtet von einer Begegnung durch das Zweite Gesicht mit dem Geist eines solchen Wächters an einem Grabhügel auf Jersey:

> Der König schlug fröhlich vor, das ganze solle freiwillig geschehen, aber deutete auch eine Familienpflicht an, die man nicht umgehen konnte, oder ein System, das diejenigen verbannte, die sich nicht fügten, wenn ihre Zeit gekommen war. Dieses schockierende Ereignis war der größte »Verlust der Erdwurzeln«, den man sich nur vorstellen konnte ... Wenn der innere Integrationsprozeß abgelaufen war, wurde die Kammer zur Beratung und Initiierung benutzt. Zugang fand man durch einen kleinen Kriechgang, der von einer zurückgehaltenen Seele versiegelt und bewacht wurde.[55]

Solche freiwilligen Wächter haben in dieser Tradition einen besonderen Platz als Seelenträger der Menschen. Sie sind die Pfade der Vorfahren gegangen, und ihr Zweck ist es, den Lebenden und Toten den Weg zu zeigen. Gestalten wie Bran oder König Loegaire, die ihr Land bewachen wollen, wird große Ehrfurcht als den Seelenträgern eines ganzen Landes entgegengebracht. Bestimmte freiwillige Wächter konnten als *psychopompoi* beim Tod dienen. Einige sind auch nach der *immrama*-Tradition als Schwellenwächter an den Grenzen zur Anderswelt zu erkennen.[56]

König Artus soll »sein Leben geändert haben«: Er stirbt nicht, da der König und das Land eins sind. Seine Unsterblichkeit dauert der Überlieferung zufolge so lange an, wie das Land ihn braucht. Dies und ein noch älteres Wächtertum haben sich in dem Brauch erhalten, Raben im Tower von London zu halten. Wenn sie den Tower verlassen, soll die Hoheit Britanniens angeblich zerfallen. Raben waren die Vögel von Bran dem Seligen, dessen Kopf an der Stelle begraben war, an der heute der Tower als eine Festung gegen fremde Eindringlinge steht. Walisischer Überlieferung zufolge grub Artus diesen Kopf aus und übernahm die Wächterrolle selbst. Jedes Land hat einen solchen nationalen und örtlichen Vorfahren als Wächter.

Mehrere keltische Apologeten haben sich geweigert, unseren Ahnen die Praktik des Menschenopfers zuzuschreiben und betrachten die zahlreichen römischen Berichte als Propaganda. Doch die Beweise, textliche und archäologische, sagen uns etwas anderes. Die Weihung eines Menschenopfers war das Opfer einer Seele, gewöhnlich zum Zweck, sie in den Dienst einer Gottheit zu zwingen oder die Gottheit gegen Dürre und Viehseuche günstig zu stimmen.

In druidischen Augen waren passende Kandidaten für ein Opfer alle, die mit niemandem verwandt waren. Fremde oder Kriegsgefangene scheinen oft von Druiden für beschwichtigende oder prophezeiende Zwecke geopfert worden zu sein – alle, die außerhalb des Stammesnetzes standen, für die niemand Schadenersatz suchte. Wer immer sich außerhalb der Gesetze stellte, wurde nicht mehr als existent betrachtet. Die vielen Fälle von »Jungen ohne Vater« im keltischen Volksgut, christlich wie heidnisch, künden vielleicht davon. Die Heiligkeit der Mutterschaft als Verwandtschaftsfaktor ist zwar ein keltischer wie piktischer Glaubenssatz, der auch Bereiche keltischer Besiedlung in Britannien und Irland durchdrang, doch wir stoßen in den Geschichten auch häufig auf Opfer unschuldiger Kinder als Fundamentszauber.

In der keltischen Überlieferung herrscht ein ausgeprägter Glaube an Zombies – an wiederbelebte Leichname, die man sich zu Diensten machen kann, weil ihre Seelen gebunden sind. Der Kessel der Wiedergeburt, der in »Branwen, Tochter des Llyr« auftaucht, wird von den Iren benutzt, um die eigenen gefallenen Soldaten wiederzubeleben. Sie stehen am nächsten Tag wieder im Kampf, können aber nicht mehr sprechen.

Die »Foras feasa ar Eirinn« beschreiben, wie die Tuatha de Dannan in Boetien ihre Zauberkünste lernten. Es begab sich, daß die Syrer Krieg gegen die Athener führten und sich täglich kleinere Scharmützel zwischen ihnen abspielten. Aber die Leichname der gefallenen Athener standen am folgenden Tag wieder im Kampf, weil die Danann ihnen Geister gaben, die sie wiederbelebten. Die Syrer beratschlagten sich mit ihrem Druiden, der ihnen riet, auf dem Schlachtfeld Wache zu halten und einen Eschenstab durch die Toten zu stoßen. Wenn die Körper wirklich von deren eigenen Seelen belebt waren, dann waren sie unverletzlich, aber wenn sie von den Seelen von Dämonen bewohnt wurden, würden sie sofort verfallen.[57]

Wir erkennen, daß es in der irischen wie in der transsylvanischen Tradition identische Methoden gibt, die Untoten auszuschalten – mit einem Pflock durch das Herz. Eberesche ist das Holz, das in der keltischen Tradition am häufigsten benutzt wird, um von den Feen und andersweltlichen Quellen gesandtes Unheil abzuwehren. Bei den Schotten heißt es: »Ebereschen und roter Faden halten Hexen gebunden«, was sich auf ein altes Ritual oder einen Schutzzauber bezieht.

Eine verbreitete Methode der Kelten, einen von bösen Geistern Besessenen loszuwerden, war, ein Eisenhaus zu bauen und ihn zu verbrennen. Dieser Tod in einem umgedrehten Kessel, einem Eisenhaus, scheint die Wiedergeburt in einem Kessel umzukehren. Aus dem Kessel der Seelen wurden viele in die gleiche Familie zurückgerufen. Wenn man einem Kind den Namen eines verehrten Vorfahren gab, nannte man es *togauil an ainm*, das »Heben des Namens«, das unter den Kelten weithin praktiziert wurde. Wenn ein solches Kind früh starb, galt es als Unglück, den Namen noch einmal zu verleihen.[58]

Seelen waren die Währung des Lebens, die den Kredit darstellten, von dem andere lebten. Die Praxis des Opfers beruht auf der Vorstellung von der Erlösung der Seelen, indem andere Seelen dafür büßen – lange ehe sich das Christentum dem verschrieb und es zum zentralen Glaubensgebot machte. Das Konzept erstreckte sich in keltischen Zeiten sogar auf die Tierwelt, wie uns Arrian mitteilt:

Manche Kelten sind verpflichtet, jährlich der Artemis zu opfern. Andere bieten der Göttin einen Schatz an, der aus folgendem besteht: Für einen Hasen, den sie gefangen haben, legen sie zwei Oboli auf den Haufen, für einen Fuchs eine Drachme, denn der Fuchs ist ein listiges Tier, das immer im Hinterhalt lauert und den Hasen nachstellt. Für eine wilde Ziege vier Drachmen, denn es ist ein viel größeres Tier und wertvoller. Wenn im nächsten Jahr wieder Artemis' Geburtstag naht, öffnen sie die Schatztruhe und kaufen mit dem Inhalt ein Opfer, ein Schaf, eine Ziege oder ein Kalb, wenn genug Geld darin ist. Wenn das Opfer vollzogen wurde und die ersten Früchte der Jägerin geboten werden, je nach den örtlichen Bräuchen, feiern sie selbst mit ihren Hunden. An diesem Tag werden selbst die Hunde mit Blumen geschmückt, um zu betonen, daß das Fest zu ihren Ehren stattfindet.[59]

Arrian spricht zwar hier über Artemis, aber er möchte uns auch mitteilen, daß es eine keltische Göttin mit artemisischen Eigenschaften war. Die Erlösung von Tierseelen durch das Opfer eines Haustieres unterscheidet sich kaum von dem gallischen Ritual des Sündenbocks, dem *pharmakos*, mit dem kollektive Seelenlasten und andere Kalamitäten, die bereinigt werden mußten, mit der Münze des Lebens gesühnt wurden. In einem Fragment von Petronius ist diese Schilderung von Servius erhalten:

Immer, wenn in Marseille eine Epidemie ausbrach, bot sich einer der Armen der Stadt an, sich für seine Mitbürger zu opfern. Ein ganzes Jahr lang wurde er nun mit den ausgesuchtesten Speisen auf Kosten der Stadt ernährt. Wenn die Zeit kam, krönte man ihn mit Blättern, kleidete ihn in geweihte Kleider und führte ihn durch die ganze Stadt. Man überhäufte ihn mit Flüchen, damit sich alle Übel der Stadt auf ihm sammelten, und dann wurde er ins Meer geworfen.[60]

Manchmal wurde in dem keltischen Ritual des Verlassens die kollektive Reinigung der Seele einer einzigen Person auferlegt. Das Opfer wurde in ein Boot gesetzt, mit nur einem Messer und Wasser, ohne Ruder, Segel oder Steuer der Gnade der Wellen ausgesetzt. Ein solches Exil war die normale Bestrafung bei Inzest, einem Verbrechen, das dem ganzen Stamm Schande brachte.

Das Exil, die Seelenreise eines einzigen zum Wohle vieler, ist ein zentrales Element bei keltischen Abenteuern (siehe Kapitel 10). Die Suche nach einem Objekt, das die Toten wiederbringt oder das Ödland fruchtbar macht, ist von höchster Bedeutung. Die Suche nach dem

Kessel der Wiedergeburt, nach dem Heiligen Gral, die Heilung des Seelenschreins und die Wiederherstellung seines Inhalts sind ausgeprägt keltische Themen.

Die Wiederbelebung des Seelenschreins

Wie kann man die Seele wieder nach Hause bringen, wenn sie einmal den Seelenschrein verlassen hat? Ein gemeinsamer Aspekt aller Methoden hierfür ist, daß man den Faden oder die Spur der Seele finden und auf irgendeine Weise nach Hause locken muß, damit sich die Dreifachspirale wieder zu ihrer ursprünglichen Form aufrollen kann.

Wir wissen inzwischen, daß ein Faden das Leben der Seele symbolisiert; in einem Zauber aus dem schottischen Hochland, »Eoalis an T-snaithnean« (»Die Weisheit der Fäden«) entzauberte man mit einem dreifachen Faden Seelenverlust, der durch den Bösen Blick hervorgerufen worden war. Dieser Zauber wurde häufig bei Tieren angewandt, aber vermutlich auch bei Menschen. Man glaubte, daß Tierseelen oft von Feen oder neidischen Menschen gestohlen wurden und sie aufgrund dessen kränklich wurden. Der dreifach gewundene oder geflochtene Faden wurde dem Tier in den Mund gelegt, während man einen Zauberspruch murmelte, und dann um dessen Schwanz gebunden. Wenn sich das Tier erholte, erlitt der Mensch, der den Faden anlegte, eine leichte Form dieser Krankheit. Eine Kurzfassung dieses Brauchs auf den Orkney-Inseln wurde so umschrieben:

> Neun Knoten in den Faden,
> Neun Segen auf dein Haupt,
> Segen, um den Schmerz zu nehmen
> Und deine Leiden zu mildern.[61]

Die Tatsache, daß bei der Heilung von Seelenverlust der Heiler selbst vorübergehend unter den Symptomen leidet, ist ein Zeichen dafür, mit welcher Vorsicht solche Heilarbeit ausgeführt werden muß. Es war gefährlich, die Seele wieder dem Seelenschrein zuzuführen, und der Heiler mußte sich dabei selbst gut schützen und spirituell und körperlich auf äußerste Reinlichkeit achten. Einen solchen Gnadenzustand konnte der Heiler nur erlangen, wenn er sich ständig selbst spiritueller Hilfe versicherte und sich täglich neu einstimmte. Dieser Gnadenzustand soll jenen zu eigen gewesen sein, die aufgrund ihres Alters oder einer besonderen Tugend eine glänzende Seele hatten.

Viele Heilige, die angeblich Tote wiedererweckten oder Geister der Krankheit, der Verzweiflung und des Zweifels vertrieben, werden heute immer noch als spirituelle Helfer bei ähnlichen Leiden angerufen: Der sächsische Heilige Dunstan von Glastonbury vertreibt aufdringliche Geister; wenn man die Statue von St. Goibhnan in Ballyvourny mit einem Wollfaden abmißt, erlangt man seine volle Gesundheit wieder. St. Dympna bringt jenen Gesundheit, die einen Nervenzusammenbruch erlitten haben. Der lebendige Glaube an diese und andere Heilige ist seinem Wesen nach eher traditionell als kirchlich begründet, ein Appell an die Ahnen als Helfer, der die spirituelle Bürokratie der Kirche übergeht.

Es herrscht das verbreitete Bewußtsein, daß man die Seele nicht allein aufgrund persönlicher schamanischer Kräfte wiedergewinnt, sondern mit der Hilfe von Gottheiten und Geistern. Als sie alles getan haben, um Cuchulainn und Emer von ihrer Liebe und Eifersucht zu heilen, wenden sich die Druiden und *filidh* an Manannan selbst, der seinen Mantel des Vergessens zwischen den beiden ausschüttelt, damit sie ihre vorige Beziehung wieder aufnehmen können.

Musik spielt bei der keltischen Seelengesundung eine wichtige Rolle und bildet das feingesponnene Netz, in dem sich die Seelenteile wieder zusammenfügen können. Es gibt zahlreiche Beispiele für die Fähigkeit des Silberzweigs, Schlaf oder die Vision des Vergessens herbeizuführen. Manannan, der Gott der Anderswelt, hat einen »Silberzweig mit drei goldenen Äpfeln. ... Freude und Glück bedeutete es, der Musik zu lauschen, die dieser Zweig erzeugte, denn selbst schwer Verwundete oder Frauen im Kindbett oder Kranke schliefen bei der Melodie ein, wenn der Zweig geschüttelt wurde.«[62]

Die sieben Britannen, die das Haupt von Bran dem Seligen bei sich tragen, machen sich nach dem schrecklichen Kampf mit den Iren auf nach Harlech. Beim Essen erscheinen die drei Vögel Rhiannons:

> ... und begannen, ihnen ein bestimmtes Lied vorzusingen, und alle Lieder, die sie bisher gehört hatten, erschienen ihn nun sehr unschön im Vergleich dazu, und die Vögel schienen weit weg über dem Meer zu schweben, aber sie klangen ganz nah. Diese Mahlzeit dauerte sieben Jahre.[63]

Das Lied von Rhiannons Vögeln verwandelt ihren Kummer in ein Bewußtsein von der Anderswelt; es schenkt ihnen eine Linderung der Trauer und eine Chance, die Geschehnisse aus einer anderen Perspektive zu sehen, denn Brans Haupt spricht nun zu ihnen. Die irische Göttin Cliodna, die Frau Manannans, hat ebenfalls drei Vögel: Einer ist blau mit einem roten Kopf, einer rot mit einem grünen Kopf und einer gefleckt mit einem goldenen Kopf. Sie schenken Rat, Unterhaltung und den Schlaf des Vergessens.

Diese drei Vögel sind mit den drei Harfenliedern verbunden, die einen in der irischen Tradition dreifach freigeben: Suantrai bringt den Schlaf, Geantraui bringt Freude und Goiltrai Tränen. Wir sehen, daß das dreifache Wesen der Seele durch die gleichen Bedingungen erneuert wird, die die drei Kessel des feinstofflichen Körpers bewegen: Freude, Trauer und Erholung (siehe Kapitel 6).

Die Tuatha de Dannan retten in »Die zweite Schlacht von Mag Tuiread« Uaitne, den Harfenisten der Dagda, den die Fomorier entführt hatten:

Sie kamen zur Festhalle, wo sich Bres, Sohn von Elotha, und Elotha, Sohn von Delbaeth aufhielten. Sie hingen die Harfe an die Wand. Es war die Harfe, in der Dagda die Melodien eingebunden hatte, so daß sie erst ertönten, wenn er sie mit den folgenden Worten herauslockte:

»Komm Daurdabla!
Komm Coir-cetahir-chuir!
Komm Sommer, komm Winter!
Münder von Harfen und Dudelsäcken!«

Diese Harfe hatte nun zwei Namen, *daur-dabla,* »Eiche mit zweierlei Grün«, und *Coir-cetahir-chuir,* »Viereckige Musik«.

Dann löste sich die Harfe von der Wand, tötete neun Männer und kam zu Dagda. Er spielte drei Stücke für sie, durch die sich alle Harfenisten auszeichnen, nämlich die Melodien von Schlaf, von Lächeln und von Tränen. Er spielte ihnen das Jammerlied, so daß alle Frauen weinten. Er spielte das Lächellied, und alle Frauen und Kinder lachten, und er spielte das Schlaflied, und alle schliefen ein. In diesem Schlaf entkamen drei von ihnen unverletzt den Fomoriern.[64]

Wir hören von dieser Methode auch in »Der Viehraub von Fraech« und stellen hier fest, daß die drei Harfenlieder von der Göttin Boann stammen:

»Laßt die Harfen erklingen«, sagte Ailill zu Fraech. »Ja, das sollen sie«, meinte Fraech. Die Harfen waren von Otterfellen bedeckt, die mit parthischem gold- und silbergeprägten Leder verziert waren. Innen waren sie mit Ziegenleder ausgekleidet, so weiß wie Schnee und mit dunkelgrauen Ringen in der Mitte. Um die Saiten selbst lag eine Hülle aus Leinen, so weiß wie Schwanendaunen. Die Harfen waren aus Gold, Silber und heller Bronze und mit Gestalten von Schlangen und Vögeln und Hunden in Gold und Silber verziert. Wenn die Saiten schwangen, umkreisten die Tiergestalten die Männer. Die Harfenisten spielten auf, und zwölf Männer in dem Haus starben an Kummer und Leid.

Die drei Harfenisten waren schön und musikalisch, sie waren übrigens der Nachwuchs von Uaitne. Diese drei berühmten Männer waren drei Brüder, Goltraiges, Getraiges und Suantraiges. Boann von den *sidhe* war ihre Mutter. Als diese Frau das erste Mal in den Wehen lag, weinte und klagte sie wegen der starken Schmerzen. Die zweite Geburt war von Lächeln begleitet, weil sie sich so über ihre beiden Söhne freute, und nach der schweren letzten Geburt fand sie Schlaf und Ruhe. So wurden sie also nach den drei Arten der Musik benannt. Später erwachte Boann und sagte: »Nimm deine drei Söhne, leidenschaflicher Uaitne, denn die Musik für Schlaf und Lachen und Weinen wird das Vieh und die Frauen betreffen oder Ailill und Maeve, die Kinder tragen.«

(Nach der engl. Übersetzung)

Über den rituell eingeleiteten Heilschlaf haben wir bereits in Kapitel 9 gesprochen. Aber wir können die Rolle des Schlafs als Heiler nicht übergehen, besonders nicht das ungewöhnliche Beispiel von Cuchulainn. Bei der Verteidigung Ulsters schläft der Held zwischen Samhain und Imbolc – vom 31. Oktober zum 1. Februar – überhaupt nicht. Von Erschöpfung überwältigt und schwer verwundet, bleibt Cuchulainn liegen. Sein Kutscher Laegh erspäht eine seltsame Gestalt auf sie zukommen. »Es ist einer von meinem Feenvolk, der mich retten und trösten will.« Es ist niemand anderer als Lugh, sein andersweltlicher Vater, der ihn auffordert: »Schlaf, Cuchulainn, schlaf tief beim Grab in Lerga, bis drei Tage und drei Nächte verstreichen. In dieser Zeit werde ich selbst meine Waffenkunst gegen deine Feinde einsetzen.« Während Cuchulainn schlief, legte ihm Lugh »Balsam und Kräuter mit Feenkraft auf, so daß er schlief und nicht wußte, was ihm geschah, und so erholte sich der Held wieder. Während der Abwesenheit seiner Seele übernahm Lugh Cuchulainns Gestalt und verteidigte Ulster aufs heftigste.«[65]

Die Stimme selbst war ein Heilorakel, das Seelen aus der Anderswelt zurück in den Seelenschrein holen konnte. Klassische Texte wie gallische Inschriften erwähnen beide *gutuater*, den »Bewahrer der Stimme [des Menschen]«. Der *gutuater* erscheint in den Schriften Cäsars als ein »Hetzer zum Krieg«, aber Le Roux und Guyonvarćh bevorzugen die Interpretation des »Gottesanrufers«, dessen Spezialistenrolle wohl darin bestanden hat, sich mit einem starken Appell an die Stammesseele zu wenden.[66]

Auf der persönlichen Ebene sehen wir die heilsame Wirkung von Taliesins Stimme auf den wahnsinnig gewordenen Merlin in Geoffrey de Monmouths »Vita Merlini«. Taliesin erinnert sich deutlich an Merlins zersplitterte Seele und sagt ein bardisches Werk über die Erschaffung des Universums auf, das gleichzeitig Merlin in den Kontext seiner eigenen Zeit und seines Ortes versetzt.[67] Als Llew von Gronws Speer getroffen wird, stirbt er nicht, sondern verwandelt sich in einen Adler, bis seine Seele von Gwydion wieder in den menschlichen Körper zurückgelockt wird, der ein *glynnion* singt, schamanische Verse, die den wahrsagerischen Aspekten von *teinm laegda* ähneln. Das Heimsingen der Seele ist vielleicht die berühmteste Fähigkeit der *filidh*, die sich in wahrsagerischen Versen und visionären Reisen gut auskennen.

Endgültige Seelenerneuerung findet statt, wenn sie für das Land und alle, die dort leben, erfolgt. Das Ödland, das durch Kriege, politische Korruption oder Naturkatastrophen entstand, ist symptomatisch für den Seelenverlust des Landes. Keltische Helden und Weise versuchen mit irdischen und anderweltlichen Mitteln, mit Waffen oder schamanischen Entdeckungen dem Land die Seele wiederzugeben, wobei sie ständig nach Helfern und Leitfiguren Ausschau halten.

Die obersten Seelenwächter in der keltischen Tradition sind Aengus und Brigid. Wir haben bereits gesehen, daß Aengus Og die Seele zurück in Diarmuids Körper hauchen kann, den er im Brugh unter Bewachung hält. Er fertigt auch ein Seelenhaus für die umherwandernde Gestalt von Etain an, bis Fuamnach, die Zauberin, einen Sturm erzeugt, der Etain wieder hinaus in die Welt bläst. Aengus sorgt sich um die Harmonie, die in einem Seelenschrein herrschen sollte, und sein anderweltliches Haus in Newgrange trägt das Zeichen der Dreifachspirale, die ein Dreifachmuster der Seele bildet. Brugh na

Boyne selbst wirkt wie ein anderweltlicher Seelenschrein, ein Ort, an dem sich verlorene Seelen erholen können, ehe sie wieder ihren *tuirgen* beginnen.

Der dreifache Schutz, den Brigid bietet, ist eng mit der dreifachen keltischen Seele verbunden. Als Herrin der Schmiedekunst, der Heilung und der Dichtkunst kümmert sie sich um das Zusammenweben der geistigen, emotionalen und psychischen Fäden, die das Leben lebenswert machen. Keltische Menschen haben sich immer schon an sie gewandt, damit sie ihren Mantel schützend um sie schlägt, denn dieser Mantel ist nichts weniger als das Netz des Lebens, das den Seelenschrein definiert. Der Mantel der Brigid ist unweigerlich von *caim*-Anrufungen gewoben, einem Schutzgebet, das als Verteidigung gegen die verschiedensten Gefahren wirkt. Man kann dazu alle möglichen Worte benutzen, aber normalerweise sind es Brigids Name, der von anderen Heiligen und der Dreieinigkeit; verletzliche Körperteile werden benannt, damit sie beschützt werden.

Caim bedeutet »Schlinge« oder »Rundung«, aber die besondere Bedeutung hier ist »Heiligtum« oder »Schutzkreis«, und so wird der Begriff von Praktikern benutzt. Traditionell erzeugt man einen *caim*, indem der Praktiker den Zeigefinger der rechten Hand ausstreckt und auf das Objekt deutet, während er mit der Sonne darum herumgeht und den *caim* aufsagt. Man kann diesen Zauber auch bei sich selbst anwenden.

Den *caim* konnte man zu allen Jahrszeiten und unter allen Umständen vornehmen, um Menschen, Häuser, Tiere und das Feuer selbst zu segnen, das für das Leben steht. Gälische Mütter hauchten die folgenden Worte über dem Feuer, ehe sie es für die Nacht sicherten, während ihre Familie bereits schlief:

Ich lege Asche aufs Feuer
Wie Brigid unser aller Ziehmutter es tun würde.
Der heilige Name der Ziehmutter
Sei auf Herd und Haus,
Auf jedem in diesem Heim.
Gott umkreise mich selbst und mein Feuer.
Gott umfange mich und den Boden,
Meine Herde und Vieh
Und jeden in diesem Haus.

(Nach der engl. Übersetzung)

Dabei breitete sie die Asche zu einem Kreis aus und unterteilte sie in drei gleiche große Haufen, mit einem weiteren Haufen in der Mitte. Um den heiligen Namen der Ziehmutter nennen zu können, legte sie drei Torfsoden zwischen die drei Haufen, so daß sie sich in der Mitte berührten, und bedeckte anschließend alles mit Asche. Solche Feuerbräuche und Anrufungen werden im Westen Irlands immer noch ausgeübt. So wird ein Schutz Brigids um das Haus und seine Bewohner gelegt, der die dreifache Integrität der Seele bewahren soll.

Wir haben viele der einst verbreiteten Seelenschutzzauber unserer Ahnen vergessen, die die dreifache Spirale innerhalb des Seelenschreins erhalten sollten. Doch da die Medizin des Westens und schamanisches Verständnis aus aller Welt enger zusammenrücken, um die spirituellen Ursachen von körperlichen Krankheiten, geistigen Leiden und emotionalem Trauma zu erkennen, können wir neue Wege entdecken, mit denen wir den Verstand, die Seele und das Herz innerhalb des Seelenschreins ehren und schützen können, damit sie nicht mehr umherstreunen müssen.

KAPITEL 9
Träume und Visionen

Unter den keltischen Völkern gibt es zahlreiche Berichte darüber, wie man Träume und Visionen als Methode benutzte, um entweder Ereignisse in der Zukunft vorauszusagen oder welche zu entdecken, die in Zeit oder Raum weit zurücklagen. Dies ist auch wichtiger Bestandteil der Arbeit heutiger Schamanen in der ganzen Welt. Wir beginnen dieses Kapitel mit einer Abhandlung über rituell eingeleiteten Traumschlaf, für dessen Existenz es an mehreren Stätten in Britannien Nachweise gibt. Dem folgt eine Geschichte aus der irischen Überlieferung, die die Tätigkeit des Wahrsagens belegt.

In der Erzählung geht es um die Gefahr und die Schrecken beim Samhain-Fest, das keltische Neujahr, unser heutiges Halloween. Damals wie heute ist es eine Nacht, in der die Feenhügel geöffnet sind, wenn die Wege zwischen den Welten vor andersweltlichen Wesen wimmeln, wenn sich die Geister herumtreiben. Auch heutigen Volksbräuchen an diesem alten keltischen Festtag zufolge ist es keine Nacht, in der man das Haus verläßt – außer in Verkleidung, um die Geister irrezuführen. Es werden allerlei Streiche ausgeheckt, und nur die Dummen, die Tapferen oder Beschützten wagen sich hinaus. Der Held Nera nimmt jedoch die Wette an, in der Samhain-Nacht einen Weidenzweig um den Fuß eines Gehängten zu winden. Die darauffolgenden Abenteuer spielen sich zeitversetzt ab, ein Bestandteil vieler Ausflüge in die Anderswelt und oft auch schamanischer Reisen, die ganz kurz zu währen scheinen, aber in Wirklichkeit viel länger dauern, als die Uhr anzeigt.

Neras Tapferkeit bei dieser Tat wird die Vision über die Vernichtung der königlichen Hügelfestung von Cruachan entgegengesetzt. Er gewinnt andersweltliche Kenntnisse über die *sidhe* und kann diese Vision abwehren. Doch wie bei vielen derartigen Geschenken kehrt Nera schließlich nicht vollständig von den *sidhe* zurück, sondern fällt aus seiner eigenen Welt in die ihre.

Hier wie auch in anderen keltisch-mythologischen Geschichten wird die visionäre Gabe als ein zweischneidiges Schwert betrachtet, mit der man wichtige Erkenntnisse erlangen kann, die aber dem Beteiligten auch Schwierigkeiten bereitet.

Inkubation und Traumsuche

John Matthews

Weissagungen

Die Suche nach Omen und deren sinnvoller Deutung wird schon lange als ein Hauptzug des Menschen erkannt. Ellen Ettlinger faßt dies gut zusammen:

> Das Leben des Primitiven hing von seiner unablässigen Beachtung von Naturphänomenen ab. Dazu gehörten unheimliche Vorfälle, seltsame Zufälle und lebhafte Traumeindrücke, die seine Phantasie beschäftigten. Aufgrund reiner Intuition und ohne irgendwelche Vergleiche deutete der Mensch ein aufstörendes Naturereignis als eine Warnung vor künftigen Problemen. Ähnliche oder wiederkehrende Erlebnisse dieser Art führten dazu, sie als ... Warnung vor ganz bestimmten Ereignissen zu betrachten. Dieses neuerworbene Wissen wurde auf den Medizinmann übertragen, der die Tatsachen einordnete und die Bedeutung dieser »Omen« an seine Nachfolger weitergab. Im

Laufe der Zeit unterteilten sich die Funktionen des Medizinmannes immer stärker und verselbständigten sich. Es entwickelten sich Zauberer, Wahrsager, Ärzte, Richter und Dichter, die in die Omensprache eingeweiht wurden, um die Anforderungen ihrer jeweiligen Tätigkeiten zu erfüllen.[1]

Wenn wir Vorahnungen unter den Kelten betrachten, wird uns als erstes Prinzip die Bedeutung von Träumen bewußt, in denen die Person etwas sehr Wichtiges für ihre Situation erfährt. Ein typisches Beispiel hierfür findet sich in dem irischen Text über »Die Erste Schlacht von Moytura« (»The First Battle of Moytura«), in dem die Ankunft der Tuatha de Dannan von König Eochaid wie folgt empfunden wird:

»Ich sah einen großen Schwarm schwarzer Vögel«, sagte der König, »aus den Tiefen des Meers heranfliegen. Sie ließen sich überall nieder und kämpften mit dem Volk Irlands. Sie brachten Verwirrung und vernichteten uns.« Dann wandte er sich zu seinem Druiden Cesard: »Nutze all deine Kenntnisse und deine Fähigkeiten und verrate uns die Bedeutung dieser Vision.« Cesard folgte dem, und ihm enthüllte sich aufgrund von Ritualen und seiner Wissenschaft die Bedeutung der königlichen Vision, und er sagte: »Ich habe Nachricht für Euch: Es kommen Krieger übers Meer, tausend Helden bedecken die Wasser. Gefleckte Schiffe werden uns bedrängen, und sie künden von allen möglichen Todesarten. Ein Volk, versiert in allen Künsten, ein Zauberbann und ein böser Geist werden uns überfallen. Zeichen werden dich in die Irre leiten ... sie werden in jeder Hinsicht siegreich sein.«[2]

Hier kann man sofort zwei wichtige Faktoren benennen: Erstens erkennt der König seinen Traum als bedeutsam, was heißt, daß ahnungsvolle Träume als etwas Normales galten, und zweitens braucht er einen Deuter für seine Träume, in diesem Fall den Druiden Cesard. Ein dritter Faktor, nämlich daß zur Symbolik des Traumes Lebewesen (hier Vögel) und Wasser (hier das Meer) gehören, bedeutet, der Traum hat eine eigenständige Bedeutung.

Es gibt zahlreiche Hinweise in der keltischen Literatur auf die Prophezeiungen von Tieren, besonders Vögeln. Und sie waren Bestandteil einer ausgeprägten schamanischen Tradition in Großbritannien und Irland. Zwei Abhandlungen, die in einem irischen Manuskript aus dem Mittelalter in der Bibliothek des Trinity Colleges Dublin erhalten blieben (Kodex H.3.17), beziehen sich besonders auf die Deutung von Flugmustern und Liedern über Rabe und Zaunkönig – Vögel, die schon zu frühkeltischen Zeiten mythischen Status hatten. Vom Raben heißt es:

... [wenn er] über einem gedeckten Bett in einem Haus ruft, wird bald ein berühmter grauhaariger Gast zu Besuch kommen, aber es besteht ein Unterschied: Wenn es ein Laienpriester [?] ist, sagt der Rabe *bacach*, wenn es ein Mann des Gesetzes ist, spricht der Rabe *gradh gradh*, und zwar zweimal am Tag. Wenn es ein Krieger ist oder ein Satiriker, ruft er *gracc gracc* oder *grob grob*, und zwar einen Viertelschritt hinter dir, und aus dieser Richtung erscheinen die Gäste auch. Wenn er *grace grace* ruft, sind die Krieger, von denen er kündet, geschlagen.

Von Zaunkönigen hören wir:

Wenn er zwischen dir und der Sonne sitzt, geht es um die Versklavung eines geliebten Menschen ... wenn es zu deiner Linken passiert, ist es die Vereinigung mit einem jungen Mann aus weiter Ferne oder daß man mit einer jungen Frau schläft. Wenn der Ruf hinter einem ertönt, wird deine Frau von einem anderen Mann belästigt. Wenn er auf dem Boden hinter dir ruft, wird dir deine Frau mit Gewalt genommen. Wenn der Zaunkönig aus dem Osten ruft, kommen Dichter zu dir, oder du hörst etwas von ihnen.[3]

Diese Beobachtungen sind sehr allgemein gehalten und sollten vielleicht nicht wortwörtlich verstanden werden. Sie weisen jedoch auf eine prophetische Bedeutung dieser Vögel hin und deuten an, daß zu einer bestimmten Zeit diese Praktik ausgeprägter und damit genauer definiert war. Abgesehen davon gab es eine Reihe von bestimmten Omen, die häufig vorkamen, besonders vor einer Schlacht: Waffen, die schrien oder laut riefen, das Auftauchen der Wäscherin an einer Furt (siehe unten) oder ein bestimmtes Verhalten, besonders von Pferden und Hunden. Eine Todeswarnung, die der große irische Held Cuchulainn in seinen letzten Tagen erhielt, war ein Faß, das er zum Trinken angeboten bekam, ehe er in die Schlacht zog. Bisher war das für ihn immer ein Zeichen des Sieges gewesen, aber diesmal stellt er fest, daß das Faß mit Blut gefüllt ist.

Träume

In den bedeutsamsten Beweisen für Prophezeiungen geht es um prophetische Träume, nicht nur von der Art wie bisher besprochen, die vornehmlich spontan erfolgen, sondern eher um selbstinduzierte Visionen, die mit Hilfe einer Reihe von Methoden ausgelöst wurden, etwa durch die Haltung des Schläfers, durch Körperkontakt mit anderen Männern und Frauen und der Haut eines Tieres, auf die man sich legte.[4]

Mehrere Texte erwähnen die Haltung des Schläfers, wie etwa bei dem irischen Helden Cuchulainn, der nicht innerhalb eines Hauses schlafen konnte, wenn man nicht auf Bitte des Königs ein bestimmtes Bett für ihn baute. Als erstes wurden zwei große Steine aufgerichtet, dann wurde das Bett dazwischen gestellt. Dann konnte Cuchulainn schlafen – aber als er das »Stöhnen der Ulstermänner«, seiner Kampfgefährten hörte, streckte er sich aus und zerbrach beide Steine. In einem anderen Text wird Condla Coel Corrbacc erwähnt, der auf einer Insel schläft, »den Kopf an eine Steinsäule auf dem Westteil der Insel gelehnt, die Füße an einer Steinsäule im Ostteil«.[5]

Keiner der Gestalten werden irgendwelche Visionen oder Träume zugeschrieben, aber wahrscheinlich hatte diese ungewöhnliche Schlafmethode mit der Ost-West-Ausrichtung einst größere Bedeutung – als Position eines Traum- oder Visionssuchers. An anderer Stelle lesen wir, daß die Druiden, wenn sie eine wichtige Voraussage zu machen wünschten und alle anderen verfügbaren Methoden ausprobiert hatten, »runde Gatter aus Eschenholz machten und darüber die Felle geopferter Stiere legten, mit der Fleischseite nach oben.«[6]

Die Bedeutung von Schlaf auf der Haut eines bestimmten Tieres wird in der gesamten keltischen Literatur erwähnt. Das bekannteste Beispiel haben wir in der Geschichte »Der Traum von Rhonabwy« aus dem »The Mabinogion«, in dem der Held eine tatsächliche historische Gestalt verfolgt, die im Mittelalter in Wales gelebt haben soll. Eines Nachts sucht er Unterschlupf in der feuchten und übelriechenden Hütte einer alten Frau. Rhonabwy schläft auf dem Fell eines fahlen Stiers und träumt einen langen und erstaunlich komplexen Traum von dem Helden Artus und dessen Männern, die alle überlebensgroß dargestellt und traurig darüber sind, daß Wales von Männern beherrscht wird, die so viel kleiner sind.[8]

Abgesehen vom offenkundig schamanischen Wesen dieser Vorstellung ist dies ein deutlicher Hinweis auf das *tarbh feis,* das die irischen Druiden praktizierten. Nachdem diese einen (gewöhnlich weißen) Stier geschlachtet und aus dem Fleisch eine Suppe gekocht hatten, wickelte sich der Druide in das frisch gehäutete Fell und sank in tiefen Schlaf, in dem er die Antworten zu wichtigen Fragen träumte –

gewöhnlich ging es um die Nachfolge eines Königs oder etwas ähnlich Bedeutsames.

Der Verzehr des Fleisches von dem Opfertier deutet auf eine weitere Verbindung zu Wahrsagemethoden hin, wie sie in Cormacs »Glossar« beschrieben werden. Unter den dort erwähnten Techniken befindet sich das *Imbas Forosna* (siehe Kapitel 7).

Dies ist auf vielfältige Weise mit weltweiten schamanischen Praktiken verbunden, wie ich es in meinem Buch »Taliesin: The Shamanic and Bardic Mysteries in Britain and Ireland« dargelegt habe. Hier möchte ich nur erwähnen, daß bei den Okinawas, den Kimos, den Wintu und Shasta-Stämmen Nordamerikas und den afrikanischen Zulus Schamanen häufig ihren »Ruf« in Gestalt eines Traums oder einer Vision erhalten, und daß dabei oft Tiere im Spiel sind, wie bei den oben angeführten Beispielen von Rabe und Zaunkönig.[9]

Die Praktik, auf einem Fell zu schlafen, wurde Martin Martin zufolge noch im späten 18. Jahrhundert ausgeübt. Er beschreibt das als *taghaim* bekannte Ritual wie folgt:

> Eine Gruppe Männer, die sich anfangs an einen einsamen Ort zurückgezogen hatte, fern von jedem Haus ... wählte einen aus ihrer Mitte und wickelte ihn in eine große Kuhhaut, die sie um ihn herumfalteten, bis sein gesamter Körper außer dem Kopf bedeckt war. Darin ließen sie ihn die ganze Nacht ... bis er er auf eine vorliegende Frage eine Antwort wußte.[10]

Dieses Einwickeln des Träumers in ein Fell erinnert an die Beschreibungen von Patienten im Asklepion, die eng mit Bandagen umwickelt wurden, aus denen sie nach der Inkubationsperiode zum Zeichen ihrer Heilung symbolisch wieder herausgeschnitten wurden. Hier sind die Ziele anders, aber die Methode, eine Vision zu erreichen, ist seltsam ähnlich. Wir wissen nicht, ob dies als Mimesis zum Wickeln von kleinen Kindern zu verstehen ist, deren Fontanellen noch geöffnet waren, um Geister und Visionen einzulassen, aber dieser Aspekt wäre zu bedenken.

Schließlich müssen wir noch die Vorstellung von körperlichem Kontakt als weiteres Mittel erwähnen, einen visionären Zustand herbeizuführen. Wir wissen nicht, ob die Priester des Asklepions beim Inkubationsschlaf anwesend waren und den Patienten beobachteten. Insgesamt scheint dies unwahrscheinlich. In den meisten Berichten der keltischen Literatur heißt es jedoch, daß Freunde oder Druiden, die diesen Zustand herbeiführten, den Schläfer bewachten; in anderen heißt es, daß sie sich in der Nähe aufhielten und ihn nach einer gewissen Zeit in dem verdunkelten Raum wachrüttelten. Oft werden vier Wächter erwähnt, wie in dem Bericht über das oben geschilderte Stierfest. In dem Text, der als »Die Reise Brans« (»The Voyage of Bran«) bekannt ist, geht einer der Charaktere Tag für Tag mit seinen drei Druiden auf die Hügelfestung, »um in alle vier Richtungen des Himmels zu spähen, damit die sid-Männer nicht unbeobachtet Irland einnahmen ...«[11]

Daraus können wir schließen, daß die Schläfer die ganze Zeit über bewacht wurden, um sicherzugehen, daß keine schlafenden oder umherwandernden Geister sie in die Anderswelt trugen, was sonst damals nur allzu leicht geschah.

Ob diese Wächter den Schläfer tatsächlich berührten oder nicht, wird nicht bemerkt, aber in mehreren anderen Texten, wird dies extra angemerkt. In »Math, Sohn von Mathonwy« aus dem »Mabinogion« erfahren wir zum Beispiel, daß Math die meiste Zeit mit den Füßen im Schoß des königlichen Fußhalters verbrachte, während in einer späteren Geschichte ein Kind, das sich nur schwer an die Psalmen erinnern kann, nur mit dem Kopf auf den Knien von St. Aegus zu schlafen braucht, um mit dem gesamten Kanon der Schriften im Gedächtnis wieder aufzuwachen!

Das scheint auf die Vorstellung hinzuweisen, daß Wissen durch direkten Kontakt mit dem Lehrer vermittelt wurde. Von hier ist es kein großer Schritt zu der Vorstellung, daß man Wissen von den Toten erlangt, die häufig in wichtigen Angelegenheiten zurate gezogen wurden und die man kontaktierte, indem man entweder ihr Grab aufsuchte oder sie nekromantisch beschwor. Der römische Schriftsteller Tertullian bemerkt (*De Anima* 27), daß die Kelten dazu neigten, auf dem Grab ihrer Ahnen zu schlafen, um deren Wissen und Inspiration zu empfangen. Die gleiche Vorstellung herrschte bei den Normannen: Orte, an denen Tote ruhten, wurden als heilig betrachtet, und das Schlafen dort hatte wahrscheinlich eine Offenbarung zur Folge.

Inkubationsschlaf

Die Methode, Informationen von inneren Qellen zu erlangen (vornehmlich aus der Anderswelt) wird nicht nur den Kelten zugeschrieben, sondern weltweit dem Tempelschlaf oder der Inkubation. Dies gilt besonders für das antike Griechenland, wo die Asklepios geweihten Tempel sich vornehmlich mit der Heilung von Krankheiten nach dieser Methode befaßten. Hier legte sich der Leidende nach angemessener Vorbereitung in eine Zelle in einem besonderen Teil des Tempels zum Schlaf nieder, das *abaton*, und träumte einen Traum, in dem er entweder vom Gott selbst besucht wurde, dessen Berührung heilsam war, oder in dem ihm eine Methode zur Selbstheilung verraten wurde – manchmal verschlüsselt und in einer Form, die der Deutung bedurfte, aber scheinbar nie durch die Tempelpriester.[12]

Bei den frühen Menschen, für die Krankheit ein Ausdruck ihres spirituellen Zustands war, mußte etwas mit deren Seele nicht stimmen, wenn sie an einer körperlichen Krankheit litten (außer beim Verlust von Gliedmaßen oder im Krieg erlittenen Wunden). Aus diesem Grund wurde Asklepios, der zum Gott der Ärzte wurde, nicht bloß als Heiler betrachtet, sondern auch als ein Retter, dessen Handlungen die anderer Gottheiten ausglich, die der Patient vielleicht beleidigt oder auf die eine oder andere Weise respektlos behandelt hatte. Inkubationsschlaf war die Hauptmethode dieses Gottes zu heilen – wie etwa in der modernen Psychoanalyse, wo der Patient aufgefordert wird, das Unbehagen in seiner Seele aufzuspüren, indem er seine Träume untersucht und deutet.

Im Unterschied zu modernen Praktiken wurden die Träume hier jedoch als vom Gott gesandt betrachtet, und der gesamte Prozeß fand in einem bestimmten *temenos* statt, der heiligen Stätte des Gottes (das Wort *incubare* bedeutet »im Heiligtum schlafen«). Die erfolgenden Träume (und nur wenige scheinen nichts Derartiges erlebt zu haben) bewirkten entweder eine sofortige Heilung oder verrieten eine Methode dazu.

Die Vorbereitung auf das Traumritual war genau festgelegt. Nach den Riten der Reiniung, zu denen ein Lustrationsbad und Opfer an den Gott (üblicherweise ein Hahn) gehörten, legte sich der Patient an einem Ort schlafen »der von Ungebetenen nicht betreten werden durfte«.[13] Es scheint, daß darauf eine Wartezeit erfolgte, bis man vom Priester oder aber vom Gott selbst »gerufen« wurde, das *abaton* zu betreten. Die Bedeutung der Vorbereitung wird in jedem Bericht über die Asklepiae betont; wenn sich die Patienten nicht im richtigen seelischen Zustand befanden, erlebten sie vermutlich entweder keinen Traum oder nur einen unbefriedigenden. In diesem Fall wurde man fortgeschickt, um es vielleicht später, nach einer weiteren Phase der Vorbereitungen, noch einmal zu versuchen.

Es ist ebenso klar, daß der Inkubationsschlaf nachts stattfand, ein wichtiges Argument im Hinblick auf die Frage, welchen Wert keltische Dichter und Propheten auf Dunkelheit legten, denn sie hatten häufig ihre prophetischen Visionen nach dem Aufenthalt in einem dunklen Raum, der von Priestern und Freunden bewacht war, um anschließend ins helle Tageslicht geführt zu werden. Es ist offensichtlich, daß die Patienten des Asklepion, die vielleicht vor Aufregung oder Schmerzen überhaupt nicht schliefen, eine Art direkte Vision des Gottes empfanden, in der sie angewiesen wurden, wie sie vielleicht geheilt werden konnten, so, als hätten sie geträumt.

Asklepios selbst scheint sein Leben als sterblicher Arzt begonnen zu haben, der von dem Zentauren Cherion unterwiesen und von Zeus geschlagen wurde, nachdem er erfolgreich einen Menschen vom Tod erweckt hatte. Ein älterer Bericht spricht von einer eher schamanischen Persönlichkeit, deren Name Aischabios lautete und von Totemtieren repräsentiert wurde – einem Hund und einer Schlange. Letzteres setzte sich in Asklepios' theriomorphischer Gestalt fort, so daß überall, wo neue Asklepiae gegründet wurden, eine heilige Schlange mit großer Zeremonie in den Tempel eingebracht wurde.[14]

Die Asklepiae wurden gewöhnlich nahe einem Hain oder einer Quelle errichtet, was die Verbindung zu beiden Elementen und der Unterwelt andeutet. Chadwick bemerkt in ihrer Untersuchung über Träume im alten Europa:

> Die auffallendsten Aspekte, die diese Träume gemeinsam hatten, sind ... (1) daß sie gewöhnlich mit der Unterwelt zu tun haben ... und (2) daß sie zum größten Teil dem Rest der Gemeinschaft mitgeteilt wurden.[15]

Das an sich weist schon auf die chthonische Natur der Asklepiae und des Gottes selbst hin und erinnert natürlich auch an die Berichte über das Schlafen auf Gräbern von toten Helden oder Druiden, um etwas zu träumen, aus dem man deren Weisheiten gewinnen konnte. Dies war ein zentraler Aspekt bei der Anlage von Tempelhallen, in denen der Inkubationsschlaf stattfand, und zeigt sich im Bericht des griechischen Historikers und Geographen Pausanias, der selbst die Initiierung in die Mysterien des Trophonios erlebte, eines frühgriechischen Helden, der zum Gott wurde und viele Aspekte von Asklepios annahm.

Anfangs soll er in einer Höhle bei Lebadeia in Boötien gelebt haben, wiederum ein Hinweis auf chthonische Aspekte. Pausanias' Bericht macht dies noch offensichtlicher:

Wenn sich jemand entschließt, zu Trophonios hinabzugehen, lebt er zuerst ein paar Tage in einem Gebäude, das dem Glück (Fortuna) geweiht ist und dem Guten Geist (Agathadaimon). Dort reinigt und läutert er sich, benutzt aber kein heißes Wasser; sein Bad ist der Fluß Herkyna.[16]

Der Initiand wird im Herkyna gebadet und anschließend von Knaben, *hermai,* gesalbt.

Von hier wird er von den Priestern aber nicht direkt zum Orakel geführt, sondern zu den Quellen, die in der Nähe liegen. Hier muß er das Wasser des Vergessens trinken, um alles bis dahin Geschehene in seinem Gedächtnis zu vergessen, und dann das Wasser der Erinnerung, durch welches er sich an alles erinnern wird, was er bei seinem Abstieg erlebt.

Nach einer Zeit der Gebete bringt man ihn auf einen Berghang oberhalb eines heiligen Hains, der eine etwa zwei Meter hohe runde Plattform aus weißem Stein umgibt. Darauf stehen bronzene Säulen, die durch Bronzeketten miteinander verbunden sind. Er tritt durch Türen in eine Schlucht und steigt durch eine konische Öffnung über eine etwa sieben Meter lange Leiter hinab in die Erde. Unten folgt ein kleiner Gang, etwa ein Fuß hoch und zwei Fuß breit, der den Initianden einläßt. Man legt sich dort auf den Boden, nimmt einen Honigkuchen in die Hand, schiebt seine Füße durch die Öffnung und versucht, seine Knie hineinzubringen. Der Rest des Körpers wird hinter den Knien her herabgezogen, als ergreife ihn ein sehr tiefer, schneller Fluß und sauge ihn abwärts. Hier, in einer zweiten Kammer, erleben die Menschen die Zukunft, aber nicht immer auf die gleiche Weise: Der eine hört nur, andere sehen sie auch. Wenn man mit den Füßen zuerst hinabgeht, kommt man auch mit den Füßen zuerst wieder heraus.

Wenn man aus dem Trophonius herauskommt, übernehmen einen wieder die Priester und setzen einen auf den Thron der Erinnerung, der nicht weit von dem heiligen Ort entfernt ist. Sie fragen einen, was man gesehen und entdeckt habe.

Pausanias erwähnt, daß nur ein einziger Mensch jemals dort umgekommen sei. Er selbst habe die Gefahren überstanden und schreibe aus persönlicher Erfahrung. Alle, die das Orakel um Rat fragten, mußten ihre Geschichte auf eine Holztafel schreiben und dem Schrein widmen. Eine solche Sammlung von Zeugnissen gäbe wohl einen höchst interessanten Lesestoff ab.

Aus verstreuten Berichten und Quellen geht hervor, daß solche Mysterien unter den Kelten einst weit verbreitet waren. Wenn man sie zusammenfügt, ergibt sich ein deutliches Bild.

Eindeutig wurde Wasser als ein Vermittler von Heilung und unterirdischer Information betrachtet. In der keltischen Literatur werden zahlreiche Fälle zitiert, in denen Omen und weissagende Träume an Flüssen oder Quellen erlebt wurden. Im Werk des walisischen Dichters Taliesin (vermutlich ein Zeitgnosse Merlins) gibt es mehr Hinweise auf Wasser als auf alle anderen Elemente; dies kann man als eine Spiegelung der komplexen Materie der visionären Einsichten begreifen, denn es stellt die Verbindung zu Dunkelheit und Licht her, wie etwa in der Geschichte von Nechtas Brunnen. Jene, die unvorbereitet in diesen Brunnen blickten, wurden von einem strahlenden Licht geblendet, aber jenen, die sich den notwendigen Vorbereitungen unterzogen hatten (wie die Besucher des Asklepions) gab das Wasser Inspiration.[17]

Unter den Beispielen für Omen, die man an Flüssen erlebte, greifen wir das folgende aus der »Belagerung von Howth« heraus.[18] Hier sind König Mes-Grega und sein Kutscher hinter dem Hauptteil der Armee zurückgeblieben, um sich auszuruhen. Der Kutscher schläft zuerst, und Mes-Grega, der ihn bewacht, sieht derweil eine große Nuß stromabwärts treiben. Der König ergreift sie, bricht sie auf und verspeist den Kern. Da sieht er wie sich der Kutscher aus dem Schlaf vom Boden erhebt. Als der Mann erwacht, fragt ihn der König nach seinem Befinden. »Ich hatte eine üble Vision«, erwidert der Kutscher und fragt nach der Nuß. Sie geraten in Streit, und der König endet schwer verwundet und der Kutscher tot. Die Verbindung zwischen dem Traum und der Nuß wird zwar nicht ganz deutlich, aber wir sollten uns erinnern, daß Nüsse stets mit visionären Einsichten zu tun haben – und natürlich haben wir auch hier wieder die Themen der Prophezeiung und des Wassers.

Badbh, die irische Kriegsgöttin, kündete den bevorstehenden Tod von berühmten Helden an, indem sie die Gestalt einer Wäscherin in der Furt nahe dem künftigen Schlachtfeld annahm, wo sie blutige Kleider oder eine blutbefleckte Rüstung auswusch – möglicherweise eine

Erinnerung an eine Zeit, in der Priesterinnen, die sich in der Kunst der Prophezeiungen auskannten, an Furten und Quelle Wache hielten und angerufen wurden, um vor einer Schlacht eine Prophezeiung abzugeben.

Es finden sich keine deutlichen Beweise für die Existenz von Inkubationstempeln in Britannien oder Irland, aber im Hinblick auf eine Stätte in Lydney in Gloucestershire sind einige Experten der Meinung, sie könne zu diesem Zweck benutzt worden sein. Der Schluß wäre, daß es andere solche Tempel gab, von denen wir nichts wissen, wenn wir ein einziges derartiges Heiligtum in diesem Land kennen.

Die Stätte ist römisch-britischer Herkunft und wurde zwischen 364 und 367 n. Chr. erbaut. In den vierziger Jahren des 20. Jahrhunderts wurde sie von Mortimer Wheeler ausgegraben. Es stellte sich als ein Gebäude mit mehreren kleinen Zellen heraus. Damals bemerkte man, daß der Grundriß des Tempels eine deutliche Ähnlichkeit mit dem Asklepiontempel in Epidaurus aufwies und ebenfalls ein Badehaus und Schlafsäle aufwies. Abdrücke von einer entstellten Hand und einer hochschwangeren Frau wurden ebenfalls hier entdeckt, was nahelegt, daß dies Darstellungen von »Bedürftigen« waren, die den Tempel aufsuchten. In Epidaurus hatten sich zahlreiche ähnliche Darstellungen gefunden, die als Dankgaben von geheilten Patienten im Tempel aufgehängt worden waren. All dies führte Wheeler zu dem Schluß:

Hier scheinen wir also eine Charakteristik zu haben, wie sie einige der klassischen Hauptschreine für Heilung aufweisen, und wir können das Gebäude von Lydney vorläufig als dazugehörig betrachten. Wenn wir in dieser Richtung weiterdenken, können wir auch sagen, daß das Langhaus tatsächlich ein »abaton« war und die »Kapellen« im Tempel selbst ergänzte, in dem der sogenannte Tempelschlaf stattfand, mit dem der Heilgott und die Priesterschaft hier arbeiteten.[19]

Wenn wir diesen Schluß akzeptieren, erhebt sich die Frage, ob der Tempel in Lydney einem einheimischen Gott geweiht war oder eine Kopie der klassischen Grundlagen war.

Lydney war zweifelsohne einem keltischen Gott gewidmet, Nodens, von dem leider nicht viel überliefert ist. Die Auffindung eines Priesterdiadems hat einige Experten zu der Überzeugung kommen lassen, daß er eine Sonnengottheit war, eine Überzeugung, die von dem großen Keltologen John Rhys bestätigt wird[20], der auch auf mögliche Verbindungen zwischen Nodens und dem Iren Nuada Argetlam (Nuada mit der Silberhand) und dem Waliser Llud Llaw Eraint hinweist (ein Titel, den Nodens in der Heldenliste in »Culhwch und Olwen« im »Mabinogion« trägt; beide stammen aus einer früheren Brythonischen Version, Ludons Lamragentios. Nuada hatte natürlich eine künstliche Hand, die ihm der Schmiedegott Creidne mit Hilfe des Arztgottes Diancecht angefertigt hatte. Llud kann mit Llyr Lledyeith (Halbrede) verglichen werden. Das sind interessante Verbindungen, denn beide litten an körperlichen Behinderungen und werden mit einem Gott assoziiert, der vielleicht für einen Heiltempel verantwortlich war.

Doch das erwähnte Diadem, das den Gott in einer von Pferden gezogenen Kutsche und umgeben von Nereiden und Windgeistern zeigt, läßt nicht so sehr auf eine Sonnengottheit schließen, sondern auf einen Meergott. William Bathurst, der zuerst 1831 auf die Lydney-Stätte aufmerksam machte, übersetzte den Namen Nodens als »Gott des Abgrunds« oder »der Tiefen«[21], eine suggestive Anrufung, da sowohl eine Verbindung zum Meer wie auch zu chthonischen Tiefen zu bestehen scheint, mit denen ja auch Asklepios verbunden wurde. Wie Asklepios wurde Nuada interessanterweise schließlich in der Schlacht von Mag Tuired durch einen Blitz gefällt. Llyr wurde ebenfalls mit dem Meer in Verbindung gebracht, und diese beiden Hinweise auf Wasser erinnern an die Entstehung so vieler keltischer Traumvisionen an Bächen und Flüssen – obwohl man diese Analogie nicht allzu weit treiben sollte.

Es ist also möglich, daß wir in der Gestalt Nodens ein einheimisches Gegenstück zu Asklepios haben und bei Lydney einen britisch-römisch-keltischen Tempel, in dem man Heilschlaf praktizierte. Wir haben aus den angeführten Beweisen ersehen können, daß die Vorstellung von Schlaf als Mittel zur »Gewinnung« von Informationen oder prophetischen Visionen unter den Kelten verbreitet war. Daß eine schamanische Tradition zumindest bis zum 6. Jahrhundert bestand, gilt als ebenso sicher. Die Kombination dieser beiden Denkweisen und Überzeugungen macht es recht wahrscheinlich, daß eine Vorstellung von Heil- oder Tempelschlaf verbreitet war. Ob dieser aber aus der antiken Welt importiert worden war oder bereits früher existierte, ist weniger gesichert. Es bleibt aber ein letztes Beweisstück, das nahelegt, daß dies zumindest in Irland häufig war.

Wir haben in Kapitel 8 die Schwitzhütten erwähnt. Die Ähnlichkeit zwischen diesen Strukturen und den antiken Grabkammern in Britannien und Irland ist verblüffend. Martin Brennan lenkte als erster in seinem Buch »The Boyne Valley Vision« die Aufmerksamkeit darauf. Er bemerkte, daß Dampfbäder eine alte und gut dokumentierte Methode von Schamanen in aller Welt waren, einen veränderten Bewußtseinszustand herbeizuführen. Die Kombination dieser Vorstellung und der vom Inkubationsschlaf mit der keltischen Liebe für Prophezeiungen ergibt ein starkes Argument dafür, daß solche Praktiken auf diesen Inseln schon sehr früh ausgeübt wurden.

Ich möchte diese Abhandlung mit einer persönlichen Bemerkung beenden. Vor ein paar Jahren, als ich an Grippe litt, erlebte ich im Traumzustand einen Besuch von einer inneren Leitfigur, die mir eine bestimmte Methode mitteilte, wie ich mich schnell wieder erholen könnte. Ich hatte das bis vor einigen Wochen praktisch vergessen, als mich wieder ein Virus erwischte. Ich lag im Bett und hatte abwechselnd Schweißausbrüche und Schüttelfrost. Dann begann ich lebhaft zu träumen und erinnerte mich deutlich an die früheren Anweisungen: Ich mußte ein Muster negativer Versprechen finden, etwa wie: »Ich verspreche, mich im nächsten Augenblick viel schlechter zu fühlen« oder »ich verspreche, mich ganz fest in den Daumen zu beißen, wenn ich wach werde«. Wenn ich dieses Denkmuster erfolgreich durchführte, würde ich gesund wieder aufwachen. Das erwies sich als sehr schwer. Ich neigte zu Gedanken wie: »Mir geht es bestimmt besser, wenn ich wach werde« und »ich werde mich nicht in den Daumen beißen«. Aber schließlich konnte ich das richtige Denkmuster aufrechterhalten, wobei mir ein bestimmtes Symbol half, das mir bis zum Ende in Gedanken verhaftet blieb. Darauf erwachte ich und fühlte mich eindeutig besser.

Das Symbol sah so aus:

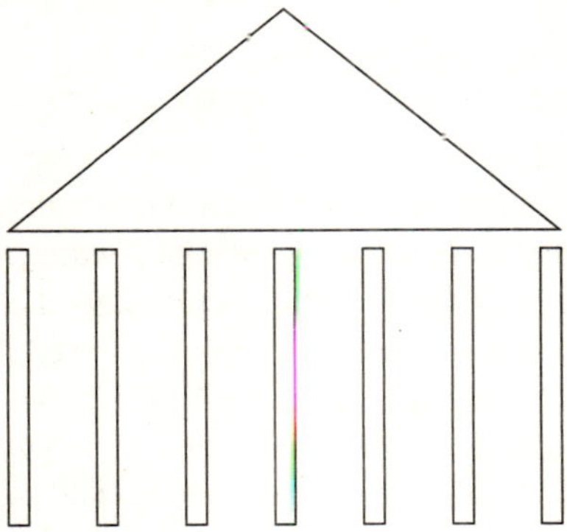

Der Heiltempel

Spätere Meditationen über dieses Symbol haben mir mehr von dem Bild enthüllt: Ein Tempelportikus mit sieben Säulen und einem breiten Eingang, der offen vor mir stand. Man braucht nicht besonders leichtgläubig zu sein, um es als einen Heiltempel zu erkennen – ob es sich um die Urgründung in Asklepios handelt oder einen einheimischen Tempel bei Lydney. Mir sagt das jedenfalls sehr eindeutig, daß Inkubationsschlaf starke Wirkung hat und daß er meiner festen Überzeugung nach einst auf diesen Inseln praktiziert wurde.

Zum Schluß möchte ich einen Inkubationszauber anführen, der vom Priester oder der Priesterin des Schreins über dem Schlafenden ausgesprochen wurde. Er wurde von Caitlín Matthews nach der Diskussion des obigen Materials verfaßt:

Lerne mit den Weisen in der Nacht,
Und deren weise Worte erheben sich
Aus den strahlenden dunklen Tiefen
Als eine Geschichte,
Wie eine sich windende Schlange.
Möge die heilige Rundung
Dich umfangen.
Mögen ihre Sterne
Ihren dunklen Schleier auf dich senken.
Möge dein Schlaf sicher
Die tiefe Nacht in ihrem Schoß überdauern!

Die Abenteuer von Nera

(Nach der Übersetzung von Kuno Meyer[22]*)*

An einem Samhain hielten sich Ailill und Medb mit ihrem gesamten Haushalt in Rath Cruachan auf. Sie begannen, das Essen vorzubereiten. Am Tag davor hatte man zwei Gefangene erhängt. Da sagte Ailill: »Wer es wagt, nun einen Weidenzweig um den Fuß des einen Gefangenen zu binden, der am Galgen endete, der soll von mir bekommen, was immer er sich wünscht.«

Es war sehr dunkel in dieser Nacht der Schrecken, in der stets die Dämonen erscheinen. Die Männer versuchten einer nach dem anderen, hinauszugehen, aber sie alle kamen rasch wieder ins Haus zurück. »Ich will deinen Preis«, sagte Nera, »und werde in die Nacht hinausgehen.« – »Dann sollst du mein goldverziertes Schwert bekommen«, antwortete Ailill.

Da legte Nera eine gute Rüstung an und ging hinaus zu den Gefangenen. Er legte den Weidenzweig um den Fuß des einen Gefangenen, doch er sprang dreimal wieder ab. Da sagte der Gefangene zu ihm, wenn er nicht eine ordentliche Zwinge daran befestigte, würde er bis morgen früh daran herumwerken, aber er würde ihm nicht seine eigene geben. Da brachte Nera eine ordentliche Zwinge an.

Da sprach der Gefangene vom Galgen zu Nera: »Das ist aber mannhaft, o Nera!« – »In der Tat«, erwiderte Nera. »Bei deiner Tapferkeit, nimm mich auf deinen Nacken, damit ich mit dir einen Trunk nehme. Ich war sehr durstig, als man mich hängte.« – »Komm auf meinen Nacken«, sagte Nera. »Wohin soll ich dich tragen?« fragte Nera. »Zum nächsten Haus«, antwortete der Gefangene.

Sie gingen also zum nächsten Haus. Da sahen sie etwas. Um dieses Haus war ein Meer von Flammen. »Es gibt kein Feuer, das einen nicht verzehrt«, sagte der Gefangene. »Gehen wir zum nächsten Haus.« Sie zogen weiter und sahen, daß es von einem Meer aus Wasser umgeben war. »Geh nicht in dieses Haus«, sagte der Gefangene. »Nach dem Zubettgehen gibt es dort weder Wäsche noch ein Bad noch einen Unrateimer. Gehen wir in ein anderes Haus.« – »In diesem Haus gibt es einen Trunk«, sagte der Gefangene. Nera ließ ihn auf den Boden herab und ging in das Haus. Dort gab es Wannen und Becken zum Waschen und Baden, und in beiden war zu trinken. Außerdem gab es einen Eimer für Unrat auf dem Boden. Er nahm einen Schluck aus beiden und spritzte den letzten Schluck in die Gesichter der Menschen, die in diesem Haus saßen, so daß sie alle starben. Daher ist es nicht gut, nach dem Schlafengehen eine Wanne für Wäsche oder zum Baden, ein uneingedämmters Feuer oder einen Unrateimer im Haus zu haben.

Daraufhin trug ihn Nera zurück zu seiner Qual und kehrte nach Cruachan zurück. Da sah er etwas. Vor ihm brannte die Hügelfestung, und er sah einen Haufen von Köpfen, die die Krieger aus der Festung abgeschlagen hatten. Da zog er hinter dem Trupp her in die Höhle von Cruachan. »Ein Mann ist auf dem Weg«, sagte der letzte zu Nera. »Um so schwerer ist der Weg«, sagte sein Kamerad, und dann sagte jeder, vom ersten bis zum letzten Mann das Wort. Damit erreichten sie den Feenhügel von Cruachan und zogen hinein. Die Köpfe wurden vor den König des *side* gelegt. »Was soll mit dem Mann geschehen, der mit uns kam?« fragte einer von ihnen. »Er soll vortreten, damit ich mit ihm reden kann«, entgegnete der König. Da trat Nera vor, und der König sagte zu ihm: »Was hat dich mit den Kriegern in den *side* gebracht?« – »Ich kam in Gesellschaft deiner Armee«, antwortete Nera. »Dann geh in jenes Haus«, sagte der König, »dort lebt eine Frau allein, die dich willkommen heißen wird. Sag ihr, daß ich dich dorthin geschickt habe, und komm jeden Tag hierher und bring ein Bündel Feuerholz mit.«

Nera tat, wie ihm geheißen. Die Frau hieß ihn willkommen und sagte: »Willkommen, wenn dich der König geschickt hat.« – »Das ist wahr«, sagte Nera. Nun ging Nera Tag für Tag mit einem Bündel Feuerholz zur Festung. Tag für Tag sah er einen blinden Mann mit einem Lahmen auf der Schulter, die vor ihm aus der Festung kamen. Sie gingen weiter, bis sie an den Rand des Brunnens vor der Festung gelangten. »Ist sie da?« fragte der Blinde. »Jawohl«, sagt der Lahme. »Laßt uns gehen«, sagte der Lahme.

Nera fragte die Frau danach. »Warum besuchen der Blinde und der Lahme den Brunnen?« – »Sie besuchen die Krone, die im Brunnen liegt«, sagte die Frau, »nämlich ein Diadem aus Gold, das der König auf dem Kopf trägt. Dort wird es aufbewahrt.« – »Warum gehen die beiden dorthin?« fragte Nera. »Das ist nicht schwer zu erraten«, sagte sie. »Weil der König ihnen vertraut, die Krone dort zu besuchen.« – »Aber der eine ist blind und der andere lahm.« – »Komm ein wenig näher«, sagte Nera dann, »damit du mir von meinen Abenteuern erzählst.« – »Was denkst du?« fragte die Frau. »Das ist nicht schwer zu erraten«, meinte Nera. »Als ich in den Hügel kam, glaubte ich, Cruachan sei vernichtet worden und Ailill und Medb seien mit ihrem gesamten Haushalt getötet.« – »Das stimmt nicht«, sagte die Frau. »Aber ein Feenheer wird kommen. Das wird wahr sein«, sprach sie, solange er es niemandem weitersagte. »Wie kann ich mein Volk warnen?« fragte Nera. »Steh auf und geh«, sagte sie. »Sie sitzen immer noch um denselben Kessel, und das Essen ist noch nicht vom Feuer genommen worden.« Es hatte ihm aber wie drei Tage und drei Nächte geschienen, seit er in den Feenhügel gekommen war. »Sag ihnen, sie sollen am nächsten Samhain auf der Hut sein, wenn sie nicht kommen und den Feenhügel vernichten. Denn ich kann ihnen versprechen, daß der Hügel von Ailill und Medb zerstört und die Krone von Briun von ihnen hinweggetragen wird.«

»Wie wird man mir glauben, daß ich in den *side* gegangen bin?« fragte Nera. »Nimm diese Sommerfrüchte mit«, sagte die Frau. Da nahm er wilden Knoblauch und Schlüsselblumen und goldenen Farn. »Ich werde von dir schwanger sein«, fügte sie hinzu, »und dir einen Sohn gebären. Und schicke eine Botschaft an den *side*, wenn deine Leute kommen, ihn zu zerstören, damit du deine Familie und dein Vieh herausbringen kannst.«

Da ging Nera zurück zu seinen Leuten und fand sie um den gleichen Kessel, und er berichtete ihnen, wie es ihm ergangen sei. Da wurde ihm das Schwert überreicht, und er blieb bis zum Ende des Jahres bei seinen Leuten. Es war das Jahr, in dem Fergus mac Roich aus dem Land Ulster aus dem Exil kam und bei Ailill und Medb in Cruachan blieb. »Deine Zeit ist gekommen, oh Nera«, sagte Ailill. »Steh auf und bring deine Leute und dein Vieh aus dem Feenhügel, denn wir werden ihn zerstören.«

Da ging Nera zu seiner Frau in den Hügel, und sie hieß ihn willkommen. »Geh hinaus zur Festung«, sagte die Frau, »und nimm ein Bündel Feuerholz mit. Ich bin ein ganzes Jahr lang an deiner Stelle mit einem Bündel Feuerholz auf den Schultern dorthin gegangen und habe gesagt, du seist krank. Dort ist dein Sohn.« Er ging mit einem Bündel Feuerholz auf dem Rücken hinaus zur Festung. »Willommen zurück von deiner Krankheit«, sagte der König. »Mir mißfällt, daß die Frau ohne zu fragen mit dir schläft.« – »Dein Wille wird geschehen«, sagte Nera. »Es wird nicht schwer für dich«, sagte der König. Nera ging in sein Haus zurück. »Nun kümmere dich um dein Vieh«, sagte die Frau. »Ich habe deinem Sohn nach der Geburt eine Kuh gegeben.« Nera zog an diesem Tag mit dem Vieh hinaus.

Als er schlief, nahm die Morrigan die Kuh seines Sohnes, und der Donn von Cualgne im Osten bestieg sie. Sie [die Morrigan] ging wieder nach Westen mit der Kuh. Auf der Ebene von Murthemne überholte sie Cuchulainn. Denn es war eine von Cuchulainns *geasa*, daß keine Frau ohne sein Wissen sein Land verließ. [Zu seinen *geasa* gehörte, daß Vögel nicht auf seinem Land fressen durften, wenn sie nicht etwas zurückließen, daß kein Fisch in den Buchten sein sollte, wenn sie nicht zu ihm kamen, daß keine Krieger von einem anderen Stamm auf seinem Land sein durften, wenn sie ihn nicht vor dem nächsten Morgen herausforderten oder vor dem Abend, wenn sie tagsüber ankamen. Alle Mädchen und Frauen in Ulster standen unter seinem Schutz, bis sie einen Mann gefunden hatten. Das sind die *geasa* von Cuchulainn.] Cuchulainn überholte die Morrigan mit der Kuh und sagte: »Diese Kuh darf nicht hinweggeführt werden.«

Nera ging am Abend mit dem Vieh zu seinem Haus zurück. »Die Kuh meines Sohnes ist fort«, sagte er. »Das habe ich nicht verdient, daß du dich so um das Vieh kümmerst«, sagte seine Frau. Da erschien die Kuh. »Ein Wunder! Woher kommt diese Kuh?« »Wahrhaft, sie kommt aus Cualgne, nachdem sie vom Donn von Cualgne bestiegen worden ist«, sagte die Frau. »Geh jetzt, ehe deine Krieger kommen«, sagte sie. »Dieser Trupp kann erst am nächsten Samhain losziehen. Sie kommen am nächsten Samhain, denn die Feenhügel von Erin sind in dieser Nacht stets offen.«

Nera ging zurück zu seinen Leuten. »Wo bist du gewesen?« fragten Ailill und Medb. »Ich war im Feenland«, antwortete Nera, »mit großen Schätzen und kostbaren Dingen, mit vielen Kleidern und Speisen und Schätzen im Überfluß.« – »Sie werden euch am kommenden Samhain töten, es sei denn, jemand hat es euch verraten.« – »Wir werden gewiß gegen sie ziehen«, sagte Ailill. Daher blieben sie bis zum Ende des Jahres. »Wenn du nun etwas in dem Feenhügel hast«, sagte Ailill zu Nera, »dann bring es hinaus.« Nera ging drei Tage vor Samhain in den Hügel und brachte ihre Sachen heraus. Als das Bullenkalb den Hügel verließ, das Kalb der Kuh von Aingene (Aingene hieß sein Sohn), brüllte es dreimal. Zur gleichen Zeit spielten Ailill und Fergus Dame, als sie etwas hörten Das Brüllen eines Bullenkalbs auf der Ebene. Da sagte Fergus:

Das Kalb mag ich nicht,
Das auf der Ebene von Cruachan brüllt,
Sohn des schwarzen Stiers von Cualgne, der sich nähert,
Der Sohn des Stiers von Loch Laig.
Es wird Kälber ohne Kühe geben
Auf dem Bairche in Cualgne,
Der König geht auf einen Marsch
Durch dieses Kalb von Aingene.

[Aingene war der Name des Mannes, Be Aingeni der der Frau, und die Erscheinung, die Nera bei ihnen sah, war die gleiche, die Cuchulainn im Tain Bo Regamna sah.]

Das Bullenkalb und der Weißgehörnte begegneten sich auf der Ebene von Cruachan. Eine Nacht und einen Tag lang kämpften sie, bis schließlich das Bullenkalb besiegt wurde. Da brüllte das Bullenkalb. »Was hat das Kalb gebrüllt?« fragte Medb ihren Hirten, dessen Name Buaigle war. »Ich weiß es, mein guter Vater Fergus«, sagte Bricrius, »es ist das Lied, das du am Morgen sangest.« Da warf Fergus einen Blick zur Seite und schlug mit der Faust auf Bricrius' Kopf, so daß die fünf Steine vom Spielbrett, die er in der Hand hielt, in Bricrius' Kopf drangen und es auf immer schmerzte. »Sag mir, o Buaigle, was hat der Stier gesagt?« fragte Medb. »Er sagte«, erwiderte Buaigle, »wenn sein Vater zum Kampf mit dem Donn von Cualgne anträte, würde er nicht mehr in Ai gesehen, denn er würde auf der Ebene von Ai von allen Seiten geschlagen.« Da sprach Medb: »Ich schwöre bei den Göttern, bei denen mein Volk schwört, daß ich mich weder niederlegen noch auf einem Daunenbett schlafen, noch Buttermilch trinken, noch meine Seite pflegen, noch rotes oder weißes Bier trinken oder Essen schmecken soll, bis ich diese beiden Tiere gegeneinander kämpfen sehe.«

Anschließend zogen die Männer von Connaught und der schwarze Trupp aus dem Exil in den Feenhügel und zerstörten ihn und nahmen alles daraus mit, was sie fanden. Sie schleppten auch die Krone von Briun fort. Das ist die dritte wundersame Gabe in Erin, abgesehen vom Mantel des Loegaire in Armagh und vom Hemd von Dunlaing in Leinster in Kildare. Nera blieb bei seinen Leuten im *side* zurück und kam bis heute nicht mehr heraus, und das wird er bis zum Jüngsten Tag nicht.

TEIL IV

Reisen in die Anderswelt

Kapitel 10
Auf der Suche

Wir wollen in diesem Kapitel Reisen in die Anderswelt im Zusammenhang mit der *Suche* (»Quest«) betrachten und von zwei Abenteuern berichten, in denen vom Reich der Sterblichen zur Anderswelt Brücken geschlagen werden.

Die Suche als schamanische Reise in der keltischen Tradition

Caitlín Matthews

In Kapitel 9 haben wir die Fähigkeit der Seele untersucht, sich außerhalb des Körpers zu bewegen. In welchem Ausmaß finden wir nun in der keltischen Tradition klassische, zielgerichtete schamanische Reisen? Man kann die schamanische Reise als eine nichtkörperliche Bewegung definieren, bei der der *riocht,* die Seelengestalt eines Schamanen, von der irdischen Realität in zahlreiche andersweltliche Reiche wandert.

Es bestehen nur wenig Zweifel daran, daß zu frühkeltischen Zeiten Druiden und *filidh* sich sehr geschickt schamanisch zwischen den Welten hin- und herbewegen konnten, um Informationen, Heilung oder Weisheiten zu erlangen. Auch nach dem Vordringen des Christentums und der Unterdrückung der spirituellen Praktiken der Kelten setzten die *filidh* ihre prophetischen, prognostischen und heilenden Tätigkeiten fort, zu denen auch schamanische Reisen gehörten. Vom Mittelalter an nehmen die Informationen über schamanische Praktiken deutlich ab. Doch die uralten Kenntnisse über nichtkörperliche Reisen gingen den Sehern nicht vollständig verloren und hielten sich womöglich in mündlichen Überlieferungen an Orten, an denen nur wenige sie bisher gesucht haben.

Wir haben heute, zu Beginn des 21. Jahrhunderts, kaum noch direkte Verbindungen zu den Praktiken unserer Vorfahren. Die in diesem Buch dargelegten Beispiele für keltisch-schamanische Reisen finden sich über viele literarische Texte verstreut, die zwar nützlich und bestätigend wirken, aber oft auch nur unvollständig erhalten sind. Außerdem kann in einer derart mündlichen Tradition kaum ein schriftlich aufgezeichneter schlüssiger Beweis erwartet werden.

Wo können wir noch suchen? Die akademische Antwort auf diese Frage ist kurz. Falls es eine solche schamanische Tradition gab, kann man sie aus Texten herauslesen, die man aber bestenfalls mit größter Vorsicht behandeln sollte. Die schamanische Antwort ist gnadenlos pragmatisch: Mach eine Reise und frage die Ahnen – aber dies wird der Wissenschaft kaum gefallen, denn eine subjektive Erfahrung gilt nur selten als schlagkräftiger Beweis.

Wenn Textquellen als Nachweis für eine lebendige mündliche Tradition als zweifelhaft gelten, sollten wir uns an die mündliche Tradition wenden. Können schamanische Reisen unserer Ahnen die Berichte über die Anderswelt beeinflußt haben, wie sie uns von den Geschichtenerzählern überliefert wurden, indem sie dieses Wissen zu einer kollektiven Tradition verschmolzen, die für viele eine Inspiration bedeutete?

Der Geschichtenerzähler (gälisch *seanchai*, walisisch *cyfarwydd*) stammt von den *aois dana* ab, den besonders Begabten, die die Geschichte, Ereignisse, Stammbäume und Märchen des Volks aufzeichneten. Der Geschichtenerzähler spielte für das Überleben der keltischen Tradition eine Hauptrolle, denn ohne solche »Erinnerer« würden wir in unserem Erbe nur wenig Inspiration finden. Die Erinnerung ist für bardische und druidische Weisheiten zentral, weil alle Lehren mündlich weitergetragen und immer wieder auswendig aufgesagt wurden, bis sie im Gedächtnis verhaftet blieben. Der zwölf Jahre dauernde Lehrplan der Barden verlangte unter anderem das Auswendiglernen von 350 Geschichten, die oft lang wie Romane waren. Derartige Gedächtnisleistungen könnten als phantastisch betrachtet werden, wenn nicht überlebende keltische Geschichtenerzähler im 19. und 20. Jahrhundert immer noch in der Lage wären, eine Geschichte über mehrere Abende hinweg zu erzählen.[1]

Was aber hat der Geschichtenerzähler mit schamanischen Reisen zu tun? Zur schamanischen Praktik gehört die Suchreise in die Anderswelt aus den verschiedensten Gründen: Um an Informationen zu gelangen oder Heilung und Weisheiten zu gewinnen, um mit den Geistern der Ahnen oder Tier- und Pflanzenhelfern zu kommunizieren, um Kranken Heilung zu bringen, indem ihre Tugend, Fruchtbarkeit oder Lebenskraft wiederhergestellt werden, um einen Stamm kollektiv zu ermächtigen, wenn diesem ein Führer fehlt, oder um verlorengegangene Objekte oder Seelen wiederzufinden. Nach der Rückkehr von einer solchen Reise berichtet der Schamane von seinen Erlebnissen, wenn er diese nicht gleichzeitig laut demjenigen vorsang, der die Information, die Heilung oder die Ermächtigung wünschte. In einem solchen Bericht werden die besuchten Orte aufgeführt, die Wesen, denen er begegnet ist, die Art der gewonnenen Information und die Handlungen und Ratschläge, die erforderlich sind, um zu lösen oder zu heilen – was immer mit der Reise angesteuert war.

Wir wissen, daß die gälischen Geschichtenerzähler einen großen Fundus an verschiedenen Geschichten hatten, die unter bestimmten Bedingungen vorgetragen wurden: Von Geburten (*coimperta*) wurde im Kindbett erzählt, von Werbungen (*tochmarca*) bei Hochzeiten usw. Die Geschichten aus diesem Fundus, die die schamanische Visionsreise am besten spiegeln, sind die über Reisen (*immrama)* und die über Abenteuer (*echtrai*).

Die *echtra* (Plural *echtrai*) oder Abenteuergeschichte dreht sich unweigerlich um eine Suche und führt in die Anderswelt und wieder zurück. Wie bei der schamanischen Reise hat sie einen Zweck: Es geht um einen anderweltlichen Besuch oder Besuche, sie führt durch bedeutsame Landschaften, wo man Wesen begegnet, die einem Rat geben, einen herausfordern oder Fragen stellen. Der Suchende kehrt stets mit einer Lösung, mit heilenden Objekten oder Kenntnissen zurück, die verborgenes Potential freisetzen.

Parallel zu dieser Tradition gibt es die gälische *immram* oder Suchreise, in der der Held aufgerufen ist, weit in den Westen zu ziehen, um Weisheit, Heilung oder das Paradies zu finden. Für die Kelten galt das Land westlich des Atlantiks als Insel der Seligen, die glückliche Anderswelt, aus der die Feenbesucher, ermächtigende Objekte und übermenschliche Weisheiten stammten. Wie die Gralssuche finden sich die *immrama* sowohl in prächristlichen Zeiten als auch später noch, was für ihre Bedeutung spricht. Vielleicht handelt es sich um die Überreste eines einst zusammenhängenden »Totenbuchs«, in dem die Menschen auf alle Existenzzustände nach dem Tod vorbereitet werden – vergleichbar mit der tibetischen *bardo*-Lehre.

Die Verbindung zwischen *echtrai* und *immrama*-Geschichten und tatsächlichen schamanischen Erfahrungen ist enger als man zunächst glaubt. Die keltischen Geschichtenerzähler erfanden keine Geschichten wie moderne Romanciers; ihre Aufgabe war es, Charaktere und Ereignisse als Mythen weiterzugeben, die den Stamm und das Volk stützten. Bloße Geschichte spiegelt die dürren Fakten, wie sie in der linearen Zeit und im körperlichen Raum stattfanden, aber der Mythos setzt die Charaktere und Ereignisse in Kontext von Beziehungen zu andersweltlicher Zeit und Raum.

Unsere Gesellschaft ist besessen davon, Mythen zu rationalisieren, und freut sich, wenn Archäologen Mythen als »historisch fundiert« beweisen. Solche Entdeckungen, wie Schliemanns Bestimmung von Troja und die neueren Ausgrabungen bei Emain Macha, zeigen, daß eine gute Erinnerung und ausgezeichnete Geschichtenerzähler die besten Forschungsinstrumente für Wiederentdeckungen darstellen. Ohne Homers »Ilias« und den Ulster-Zyklus hätte man beide Stätten nicht in einen historischen Kontext setzen können – noch hätte man sie überhaupt je gesucht. Hinter diesen Argumenten steht die Tatsache, daß die Geschichte selbst Kenntnisse der historischen Ereignisse mit ihrer Beziehung zu andersweltlichen Ereignissen verknüpft. Die Zeit wird von Zeitlosigkeit durchdrungen, der Raum von heiligen Orten.

Unser Schluß lautet daher, daß die traditionelle keltische Geschichte Elemente von schamanischen Reiseerlebnissen enthält, weil sie die keltische Anderswelt auf eine Weise beschreibt, die den zahlreichen schamanischen Zeugnissen der keltischen Volkskunde entsprechen. Bestimmte gemeinsame Themen, Aufgaben und Reisen kommen wiederholt unabhängig von erzählerischen Konventionen vor:

1. Eine Situation im Reich der Sterblichen, die bewältigt oder geheilt werden muß
2. Ein früherer Kontakt zu einem anderweltlichen Wesen, das im Reich der Sterblichen Schutz oder Hilfe anbietet, oft aufgrund eines Bündnisses, das erfüllt werden muß
3. Exil/Reise fern von der Heimat, um ein Objekt/Hilfe/Weisheit usw. zu suchen
4. Wiederholter Kontakt zu einem andersweltlichen Wesen, um Rat/Leitung zu erhalten
5. Überwinden/Passieren der Schwellenwächter oder Gegner
6. Aufspüren des Objekts, der Weisheit oder Heilung
7. Rückkehr mit dem Objekt, um heilende Handlungen auszuführen.

Die meisten dieser Themen kommen bei fast allen schamanischen Reisen, wie auch bei den *echtrai* und den *immrama* in irgendeiner Kombination vor. Der Unterschied zwischen den beiden Geschichtentypen ist, daß die *echtrai* gewöhnlich zugunsten anderer unternommen werden, während die *immrama* eine eher persönliche Suche darstellen, die oft eine vollständige spirituelle Transformation einschließt. Art mac Conn geht zum Beispiel in die Anderswelt, um die Ehre seines Vaters wiederherzustellen und das Land von der Pest zu heilen. Bran mac Febal segelt zu den Inseln der Seligen, um im Land der Frauen ein Bündnis neu zu schließen, Leag geht ins Feenland, um Cuchulainns Geist wiederzubeleben, Maelduin beginnt seine Reise als Suche nach dem Mörder seines Vaters, beendet sie aber mit profunden Kenntnissen über die Anderswelt und ändert sich selbst, so daß er nun Verzeihen bieten kann statt Rache; die Abenteuer von Nera im Feenland ergeben sich, als er eine Samhain-Wette annimmt, einen Weidenzweig um den Fuß eines Gehängten zu legen, und enden mit dem Versuch, sein Volk vor der Feeninvasion zu retten.

Der Bund mit einem anderweltlichen Wesen oder dessen Schutzherrschaft ermöglichen eine Übertragung zwischen den beiden Welten. Feenfrauen laden Bran mac Febal und Connla in die Anderswelt ein, Manannan plant die Reise für Cormac mac Art, Aed Abrat kommt aus dem Feenreich, um Cuchulainn dorthin einzuladen, aber Laeg geht an seiner Stelle. Der weiße Hirsch öffnet Pwyll die Tore zur Anderswelt. Manchmal stellt sich die Einladung als Falle heraus, und das andersweltliche Wesen erweist sich als spiritueller Gegner, wie der weiße Eber, der Pryderi und Rhiannon in die andersweltliche Gefangenschaft lockt.

Um sein Objekt, eine Heilung oder Lösung zu finden, muß der Held eine Weile auf sein irdisches Leben verzichten und sich von seinem Stamm und seiner Familie lösen – ein schwieriger und gefährlicher Zustand, der Ähnlichkeit mit Rechtlosigkeit hat, ohne eine nennenswerte Existenz oder Ehre. Daß keltische Mönche das Exil einer Reise übers Meer als »Weißes Märtyrertum« bezeichneten, gibt uns eine Vorstellung davon, in welch hohem Ansehen die Heimat gehalten wurde. Die freiwillige Seelenreise eines Schamanen wird, dem vergleichbar, so betrachtet, daß ein Bedürfnis gestillt werden muß, das wichtiger ist als man selbst, um dem Land, dem Stamm oder der Familie eine Lösung zukommen zu lassen.

Die Landschaft, durch die die Reisesuche führt, ist von großer Bedeutung. Keltische Kosmologien sind sehr komplex und vielfältig und geben uns einen andersweltlichen Blick auf ein Schachbrett örtlicher Variationen, die selten einem einzigen, erschließbaren System folgen. Die irische Anderswelt wird häufig durch einen Gang auf der anderen Seite des Meers oder unter der Erde betreten; zuweilen befindet sich der Eingang in einem Hügel. John Matthews schildert in seinem Buch über Taliesin die britannische andersweltliche Kosmologie anhand der Gedichte dieses Barden. Die Grenzen der Anderswelt werden von Schwellenwächtern bewacht, deren Rätsel gelöst werden müssen; manchmal muß man sie herausfordern und überwinden, wenn die Reise weitergehen soll. Dabei helfen dem Reisenden List, Geschicklichkeit und Vertrautheit mit den Wächtern.

In der Anderswelt selbst verändert sich die Landschaft grundsätzlich und deutlich: Bäume, die gleichzeitig in Laub und in Flammen stehen, Flüsse aus Feuer, Herden gigantischer Tiere und andere Wunder sind an der Tagesordnung. Ein häufiges Thema in irischen und britannischen Anderswelten ist das Schachbrettfeld mit schwarzen Schafen auf den weißen Feldern und weißen Schafen auf den schwarzen Feldern, wie sie Peredur und Maelduin sehen. Diesem Bild begegnet man an den Grenzen der Welten, wo die Reiche sich umkehren wie ein

Fotonegativ. Andersweltliche Bewohner sind entweder riesig oder winzig und verfügen über magische Fähigkeiten. Man muß sie mit Respekt behandeln, sonst werden sie gefährlich. Aber im Herzen der Anderswelt herrschen keine solchen Gefahren – es ist ein gesegnetes Land der Unsterblichen, dessen Gebäude aus kostbaren Metallen, Kristallen oder Vogelfedern bestehen.

Gewöhnlich wird in diesem Herzen des Landes das gesuchte Objekt, das Wissen oder die Eigenschaft gefunden: Cormac findet seinen Becher der Wahrheit, Maelduin und seine Männer entdecken einen See, in dem einem das Leben geschenkt wird, die für Culhwch und Art vorbestimmten Frauen werden aufgespürt, Diarmuid entdeckt seinen Heiltrank. Die Rückkehr vollzieht sich gewöhnlich rasch, um das Objekt der Suche zur Anwendung zu bringen.

Um dies zu belegen, wollen wir einen vollständigen Reiseweg in Kurzfassung schildern. Auf der Suche Arts nach Delbchaem (siehe unten) fährt er in einem Feenboot übers Meer und kommt auf den Inseln der Seligen an, wo ihn eine Feenfrau begrüßt, Creuide, eine Seherin. Er wird von ihr gespeist, und sie verrät ihm, was auf der restlichen Reise auf ihn wartet. Creuides Haus, ihre Erscheinung und ihre Handlungen entsprechen denen einer schamanischen Leitfigur. Art kennt sie zwar nicht, aber sie ist wohl über ihn informiert und kann ihn vor möglichen Gefahren warnen. Sie schildert ihm den folgenden Weg:

> Über ein Meer mit Ungeheuern,
> durch einen Wald der Speerspitzen,
> über einen eisigen Berg,
> durch ein Tal mit giftigen Kröten,
> über einen Berg voller Löwen,
> über einen eisigen Fluß auf einer schmalen Brücke, die von einem Riesen bewacht wird, zu einem dunklen Haus in einem Wald, wo sieben alte Vetteln und ein Bad aus geschmolzenem Blei auf ihn warten.

Dann begegnen ihm zwei Frauen – eine mit einem Giftbecher, die andere mit einem Becher Wein –, und er muß einen von beiden wählen, ehe er einen Palisadenzaun aus Bronze durchschreitet, auf dessen Spitzen abgeschlagene Köpfe stecken, ehe er Delbchaems Mutter tötet, die hundeköpfige Coinchenn. All dies gelingt ihm, und er kehrt heim, um Becuma zu verbannen und anstelle seines Vaters König zu werden. Die wichtigste unter den zahlreichen Geschichten um heilige Reisen ist die Gralssuche, mit ihren Ursprüngen in vorchristlichen keltischen Mythen um Becher oder Kessel, die das Leben und die Gesundheit wiederherstellen und Nahrung und Mut spenden. Es handelt sich um eine der ältesten überlieferten Geschichten, von der mündlichen Tradition bis zu mittelalterlichen Aufzeichnungen, die in jeder Generation neu erzählt wurde. Sie schildert die spirituelle Entwicklung von Ignoranz zu reifer Weisheit. Die Gefahren auf dieser Suche manifestieren sich oft als monströse oder illusorische Phantome, die den Reisenden heimsuchen. Spirituelle Klarheit und Findigkeit werden vom Suchenden im dunklen Wald, auf dem gefährlichen Weg zur geheimnisvollen Gralsburg, bis an die Grenzen seiner Belastbarkeit gefordert. Ziel der Suche ist der Gral, der alles erneuert – manchmal wird er als heilender Kessel betrachtet, manchmal als der Kelch beim Letzten Abendmahl. Aber der Gral transformiert nicht nur denjenigen, der ihn findet, sondern das Erreichte dient zum Wohl aller. Das ist der Hauptimpuls und die Lehre der Gralstradition, die man auf allen Ebenen der keltischen Überlieferung finden kann.[2]

Dies sind die Hauptaspekte der traditionellen Geschichten, die mit schamanischen Reisen zusammenhängen. Die Kenntnis der andersweltlichen Kosmologien und der Beistand spiritueller Helfer waren integraler Bestandteil der frühkeltischen Praktiken. Traditionellerweise begannen schamanische Reisen an den Toren zwischen den Welten, Toren, die nicht jeder kannte – und nicht jeder war bereit oder dazu fähig, in *riocht*-Gestalt diese Tore zu durchschreiten. Die Seelenreise war eine besondere Praktik, die nur von denjenigen offiziell gelehrt wurde, die selbst solche Reisen unternommen hatten und ihre persönliche Erfahrung weitergeben konnten.

Nun beginnt sich der Grund herauszuschälen, warum die Ausbildung von Barden und Druiden zwölf Jahre lang dauerte: Genau wie im tibetischen Buddhismus Meditationsmethoden im Kontext komplexer innerer Kosmologien formal gelehrt werden, so verhielt es sich auch in der keltischen Praxis. Die 350 Geschichten, die alle Initianden auswendig lernen mußten, enthielten die kodierten andersweltlichen Wege, Bewohner und Szenarien. Solche Geschichten halfen, die Anderswelt genau kennenzulernen, und lieferten ein vollständiges System an Informationen, die frühere Schamanen zusammengetragen hatten. Die Vermittlung der prophetischen und wahrsagerischen Fähigkeiten fand erst im siebten, achten und neunten Jahr der Ausbildung statt und beruhte auf den Grundlagen von Gesetzeskunde, Prosodie, Grammatik, Sprache und Geschichte. So war dafür gesorgt, daß die Kandidaten auf die Seelenreise gut vorbereitet wurden.

Die Seelenreise begann mit einer Reihe unterschiedlicher Methoden. Wir haben gesehen, wie der Silberzweig als Mittler für die Übertragung von einer Realität zur anderen diente. Solche Zweige wurden von Dichtern als Amtssymbol getragen und deuteten an, daß sie unter dem Schutz eines großen Baums der Anderswelt gereist waren, von dem ihr Stab ein Ableger war. Die *riocht*-Gestalt wurde von den verschiedensten Methoden bewegt, gewöhnlich von Klängen wie Vogelgesang, Harfe oder Kesselpauke (Hackbrett), Gesang, Anrufungen, aber auch Dunkelheit und Schweigen oder dem Klingeln eines Silberzweigs. Angesichts der langen Ausbildung der *filidh* reichte zuweilen eine einzige Anrufung, um den *riocht* auf den Weg zu senden – eine Verknüpfung bestimmter Worte, die den Seelenweg festlegten und die persönlichen Verbündeten oder spirituellen Helfer anriefen. Oft wird der Inkubationsschlaf des *imbas forosna* als Reisemethode beschrieben. Gewöhnlicher Schlaf ist die übliche, unfreiwillige und unbewußte Zuflucht des unausgebildeten Seelenreisenden, bei dem der *riocht* den Körper verlassen kann, um Lösungen zu suchen oder Probleme zu bearbeiten.

Wenn die Reise erst begonnen hatte, folgten die *filidh* entweder ihren andersweltlichen Verbündeten oder wurden von den Festpunkten der Bilder, Gefühle, Gerüche und Geräusche geleitet, die in der keltischen Anderswelt der Orientierung dienten. Die Reise dauerte je nach Methode unterschiedlich lange. Bei der liegenden Methode des *tarbh feis* und *imbas forosna* scheint sie mehrere Stunden gedauert zu haben, aber das anrufende *teinm laegda* schien bei vollen Bewußtsein stattzufinden und war nur kurz, wobei man gezielt Lieder einsetzte, um an notwendige Informationen zu gelangen. Die *teinm-laegda*-Methode ist mit einem Computer-»Window« zu vergleichen, das von einem Programm zum anderen vermittelt. *Dichetal do chennaib*, bei dem Berührung und Anrufungen zusammen benutzt wurden, funktionierte vermutlich durch einen »direkten Zugriff auf andersweltliche Methoden«.

Über das Wesen der Tierhelfer in der keltischen Tradition haben wir bereits in Kapitel 2 gesprochen. Totemische Bündnisse zwischen Menschen und anderen Lebenwesen waren vorwiegend persönlicher

Art, wie bei Diarmuid O'Duibhne und Cuchulainn, aber sie konnten auch ahnenverbunden sein und einen gesamten Stamm betreffen. Dann wurde das Tier zum Heiligtum und weithin als Wappentier abgebildet. Erfahrene Praktiker scheinen eine Reihe von Tierhelfern gehabt zu haben, die mit dem *tuirgen* der Seele zu tun hatten. Andere Verbündete waren vielleicht angesehene Vorfahren oder andersweltliche Wesen wie die *sidhe*, das Feenvolk. Die enge Beziehung zwischen Verbündeten und Praktikern beruhte auf Vertrauen, denn die Verbündeten leiteten den *riocht* durch die Welten an sein Ziel. Immer wieder betonen die traditionellen Geschichten diese gegenseitige Abhängigkeit und die Folgen, wenn der Bund aufgrund von Respektlosigkeit oder selbstsüchtigem Stolz verletzt wurde.

Auf diejenigen, die sich erneut mit der alten schamanischen Kunde verbinden möchten, wartet das riesige Erbe der traditionellen Geschichtenerzähler. Ein Großteil der traditionellen Kenntnisse kann heute durch bewußte Beispielnahme an den *echtrai* und *immrama*-Geschichten und mit persönlicher schamanischer Erfahrung wiedergewonnen werden. Dahinter steht weder atavistische Sehnsucht noch historische Neugier. Die heilige keltische Reise ist schon immer unternommen worden, um die kreativen, imaginativen und spirituellen Dimensionen des menschlichen Lebens neu zu wecken und einzuschätzen, um zu heilen, Probleme zu lösen und die spirituellen und körperlichen Ödlande wiederzubeleben.

Der moderne Praktiker, der eine keltisch-schamanische Erfahrung anstrebt, kann diese Tradition von Weisheit durch Geschichten und visionäre Suche bewahren, indem er sich genau dieser Szenarien bedient. Man beginnt mit einer meditativen Wiederholung, die die jeweiligen Geschichten bekräftigt und spirituell Suchenden deutliche, kosmologische Pfade eröffnet. So werden die traditionellen Geschichten und Mythen nicht bloß als anspruchsvolle Folklore, sondern als lebendige Wege zu spiritueller Weisheit auswendig gelernt und neu erzählt. Die spirituellen Wesen, denen man in diesen Szenarien begegnet, erteilen einem tatsächliche Lehren und bieten oft jenen andersweltliche, uralte Leitung, denen es an lebendigen Lehrern mangelt.

Diese Geschichten und die in ihnen enthaltenen Szenarien sind uralte Pfade, die nur darauf warten, wieder geöffnet zu werden. Die keltische Tradition wird durch visionäre, meditative und schamanische

Verbindungen aufrechterhalten. Da diese Geschichten Bestandteil der lebendigen Erinnerung sind, besteht keine Notwendigkeit zu einem Buch, einer »Bibel«. Außerdem können die Szenarien überall benutzt werden, ob in der Gefängniszelle oder in der Wüste.

Egal, vor welchen Problemen wir heute stehen, wir können diese Wege benutzen, um spirituelle Helfer und Ahnenhelfer zu suchen und mit ihrer Hilfe zu Lösungen zu gelangen. Ob wir auf der Suche nach Heilung und Weisheit sind oder einen Konflikt beenden wollen, die keltische Suche setzt sich in der zielgerichteten schamanischen Reise fort. Dieses offene Geheimnis ist der Schlüssel zu einem weiterhin bestehenden spirituellen Kontext der keltischen Tradition: eine Herausforderung für alle Praktiker, die alte Pfade suchen, die in unsere Zukunft führen.

Der Tod von Fergus mac Leide[3]

Die Kelten lieben wundersame Geschichten – je phantastischer, desto besser. Wenn wir Geschichten wie die von Fergus mac Leide lesen, fehlt uns aber eine grundsätzliche Komponente – ein Erzähler, der den Humor und den Spaß aus einer Geschichte hervorlockt. Hier wird ein winziger Dichter in einen Weinbecher gesteckt, der Zwergenkönig stürzt in einen Kessel mit Haferbrei, und der Ulsterkönig und seine Königin streiten sich darum, wer als erster den Badestein benutzen darf, der ihr Badewasser heizt.

Die Geschichte von Fergus und seiner Begegnung mit dem kleinen Völkchen wurde um 1100 aufgeschrieben. Es ist ungewöhnlich, daß ein Abenteuer im Land der Leprechauns beginnt und sich ins Reich der Sterblichen verlagert. Wir haben sie hier aufgrund der vielfältigen Details aufgenommen und weil sie beweist, daß oft anderweltliche Wesen die Reise zwischen den Welten initiieren.

Fergus, der König von Ulster, gibt zur gleichen Zeit ein Fest wie Iubdan, König der Zwerge (*lepra*). Iubdan verlangt, daß er und sein Volk als die größten bestätigt werden, doch darüber lacht Esirt, der Dichter, laut und meint, Fergus sei ein größerer König. Iubdan fordert Esirt heraus, dies zu beweisen, und das Abenteuer beginnt mit der Reise des kleinen Dichters an den Hof von Fergus, wo er sich trotz seiner winzigen Gestalt als erfolgreich erweist und schließlich ehrenvoll empfangen wird. Fergus eigener Hofdichter ist ein Zwerg, Aed; er begleitet Esirt in dessen Heimat der *Lepra* jenseits des Meeres. Bei diesen Reisen genießen beide Dichter bardische Immunität, aber Esirt hat unter dem Spott der Leute zu leiden und ist von Iubdan schlecht behandelt worden. Er erlegt Iubdan die *geas* auf, daß er selbst Fergus Hof besuchen soll. Dort wird der kleine König seine gerechte Strafe dafür empfangen, daß er den kleinen Dichter beschämt hat.

Nach den üblichen Höflichkeiten und Ehren dem Gast gegenüber wird Iubdan aber von Fergus als Geisel genommen, und der Zwergenkönig erlebt nun aus erster Hand die Dummheit und Vergeßlichkeit der Menschen. Fergus hingegen leidet unter der Rache des Zwergenvölkchens, das seinen Besitz ruiniert, um den König freizubekommen. Schließlich wird Iubdan gezwungen, seine Schätze aufzuzählen, damit Fergus sich davon als Gegenleistung für die Freilassung des Zwergenkönigs etwas aussuchen kann. Fergus wählt Iubdans Schuhe, mit denen man über Land und Meer gehen kann, weil er sich an einem Seeungeheuer rächen will, das ihn einst angriff und sein Gesicht entstellte. Bei dieser Begegnung wird er tödlich verwundet, und sein Abenteuer in den Zauberschuhen kommt zu einem plötzlichen Ende.

Heutzutage sind die *leprechauns* niedlich »disneyfiziert« worden und man hat kaum noch eine Ahnung von deren scharfem, tödlichem Verstand. Aber man erinnert sich an ihren Ruf als Schuhmacher. In dieser Geschichte sind Iubdans Schuhe der Wegweiser zu andersweltlichen Abenteuern.

Fergus, Sohn des Leide, Sohn des Rura, war ein guter König, ein Wächter der Wahrheit und ein gerechter Richter über das glückliche Volk der Rudraige, der »Kinder von Rura« in Ulster. Seine Helden und Krieger hießen wie folgt: Eirgenn, Amergin der Zerstörer, Conna Buie, Sohn des Iliach, und Dubtach, Sohn des Lugaid.

Dieser König gab einmal in Emain Macha, der Hauptstadt Ulsters, ein großes Fest, und alles war bereit, fertig und zum Verzehr aufgestellt, als zur gleichen Zeit und Stunde der König der Zwerge und *leprechauns* ein Bankett abhielt, dessen Name Iubdan lautete, Sohn von Abdan.

Das sind die Namen von Iubdans Helden: Conan, Sohn von Luiged, Gerrcu, Sohn von Cairid, und Rugbeg, Sohn von Robeg, Luigin, Sohn von

Luiged, Glunan, Sohn von Gabarn, Febal, Sohn von Feornin, Cinneg, Sohn von Gnuman, Buans Sohn Brigbeg, Liran, Sohn von Luan, und Mether, Sohn von Mintan. Zu ihnen stieß der starke Mann des Zwergenreiches, der eine Distel mit einem einzigen Schlag umhauen konnte, und es brauchte zwölf Männer, um ihn beim Ringen niederzuzwingen. Zu ihnen gesellte sich der vermutliche Nachfolger des Königs, Beg, Sohn von Beg (»Kleiner Sohn des Kleinen«), und der Dichter und Mann der Künste Esirt, Sohn von Beg, Sohn von Buaigden, und die anderen ehrenwerten Männer aus dem Land der Leprechauns.

Die Gäste wurden nach Rang und Können plaziert: Auf der einen Seite saßen Iubdan, seine Frau Bebo und der Oberdichter; auf der anderen Seite der Halle, Iubdan gegenüber, saß Beg, Sohn von Beg, mit den Edlen und Häuptlingen und den starken Männern des Königs, und Glomar, Sohn von Glomrads Sohn Glas, stand am Türpfosten des Hauses. Nun wurden die Zapfen aus den dunkelroten Eibenfässern gezogen. Die Vorleger schnitten auf, die Mundschenke schenkten ein. Der Menge servierte man altes, schläfrig machendes köstliches Bier, so daß es auf der einen Seite der Halle immer fröhlicher und lauter wurde.

Schließlich erhob sich Iubdan, der König und Oberste des Rates, mit seinem *corn breac*, dem gefleckten Horn in der Hand, und auf der anderen Seite, Iubdan gegenüber, erhob sich Beg, Sohn von Beg, um ihn zu ehren. Da fragte der König, der inzwischen milde und zu einer Unterhaltung gestimmt war: »Habt ihr je einen König gesehen, der besser war als ich?«

Und alle antworteten: »Nein, das haben wir nicht.«

»Habt ihr jemals stärkere Helden gesehen als meine Helden?«

»Das haben wir nicht.«

»Habt ihr jemals bessere Pferde oder Krieger gesehen, als sich heute abend unter diesem Dach versammelt haben?«

»Bei unserem Wort«, riefen sie, »noch niemals.«

»Auch ich«, fuhr Iubdan fort, »gebe mein Wort, daß es schwer wäre, heute abend aus diesem Haus Gefangene oder Geiseln zu nehmen, so hervorragend sind unsere Helden und Krieger, so viele geschickte Gefährten und Kämpfer haben wir, so groß ist die Zahl der Edlen und Hochgeborenen, die eigentlich aus dem Holz geschnitzt sind, aus dem man Könige macht.«

Als der Oberdichter des Königs dies mitangehört hatte, platzte er vor Lachen heraus, worauf Iubdan fragte: »Esirt, was bewegte dich, zu lachen?« Da sagte der Dichter: »Ich kenne eine Provinz in Irland, aus der ein einziger Mann sämtliche vier Bataillone der Leprechauns als Geiseln und Gefangene nehmen könnte.«

»Legt dem Dichter Fesseln an«, rief da der König, »damit man ihn für diese Prahlerei bestraft.«

Das geschah auch, aber Esirt sagte: »Iubdan, es wird für dich von Übel sein, mich so gefangenzunehmen. Denn als Vergeltung für diese Verhaftung wirst du selbst fünf Jahre lang als Gefangener in Emain Macha sitzen, und du kannst nur fliehen, wenn du den kostbarsten von all deinen Schätzen und deinem Reichtum zurückläßt. Aufgrund dieser Gefangennahme wird auch Cobthach Cas, der Sohn des Königs von Munster, fallen, und der Sohn des Königs von Leinster, Eochaid, ebenso, während ich ins Haus von Fergus, Sohn von Leide ziehen und in seinem Weinbecher schwimmen muß, bis ich fast ertrinke ...«

»Das war eine böse Tat, o König«, fuhr Esirt fort. »Gewähre mir drei Tage und drei Nächte Zeit, damit ich nach Emain Macha ins Haus von Fergus, Leides Sohn, gehen kann, um dort einen Beweis zu finden, aufgrund dessen du die Wahrheit erkennen kannst. Ich werde ihn hierherbringen, und wenn ich das nicht tue, dann kannst du mit mir tun und lassen, was du willst.«

Da wurden Esirt die Fesseln gelöst, und er legte ein glänzendes, weißes Hemd von feinster Seide auf seine weiße Haut. Darüber zog er das goldbestickte Wams und seinen scharlachroten Umhang mit Fransen, der in wunderschöne weiche Falten fiel. Das Scharlachrot stammte aus dem Land Finns, und die Borte aus hellem Gold hatte die vielfältigsten Muster. Zwischen seinen Füßen und der Erde steckten zwei zierliche Schuhe aus heller Bronze mit Goldverzierungen. Er ergriff seinen bronzenen Dichterstab und seinen silbernen Hut und begab sich auf dem kürzesten Weg, über den wir nichts wissen, nach Emain Macha, wo er mit seinem glänzenden Dichterstab ans Tor pochte.

Als der Torwächter herauskam, sah er einen Mann galant und schön in einer eleganten Kutsche, der aber so winzig war, daß das kurzgeschnittene Gras ihm bis an die Knie reichte, ja, sogar bis zu den Schenkeln. Bei diesem Anblick staunte der Wächter und ging ins Haus zurück, um die Ankunft Fergus' und seiner Gesellschaft zu melden. Alle wollten wissen, ob Esirt kleiner sei als Aed, denn dieser Aed war der Dichter in Ulster und ein Zwerg, der auf der Hand eines voll ausgewachsenen Mannes stehen konnte. Der Torwächter sagte: »Bei meinem Wort, er hätte Platz genug auf Aeds Hand.« Da lachten alle Gäste und wollten ihn sehen, und alle drängten darauf, Esirt zu betrachten und auch mit ihm zu sprechen. Esirt wurde von allen Seiten so bedrängt, daß er schrie: »Ihr riesigen Männer und Frauen, bleibt mir mit eurem schlechten Atem vom Leib und laßt den Kleinsten unter euch zuerst vortreten. Hier ist er zwar ein kleiner Mann, aber in dem Land, aus dem ich komme, wäre er von großartiger Gestalt.« Daher trug ihn Aed, der Dichter, auf seiner Handfläche ins Haus hinein.

Als Fergus gefragt hatte, wer er sei, bekam er zur Antwort: »Ich bin Esirt, Sohn von Beg, Sohn von Buaigden, Oberdichter, Barde und Reimer bei den Leprechauns.« Die Gesellschaft war ja mitten beim Fest, und so trat der Mundschenk zu Fergus: »Gib dem kleinen Mann zu trinken«, sagte der König.

Esirt erwiderte: »Ich werde weder euer Fleisch essen noch euren Wein trinken.«

»Meiner Treu«, rief Fergus, »du bist aber ein überheblicher und spöttischer Bursche – ich sollte dich hier in den Becher werfen, damit du den Wein von allen Seiten ohne nachzudenken trinkst.«

Der Mundschenk schloß seine Hand um Esirt und steckte ihn in den Becher, so daß er auf dem Wein herumschwimmen mußte. »Ihr Dichter von Ulster«, schrie dieser zornig, »mein Verstand birgt viele wünschenswerte Kenntnisse und Lehren! Ihr braucht mich dringend, doch ihr laßt zu, daß ich ertrinke!«

Da holte man ihn mit einer feinen, bestickten Seidenserviette wieder heraus und säuberte und trocknete ihn ordentlich, und Fergus fragte: »Was meintest du, als du sagtest, du könntest unser Fleisch nicht essen?«

»Das kann ich dir sagen«, antwortete der Kleine, »aber ich will mir damit nicht deinen Zorn zuziehen.«

»Dem sei so«, versprach der König, »aber erzähl mir von dem Hindernis.« Da sprach Esirt, und Fergus antwortete ihm:

Esirt: »Gerate niemals über die wohlgesetzten Worte deines Dichters in Wut, Fergus, halte deine Strenge und Härte im Zaum und übe keine ungerechten Handlungen gegen mich aus.«

Fergus: »Oh, du kleiner Mann, das verspreche ich.«

Esirt: »Es sind erleuchtete und wahre Urteile, zu denen du mich verleitest: Ich verkünde, daß du mit der Frau deines Kämmerers herumspielst, während dein eigener Ziehsohn deiner Frau schöne Augen macht. Hellhaarige und feine Frauen, grobe Könige der gewöhnlichen Sorte [bloße Häuptlinge]; wie ausgezeichnet sie auch sein mögen, man soll an ihnen nicht seinen Humor auslassen [d. h., wenn ihnen ein echter König begegnet].«

Fergus: »Esirt, du bist in Wahrheit kein Kind, sondern ein ehrenwerter, tapferer Mann. Du Sanftmütiger, ohne Groll, du sollst niemals den Zorn Fergus' kennenlernen.«

Der König fuhr fort: »Mein Anteil an dieser Sache ist wahr, denn ich tändele tatsächlich mit der Frau meines Kämmerers herum, und daher wird der Rest der Geschichte wohl auch wahr sein.«

Da sagte Esirt: »Nun will ich von deinem Fleisch speisen, denn du hast deine böse Tat gestanden. Tu es nicht wieder.« Dann fuhr der Dichter fröhlich und mutig fort: »Bei meinem eigenen Herrn, ich habe ein Gedicht gemacht, das ich euch gern deklamieren würde, wenn ihr dies wünscht.« Fergus antwortete: »Wir würden es schätzen«, und Esirt begann:

»Ein siegreicher, bekannter und guter König ist Iubdan, Sohn von Abdan, König von Mag Life, König von Mag Faithlenn. Seine Stimme ist klar und süß wie aus Kupfer, wie die blutfarbene Vogelbeere sind seine Wangen, sein Auge ist hell wie ein Strom aus Met, seine Haut wie die eines Schwans oder Schaum auf den Wellen. Stark ist er mit seiner hellhaarigen Armee, an Schönheit und an Vieh sehr reich. Auch Tapferen bringt er den Tod, wenn er sich erst in Gang setzt. Ein Mann, der die Jagd liebt, aktiv, ein großzügiger Gastgeber. Er steht an der Spitze einer Reiterarmee, ist groß, stolz und herrscherlich. Er hat eine feste Schwadron von großartigen starken Pferden, von Rössern, die wie ein Fluß rasen; die Krieger der Leprechauns zieren glänzend goldene Locken. Die Männer sind ansehnlich, die Frauen hellhaarig. Über dieses Land herrscht der edle Iubdan. Die Finger umklammern Silberhörner, man hört die tiefen Kesselpauken, und wie groß die Liebe deiner Frauen auch sei, Fergus, sie wird von der Lust übertroffen, die sie für Iubdan empfinden.«

Damit endete das Gedicht, und die Ulstermänner überhäuften den Dichter der Leprechaun mit so vielen schönen Dingen, bis jeder Haufen davon so groß war wie ein ausgewachsener Mann. »Bei meinem Gewissen«, sagte Esirt, »dies ist wahrlich ein Dank, der guter Männer wert ist, aber nehmt diese Schätze von dannen, denn ich brauche sie nicht. Im Land meines Herrn hat jeder genug.«

Die Ulstermänner meinten jedoch: »Wir haben geschworen, niemals etwas zurückzunehmen, und wir hätten dir auch unsere Frauen und Kühe gegeben ...«

»Dann verteilt die Geschenke, ihr Barden und Weise Ulsters«, rief Esirt. »Zwei Drittel für euch selbst, und das andere verteilt unter den Pferdejungen und Narren Ulsters.«

Esirt blieb bis zum Ende der drei Tage und Nächte in Ulster und verabschiedete sich dann von Fergus und den Edlen des Landes. »Ich komme mit dir«, sagt der Dichter und Gelehrte Aed, der Zwerg, der gern auf dem Schoß der großen Krieger lag, aber neben Esirt wie ein Riese wirkte. Esirt erwiderte: »Nicht, daß ich dich nicht begrüßen würde. Aber wenn ich dich bäte und dir Freundlichkeit erweisen würde, würdest du sagen, es sei dir ja versprochen worden, aber wenn dir solches nicht versprochen wurde und du es dennoch bekommst, wirst du um so dankbarer sein.«

Dann machten sich die beiden Dichter auf den Weg, aber Aeds Schritte waren länger, daher sagte er: »Esirt, du bist aber schlecht zu Fuß.« Da rannte Esirt so schnell, daß er wie ein Pfeil vor Aed herflog, der sagte: »Zwischen den beiden Extremen findet man den goldenen Mittelweg.«

»Bei meinem Wort«, gab Esirt zurück, »das ist das einzige Mal, seit ich unter euch weilte, daß ich den goldenen Mittelweg erwähnt höre.«

Darauf zogen sie weiter bis nach Traig na Renfer, dem »Strand der starken Männer« in Ulster. »Was müssen wir nun tun?« fragte Aed.

»Übers Meer und seine Tiefen ziehen«, antwortete der andere.

Aed wandte ein: »Das werde ich niemals heil überstehen.«

Esirt antwortete: »Du siehst doch, daß ich es geschafft habe, daher sollte es sonderbar sein, wenn du dabei versagtest.« Darauf murmelte Aed einen Spruch, und Esirt antwortete:

Aed: »Auf dem weiten Meer was soll ich nur tun? Oh großzügiger Esirt, der Wind wird mich gnadenlos durch die Wellen jagen, und obwohl ich oben treibe, werde ich am Ende doch untergehen.«

Esirt: »Iubdans Pferd wird dich erretten. Besteig es und reite auf ihm über die wilde See. Es ist ein ausgezeichnetes Pferd von wunderbarer Farbe, ein Schatz des Königs, ebenso gut auf dem Meer wie an Land. Ein schönes Pferd, das dich hinwegtragen wird. Komm, vertrau dich ihm an.«

Es dauerte nicht lange, bis sie etwas sehr rasch über die Wellenkämme auf sie zukommen sahen. »Das Übel, das es bringt, soll auf es zurückfallen«, rief Aed.

»Was siehst du?« fragte Esirt.

»Ich sehe einen rötlichen Hasen«, meinte Aed.

Aber Esirt sagte: »Nein, das ist Iubdans Pferd, das dich holen kommt.« Es war ein Pferd mit zwei blitzenden Augen, einer wunderschönen, scharlachroten Mähne, vier grünen Beinen und einem langen Schwanz, der lockig hinter ihm herwehte. Insgesamt hatte es die Farbe von höchst kostbarem Gold und trug ein goldverziertes Halfter. Esirt schwang sich darauf und sagte: »Komm hinter mich, Aed.«

Aber wiederum wandte Aed ein: »Nein, Dichter, es geht über seine Kräfte, selbst dich zu tragen.«

»Aed, höre auf zu meckern, denn du magst zwar nachdenklich und weise sein, aber dieses Pferd kann uns beide tragen.«

Nun saßen sie beide auf dem Pferd und durchpflügten die aufgewühlte See über die weite Fläche des Ozeans hinweg, bis sie am Ende, ohne zu ertrinken und ohne weiteres Unlück, in Mag Faithlen ankamen, wo die Leprechauns gerade eine Versammlung abhielten. »Esirt ist wieder da!« riefen sie. »Und er wird von einem Riesen begleitet!«

Iubdan ging Esirt entgegen und gab ihm einen Kuß. »Dichter«, sagte er dann, »warum bringst du diesen Riesen mit, der uns vernichten kann?«

»Er ist kein Riese, sondern ein Dichter aus Ulster und ein Mann der Wissenschaften – und der Zeuge des Königs. Im Land, aus dem er kommt, ist er der kleinste, so daß er an der Brust der großen Männer liegt und wie ein Kind auf deren Handflächen stehen kann. Selbst du müßtest dich vor ihm wohl in acht nehmen.«

»Wie heißt er?« fragten alle

»Dichter Aed.«

»Oh, Mann«, riefen sie Esirt zu, »der Mann ist wirklich ein Riese!«

Dann wandte sich Esirt an Iubdan und sprach: »Oh, Iubdan. Ich erlege dir etwas auf, daß kein wahrer Krieger brechen darf, nämlich daß du selbst in eigener Gestalt dorthin gehst, woher ich komme, und als erster heute abend vom Haferbrei des Herrn, des Königs von Ulster, kosten wirst.«

Iubdan wurde darüber bekümmert und zaghaft und besprach sich mit Bebo, seiner Frau. Er sagte ihr, daß Esirt ihm ein Tabu auferlegt habe und bat sie, ihn zu begleiten. »Das werde ich tun«, meinte sie, »aber es war auch nicht recht von dir, Esirt in Fesseln zu legen.« Sie bestiegen Iubdans goldenes Pferd und machten sich noch am gleichen Abend auf den Weg nach Emain, wo sie unerkannt zum Palast kamen. »Iubdan«, sprach Bebo, »suche nach diesem Haferbrei, den Esirt erwähnte, und laß uns wieder fortreiten, ehe die Leute hier etwas merken.«

Sie gelangten ins Innere des Palastes und fanden Emains großen Kessel, in dem noch die Reste vom »Haferbrei des Volkes« waren. Iubdan trat heran, konnte aber nicht hochreichen. »Setz dich auf dein Pferd«, riet ihm Bebo, »vom Pferd aus gelangst du an den Rand des Kessels.« Das tat er auch, aber der Haferbrei war nun zu weit unten, und sein Arm war zu kurz; er konnte den Stiel der silberen Schöpfkelle nicht berühren, die in dem Kessel steckte, und als er sich nach unten reckte, rutschte er aus und fiel bis zum Bauchnabel in den Haferbrei. Es war, als hätte man ihm eiserne Spangen angelegt, denn er konnte weder Hand noch Fuß bewegen. »Du bleibst aber lange, dunkler Mann«, rief Bebo (denn Iubdans Haar war jettschwarz und lockig, und seine Haut war weißer als der Kamm der Wellen, seine Lippen röter als die Scharlachbeeren des Waldes, während alle anderen im Volk helles gewelltes Haar hatten. Daher nannte man ihn auch den dunklen Mann.) Da antwortete ihr Iubdan:

Sie: »Oh, dunkler Mann, oh, dunkler Mann! Du steckst in großen Nöten. Heute noch muß dein weißes Pferd gesattelt werden, denn das Meer ist wütend und die Fluten hoch.«

Er: »Oh, meine hellhaarige Frau, O Frau mit dem hellen Haar! Man hält mich gefangen in dieser schleimigen Masse, bis ich Gold als Lösegeld zahle – sollte man mich jemals freilassen. Oh, Bebo, Bebo, der Morgen naht, daher fliehe. Meine Beine kleben in den zähen Resten, und wenn du bleibst, Bebo, bist du die Dumme.«

Sie: »Das waren voreilige Worte, voreilige Worte, die ich in meinem Hause sprach, daß niemand dich halten soll, es sei denn, es geschieht zu deinem Vergnügen, Mann.«

Er: »Es waren voreilige Worte, voreilige Worte in meinem Haus, die ich murmelte, daß ich nun ein Jahr und einen Tag bleiben muß, und kann weder Mann noch Weib von meinem Volke sehen!«

»Bebo«, rief Iubdan dann, »flieh auf dem Pferd zurück ins Zwergenland!«

»Sag das nie wieder«, erwiderte sie. »Denn ich werde ganz gewiß nicht fortgehen, bis ich weiß, daß sich das Blatt für dich gewendet hat.«

Die Bewohner Emains waren inzwischen aufgestanden und fanden Iubdan nun im Haferbreikessel, aus dem er nicht mehr entkommen konnte. Als die Leute seine Notlage erkannten, da brüllten sie vor Lachen. Dann hoben sie Iubdan aus dem Kessel und trugen ihn zu Fergus. »Meiner Treu«, sagte der König, »das ist doch nicht der kleine Mann, der schon einmal hier war. Der letzte hatte doch helles Haar, dieser aber ist schwarzhaarig. Wer bist du, Männlein, und aus welcher Gegend stammst du?«

Iubdan antwortete: »Ich komme vom Zwergenvolk, wo ich König bin. Diese Frau hier ist mein Weib, die Königin der Leprechauns. Ihr Name lautet Bebo, und ich habe noch nie im Leben eine Lüge gesprochen.«

»Laßt ihn los«, rief Fergus da, »und steckt ihn zum Gesinde – aber bewacht ihn gut!« Iubdan wurde hinausgeführt.

Da sagte Iubdan: »Wenn es Euch beliebt, mir eine Gunst zu erweisen, dann duldet mich nicht lange unter eurem Volk, denn der Atem großer Männer macht mir zu schaffen, und ich verspreche bei meinem Wort, daß ich nicht fortgehen will, solange es Ulster und Ihr es mir nicht gestatten.«

Da sagte Fergus: »Wenn ich diesem Versprechen glauben könnte, bräuchtest du nicht beim Gesinde zu bleiben.«

Iubdans Antwort lautete: »Ich habe noch nie mein Wort gebrochen, noch habe ich das jemals im Sinn.«

Darauf wurde er in ein schönes, ruhiges Zimmer geführt, wo ein vertrauter Diener des Königs von Ulster bestellt wurde, ihn zu bedienen. »Dies ist in der Tat ein schöner Ort«, sagte er, »aber mein eigenes Haus ist noch schöner.« Und er sprach diese Zeilen:

In meinem Land im Norden habe ich ein Haus, in dem die Decke aus rötlichem Gold ist, der Boden aus Silber. Die Türbalken sind aus heller Bronze, die Schwelle aus Kupfer. Das Dach ist mit hellgoldenen Vogelfedern gedeckt, golden sind die Leuchter, die mit edlen Steinen besetzte, glänzende Kerzen tragen. Abgesehen von mir und meiner Königin spürt niemand dort Kummer, denn es ist ein Ort, an dem niemand altert und jeder hellgoldene Zöpfe trägt. Die Männer spielen Schach, und es ist eine gute Gesellschaft, die keinen Geiz kennt. Keinem Mann oder Frau, die es betreten, wird jemals der Zutritt verweigert.

Dann zündete Fergus' Feuerdiener Ferdiad, der »Mann aus Rauch«, für Iubdan ein Feuer an und warf eine Geißblattranke, die sich um einen Baum gewunden hatte, und alle möglichen Holzstücke darauf. Da sagte Iubdan: »Verbrenn nicht den König der Bäume, denn er darf nicht verbrannt werden. Wenn du, Ferdiad, meinem Rat folgen würdest, dann wärst du weder auf dem Meer noch auf dem Land jemals in Gefahr.« Daraufhin sang er:

Oh, Mann, der für Fergus die Feuer entfacht, ob schwimmend oder an Land, verbrenne niemals den König des Holzes. Das Geißblatt ist der Herrscher von Inis Fails Wäldern, und niemand soll es gefangennehmen. Es ist kein Zeichen von Schwäche, die tapferen Bäume zu umarmen. Wenn du aber das biegsame Geißblatt verbrennst, dann werden Trauer und Klagen herrschen; anschließend erfolgen schreckliche Notlagen, Waffendrohung und Ertrinken in hohen Wellen. Verbrenn auch nicht den kostbaren Apfelbaum mit seinen breiten, ausladenden Zweigen; gegen Bäume, die weiß erblühen, soll kein Mensch mit hellem Haar die Hand erheben. Der mürrische Schlehbusch ist ein Wanderer und ein Holz, das der Schmied nicht verbrennt. In seinem Leib tirilieren scharenweise die Vögel, auch wenn er nur klein ist. Die edle Weide brennt nicht, ein Baum, der der Dichtung heilig ist. In ihren Blüten saugen die Bienen Nahrung, und sie lieben den kleinen Käfig. Der schlanke Baum mit den Beeren, der Zauberbaum, die Eberesche, brennt gut, aber verschone den geschmeidigen Baum, den schlanken Haselbusch. Dunkel ist die Farbe seiner Asche, ein Holz, aus dem man Räder macht und Ruten für die Hand des Reiters, und sein Erscheinen verwandelt einen Kampf in eine Flucht. Der Widerborstige unter den Hölzern ist der höhnische Dornbusch. Verbrenne ihn ja, denn er ist so zäh und grün. Er schneidet dich und peitscht deinen Fuß und hält alle, die voranstürmen, mit seinen Ranken zurück. Das heißeste Holz ist frische Eiche, der entkommt niemand unbeschadet. Wenn man sie bevorzugt, beginnt einem der Kopf zu schmerzen, und die Augen brennen von dem beißenden Rauch. Die Ulme, die wilde Hexe des Waldes, ist am allerheißesten im Kampf – ohne Zweifel kannst du die Ulme und den Weißdorn verbrennen, wie du magst. Die Stechpalme verbrenn grün oder trocken. Die Stechpalme ist von allen Bäumen der beste. Die Ulme hat eine harte Rinde, die auf der Haut brennt. Wenn jemand einer Armee Pferde aus einem Feenhügel liefert, soll er verbrannt werden, bis er verkohlt ist. Aber die Birke verspricht einem Glück, wenn man sich bescheiden hält. Verbrenn aber sicherlich alle Stengel, die Hülsen tragen. Laß die rötliche Espe, wenn du willst, ruhig fällen, und verbrenn sie frisch oder trocken, diesen Baum mit den zitternden Ästen. Der Patriarch unter den langlebigen Bäumen ist die Eibe. Sie ist Festen vorbehalten, wie ja bekannt ist. Daraus baut man dunkelrote Fässer von ordentlicher Größe. Ferdiad, du treuer Mann, folge meinen Bitten zum Wohl deiner Seele wie deines Körpers, oh, Mann, es wäre zu deinem Nutzen.

Danach war Iubdan ohne Bewachung und konnte sich frei in der Stadt bewegen. Für die Bewohner Ulsters war es eine Freude für Körper und Seele, ihn anzusehen und seinen Worten zu lauschen ...

Eines Tages ging Iubdan ins Haus eines gewissen Soldaten des Königs, der sich gerade neue Schuhe anpassen ließ. Dabei unterhielt man sich, und er klagte, daß die Sohlen zu dünn seien. Iubdan lachte. Da fragte der König: »Iubdan, warum lachst du?«

»Dein Bursche reizt mich zum Lachen, denn er klagt über seine Schuhe statt über sein Leben. Doch so dünn diese Schuhsohlen auch sind, er wird sie niemals auftragen.« Das stimmte, denn Iubdan sah, daß dieser Mann und ein anderer aus dem Volk des Königs noch am gleichen Abend miteinander in Streit geraten und einander umbringen sollten ...

An einem anderen Tag stritt man sich im Haushalt um alles mögliche, wie man dies oder jenes am besten tat, aber niemand sagte: »Wenn es Gott so gefällt.« Da lachte Iubdan wieder und sprach das folgende:

Der Mensch redet, aber Gott sorgt für den Ausgang. Für den Menschen ist alles eine große Verwirrung, sie müssen es so belassen, wie Gott es bestimmt. Alles was du, Herr der Elemente, bestimmst, wird geschehen. Der König der Könige weiß alles, was ich von dir will, Fergus. Aber kein Menschenleben, wie kühn man auch sein mag, währet mehr als einen kurzen Lidschlag seines Auges; selbst ein Königssohn wüßte nicht, ob es die Wahrheit ist, die er über die Zukunft spricht.

Iubdan blieb in Emain, bis das Zwergenvolk mit sieben Bataillonen kam, um ihn zurückzuholen. Von diesen Männern war kein einziger größer oder dicker als der andere. Sie sagten zu Fergus und den Edlen, die zu ihnen hinauskamen, um mit ihnen zu sprechen: »Bring uns unseren König, damit wir ihn befreien. Wir zahlen dir ein gutes Lösegeld.«

Fergus fragte: »Was für ein Lösegeld?«

»Jedes Jahr, ohne zu pflügen und ohne zu säen, werden wir diese riesige Ebene mit Korn überziehen.«

»Ich werde Iubdan nicht freigeben«, antwortete der König.

»Dann werden wir dir heute noch einen Streich spielen.«

»Was für einen Streich?« fragte der König.

»Wir werden alle Kälber zu ihren Müttern geben, so daß morgen früh in der gesamten Provinz für kein einziges Kind Milch da sein wird.«

»Das wollt ihr wohl schaffen«, meinte Fergus, »aber Iubdan bekommt ihr dafür nicht.«

So richteten sie in der folgenden Nacht besagten Schaden an, und am nächsten Morgen kehrten sie auf das Feld vor Emain Macha zurück, versprachen, alles wiedergutzumachen, was sie angerichtet hatten, und verlangten Iubdan. Fergus weigerte sich aber, und sie sagten: »Heute nacht werden wir eine weitere Rachetat verüben. Wir werden die Brunnen, alle Quellen und alle Flußmündungen in der gesamten Provinz verunreinigen.«

Aber der König antwortete. »Das ist ein lächerlicher Streich, und ihr werdet Iubdan dafür nicht bekommen.«

Als sie dies vollbracht hatten, kehrten sie am dritten Tag wieder nach Emain zurück und verlangten Iubdan. Fergus aber sagte: »Ich werde ihn euch nicht geben.«

»Dann werden wir weitere Rache an dir verüben.«

»Und was wäre das?«

»Wir werden heute nacht alle Mühlenbalken und alle Backöfen der Provinz verbrennen.«

»Aber Iubdan werdet ihr dafür nicht bekommen«, sagte der König.

Sie zogen fort und führten aus, was sie angedroht hatten, und kehrten am vierten Tag nach Emain zurück und verlangten lauthals nach Iubdan. Da sagte Fergus: »Ich werde ihn nicht herausrücken.«

»Dann werden wir Rache an dir verüben.«

»Und was wäre das?«

»Wir werden bei allem Korn in der gesamten Provinz die Ähren abschneiden.«

»Aber Iubdan werdet ihr dafür nicht bekommen.«

Das führten sie aus, und dann kehrten sie am fünften Tag nach Emain zurück und verlangten Iubdan. Fergus sagte: »Ich werde ihn nicht aufgeben.«

»Dann werden wir weiter Rache an dir verüben.«

»Und was wäre das?«

»Wir werden allen deinen Frauen und Männern das Haar so kurz scheren, daß sie auf immer vor Schuld und Scham ihr Haupt bedecken müssen.«

Da schrie Fergus: »Wenn ihr das tut, werde ich Iubdan umbringen – bei meinem Wort!«

Aber hier ergriff Iubdan das Wort: »Es ist nicht recht. Laßt mich lieber frei, damit ich mit ihnen reden und sie bitten kann, allen Schaden zunächst einmal wieder gutzumachen, und dann abzuziehen.«

Als sie Iubdan erblickten, waren sie überzeugt, daß diese Erlaubnis auch hieß, daß er mit ihnen abziehen dürfe, und sie stießen ein lautes Triumphgeschrei aus. Iubdan sagte jedoch: »Mein treues Volk, zieht nun ab, denn ich darf nicht mit euch gehen. Was ihr verdorben habt, müßt ihr wieder gutmachen, noch dürft ihr weiteres Unheil anrichten, denn sonst muß ich sterben.« Darauf wurden sie ganz bekümmert und niedergeschlagen und zogen ab. Einer von ihnen sagte die folgenden Zeilen:

> Wir wollen dich heute nacht überfallen, oh Fergus, Besitzer vieler starker Festungen. Von deinem Korn auf dem Halm werden wir die Ähren abschneiden, wodurch die Tische leer bleiben. Zu diesem Zweck haben wir bereits die Backöfen und die Mühlenbalken vernichtet; die Kälber haben wir allesamt und ohne Ausnahme zu ihren Müttern geschickt. Das Haar deiner Männer werden wir stutzen, und alle Locken der jungen Frauen auch. Es wird dein Land entstellen, und das soll unser schlimmster Streich sein. Weiß sei dein Pferd bis zu Zeiten des Krieges, König von Ulster mit deinen starken Kriegern! Aber scharlach sei sein Putz, wenn es in den Kampf zieht. Möge dich weder eine ungewöhnliche Armee belästigen noch ein innerer Schlagfluß lähmen, noch jemals im Leben ein Augenleid zustoßen, aber Fergus, das wünschen wir nicht aus Liebe zu dir! Wäre nicht Iubdan hier, den du gefangenhältst, wir hätten unseren Schaden so angerichtet, daß Fergus die Schande erlitten hätte und er als der Bösewicht dagestanden wäre.

»Und nun geht«, sagte Iubdan, »denn Esirt hat mir prophezeit, daß ich mich erst vom kostbarsten meiner Schätze trennen muß, ehe ich hier wieder abziehen kann.«

Er blieb also fast ein ganzes Jahr in Emain, und dann sagte er zu Fergus: »Wähle unter all meinen Schätzen nun einen einzigen aus, und er sei dir gewährt. Meine kostbarsten Dinge sind wie folgt ...« Dann zählte er sie alle auf:

»Nimm meinen Speer, oh ja, meinen Speer, Fergus, der Feinde jeder Zahl kennt! Im Kampf kommt er hunderten gleich, und ein König, der ihn hält, hat großes Glück vor Feindesspitzen. Nimm meinen Schild, oh, nimm meinen Schild, oh Fergus, das ist ein guter Preis für mich, Fergus! Ob gegen Frischling oder Graubart, hinter seinem Schutz wird niemand verwundet. Mein Schwert, oh, mein Schwert: Unter allen Kampfschwertern in Prinzenhand in ganz Inis Fail gibt es keines, das einen ausgezeichneteren Preis abgäbe. Nimm meinen Mantel, oh, nimm meinen Mantel, denn wenn du ihn nimmst, wird er auf immer neu sein! Mein Mantel ist gut, oh Fergus, und er wird noch gut genug für deinen Sohn und Enkel sein. Mein Hemd, oh, mein Hemd! Alle, die noch in künftigen Zeiten sein werden, können sich in sein Gewebe hüllen ... die Frau des Vaters meines Großvaters hat es gesponnen. Nimm meinen Gürtel, oh, nimm meinen Gürtel! Gold und Silber enthalten seine Macht, und niemand wird jemals krank, der von ihm umgeben ist und dessen Haut er berührt. Mein Helm, oh mein Helm! Kein Preis wäre bewundernswerter! Kein Mann, der ihn auf dem Haupte trägt, soll jemals unter der Schande der Kahlheit leiden. Nimm meinen Waffenrock, oh, meinen Waffenrock, dieses gutsitzende Seidenwams. An die hundert Jahre alt und doch wie neu, und seine Scharlachfarbe ist wie ehedem. Mein Kessel, oh, mein Kessel, so ein seltenes Ding für den Alltagsgebrauch! Auch wenn man Steine hineinlegt, so wird doch Fleisch herauskommen, wie es nur Prinzen gebührt. Mein Faß, oh, mein Faß! Man kann es mit den besten Fässern vergleichen, denn jeder, der darin badet, verlängert sein Leben dreimalig! Nimm meine Keule, oh, meine Keule. Einen besseren Schatz kannst du kaum auswählen. Im Kriege und heftigem Getümmel wird sie neun Köpfe außer deinem eigenen schützen. Nimm meine Peitsche, oh, meine Peitsche, die Peitsche für das goldene Pferd, das so schön anzusehen! Alle Frauen der Welt, die dich mit dieser Peitsche in der Hand sehen, schenken dir ihre heißeste Liebe. Meine Pauke, oh, meine Pauke, mit der Süße wie von Saiten, vom Gestade des Roten Meeres. In ihrem Bauch lebt eine Sangeskunst, die alle Frauen des Universums zu entzücken vermag. Wenn jemand die Prüfung auferlegt bekommt, meine Pauke zu stimmen, und er sich nicht darin auskennt, wird das Instrument selbst seine Kunst ausüben. Ach, wie süß klingen ihre Kriegslieder, ihre tiefen Kadenzen, ach, wie süß! Sie weiß ganz von allein, sich zu spielen, ohne einen Finger an den zahlreichen Saiten. Meine Schere, oh, meine Schere, die der Schmied von Barran schliff. Wer immer sie in die Hand nimmt, der wird sicher einen Liebesschatz erringen. Meine Nadel, oh, meine Nadel, die aus feinstem Gold besteht ... Nimm zwei von meinen Mastschweinen, die werden dir bis zu deinem Todestag reichen. Du kannst sie Abend für Abend schlachten lassen, aber beim bloßen Zusehen werden sie wieder lebendig. Mein Halfter, oh, mein Halfter! Wer immer eine Beute sucht, hat eine weiße Kuh, auch wenn er eine schwarze darin einspannt. Nimm meine Schuhe, oh, meine Schuhe, die Schuhe aus heller Bronze mit wundersamen Eigenschaften! Sie gehen über Land und Wasser, und glücklich der König, der so etwas in seinen Besitz bringen kann.«

»Fergus«, sagte Iubdan dann, »suche dir unter all diesen Schätzen einen aus und laß mich endlich ziehen.«

Aber es war die Jahreszeit und die Stunde, als Aed, der Dichter aus Ulster, von seinen Abenteuern zurückkehrte. Alle Weisen befragten ihn nach Iubdans Haus und seinem Gesinde im Reich der Zwerge. Da erzählte Aed ihnen in einem Lied davon:

»Ein wunderbares Unterfangen war es, das mich von euch, ihr Dichter, in einen wundersamen Feenpalast führte, in dem sich eine große Gesellschaft aus Prinzen und kleinen Menschen befand. Zwölf Türen hatte dieses Haus, mit breiten Betten und hellen Räumen. Es bestand aus marmornen Blöcken, und alle Türen waren goldverziert. Die Leintüchter waren rot und gelb und grün und blau; es stammte aus vordenklichen Zeiten: Es hatte Küchen für Krieger und Bäder. Poliert waren die Terrassen aus den Eierschalen von Iruath, die Säulen waren aus Kristall, die Stützbalken aus Silber und Kupfer ... Tag für Tag wurden Geschichten von den Fian erzählt, Lieder gesungen, Musik gespielt, Hörner sanft geblasen, und Barden sangen. Er ist ein edler König, der Iubdan, Sohn von Abdan, mit dem goldenen Pferd. Seine Gestalt erfährt niemals eine Veränderung, und er braucht nicht nach Wissen zu streben. Die Frauen dort ergehen sich in einem reinen, klaren See: Aus Seide sind ihre Kleider, und alle tragen Ketten aus Gold. Und die Krieger des Königs haben lange, goldene Zöpfe und lockiges, glänzendes Haar. Die ganz normalen Männer bei den Leprechaun haben bei unseren Soldaten auf der Handfläche Platz. Bebo, Iubdans strahlende Königin, ist ein Ziel der Lüste. Niemals ist diese Hellhäutige ohne dreihundert Frauen in ihrem Gefolge. Bebos Frauen, sie klatschen und höhnen nie, ihre Körper sind reinweiß, und die Locken reichen ihnen bis an die Knöchel. Der Oberdichter des Königs, Esirt, Sohn von Beg, Sohn von Buaigden, hat blaue sanfte Augen, und dieser Mann der Dichtkunst ist kaum höher als zwei Fäuste. Die Frau des Dichters ist die reine Güte und eine schöne Frau und wunderbar: Sie könnte in meinem Handschuh schlafen. Der Mundschenk des Königs, der vertraute, zuverlässige Mann in der Speisehalle – nun, diesen Feror liebte ich sehr, und er konnte in meinem Ärmel liegen. Der Held des Königs, Glomar, Sohn von Glomrads Sohn Glas, ein strenger Verrichter kühner Taten – er kann eine Distel mit einem einzigen Schlag fällen. Von den Vertrauten des Königs lagen siebzehn »Schwäne« [hübsche Mädchen] an meinem Busen, vier Männer in meinem Gürtel und ohne daß ich es merkte, ein weiterer in meinem Bart. Die Kämpfer und die Gelehrten in diesem Feenhügel sagten zu mir, und das war mein höchstes öffentliches Lob: »Du riesiger Aed, du wahrer Gigant!« So war, Fergus mac Leide, mein Abenteuer – wahrlich, mir ist etwas Wundersames zugestoßen.

Von allen Schätzen, unter denen sich Fergus etwas aussuchen sollte, wählte er nun Iubdans Schuhe. Anschließend verabschiedete sich dieser mit seinem Segen, nahm den von Fergus und den Edlen von Ulster entgegen und zog heim. Ganz Ulster war traurig über seinen Fortgang, und von nun an handelt die Geschichte nicht mehr von ihm.

Fergus jedoch hatte einen Grund, sich Iubdans Schuhe auszuwählen. Er und ein junger Mann aus seinem Volk waren eines Tages am Loch Rudraige entlanggegangen und hatten im Wasser gebadet, da bemerkte sie das Ungeheuer, das in diesem See weilte, die *sinech* (»die Stürmische«) von Loch Rudraige. Sie schüttelte sich, bis der gesamte See in Aufruhr geriet, und richtete sich so hoch zu einem riesigen Bogen aus, daß es furchtbar anzusehen war – hoch wie ein Regenbogen am Himmel. Die beiden bemerkten ihr Auftauchen und schwammen zum Ufer, aber sie schoß mit mächtigen Stößen hinter ihnen her und überspülte die beiden mit großen Wellen. Fergus ließ seinen Begleiter vor sich an Land gehen, und als das Ungeheuer ihn anhauchte, verwandelte er sich in einen gebeugten, entstellten Schieläugigen. Sein Mund war bis auf den Hinterkopf verzerrt, aber er wußte nicht, daß er so aussah. Niemand wagte zu fragen, was diese Veränderung bei ihm hervorgerufen habe, noch wagte man, einen Spiegel im gleichen Haus mit ihm aufzubewahren.

Der Diener jedoch berichtete alles seiner Frau, und die Frau zeigte es Fergus Frau an, der Königin. Als die Königin und der König sich kurz darauf um den Badestein stritten, gab ihr der König einen Schlag mit der Faust und brach ihr einen Zahn aus dem Gesicht. Da ergriff ein Zorn die Königin, und sie sagte: »Du solltest dich besser an der *sinech* von Loch Rudraige rächen, die deinen Mund auf die eine Seite zerrte, als unblutige Siege über Frauen zu erringen.« Dann brachte sie Fergus einen Spiegel, und als er sein Abbild sah, sagte er: »Die Frau hat wahr gesprochen, und es ist wahrlich die *sinech* aus dem Loch Rudraige, die mir das angetan hat.« Daher waren die Schuhe von Iubdan für Fergus über alle Maßen begehrenswert.

Alle Männer der Provinz Ulster begleiteten Fergus auf dem Loch Rudraige in Schiffen und Booten. Als sie in die Mitte des Sees kamen, richtete sich das Ungeheuer auf und schüttelte sich so heftig, daß alle Schiffe in kleine Stücke zertrümmert wurden wie Zweiglein unter den Hufen eines Pferdes, und viele wurden zermalmt und verletzt, noch ehe sie das Ufer erreichten.

Da sagte Fergus zu den Ulstermännern: »Bleibt hier und setzt euch nieder und schaut zu, wie ich nun mit dem Ungeheuer fertig werde.« Dann legte er Iubdans Schuhe an, sprang in den See und stürmte aufrecht und tapfer auf das Ungeheuer zu. Als es den Helden herannahen hörte, bleckte es die Zähne wie ein Wolfshund, den man mit einer Keule bedroht; die Augen funkelten wie zwei riesige Fackeln; es fuhr mit der scharfkralligen Pfote vor, bog den Hals herab und schnappte mit den glitzernden Fangzähnen zu. Die Bestie hatte auf entsetzliche Weise die Ohren angelegt, so daß sie wie ein Phantom in gnadenloser, grausamer Wut wirkte. Weh einem jeden, der mit einem solchen Ungeheuer in dieser Welt zu kämpfen hat: Es war ein riesiger, mit Giftzähnen bewehrter Drachen! Der furchterregende Koloß hatte einen Kamm und eine Mähne aus grobem Haar, sein Mund stand sperrangelweit offen, die Augen lagen in tiefen Höhlen. An den Seiten hatte er dreimal fünfzig Flossen, alle mit gebogenen Krallen bewehrt, so daß der Körper unangreifbar war. Dreimal fünfzig Füße machten das Monster noch größer. Zusammengerollt war es rund wie ein Apfel, aber ähnelte mit der groben Behaarung einem ginsterbewachsenen Hügel.

Als der König die Bestie so erblickte, griff er stürmisch und ungeduldig an und schmiedete beim Angriff die folgenden Zeilen:

»Das Böse, das mir vorausgesagt ...«

Dann erreichten beide die Mitte des Sees und wühlten die Wasser so auf, daß die fleckigen Lachse sich ans Ufer warfen, weil sie im Wasser keine Ruhe fanden, denn der weiße Sand vom Grund wurde an die Oberfläche gepeitscht. Der See war davon heller als frische Milch, wurde aber bald rot von schaumigem Blut. Schließlich erhob sich die Bestie wie ein riesiger königlicher Eichbaum aus dem Wasser und floh vor Fergus. Der Heldenkönig drängte ihr nach und versetzte ihr so schreckliche Hiebe, daß sie schließlich starb. Das Schwert in seiner Hand war das *caladolg*[4], die beste Klinge in ganz Irland, und mit ihr hieb er sie in Stücke. Ihr Herz brachte er zum Ufer, wo sich die Ulstermänner versammelt hatten, aber seine eigenen Wunden waren ebenso zahlreich wie ihre, und seine Haut hatte mehr Löcher als ein Sieb. Die Bestie hatte ihn so mit den Zähnen bearbeitet, daß er sein Herzblut verlor und kaum noch sprechen, sondern nur noch stöhnen konnte.

Die Ulstermänner hatten an dem Kampf keine Freude gehabt und sagten, wenn König und Bestie an Land gekämpft hätten, so hätten sie ihm tapfer beigestanden. Dann sprach Fergus die folgenden Zeilen:

Meine Seele ist heute abend voller Trauer und mein Körper grausam zermalmt; die Bestie des roten Loch Rudraige hat mir mein Herz geraubt. Iubdans Schuhe haben mich zwar vor dem Ertrinken errettet, und mit meinem glänzenden Speer und dem berühmten Schwert habe ich einen tapferen Kampf gefochten. Ich habe meine Entstellungen an dem Ungeheuer gerächt – ein Sieg, der Zeichen setzt. Mann, ich will lieber dem Tod anheim fallen, als mißgestaltet weiterleben. Ailinn, die Tochter des Großen Eochaid, hat mich zu diesem sterblichen Kampf gezwungen, denn ich hatte guten Grund zum Kummer um das, was mir die Bestie angetan.

Er fuhr fort: »Ulstermänner, ich werde sterben, aber bewahrt nach mir dieses Schwert, bis einer aus Ulster mir folgt, der ein rechtmäßiger Herr für euch sein wird und dessen Name ebenfalls Fergus lauten soll, Fergus mac Roig.«[5]

Dann klagten und weinten die Ulstermänner um Fergus. Der Dichter Aed, der Barde des Königs, sang über dem sterbenden Fergus ein Klagelied:

Wir heben nun Fergus' Grab aus, ein Grab für den großen König, Leides Sohn. Es ist ein furchtbares Unglück, daß er durch die Worte einer dummen, kleinlichen Frau zu Tode gekommen ist!
Darauf antwortete Fergus:
Du sollst mein Schwert bewahren, den geschmiedeten »Eisentod«. Nach mir wird einer kommen, der auch Fergus heißt. Bewahre dieses Schwert, daß niemand es von dir nehme; ich sorge nun für alle Zeiten dafür, daß alle Männer die Geschichte dieses Schwertes kennen.«

Dann entfloh die Seele aus Fergus' Körper. Sein Grab wurde ausgehoben, sein Name in Ogham geschrieben, die Klagezeremonie vollzogen, und von den riesigen Steinen (ulad), die die Männer Ulsters darüber errichteten, stammt der Name Ulad, Ulster ab.

So ging die Geschichte von Fergus und den Taten des Zwergenvolkes.

Die Abenteuer von Art, Sohn des Conn[6]

In dieser Geschichte hören wir wie in der vorigen von zwei Ereignissen, die gleichzeitig auf beiden Seiten der Weltengrenze stattfanden. Während bei den Sterblichen Conn seine geliebte Frau betrauert, wird die Feenfrau Becuma aus dem Land der Verheißung verstoßen. Sie nennt sich nun Delbchaem (»Schöne Gestalt«) und heiratet Conn, obwohl sie ihr Herz an dessen Sohn Art verloren hat. Sie entscheidet sich für seinen Rang statt für die Liebe.

Kernpunkt der Geschichte ist die Heilung des Landes, das durch die Hochzeit des Königs mit einer unwürdigen Frau verletzt wird. Alles Böse, das sie von Geburt an in sich trägt, überträgt sich auf Irland, wo es nun weder Korn noch Milch gibt. Zwei Abenteuer sind nötig, um das Problem zu lösen: Als erstes muß Conn den Sohn eines unschuldigen Paares finden, damit dieser auf Tara geopfert wird und sein Blut die Plagen heilt. Zweitens erlegt Becuma Art die *geas* auf, die wahre Delbchaem ni Morgan zu finden. Vater und Sohn besteigen beide auf ihrer Suche das Feenboot, das sie über das westliche Meer zu den Inseln der Seligen trägt. Conns Suche ist nur teilweise erfolgreich, da er sich weigert, Becuma zu verstoßen. Art zieht durch eine komplexe, magische Landschaft mit vielen Schrecken, die es zu überwinden gilt, bis er Delbchaem erringt, sie nach Hause führt und Becuma vom Hof verbannt.

Bei der synchronen Verzahnung von sterblichem und andersweltlichem Leben hat alles, was die eine Seite betrifft, Auswirkungen auf die andere. Die Einheit der Existenz, die Schamanen und Stammesvölkern in der ganzen Welt vertraut ist, wird von Wissenschaftlern und Umweltexperten bei uns heute nur zögernd anerkannt. Was in den spirituellen Systemen aller Zeiten als mystische Wahrheit akzeptiert wurde, wird hier so miteinander verknüpft dargestellt, daß wir die Beziehung zu unserem Leben nur zu unserem Nachteil mißachten können. Diese Akzeptanz findet sich allerdings nur auf der einen Seite der Welten, wo die Bewohner der Erde und die Erde selbst nun als voneinander abhängig betrachtet werden. Die umfassendere Wahrheit, daß unsere Welt und das unsichtbare Reich der Geister um uns her ebenso miteinander verzahnt sind, muß erst noch begriffen werden.

Conn akzeptierte eine ihm vorhergesagte böse Feenfrau als Königin und kann sie nicht aufgeben, obwohl sein Land unter Dürre und Plagen leidet. Erst Arts Taten bringen das Land wieder in seinen rechten Zustand; sein Mut und seine Entschiedenheit auf dieser Suche haben Erfolg. Wichtig ist aber auch, daß er eine gute Feenfrau als Gattin zurückbringt.

Conn der hundertfache Kämpfer, Sohn von Fedlimid Rechtmar, Sohn von Tuathal Techtmar, Sohn von Feradach Findfechtnach, Sohn von Crimthann Nia Nair, Sohn von Lugaid Riab Derg, Sohn der drei weißen Drillinge Bres, Nar und Lothar, Söhne von Eochaid Find, befand sich einst auf Tara, der Königsburg, dem edlen Haus Irlands. Seit über neun Jahren, während er König war, mangelte es niemandem an etwas, denn man erntete dreimal im Jahr das Korn. Seine Frau war Ethne Taebfada (»Die Schmale«), Tochter von Brislinn Binn, dem König von Norwegen. Er liebte sie sehr.

Nachdem sie lange miteinander gelebt hatten, starb Ethne und wurde mit allen Ehren in Tailltiu begraben, denn Tailltiu war eine der Hauptbegräbnisstätten Irlands: Diese waren das Feld von Tailltiu, der Brug am Boyne und der Friedhof von Cruachan. Nach dem Tod seiner Frau Ethne war er sehr bedrückt, und der Kummer lastete so schwer auf ihm, daß er das Königreich nicht mehr regieren konnte. Irland fehlte damals nur eines, daß der König eine Gefährtin fand, die seiner würdig war.

Eines Tages war er jedoch ganz allein und verließ Tara und ging zum Ben Etair maic Etgaith. Dort klagte und weinte er um seine Gefährtin und Frau Ethne. An diesem Tag hatten sich zufällig die Tuatha de Dannan zu einem Rat im Land der Verheißung versammelt, weil eine Frau ein Gebot übertreten hatte, deren Name Becuma Cneisgel war, Tochter des Eogan Inbir, die Frau von Labraid Luathlam-ar-Claidem (»Rasch am Schwertknauf«). Gaidiar, Manannans Sohn, hatte die Ehe mit ihr gebrochen. Es erging das folgende Urteil an sie: aus dem Land der Verheißung vertrieben oder verbrannt zu werden. Und Manannan, Fergus Findliath und Eogan Inbir und Loda, Sohn des Lior, und Gaidar, Gaei Gormsuilech und Ilbrec, Sohn des Manannan, beschlossen, sie aus dem Land der Verheißung zu verbannen. Manannan riet, sie nicht zu verbrennen, damit ihre Schuld das Land oder den Rat nicht spalte.

Dann kamen Boten von Labraid zum Haus des Angus auf dem Brug, seinem Schwiegersohn, denn eine Tochter Labraids war die Frau von Angus vom Brug, die hieß Nuamaisi. Die Boten wurden losgeschickt, damit Becuma Cneisgel in keinem Feenhügel einen Ort zum Schlafen finden solle. Sie wurde auch ohne Ausnahme vom Meer und von den großen Tiefen verbannt und nach Irland geschickt, denn die Tuatha de Dannan haßten die Söhne Mils, die sie aus Irland vertrieben hatten.

Das Mädchen hatte in Irland einen Geliebten, Art, der Sohn von Conn dem Hundertkämpfer, aber Art wußte nicht, daß er ihr Geliebter war. Das Mädchen fand ein Boot, das es nicht zu rudern brauchte, und überließ sich der Harmonie des Windes auf dem Meer, bis sie nach Ben Etair maic Etgaith kam. Sie trug einen grünen Umhang, mit einer Borte aus roten Fäden und Rotgold, und ein rotes Seidenkleid auf der weißen Haut und Sandalen aus heller Bronze. Sie hatte weiches, goldenes Haar, graue Augen und wunderbare Zähne, schmale rote Lippen, schwarze Brauen, gerade, schöne Arme, einen schneeweißen Körper, kleine, runde Knie und schlanke Füße von ausgezeichneter Form, Gestalt und Farbe. Schön war das Mädchen, Eogan Inbirs Tochter, anzusehen. Doch sie war des Hochkönigs von Irland nicht würdig, der für ihre Missetaten verbannt werden würde.

Als sie ankam, befand sich auch Conn traurig, unruhig und klagend um seine Frau auf diesem Ben Etair. Das Mädchen erkannte ihn als den Hochkönig Irlands, brachte das Boot an Land und setzte sich neben Conn nieder. Conn fragte sie nach Neuigkeiten. Das Mädchen antwortete, sie sei aus dem Land der Verheißung auf der Suche nach Art, den sie aus der Ferne liebe, weil sie von ihm gehört habe. Sie sagte, sie sei Delbchaem, Tochter des Morgan. »Ich möchte nicht zwischen dich und deinen Bewerber treten«, sagte Conn da. »Aber ich habe keine Frau.«

»Warum hast du keine Frau?« fragte das Mädchen.

»Meine Gefährtin ist gestorben«, erwiderte Conn.

»Was soll ich nur tun?« fragte das Mädchen. »Soll ich mit dir schlafen oder mit Art?«

»Die Entscheidung mußt du selber treffen«, sagte Conn.

»Das ist meine Entscheidung«, sagte das Mädchen, »da du mich nicht nehmen willst, laß mich in Irland die Entscheidung über die Brautwerbung treffen.«

»Ich sehe an dir keine Mängel, deretwegen ich dich ablehnen würde, es sei denn, sie sind in dir verborgen.«

Da entschied sich das Mädchen für Conn, und er nahm sie an. Sie schlossen einen Bund, Conn und das Mäddchen, und sie brachte ihn dazu, ihrem Willen entsprechend zu handeln. Sie wünschte sich, daß Art ein Jahr lang nicht nach Tara kommen dürfe. Conn war verärgert, weil sein Sohn ohne Grund aus Irland verbannt wurde. Danach machten sich beide auf den Weg nach Tara, und das Mädchen ließ ihr Boot in den Felsspalten geschützt und verborgen zurück, denn sie wußte ja nicht, wann sie es wieder brauchen würde.

Art war auf Tara und spielte gerade Schach mit Cromdes, dem Druiden Conns. Da sagte der Druide: »Du wirst verbannt werden, mein Sohn, weil die Frau, die dein Vater heiratet, dies wünscht.« Als der König mit seiner Frau ankam, ließ er sofort seinen Sohn zu sich bringen. Dann sagte Conn zu Art: »Verlasse Tara und Irland auf ein Jahr und mache dich sogleich dazu bereit, denn ich habe es versprochen.« Allen Männern Irlands schien das eine üble Tat, daß Art wegen einer Frau verbannt werden sollte. Art verließ Tara noch am selben Abend, und Conn und Becuma lebten nun ein Jahr auf Tara, aber in dieser Zeit gab es in ganz Irland weder Korn noch Milch. Die Menschen in Irland hatten es schwer, und man schickte alle Druiden aus, mit ihrer Weisheit und Wissenschaft zu erkunden, was ein solches Unheil über das Land gebracht hatte. Als man sie nach dem Grund fragte, sagten sie dem König von Tara und den Edlen Irlands, es sei wegen der Schlechtigkeit von Conns Frau und ihrer Unzuverlässigkeit. Es wurde auch erklärt, wie man davon errettet werden konnte, nämlich, indem der Sohn eines unschuldigen Paares nach Irland gebracht und auf Tara getötet würde, damit sich sein Blut mit der Erde Taras vermische. Das wurde Conn mitgeteilt, aber er wußte nicht, wo er einen solchen Jungen finden sollte. Da versammelte er alle Männer Irlands an einem Ort und verkündete ihnen: »Ich werde mich auf die Suche nach diesem sündenlosen Jungen machen und übergebe solange ich fort bin das Reich an Art. Er soll auf Tara bleiben, bis ich wiederkomme.«

Da machte sich Conn sogleich auf den Weg zum Ben Etair und fand dort ein Boot. Einen Monat und zwei Wochen befand er sich auf See, kam von einer Insel zur anderen, ohne Kenntnisse oder Leitung, außer, daß er sich den Sternen und Himmelskörpern anvertraute. Rings um das Boot sah er Seehunde und Leviathane, Breitmäuler und Delphine und viel seltsames Seeungetier, und die Wellen hoben sich, und das Firmament erzitterte. Der Held fuhr ganz allein mit seinem Boot, bis er zu einer seltsamen Insel kam. Dort landete er und ließ das Boot an einem abgelegenen, verborgenen Ort zurück. So war diese Insel beschaffen: Es gab schöne duftende Apfelbäume, viele Brunnen mit bestem Wein und einen lichten Wald mit fruchtbaren Haselbüschen, die große gelbe Nüsse trugen. Kleine Bienen summten unaufhörlich um die Früchte, die ihre Blüten und Blätter in den Brunnen fallen ließen. Dann sah er vor sich ein schönes Haus, das mit Vogelfedern in Weiß und Gelb und Blau gedeckt war. Er trat zu diesem Haus: Seine Türpfosten waren aus Bronze, die Türen aus Kristall, und drinnen befanden sich seine prächtigen Bewohner. Er sah eine Königin mit großen Augen, deren Name Rigu Rosclethan lautete, Tochter des Lodan aus dem Land der Verheißung, die Frau des Daire Degamra, Sohn des Fergus Fialbrethach aus dem Land der Wunder. Conn sah mitten unter ihnen einen kleinen Jungen von ausgesuchter Gestalt auf einem Stuhl aus Kristall, und sein Name lautete Segda Saerlabraid, Sohn des Daire Degamra.

Da setzte sich Conn auf die Bettstatt in diesem Haus, und man wartete ihm auf und wusch ihm die Füße. Er wußte aber nicht, wer ihm die Füße gewaschen hatte. Kurz darauf sah er eine Flamme in der Herdstelle, und eine unsichtbare Hand führte den Helden zum Feuer. Dort tauchten vor seinen Augen die mit Speisen und verschiedensten Fleischsorten beladenen Platten des Hauses auf, aber er wußte nicht, wer sie ihm gereicht hatte. Nach einer Weile sah er auch ein Trinkhorn, aber er wußte nicht, wer es ihm geholt hatte. Dann wurden die Teller wieder abgeräumt. Er sah vor sich ein schön gearbeitetes Faß aus blauem Kristall mit drei goldenen Reifen darum. Daire Degamra bat Conn, in diesem Faß zu baden und die Reisemüdigkeit abzulegen. Und Conn tat, wie ihm geheißen ... dann wurde dem König ein schöner Mantel umgelegt, und er war wieder erfrischt. Anschließend wurden ihm Speisen und Trank vorgesetzt, aber er meinte, es sei ein Tabu, daß er allein speise. Und sie antworteten, es gäbe unter ihnen keine Tabus, außer, daß niemand dort jemals mit den anderen äße. »Niemand hat bisher gegessen«, sagte der kleine Junge Segda Saerlabraid, »aber ich werde mit dem König von Irland speisen, damit er nicht sein Tabu verletzt.« In der Nacht schliefen sie im gleichen Bett.

Am Morgen stand Conn auf und berichtete dem Haushalt von seiner Suche und seinen Problemen. »Was bekümmert dich?« fragten sie.

»Daß Irland nun seit einem Jahr ohne Korn und Milch ist.«

»Warum bis du hergekommen?«

»Auf der Suche nach eurem Sohn«, erwiderte Conn. »Wenn ihr dazu bereit seid. Denn es ist uns prophezeit worden, daß wir durch ihn gerettet werden. Der Sohn eines sündenlosen Paares soll nach Tara geladen werden, damit er im Wasser Irlands gebadet wird, und da ihr das besitzt, was ich suche, bitte ich euch, mir den Knaben Segda Saerlabraid zu geben.«

»Ach«, sprach da Daire, Sohn des Fergus Fialbrethach, »wir würden unseren Sohn nicht für alle Königswürden der Welt hergeben, denn sein Vater und seine Mutter sind nie mehr zusammengekommen, seit dieser kleine Junge gezeugt wurde. Und unsere eigenen Väter und Mütter sind einander auch nie wieder nahegekommen, außer bei unserer Zeugung.«

»Das ist schlecht, was du da sagst«, sagte der Junge, »nicht dem König von Irland zu gehorchen. Ich werde mit ihm gehen.«

»Sag das nicht, mein Junge«, meinten alle.

»Ich sage, daß man dem König von Irland nichts abschlagen soll.«

»Wenn dem so ist«, meinten alle, »dann wollen wir dich ziehen lassen, aber unter unter dem Schutz aller Könige von Irland und Art, Sohn des

Conn, und Finn, Sohn des Cumall, und den Männern der Kunst, damit du sicher wieder zu uns nach Hause kommst.«

»All das ist euch gewährt«, sagte Conn, »wenn ich ihn nur mitnehmen kann.«

Conn und sein Boot brauchten nach diesem Abenteuer nur drei Tage und drei Nächte zu segeln, um wieder in Irland zu landen. Die Männer aus ganz Irland hatten sich in Tara versammelt und warteten auf Conn. Als die Druiden den Jungen bei Conn sahen, gaben sie ihm den folgenden Rat: ihn zu töten und sein Blut mit der verwüsteten Erde und den welken Bäumen zu vermischen, damit sie wieder fruchtbar würden und es auch wieder Fisch für sie gäbe. Conn aber stellte den Jungen, den er mitgebracht hatte, unter den Schutz von Art und Finn und der Männer der Künste und der Männer Irlands. Letztere aber wollten diese Verantwortung nicht. Doch der König akzeptierte sie sogleich, das heißt Conn und Finn und Art Oenfer, und sie waren alle außer sich über den Jungen.

Als die Versammlung beendet war, rief der Junge mit lauter Stimme: »Oh, Männer Irlands, laßt mich in Frieden, denn ihr habt beschlossen, mich zu töten. Laßt mich umbringen, weil ich selbst es sage.« In dem Augenblick hörte man das Brüllen einer Kuh und die Klage einer Frau. Und sie sahen die Kuh und die Frau auf die Versammlung zukommen. Die Frau setzte sich zwischen Finn und Conn den Hundertkämpfer nieder. Sie fragte nach den Bemühungen der Männer Irlands und daß ein unschuldiger Junge trotz Finn und Art und Conn getötet werden solle. »Wo sind diese Druiden?«

»Hier«, sagten sie.

»Sagt mir, was in den Beuteln an den Seiten dieser Kuh ist. Sie trägt auf jeder Seite einen Sack.«

»Bei unserem Gewissen«, sagten sie, »das können wir nicht wissen.«

»Ich aber«, sagte sie. »Eine einzige Kuh ist hergekommen, um diesen unschuldigen Jungen zu retten. Und das wird mit ihr geschehen: Laßt die Kuh töten und vermischt ihr Blut mit der Erde Irlands und rettet den Jungen. Außerdem gibt es noch etwas, auf das ihr achten sollt, wenn die Kuh aufgeschnitten wird: Laßt die beiden Beutel öffnen, denn darinnen befinden sich zwei Vögel, einer mit einem Bein und einer mit zwölf Beinen.«

Da wurde die Kuh geschlachtet und die Vögel herausgenommen. Sie schlugen vor der Versammlung mit den Flügeln, und die Frau sagte: »Wir werden herausfinden, wer der stärkere von den beiden ist.« Da besiegte der einbeinige Vogel denjenigen mit zwölf Beinen. Darüber staunten die Männer Irlands. Da sagte die Frau: »Ihr seid der Vogel mit den zwölf Beinen, und der Junge ist der mit dem einen Bein, denn er hat recht. Nehmt die Druiden«, sprach sie dann, »denn es wäre besser, wenn sie den Tod erlitten.« So wurde der Junge nicht getötet. Dann erhob sich die Frau, rief Conn beiseite und sagte: »Schick diese sündige Frau fort, Becuma Cneisgel, Tochter von Eochar Inbir, Frau von Labraid Luathlam-ar-Claideb, denn sie ist wegen Unzucht aus dem Land der Verheißung vertrieben worden.«

»Es ist ein guter Rat«, sagte Conn, »sie fortzuschicken, aber da ich das nicht kann, gib mir einen anderen Rat.«

»Gut«, sagte die Frau, »aber es wird schlechter, denn ein Drittel des Korns und der Milch und der Mast werden in Irland fehlen, solange sie bei dir ist.« Damit verabschiedete sie sich von ihnen und ging mit ihrem Sohn Segda von dannen. Man bot ihnen große Schätze an, aber sie lehnten sie ab.

Da kam Becuma gerade hinaus auf das Feld und sah, wie Conns Sohn Art dort Schach spielte. Es war für Art nicht schön, seiner Feindin zu begegnen. »Ist das Art, Conns Sohn?« fragte sie.

»Ja, das ist er«, antworteten sie.

»Ich erlege ihm ein Tabu auf«, sagte sie, »es sei denn, er spielt mit mir darum eine Partie Schach.«

Das wurde Art mitgeteilt. Ein Schachbrett wurde gebracht, und Art gewann die erste Partie. »Das ist ein Spiel für dich, Mädchen«, sagte Art.

»Das stimmt«, sagte sie.

»Ich erlege dir ein Tabu auf«, sagte er. »Wenn du in Irland weiterhin essen willst. Du bringst mir den Kriegerstab, den Cu Roi mac Dairi in der Hand hielt, als er Irland und die große Welt in Besitz nahm.«

Da ging das Mädchen zu dem taubedeckten, gefleckten Brug, wo Angus mit seiner lieben Frau Nuamaisi war, der Tochter von Labraid. Sie suchte in allen Feenhügeln Irlands, fand aber keinen Stab, bis sie zum Feenhügel von Eogabal kam, und dort wurde sie von Aine, Tochter des Eogabal begrüßt, denn sie waren zwei ehemalige Ziehschwestern. »Du willst deinen Preis hier finden«, sagte sie, »und dreimal fünfzig Jungen mitnehmen, bis du an die Festung von Cu Roi auf dem Sliva Mis gelangst.« Dort fanden sie den Stab, und sie freute sich.

Darauf machten sie sich auf den Weg nach Tara, und sie brachte Art den Stab und legte ihn auf sein Knie. Das Schachbrett wurde geholt, und sie spielten. Da begannen die Männer aus dem Feenhügel, die Spielsteine zu stehlen. Art sah dies und sagte: »Die Feenmänner stehlen uns die Spielsteine, Mädchen, und nicht du gewinnst dieses Spiel, sondern sie.«

»Das Spiel geht an dich«, sagte das Mädchen.

»Dem ist so«, sagte der junge Mann, »gib dein Urteil.«

»Ich will, daß du in Irland nichts zu dir nimmst, bis du nicht Delbchaem, Tochter des Morgan gefunden hast.«

»Wo ist sie?« fragte Art.

»Auf einer Insel mitten im Meer, und das ist alles, was ich dir dazu sage.«

Art machte sich auf nach Inver Colphta und fand ein Boot mit ausgezeichnetem Ruder vor sich am Strand. Er legte ab und fuhr von einer Insel zur anderen, bis er zu einem schönen, seltsamen Eiland gelangte, voll wilder Äpfel und schöner Vögel, mit kleinen Bienen über den Blüten. Mitten auf der Insel stand ein edles, gastfreundliches Haus, von weißen und purpuren Vogelfedern gedeckt, und drinnen eine Gesellschaft blühender Frauen, alle schön, und unter ihnen Creide Firalainn, die Tochter von Fidech Foltlebor.

Er wurde dort herzlich begrüßt, und man brachte ihm zu essen und fragte ihn nach Neuigkeiten. Er erzählte, er sei aus Irland und sei der Sohn des Königs von Irland, und sein Name sei Art. »Das ist wahr«, sagte Creide, streckte die Hand aus und reichte ihm einen Mantel mit Schmuck aus gebranntem Gold aus Arabien. Er legte ihn an, und er paßte genau. »Es ist wahr«, sagte sie, »daß du Art bist, der Sohn Conns, und deine Ankunft hier ist schon seit langem vorhergesagt.« Darauf gab sie ihm drei heiße, feurige Küsse und sagte: »Sieh nur dein Kristallgemach.« Das war ein schöner Raum, mit Türen aus Kristall und unerschöpflichen Fässern, denn gleich, was man aus ihnen leerte, sie waren bald wieder voll.

Dort blieb er einen Monat und zwei Wochen, und danach verabschiedete er sich von dem Mädchen und berichtete ihr von seinem Auftrag. »Es ist wahr«, sagte sie, »das ist dein Auftrag, und es wird lange dauern, bis das Mädchen gefunden wird, denn der Weg zu ihr ist schlecht, und zwischen ihr und dir liegen Meere und Land, und auch wenn du sie erreichst, kommst du vielleicht nicht wieder zurück. Dazwischen liegt ein großer, dunkler Ozean, und der Weg ist voller Gefahren und Tod. Denn es gibt dort einen Wald. Wenn man den durchwandert, ist es, als würde man über die Spitzen von Speeren wandeln, wie Laub unter den Füßen von Menschen. Auf der anderen Seite des Waldes liegt ein düsterer Teil des Meeres voll tumber, großmäuliger Bestien und ein ungeheuer dichter und dorniger Eichwald vor einem Berg, und dadurch führt ein schmaler Pfad. In dem geheimnisvollen Wald mit dem Pfad steht ein dunkles Haus, in dem sieben alte Vetteln und ein Bad aus geschmolzenem Blei auf dich warten, denn deine Ankunft ist prophezeit worden. Doch es kommt noch schlimmer, nämlich Ailill Schwarzzahn, Sohn von Mongan Mionscothach, dem keine Waffe etwas anhaben kann. Dort leben auch zwei meiner Schwestern, Töchter von Fidech Foltlebor, Finscoth und Aeb. Sie haben zwei Becher in den Händen, der eine ist mit Gift gefüllt, der andere mit Wein. Trink nur aus dem Becher zu deiner Rechten, wenn du mußt. In der Nähe liegt die Festung des Mädchens, die von einem Zaun aus bronzenen Palisaden umgeben ist, auf denen die

Köpfe der Männer stecken, die Coinchenn Cennfada abgeschlagen hat (›Langer Hundekopf‹). Nur eine ist noch frei. Coinchenn, die Tochter des Königs der Coinchinn, ist die Mutter des Mädchens Delbchaem, Tochter des Morgan.«

Art machte sich nach diesen Anweisungen des Mädchens auf den Weg und kam zum Ufer des trüben Meers voll seltsamer Wesen. Ringsum hoben sich Bestien und Seeungeheuer aus dem Wasser. Aber Art, Sohn des Conn, legte sein Kampfgewand an und beobachtete sie vorsichtig. Dann begann er sie anzugreifen und tötete und verwundete so viele, daß sie schließlich wichen.

Danach geriet er in einen wilden Wald, in dem Coinchenn und ihre bösen, verderbten alten Vetteln hausten. Das war keine schöne Begegnung, denn die Alten hackten und stachen auf ihn ein bis zum anderen Morgen. Dennoch siegte der bewaffnete Jüngling über diese unglücklichen Leutchen. Art mit seinem gesunden Menschenverstand zog weiter, bis er zu dem giftigen Eisberg kam. Das gegabelte Tal war voll von giftigen Kröten, die allen auflauerten, die dort vorbeikamen. Er gelangte aber hindurch bis zum Saebberg dahinter, wo viele wilde Löwen mit langen Mähnen auf die Tiere der ganzen Welt warteten.

Danach kam er an den eisigen Fluß mit der schmalen Brücke und zu einem Riesenkämpfer mit einer Steinsäule in der Hand, der mit den Zähnen knirschte. Es war Curnan Cliabsalach. Sie kämpften miteinander, bis Art ihn besiegte und Curnan Cliabsalach zu Boden stürzte. Von da aus ging er dorthin, wo sich Ailill Dubdedach, Sohn des Morgan aufhielt. Das war ein seltsamer Mann: Ein stolzer Held, dem keine Waffe etwas anhaben konnte: Kein Feuer konnte ihn verbrennen, noch Wasser ihn ersäufen. Art begann mit ihm einen Ringkampf, und sie kämpften männlich und tapfer – ein strenger, heldenhafter, ebenbürtiger Kampf. Da begann Ailill Dubdedach Art zu beleidigen, und sie beschimpften einander. Aber Art besiegte den Riesen, so daß ihm der Kopf nach hinten herabfiel. Danach verwüstete er Ailills Festung und ergriff Ailills Frau und drohte ihr, ihr ein Leid anzutun, bis sie ihm den Weg zu Morgans Festung und ins Land der Wunder verriet.

Dort befand sich Coinchenn Cennfada, Morgans Frau, die die Kraft von Hunderten bei jedem Kampf oder Konflikt hatte. Sie war die Tochter von Conchruth, König der Coinchinn. Die Druiden hatten ihr prophezeit, daß sie in der gleichen Stunde sterben würde, in der jemand ihre Tochter freite. Daher tötete sie alle, die sich um ihre Tochter bewarben. Sie war es auch, die für die Alten mit dem Bleibad gesorgt hatte und für Curnan Cliabsalach, Sohn des Duscad, den Türsteher zu Morgans Haus. Sie war es, die Art, Sohn des Conn, Ailill Dubdedach, entgegengeschickt hatte, denn Art war unterwegs, um ihre Tochter zu freien, wie es vorhergesagt war. Sie hatte auch die Giftkröten dorthin verbracht, und für die eisige Brücke und den dunklen Wald und den Berg voller Löwen und das trübe Meer gesorgt.

So kam Art zu der Festung, die er gesucht hatte, Morgans Festung, und sie war sehr schön. Ein Palisadenzaun aus heller Bronze umgab die freundlichen und kostbaren Häuser und einen stattlichen Palast ... mitten in der Umfriedung, auf der Spitze einer Säule, stand ein ungewöhnliches, glänzendes Frauengemach, in dem sich das Mädchen befand. Sie trug einen grünen Umhang aus einer Farbe mit einer goldenen Schnalle auf der Brust und hatte langes, goldenes Haar. Sie hatte dunkle Brauen, blitzende grüne Augen und einen schneeweißen Körper. Das Mädchen war schön von Gestalt und Verstand, weise und geschickt. Sie war keusch und edel, und sie sagte: »Heute ist ein Kämpfer hier angekommen, und es gibt wohl in der ganzen Welt keinen von schönerer Gestalt oder besserem Ruf. Es ist wahr«, sagte sie, »es ist Art, und wir haben ihn schon lange erwartet. Ich werde in ein anderes Haus gehen, und du bringst Art ins Frauengemach, denn ich fürchte, Coinchenn wird ihn umbringen und seinen Kopf auf die freie Palisade vor der Festung stecken.«

Darauf begab sich Art in das Frauengemach, und als die anderen Mädchen ihn sahen, begrüßten sie ihn und wuschen ihm die Füße. Danach erschienen Coinchenn und die beiden Töchter Fidechs, Aeb und Finscoth, um Art das Gift und den Wein anzubieten.

Dann erhob sich Coinchenn, legte ihr Kampfgewand an und forderte Art zu einem Zweikampf heraus. Art hatte sich noch nie einem Kampf verweigert, und so legte er seine Rüstung an und besiegte bald Coinchenn, so daß ihr Kopf nach hinten herabfiel, und er steckte ihn auf die leere Palisade vor der Festung.

Und Art, der Sohn von Conn, und Delbchaem, Tochter des Morgan, lagen noch in der gleichen Nacht glücklich beisammen und waren froh, denn nun hatten sie die gesamte Festung für sich, vom Kleinsten bis zum Größten, bis Morgan, der König des Landes der Wunder, zurückkam. Doch Morgan erschien voller Zorn, um seine Festung zurückzuerobern und seine gute Frau an Art, dem Sohn Conns, zu rächen. Er forderte Art zum Kampf heraus, und der junge Mann stand auf, legte seinen Harnisch an, sein schönes Seidenwams und den hellgefleckten Panzer aus gebranntem Gold um die Brust. Er setzte seinen schönen dunklen Helm aus Rotgold auf den Kopf, nahm seinen schönen, purpurn geprägten Schild auf den Rücken, sein breites Schwert mit dem blauen Knauf und seine beiden dickschaftigen, rotgelben Speere. Dann griffen sie einander an, Art und Morgan, wie zwei riesige Hirsche oder Löwen oder zwei Wellen der Zerstörung. Art besiegte Morgan und schlug ihm den Kopf vom Körper. Danach nahm Art das Volk Morgans als Geiseln und vom Land der Wunder Besitz. Er suchte alles Gold und Silber des Landes zusammen und gab alles dem Mädchen, Delbchaem, Tochter des Morgan.

Die Kämmerer und Aufseher folgten ihm aus dem Land, als er das Mädchen nach Irland brachte. Sie landeten am Ben Etair. Als sie dort ankamen, sagte das Mädchen: »Zieh rasch nach Tara und sag Becuma, der Tochter des Eogan, sie dürfe dort nicht länger bleiben, sondern müsse sofort gehen. Es bringt Unglück, wenn man sie nicht aus Tara vertreibt.«

Art zog also nach Tara und wurde freudig begrüßt. Es gab niemanden, der sich nicht über seine Rückkehr freute, außer der eitlen, verschlagenen Becuma. Aber Art befahl der sündigen Frau, Tara zu verlassen. Sie erhob sich sogleich unter lautem Klagen vor allen Männern Irlands und ging ohne ein Wort des Abschieds zum Ben Etair.

Dem Mädchen Delbchaem wurden die Seher und die Weisen und die Häuptlinge zur Begrüßung entgegengeschickt. Und sie und Art kamen glücklich und mit allen guten Vorzeichen auf Tara an. Die Edlen Irlands fragten nach den Abenteuern Arts, und er erzählte sie ihnen und schmiedete daraus ein Lied.

So erging es Art, dem Sohn von Conn, und seiner Werbung um Delbchaem, Tochter des Morgan.

Kapitel 11

Im Haus der Sidhe

Nun kommen wir zum Kern der keltischen Anderswelt und ihrer Bewohner. Im Verlauf dieses Buches ist deutlich geworden, daß es keinen Teil dieser Welt gibt, der nicht irgendwie mit der Anderswelt verbunden ist oder als Tor zu ihr dient. Die keltische Anderswelt grenzt an die unsere, überschneidet sich mit ihr, und ihre Wasser sickern ständig durch die kaum wahrnehmbaren Ritzen der unsichtbaren Grenzen. Wenn wir unsere Aufmerksamkeit darauf richten wollen, müssen wir dorthin reisen.

Die Bewohner der Anderswelt sind das Volk der Sidhe, der Feenhügel, die wir auch Elfen nennen. Der Name Fee oder Elfe hat heutzutage eine andere, unzutreffende Bedeutung angenommen, denn wir stellen uns darunter schmetterlingsartige, zarte Wesen vor, die kaum größer als Insekten sind. Wenn wir aber ein richtiges Verständnis von den Wesen der Sidhe in der keltischen Tradition gewinnen wollen, müssen wir solche Vorstellungen ablegen und begreifen, daß sie von viel größerer Statur sind und viel mehr Macht haben, als wir uns vorstellen können.

In keltischen Ländern sind Feen noch sehr präsent im Bewußtsein der Menschen. Sie werden als Nachbarn betrachtet, als ein Volk, dem man großen Respekt zollen muß, das einem helfen oder schaden kann, je nach dem Bündnis, das die Sterblichen mit ihm eingehen. Bei Menschen mit geringen oder gar keinen esoterischen Neigungen herrscht die gesunde, aber übertriebene Vorsicht, sich nicht allzusehr mit den Elfen einzulassen, damit man nicht unfreiwillig in deren Reich gelangt und den Rückweg nicht mehr findet. Nur ganz verwegene oder unerschrockene Anderswelt-Forscher suchen aktiv die Feen auf und finden Wege zu ihrem Reich.

Die Feen sind immer ein von uns getrennt lebendes Volk gewesen. Sie waren niemals menschlich. Der irischen Tradition zufolge kann man sie als Urgottheiten betrachten, wie wir in »Die Pflegekinder im Haus der zwei Eimer« (»The Fosterage in the House of the Two Pails«) sehen, wo die Tuatha de Danann sich in die Sidhe-Hügel zurückziehen, die hohlen Hügel, und das Land den Milesiern überlassen. Aber ihre abgeschiedene Existenz hat dennoch Einfluß auf die Welt der Sterblichen und unsere spirituellen Absichten hinsichtlich der Umwelt, deren natürliche Wächter sie sind. In dem neuübersetzten Text »Die Eibe der streitenden Söhne« sehen wir, wie vorsichtig wir sein müssen, wenn wir uns auf Feengebiet vorwagen, ohne ein Bündnis geschlossen zu haben oder Wiedergutmachung zu leisten.

W. Y. Evans-Wentz bewundernswertes Buch »The Fairy Faith in Celtic Countries« verdeutlicht das Ausmaß unserer fortdauernden Bündnisse mit den Feen und erwähnt die Entfremdung des Städters von solchen Bündnissen. Er betont, wie wichtig unser Studium der Feen sei, um die Geheimnisse der keltischen Mythologie zu entschlüsseln und meint:

> In Wirklickeit ist das keltische Reich größer als je zuvor, ehe Cäsar seine politische Einheit zerstörte, und seine Bürger haben den alten Glauben ihrer Ahnen an eine unsichtbare Welt nicht vergessen.

Die Freiung Etains

Nur selten lesen wir über die internen Angelegenheiten der Feen, aber diese Geschichte wird von deren Perspektive aus erzählt. In der ersten Hälfte entdecken wir, wie der Brugh (Newgrange) in den Besitz von

Aengus mac Og gelangt. Eochaid Ollathair (der Dagda) schläft mit Eithne (Boand), denn Dagda hat Elcmar, den Ehemann Boanns, fortgeschickt.

Wir erfahren aus anderen Versionen, daß der Dagda während Elcmars Abwesenheit bewirkt, daß ein Jahr wie ein Tag erscheint; an diesem »Tag« wird Aengus gezeugt und geboren. Er wird von Midir großgezogen und muß unter dem Spott seiner Ziehgeschwister leiden, bis ihm die Namen seiner Eltern mitgeteilt werden. Darauf beschließt er, sich für deren Anerkennung einzusetzen. Der Dagda möchte seinem Sohn den Brugh schenken, aber dort lebt Elcmar. Aengus wird angewiesen, Elcmar um die Königswürde des Brugh zu bitten – für eine Nacht und einen Tag am Fest des Samhain, an dem man keine Rache nehmen kann. Als Elcmar seine Königswürde wieder übernehmen will, weigert sich Aengus, sie ihm zurückzugeben. Elcmar wird entschädigt, indem er das Land Eitach anstelle des Brughs erhält.

Midir besucht den Brugh und verliert ein Auge bei dem Versuch, einen Streit zwischen ein paar jungen Männern zu schlichten. Darauf erbittet er sich die schönste Jungfrau Irlands, Etain Echraide, die Tochter König Ailills. Aengus bittet für Midir um deren Hand. Ailill will sie nicht freigeben, es sei denn, Aengus erfüllt als Brautpreis eine Reihe von schweren Aufgaben – er soll zwölf Ebenen für die landwirtschaftliche Bestellung vorbereiten, zwölf Flüsse legen sowie das Gewicht Etains in Gold und Silber aufwiegen. Midir führt sie heim, aber man warnt ihn vor der Eifersucht seiner anderen Frau Fuamnach, die Etain in einen Teich verwandelt. Die Verbindung der Elemente Feuer, Luft, Wasser und Erde erzeugt einen Wurm, der zu einer purpurnen Fliege wird. Etain fliegt anschließend sieben Jahre auf einem druidischen Wind, den Fuamnach erzeugt hat, bis Aengus sie rettet und in seinen Grianan bringt. Aber Fuamnach findet Zutritt zu diesem und schickt den gleichen Wind noch einmal, der Etain wieder fortweht. Als Fliege wandert sie weiter, bis sie in den Becher von Etar fällt und von ihr getrunken wird, um zu deren Kind zu werden, Etain ni Etar.

Im zweiten Teil der Geschichte hören wir aus einer anderen, späteren Quelle vom weiteren Lebenslauf von Etain ni Etars, wie sie von Eochaid Airem umworben und nach vielen Generationen von Midir gerettet wird. Der Erzählstil dieses Teils ist detaillierter und zugänglicher als der des ersten Teil. Midir triumphiert aufgrund seiner Geschicklichkeit im Spiel – ein häufiges Thema bei Geschichten um Brautwerbung.

Es fällt auf, daß die Protagonisten Titel wie auch Namen haben: Eochaid Ollathair ist der Dagda, der Gute Gott, Eithne ist Boann, Viehreichtum, und Elcmar wird an anderer Stelle auch Nechtan genannt, der Reine. Dieses ursprüngliche Feen-Liebesdreieck wird von Aengus, Midir und Etain ersetzt. Die Geschichte Etains wird häufig als Beispiel für einen keltischen Glauben an die Reinkarnation angeführt, aber Etains *tuirgen* ist komplexer: Ihr Seelenleben ist kontinuierlich, was sich in der Tatsache zeigt, daß Midir und Aengus sie beide als das gleiche Wesen betrachten, das ihre Liebe und Fürsorge wert ist. Diese Geschichte und die folgende beweisen die zentrale Bedeutung des Brugh na Boyne (Newgrange) als eines Hauses der Seele.

Teil Eins[1]

Es gab einmal einen berühmten König in Irland vom Stamme der Tuatha Dé Danann, Eochaid Ollathair war sein Name. Er wurde aber auch Dagda genannt, denn er bewirkte Wunder und beherrschte das Wetter und die Ernten. Daher meinten die Menschen, er sei der Dagda, der Gute Gott. Elcmar vom Brug hatte eine Frau Eithne. Ein anderer Name für sie war Boand. Der Dagda begehrte sie als Frau, und sie hätte sich dem Dagda wohl hingegeben, wenn sie nicht Angst vor Elcmar gehabt hätte, so groß war dessen Macht. Da schickte der Dagda Elcmar auf eine Reise zu Bres, Sohn von Elatha, in Mag nInis, und erlegte ihm einen Zauber auf, damit er nicht vorzeitig wieder zurückkäme. Er vertrieb für ihn die Dunkelheit der Nacht und bewahrte ihn vor Hunger und Durst. Er schickte ihn auf einen langen Weg, so daß neun Monate ihm wie ein Tag erschienen, denn er hatte gesagt, er würde nach einem Tag und einer Nacht wieder nach Hause kommen. Inzwischen ging der Dagda zu Elcmars Frau, und sie gebar ihm einen Sohn, Aengus. Als Elcmar zurückkehrte, war die Frau davon wieder genesen. So merkte er nicht, daß sie bei dem Dagda gelegen hatte.

Inzwischen brachte der Dagda seinen Sohn zu Midir nach Bri Leith in Tethba, wo er aufgezogen wurde. Dort lebte Aengus über neun Jahre lang. Midir hatte ein großes Spielfeld in Bri Leith. Dreimal fünfzig Jungen der Edlen Irlands hatten sich dort versammelt, und dreimal fünfzig Maiden aus dem Land Irlands. Aengus war der Anführer von allen, weil Midir ihn so sehr liebte und er so edel und schön von Gestalt war. Man nannte ihn auch Mac Oc, den jungen Sohn, denn seine Mutter sagte: »Jung ist der Sohn, der bei Tagesanbruch gezeugt und zwischen Morgen und Abend geboren wurde.«

Einmal stritt Aengus mit Triath, Sohn von Febal [oder Gobor] von den Fir Bolg, einem der beiden Anführer im Spiel und ein Ziehkind von Midir. Es war eine Frage des Stolzes für Aengus, daß Triath mit ihm sprach, und so sagte er: »Es ärgert mich, daß der Sohn eines Leibeigenen mit mir reden sollte«, denn Aengus hatte bis dahin geglaubt, Midir sei sein Vater und die Königswürde von Bri Leith sein Erbe. Er wußte noch nicht, daß er mit dem Dagda verwandt war.

Triath antwortete: »Ich nehme es dir nicht übel, daß ein Pflegekind, das weder Vater noch Mutter kennt, mit mir redet.« Da lief Aengus weinend zu Midir und war traurig, weil ihn Triath so beschämt hatte. »Was ist mit dir?« fragte Midir.« – »Triath hat mich beschämt und mir ins Gesicht behauptet, ich hätte weder einen Vater noch eine Mutter.«

»Das stimmt nicht«, antwortete Midir. »Aber wer ist meine Mutter, von wo stammt mein Vater?« – »Das ist nicht schwer. Dein Vater ist Eochaid Ollathair«, sagte Midir, »und Eithne, die Frau von Elcmar vom Brugh, ist deine Mutter. Ich habe dich hier ohne Elcmars Wissen großgezogen, damit er nicht leidet, weil du ohne sein Wissen geboren wurdest.« – »Komm mit mir«, sagte Aengus da, »damit mein Vater mich anerkennt und ich nicht mehr unter den Beleidigungen der Fir Bolg zu leiden habe.«

Da machte sich Midir mit seinem Pflegesohn auf, um mit Eochaid zu sprechen, und sie kamen nach Uisnech in Meath mitten in Irland, denn dort stand Eochaids Haus. Irland erstreckte sich weit von hier nach allen Seiten, nach Süden, Norden, Osten und Westen. Sie fanden Eochaid in einer Versammlung. Midir rief den König beiseite, damit er mit dem Jungen sprach. »Was wünscht er, dieser Junge, der erst heute hier erscheint?« – »Er will von seinem Vater anerkannt werden und daß ihm Land gegeben wird«, sagte Midir, »denn es ist nicht recht, daß dein Sohn ohne Land sei, während du König von Irland bist.« – »Er ist willkommen«, sagte Eochaid, »denn er ist mein Sohn. Aber das Land, das ich ihm geben will, ist noch nicht frei.« – »Welches Land ist das?« fragte Midir. »Der Brug im Norden des Boyne«, sagte Eochaid. »Wer herrscht dort?« fragte Midir. »Elcmar«, sagte Eochaid, »lebt dort. Ich will ihn nicht weiter beleidigen.«

»Aber welchen Rat kannst du dem Jungen geben?« – »Ich habe folgendes für ihn«, sagte Eochaid. »Am Samhain soll er in den Brug gehen, und zwar bewaffnet. Das ist der Tag des Friedens und der Freundschaft unter allen Männern Irlands, an dem niemand des anderen Feind ist. Elcmar wird in Cnoc Side in Broga sein und unbewaffnet, abgesehen von einer hellen Haselrute in der Hand. Sein Umhang wird ihn umhüllen, und er trägt eine Goldschnalle am Mantel. Dreimal fünfzig spielen um ihn her auf dem Feld. Aengus soll vor ihn treten und ihm drohen, ihn zu töten. Aber es ist recht, daß er ihn nicht tötet, solange er ihm verspricht, seinem Wunsch nachzugeben. Und das soll der Wunsch von Aengus sein: daß er auf einen Tag und eine Nacht König auf dem Brug ist. Sorg dafür, daß er Elcmar das Land nicht zurückgibt, bis er sich meiner Entscheidung fügt, und wenn er kommt, soll Aengus darauf bestehen, daß das Land ihm zugefallen sei, weil er Elcmar verschont und nicht getötet habe, und daß er sich die Königswürde für einen Tag und eine Nacht erbeten habe, und«, sagte Eochaid, »in einem Tag und einer Nacht kann eine ganze Welt vergehen.«

Da machte sich Midir mit seinem Ziehsohn wieder auf den Rückweg zu seinem Land, und am folgenden Samhain trat der bewaffnete Aengus in den Brug und forderte Elcmar heraus, der ihm als Gegenleistung für sein Leben die Königswürde seines Landes für einen Tag und eine Nacht übertrug. Der Mac O verbrachte sogleich den Tag und die folgende Nacht als König des Landes dort, und Elcmars Haushalt unterstand ihm. Am nächsten Tag wollte Elcmar das Land von Mac O wieder zurückhaben und bedrohte ihn mächtig. Der Mac O sagte, er wolle das Land nicht mehr hergeben, und der Dagda solle vor allen Männern Irlands entscheiden.

Da wandten sie sich an den Dagda, der die Vereinbarungen eines jeden Mannes in Zusammenhang mit seinen Taten genau betrachtete. »Dieses Land gehört also fortan rechtmäßig diesem Jungen«, sagte Elcmar. »Das ist recht«, meinte der Dagda. »Du wurdest unfreiwillig am Tag des Friedens und der Freundschaft hereingelegt. Du hast das Land gegen die Gnade deinem Leben gegenüber hergegeben, denn dir war dein Leben teurer als das Land, aber du sollst Land von mir bekommen, das kaum weniger reich ist als der Brug.« – »Wo ist dies?« fragte Elcmar. »Cleitech«, antwortete der Dagda, »mit den drei Ländereien ringsum. Die Jungen spielen jeden Tag vor dir auf dem Brug, und du sollst die Früchte des Boyne von diesem Land aus genießen dürfen.« – »Das ist gut«, sagte Elcmar, »so soll es sein.« Er zog also nach Cleitech und baute dort eine Festung, und der Mac O blieb auf dem Brug in seinem Land.

Im folgenden Jahr kam Midir einmal auf den Brug, um seinen Pflegesohn zu besuchen, und er fand den Mac O auf dem Hügel der Side in Broga am Tag Samhain mit zwei Mannschaften junger Leute, die vor ihm auf dem Brug spielten, und Elcmar auf dem Hügel von Cleitech im Süden beobachtete sie. Da brach unter den Jungen auf dem Brug ein Streit aus. »Reg dich nicht«, sagte Midir, »wegen Elcmar, damit er nicht hierher auf die Ebene kommt. Ich selbst werde Frieden zwischen ihnen schlichten.« Darauf ging Midir zu ihnen, aber es war nicht leicht, sie voneinander zu trennen. Dabei warf man einen Stechpalmenzweig auf Midir, der ihm ein Auge raubte. »Ach wäre ich doch nicht zu dir auf Besuch gekommen, um solche Schande zu erleiden, denn mit einem solchen Makel kann ich das Land nicht mehr sehen, in das ich gekommen bin, noch das, das ich verlassen habe. Jetzt kann ich nicht mehr zurückkehren.«

»Das wird nicht so sein«, sagte der Mac O. »Ich werde zu Diancecht gehen, damit er herkommt und dich heilt. Dein Land wird deines sein, und dieses Land soll deines sein, und dein Auge soll wieder heil sein ohne Schaden und Makel.« Dann ging der Mac O zu Diancecht. »... Mögest du mit mir kommen«, sagte er, »um meinen Pflegevater zu retten, der auf dem Brug am Samhain verletzt wurde.« Diancecht kam und heilte Midir, so daß er wieder ganz gesund wurde. »Nun kann ich gut reisen«, sagte Midir, »da ich geheilt bin.« – »Das soll gewiß so sein«, sagte der Mac O. »Aber bleibe doch ein Jahr hier, damit du meine Truppen und meine Leute, meinen Haushalt und mein Land sehen kannst.«

»Ich will aber nicht bleiben«, sagte Midir, »es sei denn, ich bekomme dafür eine Belohnung.« – »Was für eine Belohnung?« fragte Mac O. »Das ist leicht: Eine Kutsche, die sieben Cumals wert ist«, sagte Midir, »und einen passenden Mantel und die schönste Jungfrau in Irland.« Der Mac O antwortete: »Ich habe die Kutsche und einen Mantel, der dir gebührt.« – »Außerdem«, sagte Midir, »soll es das Mädchen sein, das in seiner Gestalt alle anderen Mädchen Irlands übertrifft.« – »Wo ist sie?« fragte der Mac O. »Sie ist in Ulster«, sagte Midir. »Ailills Tochter Étain Echraide, Tochter des Königs des Nordwestteils dieser Insel. Sie ist die Schönste, Liebste und Sanfteste in ganz Irland.«

Da machte sich der Mac O auf die Suche nach ihr und kam zu Ailills Haus in Nag nInis. Man hieß ihn willkommen, und er blieb drei Nächte. Er erzählte von seinem Auftrag und verkündete ihnen seinen Namen und seine Herkunft. Er sagte, er werbe um Étain. »Ich will sie dir aber nicht geben«, sagte Ailill, »denn du kannst mir gar nichts nützen, weil deine Familie so edel ist und du und dein Vater so viel Macht[2] haben. Wenn ihr meiner Tochter Schande zufügt, habe ich keine Möglichkeit, von euch Entschädigung zu verlangen.« – »Das soll nicht so sein«, sagte der Mac O. »Ich will sie von dir kaufen.« – »Das soll dir gewährt sein«, sagte Ailill. »Nenn deine Forderung«, sagte der Mac O. »Das ist nicht schwer«, sagte Ailill. »Du sollst für mich zwölf Ebenen meines Landes roden die brachliegen, damit sie für alle Zeiten gut genug sind, um Vieh darauf zu weiden und damit Menschen darauf wohnen und Spiele, Versammlungen, Feste und Zusammenkünfte abhalten können.«

»Abgemacht«, sagte der Mac O. Er kehrte nach Hause zurück und beklagte sich beim Dagda, in welcher Notlage er sich befände. Letzterer bewirkte, daß die zwölf Ebenen in Ailills Land in einer einzigen Nacht gerodet wurden. Es waren die folgenden Ebenen: Mag Macha, Mag Lemna, Mag nítha, Mag Tochair, Mag nDula, Mag Techt, Mag lí, Mag Line, Mag Murthemne.[3] Als diese Arbeit bewältigt war, trat der Mac O wieder vor Ailill, um Étain zu verlangen. »Du sollst sie erst haben«, sagte Ailill, »wenn du aus diesem Land bis zum Meer zwölf große Flüsse geschlagen hast, die in Brunnen und Sümpfen und Mooren entspringen, und die dem Volk Meeresfrüchte bringen und die Erde entwässern.«

Da trat der Mac O wieder vor den Dagda und klagte über seine Notlage. Daraufhin bewirkte letzterer, daß zwölf große Ströme in einer einzigen Nacht aus dem Land ins Meer flossen, die noch nie zuvor gesehen worden waren: Find und Modornn und Slena und Nas und Amnas und Oichén und Or und Banda und Samaír und Lóche.[4]

Als dies vollbracht war, trat der Mac O wieder vor Ailill, um Étain zu verlangen. »Du sollst sie erst bekommen, wenn du sie kaufst, denn wenn du sie erst hast, habe ich keinen Gewinn mehr an dem Mädchen außer dem, was ich vorher bekomme.« – »Was willst du denn nun von mir?« fragte der Mac O. »Ich verlange«, sagte Ailill, »das Gewicht des Mädchens in Gold und Silber, und der Erlös geht an ihr Volk und ihre Familie.« – »Es soll geschehen«, sagte der Mac O. Sie wurde auf den Boden von Ailills Haus gesetzt und ihr Gegengewicht in Gold und Silber geliefert. Dieser Schatz wurde bei Ailill zurückgelassen, und der Mac O führte Étain nach Hause.

Midir hieß das Paar willkommen. In dieser Nacht schlief Étain mit Midir, und am Morgen wurden ihm eine Kutsche und ein schöner Mantel gegeben, und er freute sich über seinen Ziehsohn. Danach blieb er ein volles Jahr bei Aengus auf dem Brug. Am Tag nach diesem Jahr ging Midir wieder in sein eigenes Land nach Bri Leith zurück und nahm Étain mit sich. An dem Tag, als er fortzog, sagte der Mac O zu Midir: »Achte auf die Frau, die du mitnimmst, denn zu Hause wartet eine ganz verschlagene Frau auf dich, mit all dem Wissen und den Künsten und dem Zauber, über die ihr Geschlecht verfügt. Sie hat mein Wort und steht unter meinem Schutz vor den Tuatha de Dannan.« Er meinte Fuamnach, die Frau Midirs, aus dem Stamm des Beothach, Sohn des Iardanel. Sie war weise und klug und geschickt in den magischen Künsten der Tuatha de Dannan, denn sie war bei dem Zauberer Bresal aufgewachsen, bis sie Midir anvertraut wurde.

Fuamnach hieß ihren Mann Midir willkommen und sprach ... zu ihnen: »Komm, oh Midir«, sagte sie, »ich zeige dir dein Haus und dein Land ...« Midir ging mit Fuamnach über sein Land, und sie zeigte ihm und auch Étain alles. Anschließend brachte er Étain zu Fuamnach. Fuamnach ging aber vor ihnen in die Schlafkammer, in der sie schlief, und sagte zu Étain: »Du bist ins Haus einer guten Frau gekommen.« Als Étain sich auf einen Stuhl mitten im Haus setzte, schlug Fuamnach sie mit einer Rute von einem roten Dornbusch, und sie verwandelte sich mitten im Haus in einen Teich. Anschließend ging Fuamnach zu ihrem Ziehvater Bresal, und Midir verließ das Haus und ging zu dem Wasser, in das Étain sich verwandelt hatte. Er war nun ohne Frau.

Die Hitze des Feuers, die Luft und der siedende Boden verwandelten das Wasser in der Mitte des Hauses in einen Wurm, und dann wurde aus dem Wurm eine purpurne Fliege. Sie war so groß wie ein Männerkopf, die schönste im ganzen Land. Süßer als Dudelsack und Harfen und Hörner waren der Klang ihrer Stimme und das Summen ihrer Flügel. Ihre Augen glänzten im Dunkeln wie Edelsteine. Ihr Duft und ihr Strahlen vertrieben Hunger und Durst bei jedem in ihrer Nähe. Die Tröpfchen, die sie von den Flügeln schüttelte, heilten alle Krankheiten und Plagen, wo immer sie hinkam. Sie zog stets mit Midir durch das Land. Alle, die ihr zuhörten und sie anblickten, fühlten sich von ihr genährt. Midir wußte, daß es Étain in dieser Gestalt war, und so lange die Fliege bei ihm blieb, nahm er sich keine andere Frau, denn ihr bloßer Anblick machte ihn zufrieden. Er schlief ein, wenn sie summte, und immer wenn sich ihm jemand nahte, der ihm nicht wohlgesonnen war, weckte sie ihn.

Nach einer Weile besuchte Fuamnach Midir und brachte als Schutz die drei Götter der Dana mit: Lugh, den Dagda und Ogma. Midir machte Fuamnach große Vorwürfe und sagte, er würde sie nicht fortlassen, wenn sie nicht so mächtigen Schutz mitgebracht hätte. Fuamnach meinte, sie bereue ihre Tat nicht, denn sie würde lieber sich selbst Gutes tun als anderen, und in welchem Teil Irlands sie sich auch befände, sie würde Étain schaden, solange diese lebe und egal in welcher Gestalt. Sie brachte mächtige Zauber und Bannflüche von dem Zauberer Bresal Etarlam mit, um Étain von Midirs Seite zu vertreiben, denn sie wußte, daß die purpurne Fliege, die Midir erfreute, Etain war. Immer wenn er die purpurne Fliege sah, liebte Midir keine andere Frau, und er fand weder Vergnügen an Musik noch an Trinken oder Essen, solange er sie nicht sah und ihre Musik und ihre Stimme vernahm. Da regte Fuamnach einen bösen magischen Wind an, so daß Étain von Bri Leith hinweggeweht wurde. Sieben Jahre lang konnte sie keinen Gipfel oder Baum oder Höhe in Irland finden, auf denen sie sich niederlassen konnte, nur Felsen im Meer und Wellen. Und sie schwebte durch die Luft, bis sie sieben Jahre später auf der Brust von Mac O landete, der auf dem Hügel des Brug stand.

Da sagte der Mac O: »Willkommen Étain, du müde Wanderin, dir sind durch die Listen von Fuamnach große Gefahren begegnet.«

Der Mac O hieß das Mädchen willkommen, das heißt, die purpurne Fliege, und nahm sie an seine Brust und schützte sie mit seinem Rock. Er brachte sie ins Haus, in seine Sonnenstube mit den großen Fenstern, und man legte ihr purpurne Kleider an und tröstete sie, bis die Fröhlichkeit und Farbe wieder in sie zurückkehrten. Man füllte die Sonnenstube mit duftenden wundersamen Kräutern, und sie gedieh an diesem Duft und den Blüten der kostbaren Kräuter.

Als Fuamnach von der Liebe und den Ehren erfuhr, die der Mac O Étain schenkte, sagte sie zu Midir: »Ruf deinen Ziehsohn her, damit ich zwischen euch Frieden schlichte, während ich selbst Étain suche.« Da traf ein Bote von Midir bei Mac O ein, und er sprach mit ihm. Inzwischen kam Fuamnach auf einem Umweg in den Brug und schickte nochmals den gleichen Wind hinter Étain her, der sie aus der Sonnenstube auf genau den gleichen Kurs schickte, auf dem sie zuvor sieben Jahre lang durch ganz Irland geflogen war. Dieser Wind trug sie mitsamt ihrem Leid und Unglück und ihrer Schwäche, bis sie sich auf dem Dach eines Hauses in Ulster niederließ, in dem die Leute feierten. Sie fiel in einen goldenen Becher, der vor der Frau Étars stand, dem Helden von Inber Cíchmaine, in der Provinz Conchobor, und diese verschluckte sie mitsamt der Flüssigkeit in dem Becher. So wurde sie in deren Schoß empfangen und anschließend zu deren Tochter. Man nannte sie Étain, Tochter von Étar. Und zwischen der ersten Empfängnis Étains durch Ailill bis zur letzten durch Étar vergingen tausendundzwölf Jahre.

Étain wurde auf Inber Cíchmaine von Étar zusammen mit fünfzig anderen Töchtern von Häuptlingen großgezogen. Étar kleidete und versorgte sie alle, damit sie Étain aufwarteten. Eines Tages geschah es, daß die Mädchen alle in der Flußmündung badeten, als sie aus dem Wasser einen Reiter über die Ebene auf sie zukommen sahen. Er ritt einen stämmigen Fuchs mit gelocktem Schweif und Mähne, der tänzelte und sich aufbäumte. Ihn umgab ein grüner Umhang in weichen Falten, der von einer goldenen Brosche gehalten war, die ihm bis an die Schultern reichte. Darunter trug er ein rotbesticktes Wams. Auf dem Rücken hatte er einen silbernen Schild mit Goldrand an einem silbernen Band, das mit Gold verziert war. In der Hand hielt er einen fünfzackigen Speer mit Goldreifen um den Schaft. Hellgoldenes Haar hing ihm in die Stirn. Diese Stirn umgab ein Goldreifen, damit ihm das Haar nicht in die Augen fiel. Er blieb am Ufer stehen und betrachtete die Mädchen eine Weile, und die Mädchen verliebten sich in ihn. Darauf sprach er die folgenden Zeilen:

»Dies ist Étain hier,
am Sid-band, westlich von Ailbe.
Mit den kleinen Jungen
badet sie am Inber Cíchmaine.

Sie heilte das Auge des Königs
am Brunnen von Loch Dá Líg,
und wurde aus einem Becher geschluckt
von Étars Frau.

Ihretwegen jagt der König
die Vögel von Tethba
und ertränkt seine beiden Pferde
im Loch Dá Airbrech.

Viele Kriege werden entstehen
in Eochaid von Mead wegen dir.
Die Feenhügel werden zerstört,
und Tausende werden sich schlagen.

Von ihr wird im ganzen Land gesungen,
sie wird den König für sich gewinnen.
Sie ist's ... Bè Find
Auf immer unsere Étain.«

Danach verschwand der Reiter, und sie wußten weder, woher er gekommen war, noch wohin er entschwunden war.

Als der Mac O zu Midir kam, um sich mit ihm zu beraten, fand er Fuamnach dort nicht vor, und Midir sagte zu ihm: »Die Frau hat uns übel mitgespielt, und wenn sie erfährt, daß sich Étain in Irland befindet, wird sie alles versuchen, um ihr zu schaden.« [»Das halte ich auch für wahrscheinlich«, sagte der Mac O.] »Étain war vor einer Weile in meinem Haus auf dem Brug in der Gestalt, in die sie verwandelt worden war, und vielleicht ist deine Frau hinter ihr her.«

Der Mac O kehrte nach Hause zurück und stellte fest, daß Étain die Sonnenstube verlassen hatte. Da verfolgte der Mac O Fuamnachs Spuren und fand sie in Aenach Bodbgna im Haus des Druiden Bresal Etarlám. Der Mac O griff sie an und schnitt ihr den Kopf ab, und diesen Kopf nahm er mit, bis er fast wieder zu Hause war.

Doch es gibt auch die andere Version, daß sie beide, Fuamnach und Midir, anderswo von Manannan getötet wurden, und darüber heißt es:

Fuamnach die Dumme war Midirs Frau,
Sigmall, ein Berg mit alten Bäumen.
In Bri Leith gab es eine Abmachung,
und sie wurden von Manannan verbrannt.

Teil Zwei[5]

Es war einmal ein bewundernswerter, edler König, der über ganz Irland herrschte, mit Namen Eochaid Airem ... Im ersten Jahr nach seiner Thronbesteigung wurde in ganz Irland verkündet, daß das Fest von Tara stattfinden und alle Männer des Landes daran teilnehmen sollten, weil dort ihre Steuern und Abgaben verkündet würden. Aber die Antwort, die sämtliche Männer Irlands auf Eochaids Einladung hin aussprachen, lautete: daß sie das Fest auf Tara an dem Tag nicht besuchen würden, ob es nun lange oder kurz dauern würde, weil der König von Irland keine passende Frau habe, denn es gab keinen einzigen Edlen in Irland, der keine passende Frau hatte, und keinen König ohne eine Königin, und kein Mann würde ohne seine Frau zum Fest auf Tara kommen, noch eine Frau ohne einen Mann.

Darauf schickte Eochaid seine Reiter aus, seine Spaßmacher, seine Spione und seine Boten von der Grenze durch ganz Irland, und sie suchten überall nach einer Frau, die für den König in Gestalt, Anmut, Abstammung und Haltung passend sein würde. Darüber hinaus gab es eine weitere Bedingung: Der König würde keine Frau nehmen, die vorher schon einmal einem anderen gehört hatte. Die Männer des Königs suchten in ganz Irland, im Süden wie im Norden, und schließlich fanden sie am Inber Cichmany eine Frau, die passend für ihn war, nämlich Étain, Tochter des Étar, des Königs von Echrad. Da kehrten seine Boten zu Eochaid zurück und gaben ihm eine Beschreibung von Form, Gestalt und Haltung des Mädchens.

Eochaid machte sich sogleich auf, das Mädchen zu freien, und ritt schnurstracks über die Ebene von Bri Leith. Dort sah er an einer Quelle ein Mädchen sitzen. Sie hielt einen silbernen, mit Gold verzierten Kamm in der Hand. Neben ihr stand eine silberne Schüssel zum Waschen. Vier goldene Vögel waren in das Metall getrieben, und der Rand war mit kleinen bunten Edelsteinen und Karfunkeln besetzt. Ein Umhang aus reinstem Purpur umgab sie, darunter ein Hemd mit silberner Borte, und beides wurde vorn von einer goldenen Brosche zusammengehalten. Sie trug einen Kapuzenmantel, der aus glatter, glänzender grüner Seide bestand und rot und gold bestickt war. Außerdem trug sie wunderschöne Nadeln und Broschen aus Silber und Gold auf der Brust. Das rötliche Gold auf der grünen Seide glitzerte deutlich in der Sonne. Zwei goldene schwere Zöpfe waren ihr um den Kopf gewunden, und jeder Zopf war aus vier Strähnen geflochten und trug am Ende eine kleine goldene Kugel.

Das Mädchen löste das Haar, um es zu waschen, und hatte die Arme durch die Armlöcher des Umhangs gesteckt. Sie waren beide so weiß wie Schnee, und so rot wie der Fingerhut der Berge waren ihre Wangen. Blau wie Hyazinthen waren ihre Augen, und fein und köstlich ihre Lippen, schmal ihre Handgelenke, die Finger lang und weiß, die Nägel rosa und schön geformt. Ihr Körper war weiß wie Schnee oder der Schaum auf dem Wasser und schlank und weich wie Seide. Weich, glatt und weiß waren ihre Schenkel, rund, klein und fest ihre Knie. So gerade wie eine Linie waren ihre beiden Knöchel, schlank und schaumweiß die beiden Füße, schön und strahlend ihre beiden Augen, die Brauen schwärzlich-blau wie der Panzer eines Käfers. Dieses Mädchen war das schönste, auf das Männer jemals ein Auge geworfen hatten, und es schien dem König und seinen Gefährten möglich, daß sie aus den Feenhügeln stammte. Es war das Mädchen, das in dem Sprichwort gemeint ist: »Jede Schönheit muß an Étain gemessen werden, denn sie ist der Maßstab für alle.«

Den König ergriff großes Verlangen nach ihr, und er schickte einen Mann aus seiner Gesellschaft zu ihr. Darauf trat Eochaid zu dem Mädchen und fragte sie: »Wer bist du, oh, Maid, und woher kommst du?«

»Das ist nicht schwer«, antwortete das Mädchen. »Étain, die Tochter des Königs von Echrad aus dem Feenhügel, werde ich genannt.«

»Kann ich mich eine Stunde lang mit dir unterhalten?« fragte Eochaid.

»Ich bin deinetwegen gekommen und stehe unter deinem Schutz«, antwortete sie. »Ich lebe seit zwanzig Jahren hier, seit ich im Feenhügel zur Welt kam, und das Volk der Feenhügel, Könige und Edle, haben mich umworben, aber nichts von mir bekommen, denn ich habe dich geliebt und mich dir gewidmet, seit ich ein kleines Kind war und zuerst sprechen konnte. Es war wegen der edlen Geschichten um dich und deine Pracht, daß ich dich liebte, und ich habe dich zwar nie gesehen, doch aber sofort nach den Beschreibungen erkannt. Du bist der, auf den ich gewartet habe.«

»Das klingt nicht wie eine schlechte Einladung«, gab Eochaid zurück; »ich begrüße dich herzlich, und alle anderen Frauen sollen deinetwegen gehen, denn mit dir werde ich so lange leben, wie du es willst.«

»Dann gib mir einen angemessenen Brautpreis«, sagte das Mädchen, »denn damit sind alle meine Wünsche erfüllt.«

»So soll es sein«, meinte der König.

Sie bekam als Brautpreis den Wert von sieben Leibeigenen, und anschließend nahm er sie mit nach Tara, wo sie aufs allerherzlichste begrüßt wurde.

Es gab aber drei Brüder von gleichem Geblüt, die Söhne von Finn: Eochaid Airem und Eochaid Fedlech und Ailill Anglonnach, oder Ailill mit dem einen Makel, denn sein einziger Makel war, daß er die Frau seines Bruders liebte. Dann kamen alle Männer Irlands zum Fest nach Tara, und es dauerte von zwei Wochen vor Samhain bis zwei Wochen nach

Samhain. Bei diesem Fest auf Tara verliebte sich Ailill Anglonnach in Étain, Tochter des Étar. Während des ganzen Fests auf Tara blickte Ailill die Frau unverwandt an. Da sagte Ailills Frau, die Tochter von Luchta Rothand von der Grenze zu Leinster, zu ihrem Mann: »Ailill«, sagte sie, »Was starrst du immer dorthin? In deinem Blick liegt eine solche Liebessehnsucht.« Darauf schämte sich Ailill, machte sich Vorwürfe und blickte Étain anschließend nicht mehr an.

Nach dem Fest auf Tara gingen die Männer Irlands wieder ihrer Wege, aber Ailill war von großer Sehnsucht und Eifersucht erfüllt, daß ihn eine schwere Krankheit überkam. Deswegen brachte man ihn in die Festung Fremain in Tethba, die Lieblingsfestung seines Bruders des Königs. Dort blieb Ailill ein Jahr lang mit seiner Krankheit und Sehnsucht, aber er verriet niemandem den Grund für sein Leiden. Eochaid kam einmal, um sich nach Ailill zu erkundigen. Er legte Ailill die Hand auf die Brust, worauf dieser seufzte.

»Deine Krankheit scheint ja nicht mehr so schlimm zu sein«, sagte Eochaid. »Wie geht es dir?«

»Bei meinem Wort«, gab Ailill zurück, »es ist nicht besser, sondern es wird Tag und Nacht immer nur schlimmer.«

»Was fehlt dir denn?« fragte Eochaid.

»Ich weiß es nicht«, antwortete Ailill, »bei meinem Wort.«

»Ich will jemanden suchen, der den Grund für deine Krankheit findet«, sagte Eochaid.

Da brachte man Fachtna, den Arzt von Eochaid. Und Fachtna legte Ailill die Hand auf die Brust, und Ailill seufzte tief.

»Na«, meinte Fachtna, »die Sache steht nicht so schlimm. Dir fehlt eigentlich nichts, außer zwei Dingen: Entweder sind es die Schmerzen der Eifersucht oder der Liebe, die du fühlst, die aber nicht erwidert wird.« Daraufhin schämte sich Ailill. Er gestand aber den Grund für seine Krankheit nicht, und der Arzt ging wieder fort.

Eochaid machte inzwischen seine königliche Tour durch Irland und ließ Étain in der Festung Fremain mit den Worten zurück: »Geh sanft mit Ailill um, so lange er am Leben ist, und wenn er stirbt, laß ihm ein Grab im Torf graben und eine Steinsäule darauf setzen, auf die sein Name in Ogham geschrieben werden soll.« Dann begab sich der König auf seine königliche Tour durch Irland und ließ Ailill ein Jahr lang auf Fremain zurück, in Erwartung, daß er wohl sterben und vergehen würde.

Étain aber ging jeden Tag in das Haus, in dem Ailill lag, und pflegte ihn. Eines Tages fragte sie ihn: »Was fehlt dir nur? Du bist wahrhaft schwer krank, und wenn wir etwas wüßten, was dir Freude bereiten würde, dann würden wir es dir gern beschaffen.« Als sie dies gesagt hatte, sang sie ein kleines Lied, und Ailill antwortete ihr.

[Aufgrund des entstehenden Gesprächs erkennt Étain schließlich, daß ihr Schwager an der Liebe zu ihr leidet.]

Étain kam weiterhin jeden Tag, um Ailill zu baden und ihm sein Essen zu geben. Und sie half ihm gern, denn es machte sie traurig, daß er ihretwegen so litt. Eines Tages sagte sie zu Ailill: »Komm morgen früh bei Tagesanbruch zu einem Stelldichein mit mir in das Haus vor der Festung, dort sollen all deine Wünsche und dein Verlangen gestillt werden.« In dieser Nacht schlief Ailill nicht, bis der Morgen kam, und als der Zeitpunkt ihres Treffens gekommen war, überkam ihn endlich der Schlaf gegen seinen Willen, so daß er in tiefem Schlummer ruhte. Étain ging zu ihrer Verabredung, und sie brauchte auch nicht lange zu warten, da kam ein Mann auf sie zu, der aussah wie Ailill, schwach und erschöpft, aber sie wußte, daß es nicht Ailill war und wartete weiter. Dann kehrte sie wieder zurück, und Ailill erwachte und dachte, er wolle nun lieber sterben als weiterleben, so traurig und unglücklich war er. Die Frau kam, um mit ihm zu sprechen, und als er ihr sagte, was geschehen sei, sagte sie: »Komm morgen früh zum gleichen Ort.« Aber am folgenden Morgen geschah das gleiche wie am Vortag, und jeden Tag kam der gleiche Mann zu dem Treffen. Auch am letzten Tag, an dem sie sich verabredet hatten, erschien der gleiche Mann. »Ich bin nicht mit dir verabredet«, sagte sie da, »warum kommst du zu mir? Der, den ich hier zu treffen hoffte, hat weder meine Liebe, noch habe ich etwas von ihm zu befürchten, sondern einzig und allein um ihn zu heilen, will ich ihn treffen – um ihn zu heilen von der Krankheit, die ihn aus Liebe zu mir überkommen hat.« – »Es wäre aber passender, wenn du dich mit mir treffen würdest«, sagte der Mann, »denn als du Étain warst, die Tochter des Königs von Echrad, und nicht die Tochter von Ailill, war ich dein erster Gatte.« – »Ach«, sprach sie da, »wie lautet denn dein Name?« – »Das ist nicht schwer«, sagte der Mann. »Mider von Bri Leith ist mein Name.« – »Und warum gingst du von mir fort, wenn das so sein sollte?« fragte Étain. »Wieder eine leichte Antwort«, sagte Mider, »es war die Zauberei von Fuamnach und die Magie von Bressal Etarlam, die uns auseinander zwangen.« Dann fragte Mider Étain: »Kommst du mit mir?«

»Nein«, sagte Étain, »ich werde den König von Irland nicht gegen dich eintauschen, für einen Mann, dessen Verwandtschaft und Abstammung unbekannt sind.« – »Ich war es aber«, sagte Mider, »der Ailill die Liebe zu dir eingab, ich verhinderte, daß er zu dem Stelldichein mit dir kam und deine Ehre schändete.«

Danach ging die Dame zurück ins Haus zu Ailill, um mit ihm zu sprechen, und sie grüßte ihn. Ailill aber sagte: »Es war gut für uns beide, daß der Mann dir dort begegnete, denn ich bin nun von meiner Krankheit geheilt, deine Ehre ist unverletzt, und ein Segen möge auf dir ruhen.« – »Dank unseren Göttern«, sagte Étain, »daß wir beide diese Angelegenheit so unbeschadet überstanden haben.« Kurz darauf kam Eochaid von seiner königlichen Tour zurück und fragte nach seinem Bruder, und man erzählte ihm die ganze Geschichte vom Anfang bis zum Ende, und der König war Étain dankbar, daß sie so großzügig zu Ailill gewesen war. »Was sich in dieser Geschichte zugetragen hat«, sagte Eochaid, »gefällt uns allen wohl.«

....

Ein andermal trug es sich zu, daß Eochaid Airem, der König von Tara, sich an einem schönen Sommertag erhob und auf den Berg von Tara stieg, um die Ebene von Breg zu betrachten: Wunderbar lag diese Ebene da, in allen Farbtönen, die man sich nur denken konnte. Und als dieser Eochaid sich so umsah, da erblickte er einen seltsamen jungen Krieger neben sich auf dem Gipfel. Der Mann trug ein purpurnes Wams, sein Haar war golden und fiel ihm auf die Schultern. Die Augen des jungen Kriegers waren von glänzendem Grau, in der einen Hand hielt er einen fünfzackigen Speer, in der anderen einen Schild mit einem weißen Mittelstück, das mit Gold und Edelsteinen besetzt war. Eochaid blieb stumm, denn er wußte, daß sich niemand in dieser Gestalt am Abend zuvor auf Tara aufgehalten hatte, und das Tor der Umfriedung war zu dieser Stunde noch nicht geöffnet worden.

Der Krieger kam und stellte sich unter den Schutz von Eochaid, und Eochaid sagte: »Willkommen, dem Helden, der unbekannt.«

»Deine Begrüßung ist genau, wie ich sie erwartet hatte«, antwortete der Krieger.

»Wir kennen dich aber nicht«, antwortete Eochaid.

»Doch, ich kenne dich sehr wohl«, erwiderte der andere.

»Wie lautet dein Name, mit dem man dich nennt?« fragte Eochaid.

»Mein Name ist nicht bekannt«, lautete die Antwort. »Ich bin Mider von Bri Leith.«

»Und warum bist du hier?« fragte Eochaid.

»Ich komme, um Schach mit dir zu spielen«, antwortete Mider. »Wahrhaftig«, sagte Eochaid, »ich bin aber sehr gut darin.«

»Dann wollen wir das prüfen«, sagte Mider.

»Nein«, meinte Eochaid, »die Königin schläft noch, und in ihrem Zimmer liegt das Schachbrett.«

»Ich habe hier ein Schachbrett«, sagte Mider, »das nicht schlechter ist als deins.« Das stimmte, denn dieses Schachbrett war aus Silber, die Spielsteine aus Gold, und in das Brett waren kostbare Steine eingelegt, die funkelten. Der Beutel für die Spielsteine war aus Metallketten geflochten.

Mider stellte das Schachspiel auf und rief Eochaid herbei. »Ich spiele aber nicht«, sagte dieser, »wenn es nicht um einen Preis geht.«

»Um was wollen wir denn spielen?« fragte Mider.

»Das ist mir egal«, meinte Eochaid.

»Nun«, meinte Mider, »wenn es dir gelingen sollte, mich zu schlagen, gebe ich dir fünfzig dunkelgraue Pferde. Ihre Köpfe sind blutrot gefleckt, die Ohren gespitzt, der Brustkorb breit, die Nüstern gebläht und die Hufe schmal. Sie sind von großer Kraft und so scharf wie eine neue Klinge. Von stolzem und heißem Blut sind sie, aber leicht zu lenken.«

Eochaid und Mider spielten mehrere Partien, und da sich Mider nicht sonderlich anstrengte, siegte Eochaid auf der ganzen Linie. Doch anstelle der Gaben, die Mider angeboten hatte, verlangte Eochaid, daß Mider und seine Leute Dienste für ihn leisten sollten, die seinem Reiche nutzten: Die Steine und Felsen von der Ebene von Math räumen, die Binsen um seine Lieblingsfestung Tethba entfernen, die das Land unfruchtbar machten, den Wald von Breg zu fällen und schließlich einen Pfahlweg durch den Sumpf von Lamrach zu errichten, damit man sich frei hinüber bewegen konnte. Alldem stimmte Mider zu, und Eochaid schickte seinen Kämmerer hinaus, um zu sehen, wie die Arbeit vorankam. Er sah Mider und seine Feenarmee mit hellen Ochsen, wie sie den Weg durch den Sumpf bauten, und anschließend Erde und Kies und Steine darauf kippten. Es war zu jener Zeit in Irland der Brauch, Ochsen einzuschirren, indem man ihnen einen Riemen über die Stirn schnallte, damit sie mit ihrem massigen Kopf zogen. Diese Sitte endete an diesem Abend, als man sah, daß die Feenleute den Ochsen das Joch auf die Schultern legten, um mit dem Körper zu ziehen. Anschließend legte Eochaid das Joch den Ochsen stets auf die Schultern, und von daher stammt auch der Name Eochaid Airem, Eochaid der Pflüger, denn er war der erste von allen Männern Irlands, der seine Ochsen mit dem Hals unter das Joch brachte. Danach wurde es in ganz Irland Brauch. Das folgende Lied sangen die Elfen, als sie die Straße bauten:

Starke Hand, kräftige Hand,
Edel schaffen die Ochsen heut.
Schwer ist der Weg, und was
wird sein, wenn der Weg von Lamrach beendet?

In der ganzen Welt konnte sich keine Straße finden, die besser gewesen wäre als die, die sie dort gebaut hatten, wenn das Feenvölkchen nicht beobachtet worden wäre. Aus diesem Grund gibt es in der Straße eine Lücke.

Anschließend kam der Kämmerer zu Eochaid und beschrieb ihm den großen Trupp der Arbeiter, die er dort beobachtet hatte, und meinte, keine Macht könne dieser widerstehen. Als sie sich gerade miteinander beredeten, stand Mider vor ihnen: Seine Miene war gerötet und verriet nichts Gutes, und Eochaid erhob sich und begrüßte ihn. »Deine Begrüßung ist, wie ich sie erwartet habe«, sagte Mider. »Du hast mich grausam und gedankenlos behandelt und mir viel Leid und Unglück zugefügt. Alles, was dir gut erschien, habe ich dir gegeben, aber nun erfüllt mich großer Zorn gegen dich.« – »Ich gebe nicht Wut auf Wut«, meinte Eochaid. »Was willst du?« – »Es soll sein, wie du es wünschst«, sagte Mider. »Spielen wir Schach.« – »Und um welchen Preis?« fragte Eochaid. »Um alles, was der Sieger verlangt«, sagt Mider. Und nun wurde Eochaid geschlagen und verlor.

»Ich schulde dir einen Preis«, sagte Eochaid.

»Wenn ich es gewollt hätte, hättest du schon lange verloren«, meinte Mider.

»Was verlangst du von mir?« fragte Eochaid.

»Daß ich Étain in meinen Armen halten und küssen kann«, antwortete Mider.

Da schwieg Eochaid eine Weile und sagte dann: »In einem Monat sollst du bekommen, was du verlangt hast.« Ein Jahr, ehe Mider zuerst zu Eochaid kam, um mit ihm Schach zu spielen, hatte er Étain gefreit und sie nicht erhalten, und der Name, den er Étain gab, war Befind, oder hellhaarige Frau, und so hatte er gefragt:

»Willst du mit mir kommen, hellhaarige Frau?«

Damals hatte Étain gesagt: »Wenn du mich von dem erringst, der Herr meines Hauses ist, werde ich gehen, aber wenn du mich nicht von ihm bekommen kannst, komme ich auch nicht.« Darauf war Mider zu Eochaid gegangen und hatte ihm zunächst erlaubt, ihn beim Schach zu besiegen, damit Eochaid in seiner Schuld stand, daher hatte er den großen Preis bezahlt, dem er zugestimmt hatte. Daher hatte er von ihm auch verlangen können, um etwas zu spielen, was vor Sieg und Niederlage nicht bekannt war. Als Mider und sein Volk die vereinbarten Preise bezahlten, nämlich die Straße und die Räumung und die Rodung der Binsen um Tehthba und das Fällen des Waldes um Breg, sprach er die folgenden Worte, wie sie im Buch von Drum Snechta verzeichnet sind:

Wirf die Erde auf, stich hinein!
Rote Ochsen stöhnen unter dem Joch.
Starke Truppen gehorchen meinem Wort,
Schwere Arbeit für schwere Männer,
Starke Stämme in den Torf gerammt,

rotes Weidengeflecht sie verbindet.
Müde unsere Hände, unsere Augen trüb –
und alles für eine einzige Frau!
Ochsen seid ihr, aber die Rache ist süß.
Männer werden zu Sklaven.
Die Binsen von Tethbar sind gerodet
und Kummer und Leid der Preis.
Die Steine sind von Meath geräumt
zu wessen Nutzen und Schaden?

Dann bestimmte Mider einen Tag gegen Ende des Monats, an dem er Eochaid treffen wollte, und Eochaid rief sämtliche Helden Irlands zusammen, die sich in Tara einfanden, und als sich alle in Tara eingefunden hatten, verbarrikadierten sie die Tore von innen und außen, mit König und Königin in der Mitte des Palastes. Dann wurde der äußere Hof versperrt, denn sie wußten, daß die große Armee der Männer der Nacht sie angreifen würde. In der verabredeten Nacht gab Étain ein Bankett für die Könige, denn es war ihre Pflicht, den Wein auszuschenken, und mitten im Gespräch sahen sie plötzlich Mider vor sich in der Halle stehen. Er war immer ein schöner Mann gewesen, aber nun wirkte er schöner als je zuvor. Und alle starrten ihn voll Erstaunen an und verstummten, bis der König ihn begrüßte.

»Dein Empfang ist genauso, wie ich es erwartet habe«, sagte Mider. »Laß nun das mein sein, was du mir versprochen hast. Die Schuld ist fällig, wenn ein Versprechen abgegeben wurde, denn ich habe dir schließlich alles genau so gegeben, wie zugesagt.«

»Ich habe noch nicht darüber nachgedacht«, erwiderte Eochaid.

»Du hast mir Étain versprochen«, sagte Mider. »Das war deine Aussage.« Als Étain dies hörte, errötete sie vor Scham.

»Du brauchst dich nicht zu schämen«, sagte Mider zu Étain, »denn deine Ehe wurde in keiner Weise geschändet. Ich habe dich ein Jahr lang mit den schönsten Juwelen und Schätzen umworben, die man in ganz Irland finden kann, dich aber nicht genommen, bevor die Zeit kam und Eochaid es erlauben würde. Du hattest keinen Einfluß darauf, daß ich dich nun errungen habe.« – »Ich selbst habe dir gesagt«, meinte Étain, »daß ich deinen Wünschen nicht stattgeben würde, bevor nicht Eochaid mich dir überläßt. Nimm mich also zu dir, wenn Eochaid gewillt ist, mich dir zu überlassen.«

»Ich überlasse dich niemandem!« rief Eochaid. »Aber er kann dich unter diesem Dach in seine Arme nehmen.«

»Es soll geschehen!« sagte Mider.

Da nahm er seine Waffen in die linke Hand und die Frau unter seinen rechten Arm und trug sie durch das Rauchloch in der Decke aus dem Haus.

Alle Männer scharten sich um den König, denn sie glaubten, man hätte ihnen eine Schmach bereitet. Da sahen sie zwei Schwäne Tara umkreisen. Und sie flogen auf den Feenhügel von Femen zu. Da zog Eochaid mit seiner Armee der Männer Irlands zu diesem Femen-Hügel, den man den Hügel der hellhaarigen Frauen nennt. Er folgte dabei dem Rat der Männer Irlands und grub alle Elfenhügel aus, um seine Frau dort wiederzufinden. Mider und sein Volk wehrten sich, und es folgte ein langer Krieg zwischen ihnen: Immer wieder wurden die Gräben, die Eochaid zog, zerstört. Neun Jahre lang, so heißt es, dauerte der Kampf der Männer Irlands um den Feenpalast. Als die Armeen Eochaids endlich in den Feenhügel von Bri Leith eindringen konnten, schickte Mider sechzig Frauen in den Palast, die alle wie Étain aussahen und ihr so sehr ähnelten, daß niemand zu sagen vermochte, wer die Königin sei, und Eochaid selbst ließ sich täuschen und wählte statt Étain deren Tochter Mess Buachalla (manche sagen auch Esa). Aber als er merkte, daß er getäuscht worden war, kehrte er zurück, um Bri Leith zu plündern, und diesmal machte sich Étain Eochaid durch Zeichen bemerkbar, an denen er sie unmißverständlich erkannte. Er trug sie im Triumph zurück nach Tara, und sie blieb dort beim König.

[In einer anderen Version der Geschichte heißt es, daß die Feenvölkchen von Mag Breg und Mider von Bri Leith die Tabus von Conaire brachen und sein Leben beendeten und Mag Breg verwüsteten, weil Bri Leith zerstört werden war und Eochaid Airem Étain mit Gewalt entführt hatte.]

Die Pflegekinder im Haus der zwei Eimer[6]

Diese Geschichte aus dem »Book of Fermoy« trägt gewöhnlich den Titel: »Die Pflegekinder im Haus der beiden Becher« (»The Forsterage in the House of the Two Goblets«), aber aus dem Kontext der Geschichte geht eindeutig hervor, daß es sich um »Melkeimer«, *meadar,* handelt und »Eimer« die bessere Übersetzung ist. Die Geschichte wurde im 14. oder 15. Jahrhundert von einem früheren Text übertragen; in dieser Version fehlen die Gedichte, die im Original enthalten sind. Es entsteht auch der Eindruck, als sei die Geschichte häufig neu erzählt worden, da die mythologischen Bezüge von früheren Überlieferungen abweichen.

Hier werden die heidnische und die christliche Welt einander gegenübergestellt, und Eithne (Enya) ist die unglückliche Heldin. Es geht um den Rückzug der Tuatha de Dannan in die Anderswelten, um den Milesiern die Herrschaft über Irland zu überlassen. Wir begegnen den miteinander verbundenen Themen »Verlassen der Mittelerde« und »Ankunft des Christentums«.

Der Text scheint für diejenigen von geringer Bedeutung, die die keltischen Erzählungen ausschließlich von klassischen, vorchristlichen Traditionen beeinflußt sehen, ist jedoch wichtig für das Verständnis dessen, wie sich die alten Überlieferungen mit neuen Einflüssen vermischten. In der Geschichte von Eithne geht es vornehmlich um Familienbindungen, Pflegeverhältnisse und Zugehörigkeit. Als Aengus mac Og, ihr Ziehvater, sie bittet, zu den Feen zurückzukommen, entgegnet Patrick: »Das Mädchen ist nicht dein Mündel, sondern gehört dem Gott der Schöpfung, aber ihr Vater hat sie dir anvertraut.«

Wir stehen hier vor dem grundsätzlichen Bruch zwischen der alten keltischen Tradition und dem christlichen Gegenstück: In der Feenwelt lebt man im Augenblick, freut sich über das tagtägliche Leben und über die Aussicht auf Unsterblichkeit. In der christlichen Welt lebt man für einen zukünftigen Zustand, betrachtet das alltägliche Leben als vergänglich und freut sich auf das ewige Leben im Himmel. Zwischen Aengus und Patrick kann es daher keine Übereinkunft geben.

Der Titel der Geschichte ist für unser Verständnis dessen wichtig, wie Christentum und keltischer Glaube zusammenfinden. Die beiden Melkeimer repräsentieren spirituelle und körperliche Nahrung; wir können sie auch als Behältnisse für den grundsätzlichen Strom der Tradition betrachten, der sich von einem Zeitalter zum nächsten ergießt und an diejenigen weitergetragen wird, die reinen Herzens sind.

Eithnes Schicksal ist für den Feenfreund schwer zu ertragen, denn sie gibt die Segnungen des irdischen Paradieses für ein kurzes Leben, Sterblichkeit und die Dauerhaftigkeit eines himmlischen Lebens auf. Die Kinder von Lir und Liban werden zwar auch durch die Taufe vom langen Leben befreit, aber Eithne ist die einzige Fee, die in den beiden andersweltlichen Häusern des Brugh und von Emain Ablach erzogen wurde und außerdem den Himmel gesehen hat!

1. [Bruchstückhafte Schilderung der beiden Bruderkönige Erimon und Emer. Erimon besiegte die Tuatha de Dannan in den Schlachten von Tailltiu und Druiom Ligheam und fiel in einem Streit durch die Hand seines Bruders.]

2. Hier wollen wir von den Abenteuern der Tuatha de Dannan berichten: Die Siege von Tailltiu und Druim Lighean schenkten Erimons Helden und Soldaten die militärische Oberherrschaft über die verschiedenen Teile von Eire. Man rief den edlen Herrscher, den allmächtigen Manannan, herbei, um ihre [der Tuatha de Dannan] Probleme zu lösen, und sein Rat an die Krieger lautete, sich über die Hügel und Ebenen Eires zu verstreuen und aufzuteilen. Die Männer ernannten Bodb Derg und Manannan zu ihren Herrschern, und Manannan befahl die Ansiedlung der Edlen in deren magischen Häusern: Bodb Derg im Sith Buidb auf dem Derggert-See, der hochmütige Midir im schönen Sith Truim, der freundliche Sithmall im Sith Neannta dem Glänzenden, Finnbarr Meadha auf dem kahlen Sith Meadha, Thadg Mor, Sohn von Nuadu, im Sith von Druim Dean, Abhartach, Sohn von Illathar, im Sith Buidhe mit dem schönen Gipfel, Fagartach im allerschönsten Sith Finnabeacrach, Ilbreac im Sith Aeda von Assaroe, Lir, Sohn des Lugaid, im grünen Sith Finnachadh, Derg Diansgothach im Sith Cleitidh, und alle ... Häuser und Paläste wurden den Tuatha de Dannan überlassen.

Manannan teilte jedem Edlen ein bestimmtes Haus zu und schuf für die Krieger den Feth Fiadha, das Fest von Goibniu und Manannans Schweine: Die Prinzen waren durch den Feth Fiadha unsichtbar, die Herrscher entgingen Alter und Verfall durch das Fest von Goibniu, und Manannans Schweine konnten von den Kriegern geschlachtet werden, erwachten aber immer wieder zum Leben. Manannan brachte den Edlen bei, wie sie sich am Sidh Brugh aufstellten und ihren Haushalt wie die Menschen des schönen Landes der Verheißung und des schönen Emain Ablach weiterführen sollen. Die Edlen gestanden Manannan zu, sowie sie ihre Häuser in Besitz genommen hatten, sollte er bei jeder Hochzeit eines jeden Hauses und bei jedem Fest eines Herrn eingeladen werden, damit sein Rang und sein Gesetz über jedem Haus herrschten.

3. Es gab aber zu jener Zeit in Eire noch einen anderen Herrscher, der war nicht hochmütig, und dieser Krieger hieß Ealcmar. Er hatte Cairbre Cromm bei sich, den Sohn des Asigmall, Sohn eines anderen Cairbre Cromm, und Aengus Og, Sohn des Dagda. Sein Haus lag im Brugh am Boyne ... die Edlen

der Tuatha de Dannan und er plante ... ein Fest in seinem Haus für Bodb Derg, Sohn des Dagda, und schickten nach Manannan und den Edlen seines Stammes ... »Aber wir wußten, daß es uns nicht an guten Dingen fehlt«, sagten die Leute.

Doch hört: Manannan besuchte nacheinander alle Sidhe, die er besaß. Und als Ealcmar hörte, daß er diese Runde machte ... schickte er ihm seinen Ziehsohn entgegen, um ihn einzuladen [Aengus Og, Sohn des Dagda], und Manannan ging ... ans taugrüne Ufer des Boyne ... Assaroe und nach Irluachair ... das Licht des Hauses gegenüber Manannan ... und Manannan kam an der Spitze seines Trupps ... zur Festung, und das sah so aus: [Es folgt eine bruchstückhafte Beschreibung des Hausinneren.] Alle Herrscher der Tuatha und Edlen aus dem Land der Verheißung hatten sich eingefunden, und keiner der Prinzen und Herren war nicht von Neid auf dieses Anwesen erfüllt.

4. Ealcmar dachte gründlich nach und besprach sich mit seinen Beratern und rief seine Diener und seinen Oberkämmerer zu sich. (Dicu lautete sein ehrenwerter Name.) Dann sagte er folgendes: »Geht, meine guten Leutchen, zu den Schluchten und Wasserfällen und Flußmündungen Eires, um Fisch, Geflügel und Wildbret für den Herrscher zu suchen.« Dicu zog mit seinem guten Sohn Roc los, und die Prinzen ließen sich zum Schmaus nieder. Manannan saß bei den Kriegern, zu seiner Rechten saß Bodb Derg, Ealcmar saß an der Seite, die bei jedem Kampfgetümmel den Schild hält. Eachdond Mor, Manannans Sohn, saß an der Seite des Palastes, und Abatach neben diesem Edlen, und Sidhmall Siteach zu seiner Linken, und alle anderen Krieger auf einem sicheren Platz unter ihren Kameraden. Aengus war bei den Dienern und erteilte ihnen Anweisungen und Befehle, und man servierte alle möglichen Getränke und Speisen genau so, daß die Gesellschaft fröhlich und lustig war.

Doch hört: Die Helden verbrachten drei Tage und drei Nächte auf diese Weise, und am Ende des vierten Tages mußte Manannan das Haus räumen, denn keiner Mutter Sohn war übriggeblieben, der noch einen Funken bei Verstand war, außer Manannan und Aengus. Da begann er mit Aengus zu streiten und sagte: »Es ist ein schönes Haus, Aengus, und ich habe noch nie etwas Ähnliches gesehen, außer Cruitin na Cuan oder Emain Ablach, und die Lage am Ufer des Boyne an der Grenze der fünf Provinzen ist gut. Wenn ich du wäre, Aengus, wäre dieses Haus mein, und ich würde Ealcmar auffordern, auszuziehen. Du würdest von mächtigen Freunden ›Glück und Wohlstand‹ genug bekommen, um es zu tun.« Er sagte den Spruch auf.

Danach sprach Manannan Aengus erneut an und sagte: »Weißt du, Aengus, daß von allen Tuatha de Dannan, die noch am Leben sind, ich der

Oberste aller Könige bin, der Älteste Krieger, glänzendes Licht aller Schlachten und Oberherr eurer Helden, und auch wenn Ealcmar dein Lehrer sein mag, bin ich dein Lehrer in Tapferkeit, in Waffenkunst, in Zauberei. Ich bin ein Ziehsohn deines guten Vaters, des Dagda, und jedem Kind deines Vaters, der Reichtum hat, habe ich auch etwas zu geben.« – »Ich bin froh, das zu hören«, erwiderte Aengus. »Warum wird dieser Hügel der Anbetung so genannt?« – »Das werde ich dir sagen«, antwortete Manannan. »Du mußt dein Wort geben und bei deinem scharlachroten Schild, deinem Schwert und den hohen, anbetungswürdigen Göttern schwören, daß du diesmal nach meinem Rat handelst.« Er überredete Aengus, der fast schon eingewilligt hatte... »Weißt du, Aengus, daß es nicht recht ist, daß Ealcmar... und es sollte nicht er sein, der diese Festung verteidigt und das Haus und die Herrschaft einrichtet. Wir werden im Haus sitzen, das vor Ealcmar entstand und wenn du ihn zum Brug aufforderst, wirst du Glück und Wohlstand erreichen, er aber Unglück, Leid und Exil. (Es ist das Glück der Engel, die vom König zum Palast kamen, vom Schöpfer des Universums, das Glück, daß wir die Königswürde von Fodla von den Fir Bolg übernahmen, das Glück, daß die Milesier den Thron Irlands wieder übernahmen.) Warne ihn, nicht zum Haus zu kommen, bis Ogham und Säulen miteinander verschmelzen, bis Himmel und Erde, Sonne und Mond miteinander verschmelzen.« – »Gott steht über unseren Göttern«, meinte Aengus. »Aber höre«, sagte Manannan. »Der einige allmächtige Gott kann deine Idole stürzen, und sie können ihm nichts anhaben, denn er ist ein Mächtiger, der Himmel und Erde und das Meer mit allen Wundern geschaffen und der das Universum in aller Größe erschuf.«

»Weißt du, Aengus«, fuhr Manannan fort, »warum der Mensch als erster geschaffen wurde?« – »Ich weiß es nicht«, antwortete Aengus. »Das ist der Grund«, sagte Manannan. »Der einzige Gott, den wir beschrieben, erschuf zehn Gruppen von Engeln um sich. Der Herr der zehnten Gruppe aber wurde neidisch und wütend, und sie verließen die himmlischen Ebenen ohne einen Grund, und Gott... erschuf als zehnte Gruppe seines Landes... die Menschheit... und jene, die sein Land unter Zorn verließen... verwandelte er in Dämonen und machte für sie einen Kerker und ein Gefängnis, um sie zu strafen. Alle, die nach seinem Willen handeln, werden in den Palast gebracht, und alle, die sich gegen ihn stellen, in den Kerker der Qualen, und das ist der Grund für die Schöpfung«, sagte Manannan. »Wir stammen nicht von jenen ab, aber handele diesmal nach meinem Rat.« – »Es tut mir so leid«, antwortete Aengus, »denn die Ehren und das Vergnügen des Hauses stehen unter meiner Herrschaft, und sein Ertrag und alles ist mein, aber meine Ziehsöhne werden in Ungnade stehen, wenn ich es tue.« – »Hör auf«, sagte da Manannan, »denn ein König ist edler als ein Königreich, und ein Herr edler als sein Erbe, und Herrschaft ist besser als Dienen, und Sicherheit bedeutet mehr als Mildtätigkeit. Dein Wille ist besser als der deines Vaters oder deiner Mutter oder eine Bitte an einen von ihnen unter ihrem Joch.« Das überzeugte Aengus, und er sagte: »Diesmal werde ich deinem Rat folgen, großer Zauberer.«

5. Und was war mit Ealcmar? Er beriet sich mit seinen Freunden, ob das Essen für den König von jenen Boten bereitet werden sollte, die auszogen, um Fisch, Geflügel und Wildbret zu besorgen. Allgemein dachte man, der König solle nicht auf diese warten müssen, und daß kein Mangel an Wein herrschte. Manannan kam mit seinem Zwergenzauber, und Ealcmar bereitete sein Haus für Manannan vor. Er kam mit seinen Leuten in den Sidh und saß unter den Kriegern und alle saßen auf den ihnen angestammten Plätzen. Sie aßen und tranken, bis die Gesellschaft fröhlich wurde, außer Aengus, dem übel war vor Angst, seinen Lehrer herauszufordern, dennoch trat er in dem Augenblick vor Ealcmar den Manannan vorbestimmt hatte, und stimmte unverzüglich einen schrecklichen Gesang an. Nach dieser Rede sprach er zu seinem Lehrer:

Ealcmar, erhebe dich rasch, wunderbar und leicht,
wie das furchtsame Reh auf der Jagd,
oder ein Vogelschwarm vor dem Habicht.

Ealcmar verließ darauf mit all seinen Männern und Frauen das Haus. (Seit dieser Aufforderung ist kein Ziehvater ohne die Macht des Teufels, denn selbst wenn alle in Eire versuchen würden, ihn zu hindern, sie vermöchten es nicht wegen der Kraft von »Glück und Wohlstand«.) Als Ealcmar auf den taubenetzten Hügel vor dem Haus trat, blickte er seine Frau und seinen Hofstaat an. »Wir sind nun ein jammervolles, unglückliches Völkchen«, sagte er. »Und wir zögern, den Boyne und mein Haus zu verlassen, und von nun an werde ich nur großes Leid und schließlich den Wahnsinn finden. Es ist der verräterische Manannan, der meinem Ziehsohn »Glück und Wohlstand« durch Zauber und Teufelskunst versprach, um mich zu vertreiben, und weh ihm, aber es ist für meinen Ziehsohn gut. Ich schwöre bei meinem Schicksal«, fuhr Ealcmar fort, »wenn Aengus sich die Herrschaft des Hauses erbeten hätte, ich hätte sie ihm überlassen.« Darauf zog Ealcmar fort, und Aengus trat auf die Wiese hinaus und sprach mit ihm. Er wollte ihn aufhalten, weil ihn Reue und Scham überkommen hatten, aber er vermochte nicht den Zauber von »Glück und Wohlstand« zu brechen, mit dem Manannan ihn belegt hatte. Danach zog Ealcmar los, und noch ehe er außer

Reichweite gekommen war, war die ganze Gesellschaft verschwunden. In diesem Augenblick sah Aengus den Kämmerer des Hauses, dessen Frau und Sohn. Sie erzählten einander die Neuigkeiten, und der Kämmerer stellte sich unter Aengus Schutz, und Aengus sagte zu ihm: »Bleibe im Amt, denn du warst bei der Herausforderung nicht hier.« Darauf wurde ihm die Leitung des Hauses unterstellt.

6. Es begab sich, daß die Frau des Kämmerers zu dieser Zeit schwanger ging. Als Aengus dies bemerkte, bat er darum, Ziehvater des Kindes zu sein, und sie trafen sich im Haus, und der Oberkämmerer bat um Manannans Freundschaft. Die Edlen fragten Manannan, wo Ealcmar Ruhe finden würde. »Das weiß ich nicht«, antwortete Manannan, »noch weiß es irgendein Prophet oder Weiser in der ganzen Welt, außer dem allmächtigen Gott.« Dann veranstaltete Aengus ein Fest zu Ehren von Manannan und den Edlen der Tuatha de Dannan. Als es zum Ende des Festes ging ... und man die Gesänge hörte ... sagte Aengus: » ... deine Frau ist schwanger, und egal, wie das Kind sein wird, das sie bekommt, ich werde es aufziehen und ausbilden.« »Die Kinder von allen anderen Tuatha de Dannan sollen ebenso behandelt werden«, sagte Manannan, und alle stimmten zu. Aengus verfügte nun für alle, sich edel zu verehelichen. Manannan zog fort in seine Festung, bis die Zeit kam und seine Frau die Frucht seiner Lenden gebar, eine schöne Tochter mit einem Busch goldenen Haars auf dem Kopf, weshalb sie auf den Namen Curcog (Haarbüschel) getauft wurde. Man übergab sie Aengus, der sie großziehen und ausbilden und mit den gleichaltrigen Töchtern der anderen gemeinsam aufziehen sollte.

Die Frau des Kämmerers gebar zur gleichen Zeit eine Tochter, die man Eithne nannte, und Aengus nahm sie wie die anderen Ziehkinder in seinen Haushalt auf, um sie dort großzuziehen. Man baute ein wunderschönes, vielgestaltiges sonniges Haus für die Maiden, und dort wurden sie erzogen. Niemals gab es vor oder nach ihnen eine Gruppe Mädchen, die so züchtig und keusch waren wie die Gruppe um Curcog, und kein Mädchen übertraf Eithne, die Tochter von Dicu an Keuschheit und Züchtigkeit. Jeder, der sie erblickte, verliebte sich in sie. Sie war für Aengus die schönste von allen, und ihr Ruhm verbreitete sich in ganz Eire. Die Tochter des Kämmerers war berühmter als alle anderen Frauen, sogar Curcog, und die Edlen der Tuatha de Dannan kamen einzig und allein wegen des Rufs, den diese Frauen genossen. Finnbarr Meadha kam von seinem Sidh, dem kahlen Hügel von Meadha, zum Herrenhaus am Boyne, um diese Frauen zu sehen. Er wurde aufs Herzlichste begrüßt, man schirrte seine Pferde und Kutschen aus, und er betrat das Haus mit Aengus, um zu trinken und fröhlich zu sein. Finnbarr sagte, er sei wegen der Frauen gekommen. Aengus meinte: »Was ziehst du vor: in ihr Haus zu gehen oder willst du, daß man sie herbringt?« Finnbarr entschied, die Frauen sollten hergebracht werden, und Aengus schickte einen Boten zu Curcog und ihren Damen, und Curcog brachte sie alle vor Aengus und Finnbarr. Finnbarr starrte Curcog und alle anderen an. Dann blickte er Eithne, die Tochter Dicus, scharf an und fragte, wer sie sei, die den Schmutz verursacht habe, und obwohl er gefragt hatte, antwortete er: »Es ist die Tochter des wertlosen Kämmerers, und ich hätte sie fast ›Schmutz‹ getauft.« Dann sprach er den Vers:

> Die königliche Tochter des Kämmerers aus Munster,
> ein feiner, stattlicher Schwan,
> ist eine Frau, deren Herkunft uns abscheulich,
> denn sie macht so viel Schmutz.

Da wurde das schöne Gesicht des Mädchens erst blaß und dann rot vor Wut. Sie entfernte sich traurig und bekümmert mit nassen Wangen und gerötetem Gesicht und ging zurück in ihr sonniges Haus. Als Aengus dies mitansah, wurde er schrecklich wütend und brachte Finnbarr und seine Leute fast um. Aber er erinnerte sich an ihre Freundschaft und bereute es im Herzen und änderte sein Vorhaben. Anschließend machte sich Finnbarr wieder auf den Weg, immer noch im Streit mit Aengus, und seine Leute rieten ihm, sich nicht in Unfrieden von seinem Bruder zu verabschieden. Finnbarr zog also wieder zurück zum Herrenhaus und trat vor Aengus und verbeugte sich tief auf seine weißen Knie vor seinem Bruder. »Warum tust du das, oh Bruder?« fragte Aengus. »Weil du der älteste und edelste und ich der jüngste von Dagdas schönen Kindern bin, und es ziemt sich für jeden Verbrecher, die Dinge wieder gutzumachen.« – »Ich nehme es an«, sagte Aengus, und sie legten ihre roten Lippen aufeinander und küßten einander herzlich. Dann wurde das Haus bereitet für Finnbarr und Aengus und man holte Curcog und ihre Damen in die Halle, und Aengus und Finnbarr saßen mit den Prinzen, und Curcog saß zwischen ihnen, um ihnen die Ehren zu erweisen, und Aengus hatte sein geliebtes Ziehkind Eithne, Tochter des Dicu, an seiner anderen Seite.

Es herrschte weder Mangel an Speisen in der Halle, noch an den besten Getränken, und es gab keinen, der nicht fröhlich und zufrieden war, außer Eithne, aber es gab keinen unter Finnbars oder Aengus Leuten, die sich nicht vor sie knieten, damit sie etwas zu sich nähme, aber sie wollte nicht. Finnbarr selbst feierte drei Tage und drei Nächte in der Festung. Am dritten Tag verabschiedete man sich und Finnbarr zog zurück nach Cnoc Medha, seinem schönen Hügel.

7. Was war aber mit Eithne? Sieben Tage und sieben Nächte lang berührte sie weder Speise noch Trank, und selbst wenn alle Männer Irlands es ihr befohlen hätten, zu essen und zu trinken, so wäre sie dem nicht gefolgt, und es gab keine Speise oder Getränk in der ganzen Welt, die die Mädchen ihr nicht vorgeschlagen hätten, und so sehr sie auch drängten, sie lehnte alles ab. Aengus überlegte, ob sie vielleicht die Milch der graubraunen Kuh trinken würde, wenn man sie in einen schönen goldenen Becher gab. Diese Kuh gehörte Aengus, und sie war so einzigartig und bemerkenswert, daß es in ganz Eire oder der ganzen Welt keine andere dergleichen gab – außer einer einzigen. »Wer wird sie für mich melken, Aengus?« fragte das Mädchen. »Such dir irgendeine Frau aus dem Haus aus, auch Curcog oder du selbst, mein Kind«, erwiderte Aengus. »Ich werde sie selber melken«, antwortete das Mädchen. »Dein Wunsch soll dir erfüllt sein«, sagte Aengus, und man brachte Eithne die Kuh zum Melken mit der besonderen Fußfessel aus Seide und dem schönen goldenen Becher. Das Mädchen wusch sich die schlanken weißen Finger mit den bräunlichen Nägeln und molk die Kuh ohne zu zögern, und anschließend tranken sie und Aengus die Milch von der graubraunen Kuh. Zu jeder Stunde der gewöhnlichen Mahlzeiten wurde nun die Kuh zu dem Mädchen gebracht, das sie molk, und die Milch war nun ihre einzige Speise und Trank. Auch wenn man ihr die auserlesensten Speisen der ganzen Welt vorgesetzt hätte, sie hätte dennoch nur die Milch der graubraunen Kuh zu sich genommen. Als sie die Kuh eines Tages molk, fragte sie Aengus: »Wie hast du die graubraune Kuh gefunden, oder hat sie Ealcmar in dieses Haus gebracht?« – »Du sollst es erfahren«, sagte Aengus. »Ich ging auf eine Reise mit Manannan nach Osten über die See, bis wir zu den goldenen Säulen des Ostens kamen, und von dort nach Indien, und dort fanden wir wunderbare Dinge, wie wir sie noch nie zuvor gesehen hatten, eine gefleckte Kuh und eine graubraune Kuh, und zwei wunderschöne Goldbecher und zwei Fußfesseln aus der feinsten Seide. Wir nahmen sie mit nach Eire und teilten sie unter uns auf, und Manannan gab mir die eine Hälfte, nämlich einen Becher, eine Kuh und eine Fußfessel, und ich brachte meinen Anteil hierher, die Graubraune von Aengus. Sie hat zu jeder Jahreszeit Milch, und ihre Milch schmeckt nach Honig und berauschendem Wein und macht so satt wie das beste Essen. So habe ich die graubraune Kuh bekommen«, schloß Aengus.

8. Danach fragte Aengus alle Druiden und Seher und weisen Männer in Eire, warum das Mädchen keine irdischen Speisen mehr zu sich nahm, sondern nur noch die Milch der graubraunen Kuh, aber niemand wußte den Grund. Die Geschichte drang auch bis Cruitin na Cuan und Emain Ablach

und zu den Edlen des Landes der Verheißung vor, und sie staunten über die Geschichte von Eithne in Eire. Manannan schickte Boten zu Curcog und ihren Damen, inbesondere zu Eithne, um herauszufinden, warum sie nichts mehr aß, und diese Boten kamen zum Brugh am Boyne. Aengus schickte Freunde und Diener nach Emain Ablach, und sie kamen auf den Rasen vor Cruitin na Cuan, und alle Jungen erhoben sich, um sie zu begrüßen, auch Manannan mit seiner Frau und deren Hofdamen, und sie begrüßten die Frauen aufs Herzlichste ... besonders die Mädchen. Manannan rief Curcog und Eithne an eine abgelegene Stelle und fragte Eithne: »Ist es war, daß du keine Speisen mehr zu dir nimmst?« – »Es ist wohl wahr«, sagte das Mädchen. »Wie kommt dies, mein Kind?« fragte Manannan. »Ich weiß es nicht«, antwortete Eithne, »nur soviel: Nach der Beleidigung durch Finnbarr konnte ich kein irdisches Essen mehr zu mir nehmen, außer der Milch der graubraunen Kuh von Aengus, wenn ich sie selbst in einen goldenen Becher molk.« – »Ich selbst werde dir heute abend dein Mahl bereiten«, sagte Manannan. (Doch hört: Mit diesem Mann, der dies anbot, verhielt es sich so: Es gab keinen Menschen, der krank war oder litt, dessen Leid er nicht erkannte und der nicht durch ihn geheilt wurde und keinen Menschen, der nicht essen und trinken wollte, dessen Gelüste er nicht sogleich wiederherstellte.) Manannan trat zu seinem Oberkämmerer, und jede Speise mußte schön gewürzt werden, besonders für Eithne, und Manannan sprach seine Zauber über sie aus. Er trat mit den Damen des Hauses in die Halle ... und man brachte ihnen alle möglichen Speisen. Doch es nützte nichts, denn Manannan konnte das Mädchen nicht dazu bringen, auch nur irgend etwas zu probieren. Manannan fragte sich, ob seine Kräfte hier versagten, und er schämte sich, daß jemand in seinem Hause fasten sollte und fragte das Mädchen, ob sie die Milch seiner gefleckten Kuh trinken würde, wenn sie selbst oder eine andere Frau sie molk ... und ein goldener Becher, wie in Asien ... wurde herbeigebracht ... Man führte die Kuh zu Eithne (es war die gefleckte Kuh Manannans) und reichte ihr den goldenen Becher und die seidene Fußfessel, und das Mädchen molk sie, und diese Milch war an diesem Abend ihre Speise und Trank, aber sie war nicht schwach davon.

»Wißt ihr«, sprach Manannan zu seinem Volk, »warum das Mädchen nichts ißt?« – »Wir wissen es nicht«, antworteten sie. »Ich werde es euch sagen«, sprach Manannan. »Sie gehört weder zur Familie des Aengus noch zu unserem Stamm. Denn als Finnbarr das Mädchen beleidigte, verließ ihr Wächterdämon ihr Herz und ein Engel trat an seine Stelle, und daher können wir nicht in ihr Herz dringen, denn sie ist weder Zauberern noch Teufelskunst verpflichtet. Sie trinkt nur die Milch von dieser Kuh, denn sie kam aus einem gerechten Land, Indien, und ist nährend ... und die anderen

Ziehtöchter bewachten sie ... wie sie im Haus der beiden Becher genährt wurde. Es ist die Dreieinigkeit ... der Götter, die das Mädchen anbetet.«

Doch hört: Curcog und ihre Damen und Eithne blieben einen Monat und zwei Wochen in Emain Ablach, und sie nahm dort nichts anderes zu sich als die Milch von der gefleckten Kuh, und dann fuhren sie wieder nach Hause, obwohl die Freuden und der Spaß und die Tändeleien in Emain Ablach groß waren ... aber Curcog wollte nicht zurück ins Haus am Boyne, und Manannan versuchte, sie zurückzuhalten mit den Zeilen:

> Oh, Curcog, reine Schönheit,
> zögere nicht zu bleiben,
> deine Nahrung allabendlich
> sind die Lieder des Landes der Verheißung.
> ....
> die Beruhigung aller Probleme
> ... von dem rauhen, wellenumtosten Strand ...

9. Anschließend zog Curcog mit ihren Damen aber los, und sie verabschiedeten sich von Manannan, seiner Frau und dessen Hofstaat, und gingen in den Brugh am Boyne zurück. Aengus kam ihnen entgegen, um die Gesellschaft zu begrüßen, und fragte nach Neuigkeiten. Er fragte Curcog, was Eithne zu sich genommen habe oder ob Manannan den Grund wisse, warum sie nicht trank und aß. »Sie hat bei dem ganzen Besuch weder Speisen noch Trank zu sich genommen«, erwiderte Curcog, »außer der Milch von Manannans gefleckter Kuh ... und Manannans große Kraft versagte bei Essen und Trank ... doch er erkannte den Grund, warum sie auf der Insel der Menschen nichts essen wollte ...« – »Der Grund sei?«, fragte Aengus. »Er sagte«, fuhr Curcog fort, »es sei folgender: daß es der einzige allmächtige Gott ist, warum sie keine Speisen der Tuatha de Dannan zu sich nimmt, und er sagte, als Finnbarr das Mädchen beleidigte, schwor sie ihrem Zauber ab und ein Engelsgeist trat an dessen Stelle in ihr Herz, und er sagte, das sei der Grund für ihr Unglück. Und sie gehöre zu niemand anderem als ihrem eigenen Stamm, dem wahren Volk des Allmächtigen Gottes.« Doch das Mädchen blieb so von der Zeit von Eremon, Sohn des Mils, bis zur Zeit von Laegaire, Sohn des Niall Noigiallach (als die Tailginn nach Irland kamen). So lebte das Mäddchen damals: Eine Weile im Haus ihres Paten Aengus im Brugh am Boyne, eine Weile in Manannans Haus in Emain Ablach, und sie nahm in Manannans Haus nichts zu sich außer der Milch der gefleckten Kuh, noch im Brugh außer der Milch von Aengus graubrauner Kuh, und sie selbst molk diese Milch in einen goldenen Becher, wie wir bereits erwähnten. Doch die Nahrung der beiden Häuser mit dem goldenen Becher

wurde in Eire von den Tuatha de Dannan und von den Milesiern verstärkt, und man nennt sie auch die »Pflegekinder des Hauses mit den goldenen Bechern«, und diese Nahrung ist sprichwörtlich geworden und soll es auf immer sein.

10. Als die Tailginn kamen und die Druiden und Dämonen von ihnen aus Eire vertrieben wurden, als sich jeder der Gemeinschaft der Religiosität und Frömmigkeit verschrieben hatte, standen Curcog und ihre Damen einmal an einem Sommertag auf dem Rasen des Brug am Boyne. Die Damen litten unter der Hitze und Schwüle und schwammen im Boyne. Als sie genug vom Schwimmen und Tauchen hatten, verließen sie eine nach der anderen das Wasser und gingen zu ihren Kleidern. Eithne bemerkte das Fehlen der Mädchen nicht, und so geschah es, daß »Fed Fiar« und der Zauber das schöne Mädchen verließen. (Denn diese Gesellschaft konnte zu Anfang nicht gesehen werden und Eithne wurde bis zu dieser Stunde auch nicht gesehen). Eithne sah die Gesellschaft nicht, aber alle anderen konnten sie sehen, und sie trat ans Ufer und legte ihre Kleider an und begann am Ufer des Boyne nach ihnen zu suchen, fand sie aber nicht. Binnen kurzem sah sie einen belaubten Garten mit der kahlen Mauer eines Friedhofs drum herum, und das Mädchen betrat diesen Friedhof und sah einen grauhaarigen frohen Geistlichen im Eingang der Kirche, der eine Bibel hielt, und er pries den Schöpfer. Das Mädchen begrüßte den Geistlichen, und er antwortete: »Was führt dich ganz allein hierher, Mädchen?« Sie berichtete ihm von ihren Abenteuern. »Wer bist du, Priester?« fragte das Mädchen. »Und zu welchem Haus gehörst du?« – »Ich gehöre zum Haus Gottes«, antwortete der Geistliche. »Patrick, Sohn des Calpurnius, ist mein Herr und König. Wer sind deine Leute, Mädchen?« fragte er nun. »Ich gehöre zu den Tuatha de Dannan«, antwortete sie, »bis heute, aber nun sind deine Leute und meine die gleichen.« – »Deine Ankunft ist uns willkommen«, sagte der Geistliche, »und nicht nur dir ...« – » .. wenn du von Gottes treuen Angehörigen bist, wie ist dein Glaube?« fragte das Mädchen. »Wir loben den Herrn und lesen laut aus diesem Buch, und wenn du zu Gottes treuem Gefolge gehörst, wäre es seltsam, wenn du es nicht kennen würdest.« – »Lehr mich, es zu kennen«, sagte das Mäddchen. »Denn ich habe es noch nie gesehen. Ich möchte, daß du mich von nun an unterrichtest, und mir zu jedem Gedicht eine Lektion erteilst.« Dann sagte sie:

Nenne mir seine Vorteile,
Oh Krieger, dem ich mich verschwöre,
es klingt so süß
wie nie zuvor im Land der Verheißung.

Es klingt süß in den Ohren,
oh hellhaariges Mädchen,
du wirst genau lauschen,
was in diesem Buch steht.

Nimm den kleinen Psalter,
oh schwangerer Priester der Tailginn.
Lehre mich all das Wissen,
das darin steht. Gib.

11. Nach diesem Spruch senkte Eithne den Kopf über das Buch und las es ohne zu zögern, als hätte sie es schon am Tag ihrer Geburt gelernt. Der Priester staunte über den Vortrag des Mädchens, wie es aus dem Buche las, und wenn sie alle Bücher gehabt hätte, die Patrick nach Irland gebracht hatte, hätte sie auch diese ohne Verzug gelesen, und der Geistliche liebte und achtete sie umso mehr. So blieben sie bis zur Essensstunde des Priesters. Da erhob er sich, nahm seine Angel und ging zum Fluß, und Eithne brauchte nicht lange zu warten, bis er mit einem wunderbaren Lachs nach Hause kam. »Was hast du gefangen?« fragte das Mädchen. »Meinen Anteil von den Vorräten des Herrn«, antwortete der Priester, »und heute abend brauche ich das wie nie zuvor.« – »Was wirst du essen?« fragte das Mädchen. »Ich habe einen ungewöhnlichen und einzigartigen Hunger.« – »Wenn ich wüßte, wie ihr es macht, edler Herr«, sprach sie, »dann würde ich nicht deinen Anteil essen, sondern meine Angelrute nehmen und mir selbst meinen Anteil vom Herrn holen, wie du auch.« – »Ich selbst werde gehen, oh, Mädchen«, sagte er da. Dann ging der Priester zum Fluß und ließ die Angel hinein, und es dauerte nicht lange, da hatte er den prachtvollsten Lachs an der Leine. Einen solchen Fisch hatte man noch nie gesehen. Er brachte ihn zum Mädchen, und es war eine Mühsal, ihn vom Fluß zur Kirche zu tragen. Er legte den Lachs nieder, verbeugte sich anschließend vor dem Mädchen und sagte: »Du gehörst in der Tat zu Gottes Volk. Oh, Mädchen, möge meine Seele unter dem Schutz deiner Seele stehen.« Dann setzte sich der Geistliche und begann den Fisch zuzubereiten, und als er fertig war, aßen sie von seinem Rogen, den sie genau aufteilten ... Jeder Bißchen davon schmeckte wie der süßeste Honig. Dann bereitete er ein Bett für das Mädchen und ein anderes für sich, und lange teilten sie alles gerecht und friedvoll und einmütig.

Was aber geschah mit den anderen Frauen? Sie hatten Eithne verlassen und konnten sie nicht mehr finden, und da traten sie traurig vor Aengus und erzählten ihm voll Furcht, wie sie das Mädchen verloren hatten. Aengus verwandelte sogleich Curcog und ließ sein Pferd bringen, und Curcog machte sich mit ihm auf die Suche. Sie zogen nach Ros Dighair, und von da aus suchte er in allen Festungen Irlands nach dem Mädchen, fand es aber nicht. Dann kam er an die Ufer des Boyne ... und dort erblickten sie das Oratorium und das Haus, aber vom anderen Flußufer aus. Eithne erblickte die Reiter und erkannte Aengus, Curcog und ihre Gefährtinnen. Der Geistliche brachte ihr und sich gerade zu essen, auf der Seite nahe dem Fischwehr, und obwohl er hinüberblickte, sah er die Reiter nicht, weil ein Feth Fiar auf ihnen lag. Der Priester fragte das Mädchen: »Was siehst du, Mädchen?« – »Ich sehe Aengus, meinen Paten, der mich sucht, und meine Gefährtin Curcog und den Haushalt aus dem Brugh, und ihre Gefährtinnen. Es wird eine vergebliche Suche für sie sein«, fuhr sie fort, »Das wird es, wenn es der Wille Gottes ist«, fügte der Priester hinzu.

Lieb sind mir die Reiter drüben,
die ich am grünen Ufer des Boyne sehe,
eine königliche Gesellschaft,
ohne Streit und Unglück,
eine freundliche Gesellschaft.
Aengus Og, Sohn des Dagda,
ist ein Reiter und Seemann.
Das schöne Haus auf dem Brugh
mit seinen Kriegern, den tapferen.
Ein trauriger Bursche
soll Aengus heute abend sein.
Die Frauen des verborgenen Brugh
finden keine Ruhe vor Suchen,
und meine Gefährtin Curcog
betrauert mich unaufhörlich.
Es war ihre Pflicht, uns alle zu bewachen,
vom Tag an, als mich Finnbarr,
meines Paten Bruder, beschimpfte.
Ich werde nicht auf Manannan warten,
den edlen Ilbrec oder Sigmall,
aber ich segne Finnbarr,
durch den ich die Liebe Gottes fand,
die Rede des Langhaarigen,
der mich damals so beschämte.
Ich warte nicht auf Abhartach,
der Bodbh samt Waffen widerstand,
sein Glaube ist ein Schild, den wir loben ...
Die Begleiter auf dieser Reise

sind nicht mehr die Tuatha de Dannan.
Mein Leib und Seele sind Jesu geweiht.
Willkommen sei die Ankunft der Tailgenn,
die ins Irland der Eiben kamen.
Auch ohne dieses Leiden
wäre der Tod mit ihm mir süß.

12. Nach diesem Vortrag betete der Priester zum Herrn, damit Patrick zum Trost kommen und ihn retten möge, denn er hatte Angst, das Mädchen würde gegen ihren Willen entführt. Der Herr gab Patrick die rechten Gebete, so daß im gleichen Augenblick, als Aengus auf der anderen Flußseite erschien, Patrick mit seinen Priestern an die Tür kam. Dann fragte Patrick den Priester nach der Geschichte des Mädchens, und es entwickelte sich ein Streit über sie zwischen Aengus und ihm, und Aengus fragte: »Läßt du mein Mündel zu mir kommen, Priester?« – »Das Mädchen ist nicht dein Mündel«, antwortete Patrick, »sondern das Mündel Gottes, der Schöpfung, obwohl ihr Vater sie dir übergab.« – »Ich überlasse die Entscheidung ... dem Mädchen«, sprach Aengus. »Wenn sie es für richtig befindet, zu kommen ... mir mangelt es an der Macht des Herrn.« Da sagte Patrick: »Das fürchte ich auch. Wenn du doch nur meinem Rat folgen würdest, Aegnus. Ich habe keine Angst vor deinen Einmischungen in eine rechtmäßige Sache.« – »Was ist es?« fragte Aengus. »Achte den wahren allmächtigen Gott und meide alle eitlen Götter und erhebe dich im Namen der Dreieinigkeit und wechsele deinen Namen, und du seist erlöst von all deinen Qualen.« – »Das ist nicht der Grund, warum wir gekommen sind«, sagte Aengus. Dann spornte er sein Pferd und kehrte traurig und bedrückt zurück, und sein Mündel erkannte sein Zögern. Dann sprach er die folgenden Zeilen:

Kehren wir traurig zurück. Oh, Eithne, mit dem schönen Haupt, du schöner, undankbarer Schwan, für den ich nun nicht mehr sorgen kann. Seit sie Curcogs Gefährtin nahmen, ist es auch sinnlos, diese zu beschützen ...
... vor dem Verrat, denn ich habe seit deinem Weggang alle unter Verschluß gehalten.
Drei laute Schreie wie die Klagen eines verletzten Mannes,
das Verlassen des Hauses rechts von den braunen Flußwiesen.
Eithne ist nicht mehr mein Kind ...
Oh, ihr Soldaten des Landes der Verheißung, wir sind traurig, doch wir wollen es tun.
Die Ankunft der Tailgenn in diesem Land ist mein Unglück (ich kann es nicht verhehlen),
ich scheide nun von ihr, und es ist schwer, aber wir gehen.

Danach stießen Aengus und seine Leute einen schrecklichen Klagelaut aus und betrauerten Eithne. Als Eithne hörte, wie Aengus Leute sie betrauerten, brach ihr fast das Herz in der Brust, und der Kummer wanderte von einer Brust in die andere. Sie bat Patrick um die Taufe und die Erlösung von allen Sünden und empfing sie von ihm und wurde nach ihm benannt. Aber volle zwei Wochen lang ging es dem Mädchen immer nur schlechter, und sie betete zu Gott und Patrick, der mitsamt seiner Priester tief bestürzt war. Als Eithne ihren Tod nahen spürte, empfahl sie ihre Seele Gott und Patrick und sprach die folgenden Worte:

> Ruft mich, ihr Wesen des Himmels, ruft meine Seele mit euren Gebeten.
> Ich werde Gottes Himmel nicht wegen des Hauses meines Paten Aengus aufgeben.
> Schön ist das Haus des heiligen Herrn,
> sein Lob soll gesungen werden, sein ewiges Glück.
> Die Frauen des Brugh weinen und klagen
> ich ziehe den Ruf der Priester an meinem Haupte vor, die meine Seele vor der Hölle bewahren.
> Ich danke Christus der Kinder, daß ich die Tuatha de Dannan verlassen konnte.
> Obwohl ich ihrem Stamm angehöre, bin ich keine von ihnen. Ich glaube an Jesus den großen König.
> Die Geschichte von den Ziehkindern des Hauses der beiden Becher ist nicht unbekannt.
> Alle Edlen des grünen Fodla werden sie hören wollen.
> Oh, Patrick, Sohn des edlen Calpurnius, errette meine Seele von Qualen.
> Befreie mich von meinen Sünden und Fehlern, wenn du meine Bitte hörst.

Danach nahm Patrick den Kopf des Mädchens an die Brust und befahl ihren Geist gen Himmel, und sie gaben ihr ein ehrenwertes Begräbnis. Ceall Eithne (Eithnes Kirche) beim Brugh am Boyne ist nach ihr benannt. Der Name des Priesters, zu dem das Mädchen floh, war Ceasan, ein schottischer Prinz und Kaplan Patricks. Er konnte die Einsiedelei aber nicht ertragen, denn Eithne war dort gestorben, daher ging er nach Fid Gaible und führte dort ein heiliges Leben, so daß die Kirche nach ihm benannt wurde, Culan Cesain bei Ros mic Treoin in Fid Gaible. Vorher war es ein schönes Lager der Fianna. So weit also die »Pflegekinder im Haus der beiden Becher«.

Patrick empfahl, daß niemand bei dieser Geschichte schlafen oder sprechen solle, und daß sie nicht erzählt würde ohne ein Gebet von guten Menschen, die sie wert waren.

Der folgende Kommentar folgt der Numerierung des Textes.

1. Die Niederlage der Tuatha de Dannan und ihrer Vertreter durch die Milesier kann an diesem Familienstammbaum leicht erkannt werden. (Weibliche Namen sind kursiv gedruckt.)

DIANCECHT — DAGDA

Étain + CERMAID MIDBEOIL (Honigmund) oder OGMA

MAC CUILL + *Banba*	MAC CECHT + *Fodla*	MAC GREINE + *Eire*
Sohn der Hasel	Sohn des Pflugs	Sohn der Sonne
getötet v. Emer	getötet v. Erimon	getötet v. Amairgen

Stammbaum, der die Niederlage der Tuatha de Dannan veranschaulicht.

2. Die Dannans beraten sich mit Manannan, der ein viel älteres Wesen ist als sie und bereits Bewohner der Anderswelt der Feen. Er weist jedem von ihnen ein bestimmtes Feenhaus zu und führt drei Praktiken ein, die sie bewahren: Feth fiada (Reh-Aspekt) oder *ceo-druidechta* (Druidennebel), der sie unsichtbar macht, das Fest des Goibniu, das Unsterblichkeit und Gesundheit verleiht, und Manannans Schweine, die einen nicht enden wollenden Vorrat an Schweinefleisch liefern.

Die *feth fiad*, der wir in Kapitel 5 begegneten, ist eine Methode, sich unsichtbar zu machen oder die Gestalt zu wechseln. Bei Goibnius Fest wird ein besonderes Bier ausgeschenkt, das einem Unsterblichkeit und Gesundheit verleiht. Manannans Schweinen begegnete schon Cormac mac Art, als er die Anderswelt betrat. In dieser Geschichte erfuhren wir, daß die Viertel erst garen, wenn man vier Wahrheiten darüber spricht. Gewöhnlich gibt es noch die Bedingung, daß kein Knochen gebrochen werden darf. Das Schwein ist in jedem Fall am nächsten Tag wieder lebendig und kann erneut geschlachtet werden. Dieses Thema der wiederholten und ewig währenden Feste durchdringt viele keltische Geschichten und kehrt in der mittelalterlichen Gralslegende wieder. Manannan initiiert sie in die Methoden der Bewohner von Tir Tairngire (Land der Verheißung) und Emain Abhlach (Insel der Äpfel, die als Arran in Schottland identifiziert wurde).

3. Manannan beginnt eine Tour durch alle Sidhe-Hügel. In dieser Version sind Elcmar vom Brugh am Boyne und Aengus seine Zieh-

söhne. Wie in der obigen Geschichte herrscht Rivalität und Eifersucht um den Brugh.

4. Elcmar und Aengus überbieten sich an überwältigender Gastfreundschaft, verbunden mit einer diplomatischen Tischordnung. Am Ende des viertägigen Gelages sind nur noch Aengus und Manannan bei Bewußtsein, und Manannan drängt Aengus, Elcmar zum Verlassen seines Hauses und erst wieder zurückzukehren, wenn »Ogham und Säulen, Himmel und Erde, Erde und Sonne« miteinander verschmelzen, in der Hoffnung, das Glück zurückzugewinnen, das sie vor Ankunft der Milesier genossen.

In einer theologischen Diskussion erzählt Manannan, warum die Menschen geschaffen wurden. Gott erschuf zehn Gattungen von Engeln. Der Oberste der zehnten Gruppe wurde eifersüchtig und verließ mit ihr den Himmel. Gott erschuf die Menschen, um die zehnte Gruppe zu ersetzen, und diejenigen, die gegangen waren, wurden zu Dämonen. Diese christliche Deutung einer Unterhaltung zwischen Feen ist sehr interessant, da sie überall in der mündlichen Feenüberlieferung in keltischen Ländern auftaucht und die allgemeine Überzeugung bestätigt, daß die Feen ein getrennter Stamm sind, wie Manannan hier sagt – sie haben nicht die gleichen Ursprünge.

5. Für die Vertreibung von Elcmar und seiner Familie aus dem Brugh wird in dieser Geschichte eine andere Begründung gegeben. Elcmars Kämmerer Dicu kehrt von einem Jagdzug zurück und bleibt auf dem Brugh. Sein Bleiben hier hat eine Parallele in der mittelalterlichen Gralsgeschichte von der Vertreibung der Feen aus Himmel und Hölle. Eithne wird zu einem Kind von menschlichen Eltern mit Zieheltern unter den Feen.

6. Elcmar verschwindet hier aus der Geschichte. Aengus übernimmt seine Rolle als Ziehvater und nimmt Manannans Tochter Curcog und die Tochter des Kämmerers, Eithne, bei sich auf. Der Schreiber will uns hier überzeugen, daß die Mädchen in dem Sidhe ein quasi klösterliches Leben »in Keuschheit und Züchtigkeit« führen, aber die schlichte Schönheit und Harmonie des Feenlebens in Aengus' *grianan* hat seine eigene Integrität. Als Finnbarr sich um eine der Pflegeschwestern bewirbt, erkennt sein Feenblut instinktiv, daß Eithne anders ist. Trotz ihrer Schönheit ist sie vom Stamm derer, die

»Schmutz machen« - seine Ansicht des Christentums. Sein beleidigendes Verhalten bewirkt bei ihr einen echten Seelenverlust, so daß sie nichts mehr essen kann.

7. Eithnes Unfähigkeit, Feennnahrung zu essen, betont ihre Distanz von der Feengesellschaft, von der sie sich immer stärker entfremdet. Ihre Fähigkeit, nur noch Milch von einer graubraunen Kuh zu trinken, hat eine Parallele im Leben von St. Brigid, die im Haushalt eines Druiden groß wird und dessen Essen nicht mehr zu sich nehmen kann. Sie erbricht es, bis der Druide ihr eine rotohrige Kuh gibt, die eine christliche Frau für sie melkt. Die andersweltliche Kuh des Überflusses ist ein kosmisches Motiv, das Irland mit Indien gemeinsam hat; der Text bestätigt interessanterweise diese Symbolik.

8. Die große Liebe und Fürsorge der Feen für Eithne wird hier ganz offensichtlich. Aengus erlaubt den Mädchen, Manannan zu besuchen, der weiser ist als er. Eithnes Fasten, während die anderen essen, wird als Beleidigung der keltischen Gastfreundschaft betrachtet. Manannan entdeckt, daß Eithne nicht zu ihrem Stamm gehört und ihr Wächtergeist (*deman comuidachta*) durch einen Engelsgeist ersetzt wurde, als Finnbarr sie beleidigte. Dieses Konzept eines Wächtergeistes scheint mit Robert Kirks Konzept des »Mitgängers« verbunden zu sein, dem *coimimeadh* (*idhera*, wörtlich ein Begleiter). Eithne glaubt aber weder an Zauberei (*idhera*) noch an das Druidentum (*draoidecht*). Sie kann sich nur von der Milch aus den beiden Eimern oder Bechern ernähren, denn Indien ist ein gerechtes Land. Manannan schließt, daß sie durch die Dreieinigkeit beherrscht wird.

9. Eithne lebt mehrere hundert Jahre lang von der Milch der beiden Kühe, bis Tailginn ankommt (*Taillcenn*, Beilkopf), der Name, der Patrick gegeben wurde.)

10. Eithne findet sich außerhalb der *feth fiadh* und kann nicht mehr zu den Feen zurückkehren.

11. Sie nimmt mit der Fähigkeit, die sie in Aengus Haus erlernte, Cesarns Bibel und kann sie lesen. Er fängt einen Lachs aus dem Boyne für sie, und sie nimmt ihre erste Mahlzeit seit Jahrhunderten zu sich. Eithnes Fähigkeit, Aengus und Curcog in deren *feth fiadh* zu sehen, ist interessant, aber sie entscheidet sich, im Dienste Gottes zu bleiben.

12. Der Streit zwischen Aengus und Patrick um Eithne ist rechtlich und spirituell zugleich. Aengus hat die legalen Rechte, da sie seine Ziehtochter ist und unter seinem Schutz steht. Patrick behauptet, seine Patenschaft sei durch eine höhere, spirituelle Patenschaft ersetzt, denn Eithne habe den Vater der Schöpfung an Aengus Statt gewählt. Aengus lehnt Patricks Angebot höflich ab, ihn zu taufen, und zieht voll Kummer über seinen Verlust und die Ankunft von Taillcenn ab. Nach der Taufe und Beichte durch Patrick, bei der sie in Patrizia umbenannt wird, beginnt unweigerlich Eithnes Untergang, denn sie ist nun der Sterblichkeit ausgeliefert.

Patricks Befehl, bei dieser Geschichte dürfe niemand schlafen oder essen, und daß sie nur würdigem Volk erzählt würde, stimmt mit einer langen Tradition überein, daß jede Geschichte ihren eigenen Segen mit sich trägt. Diese hat die Fähigkeit, Reisende vor Schaden zu bewahren, einem ein glückliches Familienleben zu schenken, Harmonie bei neuen Unternehmungen zu bringen, einem König eine sichere Herrschaft zu gewähren und Gefangenen die Freiheit zu schenken.

Die Eibe der streitenden Söhne

(Nach der Übersetzung von Caitlín Matthews)

Diese Geschichte verrät uns den Grund für die Schlacht von Mag Mucrama, die zwischen Eogan mac Ailill Olom und Lugaid mac Con ausgetragen wurde. Sie schildert die enge Verbindung zwischen der Mittelerde und der Welt der Sidhe, dem Feenvolk, und die Notwendigkeit, vorsichtig mit ihnen umzugehen.

Anfangs ist es Ailill, der ein Ungleichgewicht zwischen den Welten herstellt, indem er seine Pferde im Reich der Sidhe weidet. Als Vergeltung zertrampeln sie seine Felder, und Ailill und seine Gefährten ziehen auf die Suche nach den Schuldigen und finden sie. Sie töten die Fee Eogabul und vergewaltigen und töten Aine, die Feenfrau. Fer Fis Rache für den Mord an seinem Vater und seiner Schwester ist sehr gezielt: Er erschafft eine Eibe, die so ungewöhnlich groß und schön ist, daß Ailills Sohn Eogan und dessen Ziehsöhne (Lugaid) mac Con und Cianb sie alle für sich beanspruchen. In einer anderen Version dieser Geschichte ist der Grund, warum sich diese drei von dem Baum angezogen fühlen, daß Fer Fi, der Feenharfenist, dort Musik macht. Der Streit dreht sich um den Besitz des Musikers. In dieser Version schenkt Ailill den Baum seinem eigenen Sohn, und eine Schlacht führt zur anderen. In dem schrecklichen Gemetzel, das darauf folgt, werden die Sidhe voll und ganz gerächt.

Man findet es vielleicht seltsam, daß Prinzen sich um einen Baum streiten, aber die alten Bäume Irlands waren Kernpunkte für Stammestreffen, besaßen angeblich ein Gedächtnis und hatten die Kraft von Zeugen. Bäume waren die Hauptembleme der Stammeskontinuität. Die Eibe in dieser Geschichte wird durch die geschickten Sidhe erschaffen und kann nur von jenen entdeckt werden, den die Feen strafen wollen. Der Text wird Cormac mac Culennáin zugeschrieben, dem König-Bischof von Cashel (908) und wurde in der Textsammlung aus dem 12. Jahrhundert »leabhar laignech« gefunden.

1. Frag mich einer nach der Geschichte dieser wunderbaren Eibe: Warum wird allein sie die Eibe der streitenden Söhne genannt?
2. Aus welchem Holz besteht dieser giftige, schöne Baum – Ursache von großem Verrat? Welche Freundschaften bestanden, ehe die streitenden Söhne ihr diesen Namen gaben?
3. Ailill wählte auf seinem Gebiet diese Wiese aus, um seine Pferde zu weiden. Von der Cláre-Festung nach Dún Gair, von Ane nach Dún Ochair.
4. Den kleinen Sidhe gefiel diese Invasion ihres Landes nicht; sie vernichteten das Gras an jedem Samhain – und keine Geschichte kommt dieser gleich!
5. Ailill ging mit Ferchess mac Commán, das feine Gras zu beschauen, und sie sahen auf der Ebene drei Kühe, die von drei Leuten gehütet wurden.
6. »Das sind die Diebe!« sagte Ailill hochmütig. »Eine Frau und zwei Männer, und drei hornlose Kühe.«
7. Sie haben das Gras zertrampelt, unser Eigentum geraubt und singen die Lieder der Sidhe, um den Stamm Adams einzuschläfern.«

8. »Wenn sie die Lieder der Sidhe singen«, sagte Ferchess mac Commán, »laßt uns nicht näher herangehen, bis wir Wachs für unsere Ohren geschmolzen haben.«
9. Nachdem sie sich Wachs in die Ohren gesteckt hatten, konnten sie die süße Musik nicht mehr hören. Plötzlich konnten beide Gruppen einander sehen – eine überraschende Begegnung!
10. Wütend griffen Eogabul (von den Sidhe) und Ailill einander an. Eogabul wurde niedergeschlagen, und Aine (von den Sidhe) überwältigt.
11. Ailill ging zu Aine, überwältigte sie und legte sich auf sie. Er lernte sie kennen, aber nicht mit ihrer Zustimmung, sondern mit Gewalt.
12. Aine zückte ihr Messer gegen Ailill, und ich lüge nicht! Sie schnitt ihm das rechte Ohr vom Kopf ab, als er sich auf sie herabbeugte, und anschließend wurde er nur noch Ailill Nacktohr genannt.
13. Das brachte Ailill in Wut; er bohrte seinen Speer in Aine. Er erwies ihr keine Ehre, sondern ließ sie tot liegen.
14. Ferchess aber, dem entkam keiner, wenn er seine Waffen einmal gezückt hatte, ohne Wunden und Verletzungen, auch wenn es nur eine freundliche Demonstration seiner Künste sein sollte.
15. Fer Fi zog sich in den Sidhe zurück, wo sein Stamm lebte: Groß waren die Klagen über den Tod von Aine und Eogabul.
16. Am nächsten Tag beim Morgengrauen zogen die bewaffneten Reiter der Sidhe aus dem Hügel; sie schliffen Dún Cláre und Dún Crott und legten überall Feuer.
17. »Ziehen wir zum Dún Ochair Mág«, sagten sie bei sich. »Töten wir Ailill in seinem Haus und die Tochter von dem Conn der Hundert Schlachten.«
18. »Wir haben kein Recht auf Conns Tochter«, sagte Fer Fi, Sohn des Eogabul. »Nicht ohne Gefahren, aber durch meine Tapferkeit werde ich meinen Vater retten.«
19. Fer Fi zog westwärts mit Aebléan, seinem Bruder. Sie überlegten sich eine Strategie, die ihnen ehrenwert erschien und schufen die Eibe der streitenden Söhne.
20. Der Ort, wo sie den Baum erschufen, war Ess Máge, von den großen Clans; drei kamen zu dem Baum, die ihn für sich beanspruchten: Mac Con, Cían und Eogan.
21. Mac Con beanspruchte den Baum, gleichermaßen das alte Holz und den grünen Wuchs. Cían beanspruchte ihn vom Samen her – die geraden und die ungeraden Zweige.

22. Nicht weniger umfassend war der Anspruch von Eogan, der alles, was unter der Erde wuchs, und alles, was über der Erde wuchs, wollte.
23. Das war der Streit unter diesen Männern, den Söhnen einer einzigen Mutter. Jeder der stolzen Burschen wollte den Baum ganz für sich.
24. »Ich werde das Urteil eures Vaters annehmen«, sagte Mac Conn vom Roten Schwert. »Ob er ihn dir gibt oder mir, ich werde keinen Einspruch erheben, wenn ich verliere.«
25. Da sprach Ailill ein hartes Urteil. Mac Con war sehr verärgert. Ailill sprach die Eibe Eogan zu und beleidigte Mac Con.
26. Mac Con forderte Ailill zum Kampf heraus, um sich zu rächen; und ohne Verzögerung wurde nun die Schlacht von Cenn Febrat ausgetragen.
27. Mac Con wurde dabei verwundet und humpelte anschließend, ein trauriger Fall. Da Dera, der Narr der Daríne, fiel durch Cairpre.
28. Dieser Streit löste die heftige Schlacht von Mag Mucreama des roten Grases aus; man kämpfte am Dienstag, und die Köpfe Irlands fielen.
29. So fiel Art mac Conn, der Hochkönig Irlands, der Uneroberte, und die sieben feinen Söhne von Ailill fielen ebenfalls.
30. König Lug Lága wurde verwundet, der etwas Waghalsiges schaffte. Er tötete Art mac Conn den Schönen und Bénne Brit von den Britannen.
31. Es fielen der rachsüchtige Mac Con und Ferchess mac Commán, und Sadb, Tochter von Conn, starb am Gift der schönen Eibe.
32. Es ist kein Baum, sondern ein Phantom der Sidhe, sie ist nicht von dieser Welt. Nicht aus Holz ist ihr Stamm, sondern von einer schrecklichen Düsternis.
33. Der Baum gewährte Schutz vor den schneidenden Winden, genug für dreihundert Krieger. Das getrocknete Holz hätte für ein ganzes Haus gereicht, es war ein Schutz gegen alle Gefahren.
34. Er wurde von den Sidhe geschickt und vor allen verborgen: Nur einer unter Hunderten hat das Glück, ihn zu entdecken. Es ist eine ewig währende Entdeckung des Unglücks.
35. Krieger aus Norden und Süden fielen – wegen des Giftes der rötlichen Zweige, und von Osten und Westen. Frag mich nicht länger, warum.

NACHWORT

Das heilige keltische Erbe

Wir hoffen, daß das Lesen dieses umfassenden Quellenbuchs zu einem besseren Verständnis der keltischen Verbindungen mit den Anderswelten führte. Wir haben versucht, so viel wie möglich abzudecken, aber unweigerlich konnten viele Texte aus Platzgründen nicht aufgenommen werden.

Zwischen der britischen und der irischen Regierung finden gegenwärtig Verhandlungen statt, um einen dauerhaften Frieden in Nordirland zu sichern. In diesen letzten Monaten sind wir wieder einmal deutlich daran erinnert worden, wie der radikale Unterschied zwischen Großbritannien und Irland durch das allgemeine Ignorieren der keltischen Geschichte aufrechterhalten wird, die in britischen Schulen nicht gelehrt wird. Die keltische Blütezeit vom Beginn des Christentums bis zum Mittelalter ist in den meisten Schulbüchern nur ein paar Sätze wert. Allgemein herrscht Unwissenheit über die stetige Kolonisierung der keltischen Nationen im Laufe der Jahrhunderte.

Internationale Organisationen wie die Vereinten Nationen und Survival International haben uns auf die Gefahren aufmerksam gemacht, die für Eingeborenenstämme von den westlichen Zivilisationen ausgehen. Es ist nötig, die keltische Kolonisierung in diesem Licht zu sehen, nicht, um einen engstirnigen Nationalismus zu fördern oder terroristische Aktivitäten zu befürworten, sondern um vor dem Verlust eines heiligen Erbes zu warnen, der einen Verlust für die Welt bedeutet.

Das heilige Erbe der amerikanischen Ureinwohner und tibetischer Kulturen, die heute noch von Invasoren bedrängt und bedroht werden, hat überall in der Welt neue Saaten gesät, während weniger bekannte Stämme und deren Erbe weltweit ausgerottet werden, weil sie sich nicht anpassen können. Es ist Zeit, die keltische spirituelle Tradition als ein internationales Erbe zu betrachten, das nicht durch Grenzen oder Gene bestimmt wird.

Die keltischen Völker hatten bereits die Prüfung zu bestehen, ob eine spirituelle Tradition außerhalb des ursprünglichen gesellschaftlichen Rahmens überdauern kann. Unser heiliges Erbe ist nun zerrissen, aber keinesfalls völlig verloren. Zahlreiche Eingeborenenstämme in der ganzen Welt haben sich voll in die westlichen Gesellschaften integriert, aber dennoch den spirituellen Pfad ihrer Ahnen wiederentdeckt und sind zu schlichteren Lebensweisen zurückgekehrt. Viele solcher Menschen sind zu Lehrern geworden, zu Brückenbauern zwischen unterschiedlichen Traditionen, die eine Kultur einer anderen zu deuten vermögen und so Konflikte entschärfen. Wir brauchen solche Interpreten in der keltischen Tradition, Menschen, die unser heiliges Erbe ehren und dennoch eine Schaltstelle mit der herrschenden Kultur bilden, ohne Respekt zu verlieren. Die Aufgabe der *filidh*, der *awenydd* oder der *druidi* hat sich auf solche Interpreten übertragen.

Die Wiederentdeckung unseres heiligen keltischen Erbes ist nicht leicht. Dazu gehören Geduld, Hartnäckigkeit und ein endlos aufnahmebereiter Geist, der auf die Suche geht. Dazu gehören echte Praktiken, denn ohne eine moderne Anwendung kann keine Tradition andauern. Dazu gehört auch, auf die Ahnen und Geister zu lauschen, wo keine Älteren überlebt haben, die uns lehren könnten. Wir haben entdeckt, daß die spirituelle Verwandtschaft auf diesem Weg überaus wichtig ist, denn wo Suchende einander begegnen, versammelt sich der alte Stamm, und die Lehren können wieder fließen. Die keltische Diaspora ist riesig, aber die Clans versammeln sich immer noch, und die Feuer der Inspiration werden aufs neue entfacht, um die Kinder zu wärmen, die auf ihre Wiedergeburt warten.

Mögen die Wächter unseres heiligen keltischen Erbes uns gut leiten!

Anmerkungen

Kapitel 2

1 Erstmals veröffentlicht in *Folk-Lore,* 1932.
2 Erstmals veröffentlicht in *The Mabinogion, Medieval Welsh Romances*, hrsg. v. Lady Charlotte Guest. David Nutt, London 1910. Dt. Ausgabe Klett-Cotta, Stuttgart 1984.

Kapitel 3

1 Erstmals veröffentlicht in »The Voyage of Bran mac Febel to the Land of Promise«, hrsg. u. übers. v. Kuno Meyer.
2 Erstmals veröffentlicht in *Eriu*, Bd. 4, 1910.
3 J. L. Brunaux, *The Celtic Gauls.*
4 E. R. Henken: *Traditions of the Welsh Saints.*
5 W. G. Wood-Martin, *Traces of the Elder Faiths of Ireland.*
6 St. Adamnan, *The Life of St. Columba.*

Kapitel 4

1 Erstmals veröffentlicht in *Eriu*, Bd. 1, 1904, übers. v. Kuno Meyer.
2 Erstmals veröffentlicht in *Duanaire Fionn* (The Book of the Lays of Fionn), hrsg. u. übers. v. Eoin Macneill. London: David Nutt 1908.
3 Erstmals veröffentlicht in »The two Tales About Find«, hrsg. u. übers. v. Vernam Hull, in *Speculum*, Bd. 16, 1941.
4 Erstmals veröffentlicht in *Revue Celtique*, Bd. XXV, 1904.

Kapitel 5

1 J. u. C. Matthews: *A Fairy Tale Reader.*
2 C. J. Guyonvarćh: *Textes Mythologique Irlandais.*
3 C. Matthews: *Mabon and the Mysteries of Britain.*
4 J. Layard: *The Lady of the Hare.*
5 F. J. Child: *The English and Scottish Popular Ballads.*
6 E. Hull: *The Cuchullin Saga in Irish Literature.*
7 C. Matthews: *Arthur and the Sovereignty of Britain.*
8 C. u. J. Matthews: *The Ladies of the Lake.*
9 D. A. Mackenzie: *Scottish Folk-Lore and Folk-Life.*

10 Ebda.
11 K. Meyer: *Fianaigecht*.
12 A. Carmichael: *Carmina Gadelica*.
13 Lady Gregory: *A Book of Saints and Wonders*.
14 J. Matthews: *Taliesin*.
15 J. Gantz: *Mabinogion*.
16 P. Harbison: *Pre-Christian Ireland*.
17 T. P. Cross/C. H. Slover: *Ancient Irish Tales*.
18 R. Hayward, *Border Foray*.
19 L. u. J. Laing: *The Picts and the Scots*.
20 Erstmals veröffentlicht in *Cuchulain of Muirthemne*, v. Lady Gregory. John Murray, London, 1902.
21 Erstmals veröffentlicht in T. P. Cross/C. H. Slover: *Ancient Irish Tales*. Dublin: Figgis 1903, und in *The Adventures of Suibhne Geilt*, hrsg. u. übers. v. J. G. O'Keefe. D. Nutt, London 1913.
22 Ein Gebiet südlich von Dál Riada, das an das Loch Neagh grenzt. Es umfaßt auch Teile des südlichen Antrim und County Downs.
23 Der Text verzeichnet nur zwei Gelegenheiten. Dieser erste Versuch scheitert, aber wird in die Abrechnung miteinbezogen.

Kapitel 6

1 F. Le Roux/C. J. Guyonvarch: *Les Druides*.
2 C. Matthews: *Sophia, Goddess of Wisdom*, 1991.
3 K. Müller-Lisowski: *La Légende de St. Jean dans la Tradition Irlandaise et le Druide Mog Roith*.
4 R. J. Stewart: *The Waters of the Gap*.
5 Geoffrey von Monmouth: *Life of Merlin*.
6 A. u. B. Rees: *Celtic Heritage*.
7 G. Keating: *Forus Feasa ar Eirini*.
8 C. Matthews: *Sophia, Goddess of Wisdom*.
9 C. Matthews: *Household of the Grail*.
10 T. P. Cross/C. H. Slover: *Ancient Irish Tales*.
11 N. Ozaniec: *The Elements of the Chakras*.
12 L. Spence: *Magic Arts in Celtic Britain*.
13 C. u. J. Matthews: *Ladies of the Lake*.

Kapitel 7

1 M. Martin, *Description of the Western Islands of Scotland*.
2 H. E. Davidson (Hrsg.) *The Seer in Celtic and other Traditions*.
3 R. J. Stewart: *Robert Kirk*.
4 Davidson: *The Seer*...
5 G. Keating: *Forus feasa*...

6 A. Carmichael: *Carmina Gadelica*, übers. d. Autors.
7 Ebda.
8 Ebda., Übers. d. Autors.
9 Die Definitionen von *teinm laegda, dichetal do chennaib* und *imbas forosna* in diesem Abschnitt unterscheiden sich leicht von den Ergebnissen, die J. Matthews in *Taliesin* beschreibt. Wir neigen jedoch zu der Annahme, daß erstere die genaueren sind.
10 Übersetzuung von Myles Dillon, aus *The Cycles of the Kings*: Oxford University Press, London 1946.
11 H. E. Davidson: *Myths and Symbols in Pagan Europe*.
12 Übers. v. Myles Dillon: Aus: *The Cycles of the Kings*.
13 T. P. Cross/C. H. Slover: *Ancient Irish Tales*.
14 Erstmals veröffentlicht in *St. Adamnans Life of St. Columba:* Übers. v. Wentworth Huyshe. Routledge & Sons, London o. J.
15 Erstmals veröffentlicht in *Irische Texte*, (3. Serie), hrsg. v. H. G. Stokes/ E. Windisch, Leipzig: Hirzel 1891.
16 Ein bardischer Name für Irland.
17 Ein Feenhügel in Munster nahe dem Suir-Fluß.

Kapitel 8

1 E. Hull: *The Cuchullin Saga in Irish Literature*.
2 P. W. Joyce: *A Social History of Ancient Ireland*, 1903.
3 G. Henderson: *Survival in Belief Among the Celts*.
4 T. P. Cross/C. H. Slover: *Ancient Irish Tales*.
5 E. Hull: *The Cuchullin Saga in Irish Literature*.
6 W. Stokes, 1868.
7 Charlotte Guest (Hrsg.) *The Mabinogion*.
8 E. Hull: *The Cuchullin Saga in Irish Literature*.
9 D. MacManus: *Irish Earth Folk*.
10 W. G. Wood-Martin: *Traces of the Elder Faiths of Ireland*.
11 Ebda.
12 J. u. C. Bord: *Sacred Waters*.
13 T. P. Cross/C. P. Slover: *Ancient Irish Tales*.
14 W. G. Wood-Martin: *Traces of the Elder Faiths*...
15 W. Mackenzie: *Gaelic Invocations*.
16 D. O'Hogain: *Myth, Legend and Romance*.
17 D. MacManus: *Irish Earth Folk*.
18 N. K. Chadwick: *The Druids*.
19 J. Curtin, 1894.
20 C. Matthews: *Arthur and the Sovereignty of Britain*.
21 H. E. Davidson: 1988.
22 M. Martin: *Description of the Western Isles*...
23 G. Henderson: *Survival in Belief Among the Celts*.
24 A. Carmichael: *Carmina Gadelica*.

25 D. MacManus: *Irish Earth Folk.*
26 E. Hull: *The Cuchullin Saga in Irish Legend.*
27 G. Henderson: *Survial in Belief Among the Celts.*
28 W. MacKenzie: *Gaelic Invocations.*
29 A. Carmichael: *Carmina Gadelica.*
30 F. Delaney: *The Celts.*
31 P. W. Joyce: *A Social History of Ancient Ireland*, 1903.
32 T. P. Cross/C. H. Slover: *Ancient Irish Tales.*
33 A. u. B. Rees: *Celtic Heritage.*
34 C. Matthews: *The Celtic Book of the Dead.*
35 G. S. Olmstead: *The Gundesstrup Cauldron.*
36 J. Simpson: *The Folklore of the Welsh Border.*
37 Ebda.
38 A. G. Murray (Hrsg.): *The Romance and Prophecies of Thomas of Ercledoune.*
39 J. u. C. Matthews: *A Fairy Tale Reader.*
40 R. J. Stewart: *Robert Kirk.*
41 H. E. Davidson (Hrsg.): *The Seer in Celtic and other Traditions.*
42 J. Curtin: *Irish Folk Tales*, 1944.
43 J. Curtin: *Myths and Folk Tales of Irland.*
44 J. F. Campbell: *Tales of the West Highlands.*
45 G. Henderson: *Survival in Belief Among the Celts.*
46 T. P. Cross/C. H. Slover: *Ancient Irish Tales.*
47 M. J. Plotkin: »Blood of the Moon, Semen of the Sun«.
48 P. W. Joyce: *Old Celtic Romances.*
49 P. W. Joyce: *A Social History of Ancient Ireland.* 1903.
50 D. MacManus: *Irish Earth Folk.*
51 F. J. Child: *The English and Scottish Popular Ballads.*
52 A. Carmichael: *Carmina Gadelica.*
53 F. J. Child: *The English and Scottish Popular Ballads.*
54 Ebda.
55 R. J. Stewart: Erdlicht.
56 C. Matthews: *The Celtic Book of the Dead.*
57 G. Keating: *Forus Feasna ar Eirini.*
58 G. Henderson: *Survival in Belief Among the Celts.*
59 J. L. Bruneux: *The Celtic Gauls.*
60 Ebda.
61 W. Mackenzie: *Gaelic Invocations.*
62 T. P. Cross/C. H. Slover: *Ancient Irish Tales.*
63 J. Gantz (Hrsg. u. Übers.): *The Mabinogion.*
64 T. P. Cross/C. H. Slover: *Ancient Irish Tales.*
65 E. Hull: *The Cuchullin Saga in Irish Literature.*
66 F. LeRoux/C. J. Guyonvarćh: *Les Druides.*
67 R. J. Stewart: *The Mystic Life of Merlin*, 1988.

Kapitel 9

1 E. Ettlinger: *Omens and Celtic Warfare.*
2 J. Fraser: *The First Battle of Moytura.*
3 R. J. Best: *Prognostications from the Raven and the Wren.*
4 F. Ettlinger: *Omens and Celtic Warfare.*
5 Ebda.
6 C. Plummer: *Vitae Sanctorum Hiberniae.*
7 G. Keating: *Forus Feasna Eírini.*
8 J. Gantz (Hrsg. u. Übers.): *The Mabinogion.*
9 S. Krippner: *Dreams and Shamanism.*
10 M. Martin: *Description of the Western Isles of Scotland.*
11 E. Ettlinger: *Omens and Celtic Warfare.*
12 C. A. Meier: *Ancient Incubation and Modern Psychotherapy.*
13 Ebda.
14 C. Kereny: *Asklepios.*
15 N. K. Chadwick: *Dreams in Early European Literature.*
16 Pauanias: *Guide to Greece.*
17 P. K. Ford: *The Well of Nechtan and ›La Gloire Luminesse‹.*
18 W. Stokes: *The Siege of Howth.*
19 R. E. M. Wheller: *Report on the Excavations of the Prehistoric, Roman and Post-Roman Site in Lydney Park, Gloucestershire.*
20 J. Rhys: *Celtic Folk-Lore.*
21 W. Bathurst: *Roman Antiquities at Lydney Park,* Gloucestershire.
22 Erstmals veröffentlicht in: *Revue Celtique*, Bd. X.

Kapitel 10

1 A. u. B. Rees: *Celtic Heritage.*
2 J. Matthews: *The Grail: Quest for the Eternal.*
3 Erstmals veröffentlicht in: *Ancient Irish Tales.* Übers. v. T. P. Cross/ C. H. Slover Figgis, Dublin 1936.
4 Vorbild für König Artus' berühmtes Schwert Excalibur.
5 Der berühmte Fergus Mac Roig aus dem Ulster-Zyklus.
6 Erstmals veröffentlicht in Cross/Slover, 1936.

Kapitel 11

1 Erstmals veröffentlicht in: *Eriu*, Bd. 12, hrsg. v. O. Bergin/R. J. Best, 1938.
2 »Macht« bedeutet hier, wie häufig, »Zauberkraft«.
3 Nur neun sind benannt.
4 Nur zehn sind benannt.
5 Erstmals veröffentlicht in: *Ancient Irish Tales.* Hrsg. u. übers. v. Cross u. Slover, 1936.
6 Erstmals veröffentlicht in: *Zeitschrift für Celtische Philologie*, Bd. 18, hrsg. u. übers. v. Maighréad ni C. Dobs, 1929–30

Literatur

Quellentexte

Die folgenden Bücher umfassen sowohl übersetzte Quellentexte als auch gälische Originaltexte, von denen wir unsere Übersetzungen angefertigt haben.

Adamnan, St.: Life of St. Columba. Hrsg. von W. Huyshe. George Routledge & Sons, London.

Best, R. L.: »The Settling of the Manor of Tara«. In: Eriu, Bd. 4, 1910.

Breatnach, Liam: »The Cauldron of Poesy«. In: Eriu, Bd. 32, 1981.

Calder, G.: Auraicept na N'Eces. John Grant, Edinburgh 1917.

Cross, T. P.; Slover, C. H.: Ancient Irish Tales. Figgis, Dublin 1936.

Dillon, Myles: The Cycles of the Kings. Geoffrey Cumberledge & Oxford University Press, London 1946.

Dillon, Myles (Hrsg.): »The Yew of the Disputing Sons«. In: Eriu, Bd. 14, 1946.

Guest, Lady Charlotte (Hrsg.): The Mabinogion. J. M. Dent, London 1906.

Gwynn, Edward: Metrical Dindsenchas. 5 Bde., Hodges, Figgis & Co., Dublin 1903–1925.

Henry, P. L.: »The Cauldron of Poesy«. In: Studia Celtica, Bd. 14–15.

Hull, Eleanor: The Cuchullin Saga in Irish Legend. David Nutt, 1898.

Hull, Eleanor: »The Hawk of Achill or the Legend of the Oldest Animals«. In: Folklore, No. 43, 1932.

Hyde, Douglas: Legends of Saints and Sinners. T. Fisher Unwin, o. J.

Keating, Geoffrey: Foras Feasa ar Eirinn. Bd. 2, Irish Texts Society, London 1908.

Lisowski, K. M.: »Texte zur Mog Roith Sage«. In: *Zeitschrift für Celtische Philologie*, Bd. 14, 1922–1923.

Martin, M.: Description of the Western Islands of Scotland. 1716.

Meyer, Kuno: »Immacallam Colium Chille.« In: *Zeitschrift für Celtische Philologie*, Bd. 2, 1909–1910.

Meyer, Kuno: The Voyage of Bran, Son of Febal. David Nutt, London 1895.

Müller-Lisowski, Kate: »La Legende de St. Jean dans la Tradition Irlandaise et le Druide Mog Roith.« In: Études Celtiques, Bd. 3, 1938.

O'Curry, E.: Manners and Customs of the Ancient Irish. 3 Bde., Williams & Norgate, London 1873.

Sjoestedt, M. L.: »Forbuis Droma Damhghaire.« In: Révue Celtique, Bd. 18, 1897.

Stewart MacAlister, R. A. (Hrsg.): Lebor Gabala Erenn. Bd. 5, Irish Texts Society, Dublin 1956.

Stokes, Whitley: Cormac's Glossary. Irish Archaeological and Celtic Society, Calcutta 1868.

Stokes, Whitley; Windisch, E.: Irische Texte. Mit Übersetzungen und Wörterbuch. The Irish Ordeals and the Fitness of Names. Verlag S. Hirzel, Leipzig 1887.
Stokes, Whitley: »The Rennes Dindsenchas«. In: Révue Celtique, Bd. 15, 1894.

Sekundärliteratur

Die folgenden Bücher wurden bei der Zusammenstellung dieses Bandes berücksichtigt.

Bathurst, W.: Roman Antiquities at Lydney Park, Gloucestershire. Spottiswoode & Co., London 1897.
Best, R. I.: »Prognostications from the Raven and the Wren«. In: Eriu, Bd. 8, 1916.
Bord, Janet und Colin: Sacred Waters. Granada, London 1985.
Boyd, Douglas: Rolling Thunder. Delta, New York 1974 (dt.: Rolling Thunder: Erfahrungen mit einem Schamanen der neuen Indianerbewegung. Trikont, München 1978).
Brennan, M.: The Boyne Valley Vision. The Dolmen Press, Portlaoise 1980.
Brunaux, Jean Louis: The Celtic Gauls. Seaby, London 1988.
Campbell, J. F.: Popular Tales of the West Highlands. 4 Bde., Wildwood House, London 1984.
Carmichael, A.: Carmina Gadelica 5 Bde., Scottish Academic Press, Edinburgh 1928–1972 (englische Übersetzung erschien bei Floris Books, Edinburgh 1992).
Chadwick, Nora K.: The Druids. University of Wales Press, Cardiff 1966.
Chadwick, Nora K.: »Dreams in Early European Literature«. In: Celtic Studies. Hrsg. von J. Carney und D. Greene, Routledge & Kegan Paul, London 1968.
Child, F. J.: The English and Scottish Popular Ballads. 5 Bde., Dover Publications, New York 1965.
Corkery, Daniel: The Hidden Ireland. Gill & Macmillan, Dublin 1967.
Curtin, Jeremiah: Hero Tales of Ireland. Macmillan, London 1894.
Curtin, Jeremiah: Irish Folk-Tales. The Talbot Press, Dublin 1944.
Curtin, Jeremiah: Myths and Folk Tales of Ireland. Dover Books, New York 1975.
Davidson, H. E.: Myths and Symbols in Pagan Europe. Manchester University Press, Manchester 1988.
Davidson, H. E. (Hrsg.): The Seer in Celtic and Other Traditions. John Donald, Edinburgh 1989
Delaney, Frank: The Celts. BBC Publications, 1986.
Dumézil, Georges: The Destiny of the Warrior. University of Chicago Press, Chicago 1970 (dt.: Aspekte der Kriegerfunktion bei den Indogermanen. Wissenschaftl. Buchgesellschaft, Darmstadt 1964).
Ellis, P. B.: A Dictionary of Irish Mythology. Constable, London 1987.
Ettlinger, Ellen: »Omens and Celtic Warfare«. In: Man, Bd. 43, No. 4, 1943.
Ettlinger, Ellen: »Precognitive Dreams in Celtic Legend«. In: Folklore, Bd. 59, 1948.
Evans-Wentz, W. Y.: The Fairy Faith in Celtic Countries. Lemma Publishing Co., New York 1973.

Folklore, Myths and Legends of Britain. Reader's Digest, London 1973.
Ford, Patrick K.: »The Well of Nechtan and ›La Gloire Luminesse‹«. In: Myth in Indo-European Antiquity. Hrsg. von G. J. Larson. University of California Press, Berkeley 1974.
Fraser, J.: »The First Battle of Moytura«. In: Eriu, Bd. 8, 1915.
Gantz, J. (Hrsg.): Mabinogion. Penguin Books, Harmondsworth 1965 (dt.: Die vier Zweige des Mabinogion. Verschiedene Ausgaben).
Gerald of Wales: Journey Through Wales. Penguin, London 1978.
Graves, R.: The White Goddess. Faber & Faber, London 1952 (dt.: Die weiße Göttin. Rowohlt, Reinbek 1985).
Green, Miranda: Animals in Celtic Life and Myth. Routledge, London 1992.
Green, Miranda: Dictionary of Celtic Myth and Lore. Thames & Hudson, London 1992.
Gregory, Lady: A Book of Saints and Wonders. Colin Smythe, Gerrards Cross 1973.
Guyonvarćh, Christian-J.: Textes Mythologiques Irlandais. Bd. 1, Ogam-Celticum, Rennes 1980.
Harbison, Peter: Pre-Christian Ireland. Thames & Hudson, London 1988.
Hayward, Richard: Border Foray. Arthur Barker Ltd., London 1957.
Henderson, George: Survival in Belief Among the Celts. James Maclehose & Sons, Glasgow 1911.
Henken, Elissa R.: Traditions of the Welsh Saints. D. S. Brewer, Cambridge 1987.
Hersh, J.: »Ancient Celtic Incubation«. In: Sundance Community Dream Journal, Bd. 3, 1979.
Hutton, Ronald: The Pagan Religions of the Ancient British Isles. Blackwell, Oxford 1993.
Joyce, P. W.: Old Celtic Romances. C. Kegan Paul & Co., London 1879.
Joyce, P. W.: A Social History of Ancient Ireland. Longmans, Green & Co., London 1903.
Kerenyi, Karl: Asklepios. Pantheon Books, New York 1959 (dt.: Der göttliche Arzt: Studien über Asklepios und Kultstätten. Wissenschaftl. Buchgesellschaft, Darmstadt 1956).
Krippner, S.: »Dreams and Shamanism«. In: Shamanism. Hrsg. von S. Nicholson. The Theosophical Publishing House, London 1987.
Laing, Lloyd und Jenny: The Picts and the Scots. Alan Sutton, Stroud 1993.
Layard, John: The Lady of the Hare. Faber & Faber, London 1954.
Leach Maria (Hrsg.): Dictionary of Folklore, Mythology and Legend. New English Library, London 1972.
Le Roux, Francoise; Guyonvarćh, Christian-J.: Les Druides. Ouest France, Rennes 1986.
Liechti, Elaine: Shiatsu. Element Books, Shaftesbury 1992.
McBain, Alexander: »Gaelic Invocations«. In: Transactions of the Gaelic Society of Inverness, Bd. 17, 1890–1891.
MacKenzie, William: »Gaelic Invocations«. In: Transactions of the Gaelic Society of Inverness, Bd. 18, 1891–2.

MacManus, Diarmiud: Irish Earth Folk. Devin-Adair Co., New York 1959.
MacQueen, John: St. Nynia. Polygon, Edinburgh 1990.
Matthews, Caitlín: Mabon and the Mysteries of Britain: An Exploration of the Mabinogion. Arkana, London 1987.
Matthews, Caitlín: Arthur and the Sovereignty of Britain: King and Goddess in the Mabinogion. Arkana, London 1989.
Matthews, Caitlín: The Elements of the Celtic Tradition. Element Books, Shaftesbury 1989.
Matthews, Caitlín: The Celtic Book of the Dead. St. Martins Press, New York 1991.
Matthews, Caitlín: Sophia, Goddess of Wisdom. Aquarian Press, London 1991 (dt.: Sophia – Göttin der Weisheit. Walter Verlag, Düsseldorf 1993).
Matthews, Caitlín und John: Ladies of the Lake. Aquarian Press, London 1992.
Matthews, John: Gawain, Knight of the Goddess. Aquarian Press, London 1990.
Matthews, John (Hrsg.): Household of the Grail. Aquarian Press, London 1990.
Matthews, John: Taliesin: Shamanism and the Bardic Mysteries in Britain and Ireland. Aquarian Press, London 1991.
Matthews, John: The Celtic Shaman. Element Books, Shaftesbury 1992 (dt.: Keltischer Schamanismus. Diederichs Gelbe Reihe Band 148, München 1998).
Matthews, John und Caitlín: A Fairy Tale Reader. Aquarian Press, London 1993.
Matthews, John; Potter, Chesca: The Celtic Shaman's Pack. Element Books, Shaftesbury 1994.
Meier, C. A.: »Ancient Incubation and Modern Psychotherapy«. In: Betwixt and Between. Hrsg. von L. C. Mahdi, S. Foster und M. Little. Open Court, Le Salle 1987.
Meyer, Kuno: Ancient Irish Poetry. Constable, London 1913 (dt.: Über die älteste irische Dichtung. Preußische Akademie der Wissenschaften, Berlin 1913).
Murray, A. G. (Hrsg.): The Romance and Prophecies of Thomas of Ercledoune. Llanerch Publishing, London 1991.
O'Hogain, Daithi: Myth, Legend and Romance: An Encyclopedia of the Irish Folk Tradition. Ryan Publishing, London 1990.
O'Rahilly, T. F.: Early Irish History and Mythology. Dublin Institute for Advanced Studies, Dublin 1976.
Olmstead, Garret S.: The Gundesstrup Cauldron. Collection Latomus, Bd. 162, Brüssel 1979.
Ozaniec, Naomi: The Elements of the Chakras. Element Books, Shaftesbury 1990.
Pausanias: Guide to Greece. Bd. 1, Penguin Books, Harmondsworth 1971 (dt.: Beschreibung Griechenlands. Artemis, Zürich 1954).
Plotkin, Mark J.: »Blood of the Moon. Semen of the Sun«. In: Shaman's Drum, No. 32, 1993.
Plummer, C.: Vitae Sanctorum Hiberniae. Bd. 1, Oxford 1910.
Rawson, Philip: Sacred Tibet. Thames & Hudson, London 1991.
Rees, Alwyn und Brinley: Celtic Heritage. Thames & Hudson, London 1961.
Rhys, John: Celtic Folk-Lore, Welsh and Manx. Wildwood House, London 1980.
Shaw-Smith, David: Ireland's Traditional Crafts. Thames & Hudson, London 1986.
Simpson, Jacqueline: The Folklore of the Welsh Border. Batsford, London 1976.

Smyth, Daragh: Places of Mythology in Ireland. Morrigan Book Co., Killala 1989.
Spence, Lewis: Magic Arts in Celtic Britain. Aquarian Press, London 1970.
Stewart, Bob: The Waters of the Gap. Bath City Council, Bath 1981.
Stewart, Robert J.: The Mystic Life of Merlin. Arkana, London 1986 (dt.: Merlin: das Leben eines sagenumwobenen Magiers. Droemer Knaur, München 1988).
Stewart, Robert J.: The Prophetic Vision of Merlin. Arkana, London 1986.
Stewart, Robert J.: Earth Light. Arkana, Element Books, Shaftesbury 1992 (dt.: Erd-Licht. Heyne Verlag, München 1997).
Stewart, Robert J.: Power Within the Land. Element Books, Shaftesbury 1991 (dt.: Erd-Kraft. Heyne Verlag, München 1997).
Stewart, Robert J.: Robert Kirk: Walker Between Worlds. Element Books, Shaftesbury 1990.
Stokes, W.: »The Siege of Howth«. In: Révue Celtique, Bd. 8, 1887.
Sutherland, Elizabeth: Ravens and Black Rain. Constable, London 1985.
Wheeler, R. E. M.: Report on the Excavations of the Prehistoric Roman and Post-Roman Site in Lydney Park, Gloucestershire. Society of Antiquaries, Oxford 1932.
Wood-Martin, W. G.: Traces of the Elderst Faiths of Ireland. Longmans, Green & Co., London 1902.

Weiterführende Literatur

Im folgenden werden Werke angeführt, die die keltische Tradition umspannen und allen, die sich näher mit dem Thema befassen möchten, einen hilfreichen Ausgangspunkt bieten.

Aneirin: Y Gododdin: Britain's Oldest Heroic Poem. Hrsg. von A. O. H. Jarman. The Welsh Classics, Dyfed 1988 (dt.: Altwalisische Heldendichtung. Reclam, Leipzig 1989).
Bartrum, P. C.: Early Welsh Genealogical Tracts. University of Wales Press, Cardiff 1966.
Bergin, O.: Irish Bardic Poetry. Dublin Institute for Advanced Studies, Dublin 1970.
Bloomfield, M. W.; Dunn, C. W.: The Role of the Poet in Early Societies. D. S. Brewer, Cambridge 1989.
Bonwick, J.: Irish Druids and Irish Religions. Dorset Press, Marlboro 1986.
Bromwich, R.: Trioedd Ynys Prydein (The Welsh Triads). 2. Ausg., University of Wales Press, Cardiff 1978.
Burland, C. A.: Echoes of Magic. Rowman & Littlefield, New Jersey 1972.
Caldecott, Moyra: Taliesin and Avagddu. Bran's Head, Frome 1983.
Caldecott, Moyra: Women in Celtic Myth. Arrow Books, London 1988 (dt.: Frauen in keltischen Mythen. Neue Erde, Saarbrücken 1996).
Caesar: De Bello Gallico. Penguin Books, Harmondsworth 1951 (dt: De bello gallico. Der gallische Krieg. Verschiedene Ausgaben).

Campbell, J. F.; Henderson, G.: The Celtic Dragon Myth. Newcastle Publishing Co., North Hollywood 1981.
Carney, J.: Medieval Irish Lyrics with The Irish Bardic Poet. The Dolmen Press, Portlaoise 1985.
Chadwick, H. M.: The Heroic Age. Cambridge University Press, Cambridge 1967.
Chadwick, H. M und N. K.: The Growth of Literature. 3 Bde, Cambridge University Press, Cambridge 1932–1940.
Geoffrey of Monmouth: Life of Merlin. Engl. Übers. von B. Clarke, University of Wales Press, Cardiff 1973 (dt.: Vita Merlini. Das Leben des Zauberers Merlin. Castrum Peregrini Presse, Amsterdam 1991).
Evans, J. G.: Poems from the Book of Taliesin. Llanbedrog, Tremvan 1915.
Flower, R.: The Irish Tradition. Clarendon Press, Oxford 1953.
Ford, P. K. (Hrsg.): The Mabinogion and Other Medieval Welsh Tales. University of California Press, Berkeley 1977.
Gantz, J.: Early Irish Myths and Sagas. Penguin Books, Harmondsworth 1981.
Gose, E. B.: The World of the Irish Wonder Tale. University of Toronto Press, Toronto 1985.
Green, M.: The Gods of the Celts. Alan Sutton, Gloucester 1986.
Green, M.: Symbol and Image in Celtic Religious Art. Routledge, London 1989.
Green, M.: Celtic Myths. Thames & Hudson, London 1992 (dt.: Keltische Mythen. Reclam, Stuttgart 1996).
Greene, D.; O'Connor, F. (Hrsg.): A Golden Treasure of Irish Poetry. Macmillan, London 1967.
Harrison, A.: The Irish Trickster. Sheffield Academic Press, Sheffield 1989.
Hatt, J. -J.: Celts and Gallo-Romans. Barrie & Jenkins, London 1970.
Henry, P. L.: The Early English and Celtic Lyric. George Allen & Unwin, London 1966.
Hull, E.: The Poem-Book of the Gael. Chatto & Windus, London 1912.
Hull, E.: Folklore of the British Isles. Methuen, London 1928.
Humphreys, E.: The Taliesin Tradition. Black Raven Press, London 1983.
Jackson, A.: The Symbol Stones of Scotland. The Orkney Press, Stromness 1984.
Jones, G. und T. (Hrsg.): The Mabinogion. J. M. Dent, London 1974 (dt.: Die vier Zweige des Mabinogion. Verschiedene Ausgaben).
Jones, O.; Williams, E.; Pughe, W. O. (Hrsg.): The Myvyrian Archaiology of Wales. Thomas Gere, Denbigh 1870.
Jones, Prudence; Matthews, Caitlín (Hrsg.): Voices from the Circle. Aquarian Press, Wellingborough 1989.
Jones, T. G.: Welsh Folk-Lore and Folk-Custom. Methuen, London 1930.
Jubainville, H. D.: The Irish Mythological Cycle. O'Donoghue & Co., Dublin 1903.
Kendrick, T. D.: The Druids. Frank Cass, London 1966.
Kinsella, T. (Hrsg.): The Tain. Oxford University Press, Oxford 1970.
Knott, E.; Murphy, G.: Early Irish Literature. Routledge & Kegan Paul, London 1966.
Lloyd, J. E.: A History of Wales. 2 Bde., Longmans, Green & Co., London 1911.
Lofmark, C.: Bards and Heroes. Llanerch Enterprises, Llanerch 1989.

Loomis, R. S.: Wales and the Arthurian Legend. University of Wales Press, Cardiff 1956.
Mackenzie, D. A.: Scottish Folk-Lore and Folk Life. Blackie & Son, London 1935.
McNeill, F. M.: The Silver Bough. Bd. 1, Canongate, Edinburgh 1989.
Mallory, J. P.: In Search of the Indo-Europeans. Thames & Hudson, London 1989.
Mann, N. R.: The Celtic Power Symbols. Triskele, Glastonbury 1987.
Matthews, Caitlín & John: The Western Way. Arkana, London 1994 (dt.: Der westliche Weg. Rowohlt, Reinbek 1999).
Matthews, Caitlín & John: The Aquarian Guide to British and Irish Mythology. Aquarian Press, Wellingborough 1988 (dt.: Lexikon der keltischen Mythologie. Heyne Verlag, München 1994).
Matthews, John: Fionn MacCumhail. Firebird Books, Poole 1988.
Matthews, John: A Celtic Reader. Aquarian Press, Wellingborough 1991.
Matthews, John: The Song of Taliesin. Unwin Hyman, London 1991.
Matthews, John: King Arthur and the Grail Quest. Cassell, London 1994.
Matthews, John und Caitlín: The Little Book of Celtic Wisdom. Element Books, Shaftesbury 1993 (dt.: Keltische Weisheiten. Urania Verlag, Neuhausen 1999).
Megaw, R. und V.: Celtic Art. Thames & Hudson, London 1989.
Merry, E.: The Flaming Door. Floris Books, Edinburgh 1983.
Meyer, K.: Fianaigecht. Hodges & Figgis, Dublin 1910.
Miles, D.: The Royal National Eisteddfod of Wales. Christopher Davies, Swansea 1977.
Morgan, P.: Iolo Morganwg. University of Wales Press, Cardiff 1975.
Morganwg, Iolo: The Triads of Britain. Wildwood House, London 1977.
Morris, J.: The Age of Arthur. Weidenfeld & Nicholson, 1973.
Morris, J.: The Matter of Wales. Oxford University Press, Oxford 1984.
Morris, W. B.: The Prehistoric Rock-Art of Argyll. The Dolphin Press, Poole 1977.
Murphy, G.: Early Irish Lyrics. Oxford University Press, Oxford 1956.
Murray, Liz und Colin: The Celtic Tree Oracle. Rider, London 1988 (dt.: Das keltische Baum-Orakel. Hugendubel, München 1989).
Naddair, K.: Keltic Folk & Faerie Tales. Century, London 1987.
Naddair, K.: Ogham, Koelbren and Runic. 2 Bde., Keltic Publications, Edinburgh 1986–7.
Nennius: British History and the Welsh Annals. Hrsg. von J. Morris, Phillimore, Chichester 1980.
Nichols, Ross: The Book of Druidry. Aquarian Press, Wellingborough 1990 (dt.: Das magische Wissen der Druiden. Heyne Verlag, München 1998).
O'Boyle, S.: Ogam, the Poet's Secret. Gilbert Dalton, Dublin 1980.
O'Driscoll, R. (Hrsg.): The Celtic Consciousness. Canongate Publishing Portloise, The Dolmen Press, Edinburgh 1982.
O'Grady, S. (Hrsg.): Silva Gadelica. 2 Bde., Williams & Norgate, London 1892.
O'Hogain, D.: Fionn mac Cumhail: Images of the Gaelic Hero. Gill and Macmillan, Dublin 1988.
Parry, T.: A History of Welsh Literature. The Clarendon Press, Oxford 1955.
Parry-Jones, D.: Welsh Legends and Fairy Lore. Batsford, London 1953.

Pennar, M. (Hrsg.): The Black Book of Carmarthen. Llanerch Enterprises, Llanerch 1989.
Pennar, M. (Hrsg.): Taliesin Poems. Llanerch Enterprises, Llanerch 1989.
Piggott, S.: Ancient Britons and the Antiquarian Imagination. Thames & Hudson, London 1989.
Rhys, J.: Lectures on the Origin and Growth of Religion as Illustrated by Celtic Heathendom. Williams & Norgate, London 1888.
Roberts, B. F. (Hrsg.): Early Welsh Poetry: Studies in the Book of Aneurin. National Library of Wales, Aberystwyth 1988.
Ross, A.: Pagan Celtic Britain. Cardinal, London 1974.
Ross, Anne; Robins, Don: The Life and Death of a Druid Prince. Rider, London 1989 (dt.: Der Tod des Druidenfürsten. Vgs, Köln 1990).
Rowland, J.: Early Welsh Saga Poetry. D. S. Brewer, Cambridge 1990.
Schofield, W. H.: Mythic Bards. Harvard University Press, Cambridge 1920.
Sjoestedt, M. L.: Gods and Heroes of the Celts. Turtle Island Foundation, Berkeley 1982.
Skene, W. F. (Hrsg.): The Four Ancient Books of Wales. 2 Bde., AMS Press, New York 1984–5.
Stephens, M. (Hrsg.): The Oxford Companion to the Literature of Wales. Oxford University Press, Oxford 1986.
Stewart, R. J.: The Underworld Initiation. Aquarian Press, Wellingborough 1985.
Stewart, R. J.; Matthews, J. (Hrsg.): Merlin Through the Ages. Cassell 1994.
Tacitus: Germania. Penguin Books, Harmondsworth 1948 (dt.: Germania. Verschiedene Ausgaben).
Tatlock, J. S. P.: The Legendary History of Britain. Gordian Press, New York 1979.
Tolstoy, Nikolai: The Quest for Merlin. Hamish Hamilton, London 1986 (dt.: Auf der Suche nach Merlin – Mythos und geschichtliche Wahrheit. Diederichs, Köln 1987).
Trevelyan, M.: Folk-Lore and Folk-Stories of Wales. Eliot Stock, London 1909.
Van Hamel, A. G.: Aspects of Celtic Mythology. British Academy, London 1935.
Watson, W. J.: The History of the Celtic Place Names of Scotland. Irish Academic Press, Dublin 1986.
Williams, G.: An Introduction to Welsh Poetry. Faber & Faber, London 1953.
Williams, I.: Lectures on Early Welsh Poetry. Institute for Advanced Studies, Dublin 1970.
Williams, I.: The Beginnings of Welsh Poetry. Hrsg. von R. Bromwich, University of Wales Press, Cardiff 1980.
Williamson, R.: The Craneskin Bag: Celtic Stories and Poems. Canongate, Edinburgh 1979.

Belletristische Werke

Hier eine kleine Auswahl keltisch inspirierter Literatur für alle, die Information und Vergnügen miteinander verbinden möchten.

Bradley, Marion Z.: The Mists of Avalon. Michael Joseph, London 1983 (dt.: Die Nebel von Avalon. Krüger, Frankfurt 1983).

Chapman, Vera: The Three Damsels. Methuen, London 1978 (dt.: Die drei Demoiselles. Heyne Verlag, München o. J.).

De Lint, C.: Moonheart. Pan, London 1990.

Dunnett, Dorothy: King Hereafter. Michael Joseph, London 1982.

Gedge, Pauline: The Eagle and the Raven. Penguin, London 1986 (dt.: Der Adler und der Rabe. Goldmann Verlag, München 1997).

Gordon, S.: Suibne and the Crow God. New English Library, London 1972.

Hayton, Sian: Cells of Knowledge. Polygon, Edinburgh 1991.

Hayton, Sian: Hidden Daughters. Polygon, Edinburgh 1992.

Hayton, Sian: The Last Flight. Polygon, Edinburgh 1993.

Herbert, Kathleen: Bride of the Spear. Bodley Head, London 1987.

Herbert, Kathleen: Ghost in the Sunlight. Bodley Head, London 1986.

Herbert, Kathleen: Queen of the Lightnings. Bodley Head, London 1988 (dt.: Herrin des Lichts. Droemer Knaur, München 1986).

James, J.: Not For All the Gold In Ireland. Bantam, London 1988.

James, J.: Men Went to Catraeth. Bantam, London 1988.

Jones, D.: The Sleeping Lord. Faber, London 1974.

Kay, Guy Gavriel: The Fionavar Tapestry. Unwin Hyman, London 1987–89 (dt.: Die Herren von Fionavar). Bd. 1: The Summer Tree (dt.: Silbermantel. Goldmann Verlag, München 1989). Bd. 2: The Wandering Fire (dt.: Das wandernde Feuer. Goldmann Verlag, München 1989). Bd. 3: The Darkest Road (dt.: Das Kind des Schattens. Goldmann Verlag, München 1989).

Kennealy-Morrison, Patricia: The Copper Crown. Grafton, London 1984 (dt.: Die Kupferkrone. Heyne Verlag, München 1989).

Kennealy-Morrison, Patricia: Throne of Scone. Signet, London 1986 (dt.: Der Thron von Scone. Heyne Verlag, München 1989).

Kennealy-Morrison, Patricia: The Silver Branch. Signet, London 1990 (dt.: Der Silberzweig. Heyne Verlag, München 1991).

Kennealy-Morrison, Patricia: The Hawk's Grey Feather. Roc, London 1990 (dt.: Des Falken graue Feder. Heyne Verlag, München 1991).

Kennealy-Morrison, Patricia: The Oak Above the Kings. Roc, London 1994 (dt.: Die Königseiche. Heyne Verlag, München 1998).

Lawhead, Stephen: Arthur. Lion Books, London 1989 (dt.: Artus. Der legendäre König. Piper, München 1996).

Lawhead, Stephen: Merlin. Lion Books, London 1988 (dt.: Merlin. Magier und Krieger. Piper, München 1997).

Lawhead, Stephen: Taliesin. Lion Books, London 1988 (dt.: Taliesin. Sänger und Seher. Piper, München 1997).

Llewellyn, Morgan: Bard. Century, London 1984.
Llewellyn, Morgan: On Raven's Wing. Heinemann, London 1990.
O'Neill, D.: Crucible. Macdonald, London 1986.
O'Neill, D.: Of Gods and Men. Macdonald, London 1987.
O'Neill, D.: Sons of Death. Macdonald, London 1988.
Paxson, Diana L.: The White Raven. New English Library, London 1989.
Paxson, Diana L.: The Serpent's Tooth. William Morrow, New York 1992.
Paxson, Diana L.; Martine-Barnes, A.: Master of Earth and Water. William Morrow, New York 1993.
Powys, J. C.: Porius. Village Books, London 1978.
Sutcliffe, Rosemary: The Sword at Sunset. Hodder & Stoughton, London 1968.
Sutcliffe, Rosemary: Sun Horse, Moon Horse. Bodley Head, London 1985.
Sutcliffe, Rosemary: The Shining Company. Bodley Head, London 1990.
Taylor, K.: Bard. 4 Bde., Ace, London 1981–87.
Tolstoy, Nikolai: The Coming of the King. Bantam, London 1988.
Tremayne, P.: Raven of Destiny. Methuen, London 1984.
Whyte, J. A.: A Dream of Eagles. 2 Bde., Penguin Books, Toronto 1993–94.

Nützliche Adressen und Hinweise

Hallowquest Newsletter
Wenn Sie mehr über Bücher, Kurse und Veranstaltungen von Caitlín und John Matthews erfahren möchten, können Sie diese vierteljährliche Publikation abonnieren. Bitte einen Scheck über 10 ECU (innerhalb der EU) oder 20 US-Dollar an Graal Publications, BCM Hallowquest, London WC1N 3XX, UK, senden. Unsere Website ist unter www.hallowquest.org.uk. zu finden. Leider sprechen die Autoren nicht Deutsch.

Order of the bards, ovates & druids (OBOD)
Der OBOD wurzelt in den Lehren der keltischen Welt und hat zum Ziel, Individuen zu helfen, ihr volles Potential durch die Integration mit der natürlichen Welt zu erreichen. Es gibt einen dreistufigen Fernlehrkurs; Weitere Informationen (bitte frankierten Umschlag A3 beifügen) unter: P. O. Box 1333, Lewes, East Sussex, UK.

Walkers between the Worlds
Caitlín und John Matthews veranstalten Kurse, über die Praktiken und Hintergründe des keltischen Schamanismus sowie praktische Unterweisung, wie man das in diesem Buch vorgestellte Material anwenden kann. Weitere Informationen unter BCM Hallowquest, Adresse siehe oben.

Register

Liebe das Leben wie Dich selbst

Louise L. Hay
Buch der Hoffnung
Trost und Inspiration zum Jahrtausendbeginn
Gebunden mit Schutzumschlag
ISBN 3-453-16408-3

Außerdem sind von Louise L. Hay erschienen:
Du selbst bist die Antwort
Die Kraft einer Frau
Das Leben lieben
Gesundheit für Körper und Seele
Wahre Kraft kommt von Innen
Du bist Dein Heiler!
Meditationen für Körper und Seele
Deine innere Stimme
Louise L. Hay / John C. Taylor
Die innere Ruhe finden

HEYNE

John Matthews

Keltischer Schamanismus

Rituale, Symbole, Traditionen

Diederichs Gelbe Reihe Band 149

John Matthews hat ein Fülle an Material zur Geschichte des keltischen Schamanismus zusammengetragen und es für unsere heutige Zeit zugänglich gemacht. Gut nachvollziehbare Übungen ermöglichen einen persönlichen Einstieg in diese außerordentlichen Erfahrungswelten. Schamanismus müssen wir nicht nur in fernen Kulturen suchen – es gibt Traditionen, die im Westen entstanden und im Westen gelebt werden.

304 Seiten mit Abbildungen, Paperback, ISBN 3-424-01423-0

Sylvia Koch-Weser/Geseko v. Lübke

Vision Quest

Visionssuche: allein in der Wildnis auf dem Weg zu sich selbst

Vier Tage und vier Nächte in der Wildnis. Die Visionssuche oder Vision Quest ist eine Herausforderung, der sich immer mehr Menschen stellen. Die beiden Autoren beschreiben aus eigener Erfahrung dieses uralte Ritual, das Selbstüberwindung und Mut erfordert, und dabei hilft, erwachsen zu werden, Lebenskrisen zu bewältigen, Sinn zu finden und das Heilige in der Natur zu entdecken.

251 Seiten, kartoniert, ISBN 3-7205-2164-8

Michael Harner

Der Weg des Schamanen

Das praktische Grundlagenwerk zum Schamanismus

Erweiterte und aktualisierte Neuauflage

Dieses klassische Nachschlagewerk, ergänzt und aktualisiert, enthält alle grundlegenden Informationen zum Schamanismus: Was er bedeutet, woher er kommt und wie schamanische Techniken für ein bewussteres und gesünderes Leben genutzt werden können. Ein praktisch orientiertes Buch – auch für alle geeignet, die sich erstmals mit Schamanismus beschäftigen.

240 Seiten, Festeinband, ISBN 3-7205-2091-9

Diederichs ARISTON

Die Suche nach Shambhala –
der neue Bestseller von
James Redfield

James Redfield
Das Geheimnis von Shambhala
Gebunden mit Schutzumschlag
ISBN 3-453-16554-3

Außerdem sind von James Redfield erschienen:
Die Prophezeiungen von Celestine
Die zehnte Prophezeiung von Celestine
Die Vision von Celestine
James Redfield / Carol Adrienne
Die Erkenntnisse von Celestine
James Redfield / Carol Adrienne
Das Handbuch der zehnten Prophezeiung von Celestine

HEYNE

¿Tú lo harías?

Megan Maxwell

Esencia/Planeta

© Megan Maxwell, 2023
© Editorial Planeta, S. A., 2023
Avda. Diagonal, 662-664, 08034 Barcelona (España)
www.esenciaeditorial.com
www.planetadelibros.com

Primera edición: noviembre de 2023
ISBN: 978-84-08-27918-1
Depósito legal: B. 17.026-2023
Composición: Realización Planeta
Impresión y encuadernación: CPI Black Print
Printed in Spain - Impreso en España

Esta es una obra de ficción. Los nombres, personajes, lugares y sucesos que aparecen son producto de la imaginación del autor o bien se usan en el marco de la ficción. Cualquier parecido con personas reales (vivas o muertas), empresas, acontecimientos o lugares es pura coincidencia.
El editor no tiene ningún control sobre los sitios web del autor o de terceros ni de sus contenidos ni asume ninguna responsabilidad que se pueda derivar de ellos.

La lectura abre horizontes, iguala oportunidades y construye una sociedad mejor. La propiedad intelectual es clave en la creación de contenidos culturales porque sostiene el ecosistema de quienes escriben y de nuestras librerías. Al comprar este libro estarás contribuyendo a mantener dicho ecosistema vivo y en crecimiento. En **Grupo Planeta** agradecemos que nos ayudes a apoyar así la autonomía creativa de autoras y autores para que puedan seguir desempeñando su labor.
Dirígete a CEDRO (Centro Español de Derechos Reprográficos) si necesitas fotocopiar o escanear algún fragmento de esta obra. Puedes contactar con CEDRO a través de la web www.conlicencia.com o por teléfono en el 91 702 19 70 / 93 272 04 47.

PEFC Certificado
Este libro procede de bosques gestionados de forma sostenible
PEFC
PEFC/14-38-00305
www.pefc.es

El papel utilizado para la impresión de este libro está calificado como papel ecológico y procede de bosques gestionados de manera sostenible.